Europa vor dem Crash

1. Auflage März 2011
2. Auflage April 2011
3. Auflage Mai 2011
4. überarbeitete Auflage November 2011

Copyright © 2011 bei
Kopp Verlag, Pfeiferstraße 52, D-72108 Rottenburg

Alle Rechte vorbehalten

Umschlaggestaltung: Angewandte Grafik/Peter Hofstätter
Satz und Layout: Agentur Pegasus, Zella-Mehlis
Druck und Bindung: CPI – Clausen & Bosse, Leck

ISBN: 978-3-942016-64-3

Gerne senden wir Ihnen unser Verlagsverzeichnis
Kopp Verlag
Pfeiferstraße 52
D-72108 Rottenburg
E-Mail: info@kopp-verlag.de
Tel.: (0 74 72) 98 06-0
Fax: (0 74 72) 98 06-11

Unser Buchprogramm finden Sie auch im Internet unter:
www.kopp-verlag.de

Michael Grandt
Gerhard Spannbauer
Udo Ulfkotte

EUROPA VOR DEM CRASH

WAS SIE JETZT WISSEN MÜSSEN,
UM SICH UND IHRE FAMILIE
ZU SCHÜTZEN

KOPP VERLAG

INHALTSVERZEICHNIS

Vorwort 11

MICHAEL GRANDT: DER TRIPLE-CRASH 13

Einleitung 15

Der USA-China-Crash 17
USA: der Anfang vom Ende 17
Das Ende des Dollars? 24
China: Es ist nicht alles Gold, was glänzt 26
Lohnerhöhungen als Grund für soziale Unruhen? 27
Chinas Banken drohen massive Verluste 28
Yuan gegen Dollar 28
USA und China – eine »verhängnisvolle Affäre« 30
Warum es zu einem USA-China-Crash kommen wird 31

Der Europa-Crash 34
Als der Euro starb 34
Der Euro im Visier der Spekulanten 37
Erster EU-Staatsbankrott 2010: Griechenland 39
Merkel hat die Deutschen belogen 42
Die Stabilität des Euros ist in Gefahr 42
Würden Sie diesem Cousin Ihr Geld leihen? 42
Zweiter EU-Staatsbankrott 2010: Irland 44
Nächster Staatsbankrott-Kandidat: Portugal 49
Nächster Staatsbankrott-Kandidat: Spanien 51

Weitere gefährdete Staaten 53
Ungarn 53
Belgien 55
Zypern 56
Euro-Land ist abgebrannt 57
Der Euro-Rettungsschirm 59
Europäische Zentralbank in Schwierigkeiten 64
Sparen, Sparen, Sparen 66
Kommt der »EU-Länderfinanzausgleich?« 67
So will sich die EU künftig in die nationale
Wirtschaftspolitik einmischen 69
Risikofaktor Banken 70
Die sieben Todsünden der EU 72
Warum es zu einem Europa-Crash kommen wird 73
Exkurs I: Der Euro ist schlecht für Deutschland 74
Exkurs II: Deutschland ist der Zahlmeister der ganzen Welt! . . 76
Die Europäische Zentralbank und Deutschland 76
Der Internationale Währungsfonds und Deutschland . . . 77
Die Europäische Union und Deutschland 78

Der Deutschland-Crash 81
Verschuldung 81
Die ganze Wahrheit über die deutsche Staatsverschuldung . 84
Deutschland ist Europas Schuldenmeister 86
Deutschlands Bonität verschlechtert sich 88
Banken 89
Hintergrund: deutsche Pleite- und Krisenbanken 90
Sozialsysteme 93
Gesetzliche Rentenversicherung 93
Pensionen 96
Gesetzliche Krankenversicherung 97
Sozialversicherungssysteme allgemein 98
Warum es zu einem Deutschland-Crash kommen wird . . . 101

Die Krise ist noch nicht vorüber 102
Die Krise 2.0 kommt erst noch 102
Was Ihnen blühen kann 105
Seien Sie wachsam!. 108

Udo Ulfkotte: DAS EUROPA DER WUTBÜRGER . 111

Druck von allen Seiten 113
Die EU warnt vor »apokalyptischen Zuständen« 113
Die Schweiz erwartet Flüchtlingsströme aus anderen EU-Staaten 116
Ablenkung durch bewusst provozierte Kriege? 119
Der Bundesnachrichtendienst – Warnung vor einem
möglichen Weltkrieg 121
Geheimer Notfallplan: Schließung der Bankschalter 123
Leere Kassen: Menschenwürde nach Haushaltslage 130
Migranten bevorzugt: ethnische Europäer als Menschen
zweiter Klasse? 132

Verfall, Armut und Niedergang 137
Die Einkommen sinken – die Bürger brauchen Zweitjobs . . .137
Das Europa der »Wutbürger« 142
Soziale Gegensätze bergen Sprengstoff 148
Vorbereitungen für den Ernstfall: EU-Geheimtruppe soll
Aufstände niederschlagen 152
Reizgas gegen aufmüpfige Bürger 154
Ein Präsidentenberater spricht von unserem »Todesurteil« . .156
Staatsfeind Nr. 1 – der Staatsbürger 157
Wer haftet eigentlich für falsche Politikerentscheidungen? . .162
Die letzte europäische Steueroase 166

Die Sicherheit weicht der Unsicherheit 171
Sicherheit ade: Aus dem Europäischen Haus wurde
ein Krankenhaus 171

Generation doof – wir importieren den Niedergang. 183

Arme Deutsche – wie Zuwanderer das Maximum herausholen . 192

Kostenfalle Migrationsindustrie 196

Polizei in Migrantenvierteln am Ende 199

Survival Scout – der bestbezahlte Beruf der Zukunft 201

GERHARD SPANNBAUER: DIE UMASSENDE KRISENVORSORGE 205

Wie können Sie dem kommenden Sturm trotzen? 207

Sicherung des Einkommens 211

Wenn Sie angestellt sind 212

Jobsuche vorbereiten 214

Wenn Sie selbstständig sind 216

Wenn Sie sich selbstständig machen möchten 218

Wenn Sie Rentner/Pensionär sind 220

Wenn Sie Anleger/Investor sind 223

Wenn Sie Schüler, Student oder Auszubildender sind 223

Jobideen für Schüler 224

Wenn Sie ALG II/Hartz IV beziehen 225

Nie war ein zusätzliches Standbein wichtiger als jetzt 228

Finanzielle Vorsorge – zahlungsfähig bleiben und Ersparnisse sichern 230

Die Zahlungsfähigkeit aufrechterhalten 236

Silber – das Zahlungsmittel in der Krise 242

Bargeldreserve 244

Grundausstattung an Edelmetallen 244

Schulden tilgen 247

Zusätzlicher Edelmetallkauf als Option 249

Wichtiger Hinweis zur Lagerung der Edelmetalle 250

Wichtiger Hinweis zum Kauf von Gold und Silber 251

Persönliche Vorsorge (Vorräte) 252
Was essen Sie, wenn die Geschäfte geschlossen bleiben
bzw. die Regale leer sind? 253
Die optimale Ernährung – nicht erst in der kommenden Krise 254
Der ideale Krisenvorrat – empfohlene Getreidesorten . . . 258
Trinkwasser 261
Gesundheit und Hygieneartikel 263
Verbrauchsartikel 265
Technische Hilfsmittel 266

Maßnahmen für die eigene Sicherheit 268
Gemeinsam ist man stärker – Gleichgesinnte suchen und
mit ihnen kooperieren 268
Sicherheit der Wohnstätte prüfen 269
Im Krisenfall muss man insbesondere unterwegs auf
eine erhöhte Sicherheit achten 270
Maßnahmen für die eigene Sicherheit (Selbstschutz) 272

Persönliche Fähigkeiten – das A und O der Vorsorge . . . 280
Wie Sie Ihre Fähigkeiten endlich umsetzen 282
Hören Sie auf, sich Sorgen zu machen – Ihre Möglichkeiten
sind unbegrenzt 286
Abgekoppeltes Denken 288
Die Einstellung, mit der Sie alle Probleme lösen 289
Ihr weiteres Schicksal entscheidet sich in Ihrem Kopf 292
Legen Sie den Gang ein und hören Sie auf, nur zuzuschauen! . 295
So erreichen Sie alles, was Sie sich vornehmen 297
So steigern Sie Ihr Selbstvertrauen fortlaufend und werden
immer sicherer 300
Bodybuilding für den Geist – so werden Sie immer fähiger . . 302
So stecken Sie Rückschläge problemlos weg 306

Quellenverzeichnis 309

VORWORT

Als das Sachbuch *Der Staatsbankrott kommt!* des Finanzfachmannes Michael Grandt erschien, da wurde der Autor belächelt und als »Crashprophet« abgetan. Seine zentrale Aussage lautete damals immerhin, einzelne EU-Länder stünden vor dem Bankrott und auch reiche EU-Länder wie Deutschland kämen durch immer höhere Verschuldung ebenfalls in Gefahr. Heute wissen wir alle, dass der Autor recht hatte. Nicht anders erging es Udo Ulfkotte mit den Sachbüchern *Vorsicht Bürgerkrieg!* und *Kein Schwarz, Kein Rot, kein Gold* sowie Gerhard Spannbauer mit seinem Buch *Finanzcrash – Die umfassende Krisenvorsorge.* Jetzt, nach den De-facto-Staatsbankrotten von Griechenland und Irland, den drohenden Staatsbankrotten von Portugal, Spanien, Belgien, Ungarn, Rumänien und anderen, ist den Wahrheitsverleugnern das Lachen im Hals stecken geblieben. Langsam haben es auch die größten medialen Realitätsverweigerer und politischen Schönredner begriffen: Nichts mehr ist sicher. Der Euro wackelt und mit ihm die ganze EU. Deutschland als »Zahlmeister« der ganzen Welt gerät durch immer höhere Garantien und Zahlungen an die EU, den IWF, die Weltbank und die EZB sowie durch das Stützen des heimischen Bankensektors an die Grenzen seiner Belastbarkeit und läuft sogar Gefahr, in den nächsten Jahren selbst an den Abgrund eines Staatsbankrotts zu kommen.

Verzweifelt versuchen Politiker, mit gefälschten Arbeitslosenzahlen, geschönten Konjunkturdaten und dem Verschweigen der *wahren* Staatsverschuldung, die so hoch ist, dass man es sich kaum mehr vorstellen kann, das Volk zu belügen, zu betrügen und zu beruhigen. Sie fürchten Ausschreitungen wie in Griechenland, Irland, Großbritannien, Frankreich oder Italien (oder gar Revolutionen wie jene, die 2011 mit Tunesien erst Nordafrika und dann mit Ägypten und anderen in der Region liegenden Staaten weite Teile der arabischen Welt erschütterten). In Europa haben die Menschen jedenfalls schon längst begriffen, was die Stunde schlägt: Sie müssen für die Fehler ihrer »Volkszertreter« und die Gier von Bankern und Spekulanten die Zeche durch immer höhere

Steuern und Abgaben und immer weniger Leistungen bezahlen. Der hart erarbeitete Wohlstand wird so allmählich vernichtet. Auch bei uns. Der Niedergang scheint unausweichlich. Wie ernst ist die Lage also wirklich? Was wird den Bürgern noch immer verschwiegen? Welche Geldanlagen sind überhaupt noch sicher? Welche Folgen wird das alles für die EU-Bürger haben? Wo wird der Wutstau explodieren? Und wie kann man sich vor dieser Entwicklung jetzt noch schützen? Das sind einige der wichtigsten Fragen, die in diesem Buch beantwortet werden. Und zwar mit schonungsloser Offenheit.

Rottenburg, im Frühjahr 2011

MICHAEL GRANDT

DER TRIPLE-CRASH

Einleitung

Wer hätte vor zwölf Monaten an einen Staatsbankrott von Griechenland (2010) und Irland (2010) geglaubt? Daran, dass Portugal, Spanien und sogar Großbritannien kurz davorstehen? Wer hätte geglaubt, dass hochrangige Politiker jemals öffentlich über den Zusammenbruch des Europäischen Währungssystems sprechen werden? Oder denken Sie nur an Dubai (2010) oder die Beinahe-Staatsbankrotte in Ungarn (2008), Rumänien (2009), Lettland (2009) und der Ukraine (2009). Russland (1998), Argentinien (2001) und Island (2008) haben das alles schon hinter sich. Auch in Deutschland ist die Situation mehr als prekär. Unsere Verschuldung ist so hoch wie noch niemals zuvor in der Geschichte unseres Staates. Noch bekommen wir Geld geliehen, weil wir von den Schlechten noch die Besten sind. Aber irgendwann ist auch für uns Schluss. Wäre die Bundesrepublik ein Unternehmen, wären schon längst alle Lichter ausgegangen, weil keine Bank der Welt diesem auch nur einen Cent leihen würde. Aber bei Staaten ist das etwas anderes, sie genießen mehr Vertrauen. Warum? Weil die Gläubiger wissen: Hinter den Staaten stehen ja noch die Steuerzahler, die man schröpfen kann. Und damit kommen wir zum springenden Punkt.

»Staatsbankrott« klingt zwar schlimm, aber doch immer so, als seien das die anderen und nicht wir. Das ist ein Irrtum, denn der Staat sind wir, und wenn er sich saniert, dann tut er das auf unsere Kosten. Staatsbankrott ist letztlich nur ein anderes Wort für »Bankrott der Bürger«. Auch wenn der Staat am Ende nicht haftet – wir alle (!) entkommen der Haftung für unsere Staatsschuld auf keinen Fall.

Dabei war natürlich von Anfang an klar, dass der Euro nicht funktionieren kann, weil der politischen Einheit keine ökonomische Einheit zur Seite gestellt wurde. Mit der D-Mark hatten wir eine der stärksten Währungen der Welt, mit dem Euro nun eine immer schwächere. Letztlich wird der schwache Euro niemandem nutzen, auch die Ersparnisse in Versicherungen usw. sind dadurch in Gefahr, entwertet zu werden.

Diese grob fahrlässige Missachtung des Maastricht-Vertrages wird den Rückhalt des Euros in der deutschen Bevölkerung noch weiter schmälern. Kritiker haben bereits das Bundesverfassungsgericht angerufen, weil nach den zugesagten Hilfen für Griechenland und Irland die Eurozone keine Stabilitätsgemeinschaft mehr ist und Deutschland demnach – so deren Logik – nach unserer Verfassung zwingend aus der EU austreten muss.

Die Erwartungshaltung nach Einführung des Euros war groß: Die europäische Gemeinschaftswährung sollte ein Bollwerk gegen Inflation, gegen ausufernde Staatsverschuldung und zu viele Markteingriffe des Staates sein. Doch dieses Währungssystem und damit auch die politische Union der europäischen Länder bricht gegenwärtig zusammen wie ein Kartenhaus. Der Traum einer stabilen, allen Krisen strotzenden, gemeinsamen Währung und Wirtschaftsunion scheint ausgeträumt zu sein. Europa in dieser Form liegt in den letzten Zügen. Umso wichtiger ist es für Sie, den Steuerzahler, den »kleinen Mann«, den der Staat auch künftig zur Kasse bitten wird, die Hintergründe der *tatsächlichen* Lage in den USA, China, Europa und vor allem auch in Deutschland zu kennen. Ich wiederhole mich gerne, weil es so wichtig ist: Lassen Sie sich von politischen Schönrednern und windigen Medienvertretern kein X für ein U vormachen. Die Situation ist ernster denn je – denn es ist bereits eine Minute vor Zwölf.

DER USA-CHINA-CRASH

USA: der Anfang vom Ende

Seit Monaten kommen die Börsen nicht zur Ruhe, weil die Anleger rund um den Globus verunsichert sind. Anders als in Deutschland, wo die politischen Krisenschönredner noch immer in der Mehrzahl sind, trauen Ökonomen aus anderen Staaten dem Markt nicht mehr über den Weg. Schuld daran ist vor allem die Angst, die Vereinigten Staaten könnten erneut in eine Rezession fallen. Unberechtigt ist diese Angst nicht, denn die Anzeichen sprechen eine klare Sprache.

Als die 800 Milliarden Dollar schweren Konjunkturprogramme im vergangenen Jahr in den Vereinigten Staaten ausliefen, schwächelte sofort die Wirtschaft – und zwar gewaltig. Die US-Notenbank *Fed* hatte bis zu diesem Zeitpunkt für 300 Milliarden Dollar US-Staatsanleihen erworben und für über eine Billion Dollar immobilienbesicherte Anleihen und andere Wertpapiere in ihre Bilanz genommen.

Am Donnerstag, den 4. November 2010, traf sich der Offenmarktausschuss des *Federal Reserve Systems* (FOMC) zu einer historischen Sitzung. Wie selten zuvor war dieses Zusammentreffen mit großer Spannung erwartet worden, denn das Gremium entschied nicht nur über die amerikanische Geldpolitik, sondern auch darüber, wie es mit der »Wirtschaftssupermacht« USA in Zukunft weitergehen sollte.

Der Begriff »QE2« dominierte das Gespräch. Wirtschafts- und Finanzexperten hatten schon im Vorfeld damit gerechnet, dass das FOMC ein zweites Ankaufprogramm für Staatsanleihen zur Stützung der Finanzmärkte beschließen würde. Da dies am 18. März 2009 schon einmal geschehen war, wurde das »Quantitative Easing« (Quantitative Lockerung) in der US-Presse auch als »QE2« bezeichnet. Damals hatte die *Fed* Staatsanleihen und Wertpapiere im Gesamtwert von mehr als einer Billion Dollar aufgekauft. Und tatsächlich: Auch in dieser Sitzung beschloss die FOMC einen erneuten Aufkauf über 600 Milliarden Dollar, um die Wirtschaft (wie es offiziell hieß) weiterhin mit Geld zu versorgen. Ende September 2010 besaß die amerikanische Notenbank dann US-Staatsanleihen im Umfang von 891,3 Milliarden US-Dollar und damit erstmals mehr als die Volksrepublik China (884 Milliarden Dollar). Grotesk: Die USA waren dadurch ihr größter Schuldner und Gläubiger gleichzeitig.[1] Die *Fed* hat ihre Bilanzsumme seit Mitte 2008 um rund 1,4 Billionen Dollar ausgeweitet.[2]

Die Quantitative Lockerung ist ein Instrument, das dann eingesetzt werden kann, wenn der Zinssatz der Zentralbank nahe null oder schon bei null ist, aber weiterhin eine expansive Geldpolitik angesagt ist. Hierdurch wird allerdings die Geldmenge M3[3] wesentlich vergrößert, die damit verbundene Gefahr heißt höhere Inflation. In der Theorie zumindest ist sogar eine Hyperinflation möglich.

Um das neue Aufkaufprogramm finanzieren zu können, musste die *Fed*, wie in der Vergangenheit, de facto Geld aus dem Nichts erschaffen, das heißt: einfach Geldscheine drucken. Diese Maßnahme ist aber unter Finanzökonomen sehr umstritten und gilt als Ausnahmeinstrument, das man nur für einen begrenzten Zeitraum anwenden darf.[4] Damit wird das Sparen aufgrund niedrigerer Zinsen immer unattraktiver, die Aufnahme von Krediten aber erleichtert. Gleichzeitig sinkt der Außenwert des Dollars, was die Exporte und somit auch das Wachstum steigern soll.

So birgt das größte geldpolitische Experiment der Neuzeit nicht nur für Investoren, sondern auch für Sparer einige Risiken: Die neuen Milliarden können die Notierungen für Rohstoffe in die Höhe treiben, Turbulenzen an den Währungs- und Finanzmärkten auslösen, Spekulationsblasen noch weiter aufblähen und Verbraucherpreise in die Höhe treiben. Einen Vorgeschmack erlebten wir bereits kurz nach Bekanntgabe der *Fed*-Entscheidung:

- Der Dow Jones kletterte so hoch wie seit der Pleite von *Lehman Brothers* nicht mehr.
- Der DAX stieg auf den höchsten Stand seit Juni 2008.
- Der Euro in Dollar markierte ein Hoch von 1,4065.
- Der Ölpreis stieg auf 87,61 Dollar je Barrel.
- Der Goldpreis erhöhte sich auf 1394,90 Dollar.
- Der Silberpreis stieg auf sein damaliges 30-Jahres-Hoch und kostete 27 Dollar je Feinunze.

Die amerikanische »Politik des billigen Geldes« und der Schwächung des Dollars bringt vor allem große Exportnationen wie Deutschland,

China, Brasilien und Japan gegen sich auf, weil deren Unternehmen bei Geschäften mit den USA weniger Erlöse erzielen. Die überschüssige Liquidität schürt Inflationsängste und die Furcht vor einer neuen Investitionsblase an den Kapitalmärkten.

Wirtschaftsminister Rainer Brüderle (FDP) äußerte sich gegenüber der *Welt am Sonntag* unmissverständlich:»Die expansive Geldpolitik der USA bereitet mir Sorge, weil eine übermäßige Geldvermehrung auch eine indirekte Manipulation des Dollar-Kurses ist.« Brüderles Kabinettskollege, Finanzminister Wolfgang Schäuble (CDU), setzte noch einen drauf:»Bei allem Respekt, mein Eindruck ist, die Vereinigten Staaten sind ratlos. Die US-Notenbank verfolgt die falschen Rezepte.« Der brasilianische Finanzminister Guido Mantegna wurde noch deutlicher:»Geld vom Hubschrauber aus abzuwerfen bringt nichts Gutes.« Auch die Chinesen kritisierten die neuerliche Dollar-Schwemme und drohten sogar mit einem»währungspolitischen Schutzwall«.[5]

Die US-Notenbank ramponierte also ihre eigene Währung, was zeigt, wie nahe die USA am Abgrund standen und noch stehen. Denn die Vorzeichen einer neuen Rezession sind da: Das Außenhandelsdefizit vergrößert sich und erweist sich einmal mehr als Bremsklotz für das Wachstum. Zwei weitere»Langzeitprobleme«sind die anhaltend hohe Arbeitslosigkeit und die immer noch bestehenden Schwierigkeiten auf dem Immobilienmarkt. Die Zahl der Pfändungen kletterte 2010 im Vergleich zum Vorjahr um 25 Prozent, denn es gibt keine Verbesserungen der wirtschaftlichen Rahmenbedingungen. Aufgrund der vielen Zwangsvollstreckungen wird das Angebot an Wohneigentum immer größer. So stehen auf dem US-Häusermarkt nun rund zwölf Millionen Immobilien zum Verkauf. Doch die Nachfrage geht aufgrund der hohen Arbeitslosigkeit und des Wegfalls bundesweiter Steuererleichterungen für Eigenheimerwerber stetig zurück. Gemäß dem S&P/Case-Schiller-Index, der die durchschnittlichen Immobilienpreise in den 20 größten Städten der USA ermittelt, sind die Preise von Immobilien seit 2006 um 28 Prozent gefallen.

Im Jahr 2011 werden weitere zwei Millionen Häuser von Banken gepfändet werden, schätzt Mark Zandi, Chefvolkswirt von *Moody's Analytics*. Und der Verkauf von Wohnhäusern wird sieben Prozent unter das Niveau von 2009 fallen. Verzweifelt versuchen Hypothekenbanken, die Anzahl der zu versteigernden Immobilien unter Kontrolle zu halten. Viele verlängern die Darlehen, obwohl sie keine Ratenzahlung mehr erhalten, nur um die Zwangsenteignung zu verschieben. Etwa acht

Millionen Immobilien sind bereits im Besitz der Banken oder werden noch beschlagnahmt, so Oliver Chang, US-Hausmarkt-Stratege bei *Morgan Stanley* in San Francisco. Aus Sorge um den Wert ihrer Ersparnisse haben die Amerikaner in den vergangenen Monaten bereits 33 Milliarden Dollar aus Aktienfonds abgezogen.

Auch vom Gewerbeimmobilienmarkt droht Unheil. Unternehmensberater Toni Wood sagte: »Wie nie zuvor in der Geschichte wird in den nächsten drei Jahren eine riesige, hurrikanartige Welle fällig werdender Hypotheken hoch verschuldeter Bauherren über die US-Wirtschaft hereinbrechen.« Experten fürchten, dass explodierende Insolvenzzahlen in der Baubranche zu weiteren Bankenzusammenbrüchen führen könnten. Harvard-Professorin Elizabeth Warren schlug ebenfalls Alarm: »Bis zu 3000 mittelgroße Banken haben eine gefährliche Konzentration von Gewerbeimmobilienkrediten in ihren Büchern.« Die Deutsche Bank rechnet damit, dass 65 Prozent der zur Refinanzierung anstehenden Hypotheken ausfallgefährdet sind. Somit wären 40 Prozent *aller* US-Banken in ihrer Existenz bedroht. Für sie geht es um alles oder nichts.

Aber auch den Menschen in den Vereinigten Staaten geht es immer schlechter: Wie die Zeitung *USA Today* berichtete, sind bereits 40 Millionen US-Bürger auf Lebensmittelmarken angewiesen. Das ist ein Anstieg um 50 Prozent gegenüber Dezember 2007 zum Beginn der Rezession. Auch die Zahl der Bezieher von Arbeitslosenhilfe hat sich in den vergangenen drei Jahren auf fast zehn Millionen vervierfacht. Im Durchschnitt werden 7300 Menschen pro Tag arbeitslos, und die US-Industrie baut ebenfalls im Durchschnitt 1400 Arbeitsplätze pro Tag ab. Die Zahl der Industriebeschäftigten ging von 18,7 Millionen im Jahr 1980 auf 11,8 Millionen in 2010 zurück. Die Arbeitslosenzahl stieg von sieben Millionen im Jahr 2006 auf über 14 Millionen in 2010. Die offizielle Arbeitslosenquote liegt um die zehn Prozent, zählt man aber jene mit, die nicht suchen und sich nirgendwo melden, dürften es sogar 20 Prozent sein.[6]

Zudem erhalten rund 50 Millionen Amerikaner staatliche Unterstützung, damit sie zum Arzt gehen können – ein Plus von 17 Prozent. Etwa 4,4 Millionen Menschen leben von Sozialhilfe. Dies ist eine Zunahme um 18 Prozent gegenüber Ende 2007. Doch die Sozialkassen stehen selbst vor schweren Zeiten: Ihnen geht in den nächsten fünf Jahren unweigerlich das Geld aus. Waren es im Jahr 2010 45 Millionen Menschen, die von staatlichen Sicherungssystemen abhängig gewesen sind, werden es 2030 bereits 78 Millionen sein, schätzt die US-Regierung. Andrew Biggs vom *American Enterprise Institute* mahnte deshalb wohl zu Recht: »Wenn wir das Kostenproblem nicht in den Griff bekommen, dann geht es uns wie Griechenland.«[7]

Die Verschuldung der Verbraucher und der Unternehmen nimmt ebenfalls zu, weil in den USA nicht Sparsamkeit gefördert wird, sondern die Möglichkeit, sich zu verschulden.[8]

Die Banken selbst sind ebenfalls in Gefahr: Im Jahr 2010 gingen 157 US-Geldinstitute bankrott. Das ist die höchste Zahl seit Anfang der 1990er-Jahre, und die US-Einlagensicherung FDIC hat noch immer 860 gefährdete Institute auf ihrer Liste. Zum Vergleich: 2009 mussten »nur« 140 Banken schließen.[9]

Und es gibt ein weiteres Problem, das wie ein Damoklesschwert über den Vereinigten Staaten hängt: der Markt mit Kommunalanleihen. Denn nach dem privaten Häusermarkt und den Gewerbeimmobilien droht jetzt auch noch ein Crash bei den Kommunalanleihen. Dieser Markt ist immerhin 2,8 Billionen Dollar schwer. Nach Ausbruch der Finanzkrise und dem Verlust des Vertrauens in die herkömmlichen Banken erfreuten sich vor allem Privatinvestoren an den vermeintlich sicheren amerikanischen Kommunalanleihen: Die Papiere warfen eine gute Rendite ab, und die Gewinne sind in den USA steuerfrei. 2009 wurden mit 70 Milliarden Dollar neunmal so viele Papiere gekauft wie im Jahr zuvor.

Die US-Investorenlegende Warren Buffett warnte bereits vor einiger Zeit, dass der Erwerb dieser Papiere ein »gefährliches« Geschäft sei. Buffetts Vorausblick scheint sich nun zu bewahrheiten: Bisher haben 46 Kommunen Anleihen mit einem Volumen von 1,7 Milliarden Dollar nicht bedient, 70 Prozent mehr als im Jahr zuvor. Immer mehr Städte haben trotz rapide sinkender Steuereinnahmen über ihre Verhältnisse gelebt und sind de facto pleite. Auch die schwächelnde Konjunktur trägt ihren Teil dazu bei, dass der Billionenmarkt vor einem Crash steht, der neue Schockwellen auf den globalen Finanzmärkten auslösen könnte.

In der Rezession legte die US-Regierung ein Subventionsprogramm durch sogenannte »Build America Bonds« (BAB) auf. Hoch verschuldete Bundesstaaten und Kommunen konnten sich damit billig Geld am Kapitalmarkt besorgen, weil Washington von jeder Anleihe 35 Prozent der Zinszahlungen übernahm. So wurden bisher rund 177 Milliarden Dollar an Anleihen platziert. Vor allem drei US-Bundesstaaten nahmen diese Sonderkommunalanleihen in Anspruch: Kalifornien (36,4 Milliarden USD), New York (18,1 Milliarden USD) und Texas (14,9 Milliarden USD). Die amerikanische Regierung will dieses Programm jedoch im Jahr 2011 nicht fortführen, was die Lage am Markt wohl verschlechtern wird.[10]

Ein Beispiel dafür, was dann künftig passieren kann, ist Harrisburg, die Hauptstadt des US-Bundesstaates Pennsylvania. Die Stadtverwaltung kündigte kurzerhand an, bis auf Weiteres ihre fälligen Anleihen im Wert von 3,3 Millionen Dollar nicht mehr zu bedienen. Doch schuld an der prekären Situation ist sie selbst, denn seit mehr als 30 Jahren bekommt die Stadt ihre Verbindlichkeiten nicht in den Griff. Mit 70 Millionen Dollar überschritt der Schuldendienst aus Zinsen und Tilgung im Jahr 2010 sogar die Einnahmen. Die Stadtverwaltung kalkulierte damit, Banken und Fondsgesellschaften, die sich mit ihren Anleihen eingedeckt hatten, an den Verhandlungstisch und zum Erlass der Schulden zu zwingen. Funktioniert das nicht, kann sie offiziell den Bankrott anmelden und hätte sich so ihrer Schulden entledigt.

Viele Experten und Insider sehen mit dem zweitgrößten Ausfall eines kommunalen Schuldners neue Gefahren auf den Markt zurollen. »Der Tag der Abrechnung ist nah, auch wenn das viele Kommunen in den USA nicht wahrhaben wollen«, sagte Jeff Schoenfeld, Spezialist für Kommunalanleihen bei der Bank *Brown Brothers Harriman*.

Sofern das unnachgiebige Verhalten von Harrisburg in Städten wie etwa Los Angeles oder Detroit Schule macht, könnte das den Markt der kommunalen Anleihen schnell zum Bersten bringen. »Der Zahlungsausfall einer großen Stadt könnte eine Panik auslösen«, orakelte demzufolge auch Marilyn Cohen von *Envision Capital Management*.[11]

Die Verschuldung der Vereinigten Staaten ist historisch und gigantisch: rund 14 Billionen Dollar. Seit 2006 wächst der Schuldenberg *täglich* um 3,2 Milliarden Dollar an.[12] Die Staatsschuldenquote erhöhte sich von 70,7 Prozent im Jahr 2008 auf 75,5 Prozent. 2011 soll sie bei 99 Prozent[13] liegen, 2030 sogar bei 140 Prozent des Bruttoinlandsprodukts (BIP).

Die *Gesamtverschuldung* (Staat, Haushalte, Unternehmen) beträgt rund 50 *Billionen* Dollar. Im Jahr 2019 werden 700 Milliarden Dollar allein für den Schuldendienst benötigt. Damit würden 17 Prozent der gesamten Budgeteinnahmen für die Schuldentilgung aufgewendet – mehr als das Doppelte von heute.

Für Harvard-Ökonom Kenneth Rogoff sind die Staatsschulden »das schwerste Erbe der Finanzkrise«. Fred Bergsten, Chef des Peterson-

Institutes, mahnte:»Wenn wir das in den nächsten fünf Jahren nicht korrigieren, dann ist unsere weltweite Rolle tatsächlich in Gefahr.« Laurence Kotlikoff, Ökonomieprofessor an der *Boston University*, gab schon im Herbst 2010 eine entmutigende Einschätzung der Lage in den USA ab:»Vergessen Sie die offiziellen Schulden«, sagte er und fügte hinzu, das»echte« Defizit – inklusive der ungedeckten Verbindlichkeiten von *Medicare*, *Medicaid*, Fürsorgeunterstützung und dem Verteidigungshaushalt – betrage insgesamt 202 Billionen Dollar, also *15 Mal* mehr als offiziell angeben!»Die USA sind bankrott, und wir wollen es nicht wissen. Wir müssen bedenken, dass die Regierung künftig viel, viel Geld drucken muss, um alle ihre Verbindlichkeiten und die fällig werdenden Staatsanleihen noch bezahlen zu können.« Amerika brauche, so Kotlikoff weiter, umfassende Reformen der Gesundheits-, Renten-, Steuer- und Finanzsysteme.»Abgesehen davon werden Ihre hart verdienten Dollars bald wertlos sein.«[14]

Wohl nicht umsonst warnte US-Außenministerin Hillary Clinton bereits im Februar 2010 vor dem Kongress:»Wir müssen das Defizit und die Schulden als Angelegenheit der nationalen Sicherheit betrachten, nicht nur als ökonomisches Problem.«

Schulden als Angelegenheit der nationalen Sicherheit – das sind wahrlich starke Worte. Sie eröffnen eine neue und ganz andere Dimension der Auseinandersetzung. Das zeigt aber auch, wie groß die Angst vor einem Staatsbankrott in der politischen Führungsriege der Vereinigten Staaten schon ist.[15]

Die gefährliche Situation, in der sich die USA befinden, alarmierte auch *Fed*-Chef Ben Shalom Bernanke, der davor warnte, dass ein hohes Haushaltsdefizit die konjunkturelle Erholung in den kommenden Jahren gefährden könne. Zugleich sprach er sich aber gegen Steuererhöhungen oder Ausgabenkürzungen zum gegenwärtigen Zeitpunkt aus, da sie seiner Ansicht nach einen zaghaften Aufschwung abwürgen könnten. Langfristig gesehen müsse die Regierung das Haushaltsdefizit aber in den Griff bekommen.

Der gewaltige Schuldenberg der USA ist auch nach Ansicht von Präsident Barack Hussein Obama unhaltbar. Die Regierung müsse das Haushaltsdefizit entschieden angehen, forderte er deshalb. Die von ihm zur Krisenbewältigung kurz nach Amtsantritt 2009 veranlassten Ausgaben zur Förderung von Wachstum und Beschäftigung hätten das Finanzloch vorübergehend noch vergrößert, sagte er aber auch sehr selbstkritisch.[16]

Und so kam es, wie es kommen musste: Kurz vor dem Treffen der G20-Staaten im November 2010 senkte die chinesische Ratingagentur *Dagong Global Credit Rating* die Note der Kreditwürdigkeit der Vereinigten Staaten von »AA« auf »A+«. Die Bewertung könne weiter heruntergestuft werden, hieß es. Hintergrund war die Geldspritze der US-Notenbank *Fed*, mit der die Konjunktur angekurbelt werden sollte. Ein derartiger Schritt laufe den Interessen der Gläubiger zuwider, erklärte die Agentur.[17]

Zu Beginn des Jahres 2011 schockte eine neue Meldung die Öffentlichkeit, die ich aufgrund ihrer Brisanz ungekürzt wiedergeben will: »Obama-Berater fürchtet Zahlungsunfähigkeit der USA: Sollte die Obergrenze für die Staatsverschuldung nicht wie von der Obama-Regierung verlangt angehoben werden, ›würden wir im Kern unsere Anleihen nicht mehr ordnungsgemäß bedienen können‹, sagte Austan Goolsbee, Vorsitzender von Obamas Rat der Wirtschaftsberater im US-Fernsehen. ›Dies wäre noch nie da gewesen in der Geschichte der Vereinigten Staaten‹, fügte er hinzu. ›Die Folgen für unsere Wirtschaft wären katastrophal, das wäre eine schlimmere Wirtschaftskrise als jene, die wir 2008 gesehen haben‹, warnte Goolsbee. Die Obergrenze für die gesamte US-Staatsverschuldung liegt derzeit bei 14,3 Billionen Dollar (10,7 Billionen Euro). Die USA sind nur noch 400 Milliarden Dollar von der Grenze entfernt. Konservative Haushaltspolitiker im Kongress sind gegen eine weitere Anhebung und argumentieren, der US-Schuldenstand sei bereits hoch genug. Die Republikaner werden nach ihrem Wahlerfolg im November im neuen Jahr die Mehrheit im Repräsentantenhaus übernehmen.«[18] So könnte der Dollar als gängige »Leitwährung« mittelfristig bald schon Geschichte sein, denn sogar der Internationale Währungsfonds (IWF) denkt bereits über eine neue Weltwährung nach. Das würde die finanzielle Sonderstellung und die wirtschaftliche Vorherrschaft der USA ein für alle Mal beenden. Ein erneuter, noch viel schlimmerer Crash in den Vereinigten Staaten ist also nur noch eine Frage der Zeit.

Das Ende des Dollars?

Der Niedergang der USA und der scheinbar unaufhörliche Aufstieg der Chinesen (ich komme weiter unten noch einmal darauf zurück) hat nun auch beim Internationalen Währungsfonds (IWF) dazu geführt, über einen Paradigmenwechsel in Sachen Leitwährung nachzudenken. Die Washingtoner Finanzorganisation hatte bereits im April 2010 eine Studie mit dem Titel *Reserve Accumulation and International Monetary Stability* veröffentlicht, die bis jetzt weitgehend unbeachtet blieb. Und doch gleicht der Inhalt einem Pulverfass: Von »Veränderung der Spielregeln« war dort die Rede, offen wurde über die Ablösung des Dollars als Leitwährung diskutiert und die Schaffung einer neuen Weltwährung mit dem Namen »Bancor« vorgeschlagen. Es sollte jedoch keine Landeswährung sein, sondern in einem grenzüberschreitenden Geld, wie die Sonderziehungsrechte (SDR), bestehen. Es hieß, die neue Währung müsse jedoch über die starke Bindung der SDR an dominante Währungen hinausgehen, weil sie so nicht mehr direkt an die Bedingungen einer oder mehrerer Volkswirtschaften gebunden sei. Dadurch würden mehr Stabilität und Effizienz geschaffen und das Geld sowie das Kreditwesen entpolitisiert.

Gleichzeitig wurde auch die derzeitige Rolle der US-Notenbank (*Fed*) infrage gestellt, denn eine Weltzentralbank könnte in Stresssituationen als »Kreditgeber der letzten Instanz« dienen, um im Falle von schweren Erschütterungen die nötige Liquidität im gesamten System bereitzustellen, und das automatischer, als es derzeit geschieht. Die Studie ließ zwar offen, ob es wieder eine Deckung durch Gold geben sollte, doch das ist meiner Einschätzung nach eher unwahrscheinlich. Der Vorteil einer neuen Weltwährung liegt auf der Hand: Es gäbe kein Land mehr, das eine monetäre Vormachtstellung innehätte. Genau dies dürfte auch der Grund sein, wieso sich die USA erbittert gegen eine neue Weltleitwährung sträuben.

Dabei ist unter Experten klar: Das mögliche Ende des Dollars hängt eng mit dem unaufhaltsamen Aufstieg Chinas, der inzwischen zweitgrößten Weltwirtschaft, zusammen. Schon vor einiger Zeit hat Peking vorgeschlagen, den Dollar durch Sonderziehungsrechte des Internationalen Währungsfonds zu ersetzen. Dies hätte zur Folge, dass Chinas Stimmrechte und sein Einfluss im IWF deutlich wachsen würden. Bei der Neugewichtung der Stimmrechte in der Weltbank konnten die Chinesen bereits punkten und Deutschland vom dritten Rang verdrängen. Auch die BRIC-Schwellenländer (Brasilien, Russland, Indien, China) mahnen an, künftig mehr Gewicht in einer neuen Weltwirtschaftsordnung haben zu wollen. Damit wäre die westliche Vormachtstellung im IWF gebrochen.[19]

China: Es ist nicht alles
Gold, was glänzt

Hauptgegner der Vereinigten Staaten im Rahmen eines möglichen Wirtschaftskonflikts ist China. Das Land hatte seine Politik in Bezug auf US-Staatsanleihen zunächst geändert und stieß diese Mitte 2010 in großem Umfang ab. Vielleicht wollte die kommunistische Staatsführung damit demonstrieren, wer der Herr im Haus ist, bevor dann im Oktober 2010 wieder ein größeres Aufkaufprogramm gestartet wurde. Damit hielten die Chinesen US-Bonds mit einem Gesamtvolumen von 906,8 Milliarden Dollar.[20]

Doch der Schein einer partnerschaftlichen Zusammenarbeit trog: Washington warf Peking vor, die Landeswährung Yuan künstlich niedrig zu halten, um seine Wettbewerbsfähigkeit gegenüber den amerikanischen Unternehmen zu stärken (siehe Seite 28/29). China sah sich hingegen zum Sündenbock für Probleme gemacht, die die Amerikaner selbst verursacht hatten. Der chinesische Ministerpräsident Wen Jiabao widersetzt sich nach wie vor dem Druck aus den Vereinigten Staaten, die Landeswährung Yuan aufzuwerten, denn dessen Kurs habe nichts mit dem US-Handelsdefizit zu tun. Eine Aufwertung um rund 20 Prozent, wie es Washington nach wie vor fordert, würde Jiabao zufolge in der Exportwirtschaft Chinas zu einer Pleitewelle führen. Der Ministerpräsident weiß nur zu gut, dass auch in seinem Land nicht alles Gold ist, was glänzt, denn in den vergangenen Monaten wurde das Wachstum der chinesischen Wirtschaft durch einen massiven Geldzufluss aus gigantischen Konjunkturprogrammen quasi künstlich erzeugt. Ein sich selbst tragender Aufschwung blieb allerdings aus. Zudem zieht die Inflation ausgerechnet in jenem Land stark an, über dessen Wirtschaftsstärke man sich im Westen bisher nur verwundert die Augen gerieben hat. Die Teuerung gilt vor allem für Waren des täglichen Bedarfs, sorgt aber auch für Preisanstiege in spekulationsgetriebenen Märkten, wie etwa in der Immobilienbranche. China will dennoch 2011 eine höhere Inflation zulassen. Die Zielmarke wurde von der nationalen Kommission für Entwicklung und Planung mit vier Prozent angegeben, die Wirtschaftsleistung soll um acht Prozent steigen.[21] Ende Dezember 2010 hob die chinesische Zentralbank schließlich den Leitzins auf 5,81 Prozent an, um einer Überhitzung der Wirtschaft, dem Entstehen von Investmentblasen und einem damit einhergehenden hohen Inflationsdruck vorzubeugen. Fraglich bleibt jedoch, ob die Eindämmung der Inflation gelingt, ohne das Wachstum abzuwürgen, das im Jahr 2007 noch 14,2 Prozent betragen hatte und 2011 auf 10,5 Prozent schrumpfen soll.[22]

Lohnerhöhungen als Grund für soziale Unruhen?

Streiks in China hatten zu massiven Lohnerhöhungen für die Arbeiter geführt. Dies konnte fast schon als »historisch« bezeichnet werden, denn in den vorangegangenen Jahrzehnten fiel der Anteil des Lohneinkommens am Bruttoinlandsprodukt kontinuierlich.

Experten werteten Pekings Zustimmung für höhere Löhne als Zeichen dafür, dass die Regierung nicht auf Konfrontationskurs mit den Arbeitern gehen wollte, um den sozialen Frieden in wirtschaftlich angespannter Lage zu stabilisieren. Doch das ist ein zweischneidiges Schwert.

Zunächst verbessert sich natürlich die Lebensqualität für die Bevölkerung, und auch der Binnenmarkt kann durch höhere Löhne angekurbelt werden. Aber man darf nicht vergessen, dass Lohn- und Produktionskostensteigerungen auch die Exporte verteuern.

Jahrelang boten die Chinesen ihre Waren billiger an als ihre globalen Konkurrenten. Doch bei Lohnerhöhungen von bis zu 66 Prozent werden die Warenpreise weltweit ebenfalls ansteigen. China wird so zum Exporteur der Inflation und muss zudem mit einem Rückgang seiner Warenverkäufe ins Ausland rechnen.

Die Befürchtung ist berechtigt, denn die US-Amerikaner kaufen vor allem billige Verbrauchsgüter, die aus China importiert werden. Jetzt verlagern sich deren Verteuerungen durch höhere Löhne aber in die Vereinigten Staaten und damit in jedes Absatzland. Wenn die Produktionskosten in China steigen, werden manche ausländische Unternehmen ihre Arbeitsplätze oder gar ihre Standorte wieder in Heimatnähe verlagern. Die daraus resultierende höhere Arbeitslosigkeit könnte wiederum soziale Unruhen im Reich der Mitte schüren.[23]

Wir sehen daran, dass massive Lohnerhöhungen und die einhergehende Inflation bei einem exportabhängigen Land mittelfristig zu wirtschaftlichen und sozialen Schwierigkeiten führen können.

Die Regierung in Peking ist also vor die schwierige Aufgabe gestellt, den sozialen Frieden zu wahren und gleichzeitig Chinas neue Rolle als internationaler Preistreiber so schnell wie möglich aufzugeben.

Chinas Banken drohen massive Verluste

Doch es gibt weitere schlechte Nachrichten aus dem größten Land der Erde: Chinesische Geldhäuser müssen mit massiven Verlusten aus Krediten für unrentable Infrastrukturprojekte rechnen. Fast ein Viertel der an Kommunen vergebenen Darlehen mit einem Umfang von rund 880 Milliarden Euro (7,7 Billionen Yuan) zur Finanzierung von Infrastrukturvorhaben, wie beispielsweise dem Bau von Schnellstraßen, Autobahnen und Flughäfen, sind akut »ausfallgefährdet«. Das jedenfalls berichteten Kreise aus dem Umfeld der chinesischen Bankenaufsicht.

Für fast 50 Prozent dieser Kredite müssen Bürgen herhalten, weil die finanzierten Projekte keine »ausreichenden Einnahmen« erwirtschaften. Die Bankenaufsicht informierte deshalb die betroffenen Geldhäuser, notleidende Kredite bis zum Jahresende abzuschreiben. Vergangenes Jahr hatten Banken noch rund 1,4 Billionen Dollar an Krediten vergeben – Rekordhöhe. Doch das soll sich ändern. Der Vorsitzende der Bankenaufsicht, Liu Mingkang, sprach sogar von einer möglichen Gefahr für die Banken, weil Finanzierungsgesellschaften kommunaler Träger den gesamten Bankensektor gefährden würden.

Die Warnung des Finanzwächters ist ernst zu nehmen, denn Finanzierungsgesellschaften gibt es in weiten Teilen des Riesenreiches. Mingkang wies außerdem darauf hin, dass die zur Verfügung gestellten Gelder letztendlich auch in »unwirtschaftliche Vorhaben« fließen könnten. Deshalb hatte die chinesische Zentralregierung bereits zu Beginn vergangenen Jahres Einschränkungen in Bezug auf die Kreditsummen verfügt. Doch nur mit mäßigem Erfolg, denn durch die Drosselung der Kreditvergabe wurden die Aktienmärkte weltweit belastet.[24]

Yuan gegen Dollar

Die USA und Europa drängen schon lange darauf, dass China seine traditionell niedrig bewertete Währung, den Yuan, auf ein angemessenes Maß anhebt, um so den weltweiten Wettbewerb zu erleichtern. Diese Aufforderung scheint jedoch einfacher gesagt als getan, denn durch eine schnelle Dollar-Angleichung des Yuans würde das Land sich selbst empfindlich schaden. Denn es gibt einen Hauptunterschied zwischen den beiden »Wirtschaftssupermächten«: Die USA frönen ungehemmter Konsumlust, die Chinesen hingegen produzieren und sparen. Deshalb besitzen die Asiaten ein großes Auslandsvermögen, und die Amerikaner sitzen auf einem Berg von Schulden.[25]

Wie Ex-Notenbanker Yu Yongding dem *Handelsblatt* gegenüber äußerte, ist eine Korrektur des Yuans gegenüber dem Dollar nur langsam zu bewerkstelligen, da sich nur so negative Auswirkungen auf den chinesischen Export und auf die damit verbundenen Arbeitsplätze vermeiden lassen. Denn China hat inzwischen eigene Probleme: Das Exportwachstum ist infolge der globalen Finanzkrise 2009 gegenüber 2008 um 34 Prozent gefallen, der Handelsüberschuss reduzierte sich bis Juli 2010 auf 21,2 Prozent.[26] Der Rückgang des Handelsüberschusses lässt die Regierung in Peking einmal mehr zögern, eine deutliche Aufwertung zuzulassen – nicht zuletzt auch aus Angst vor der Auswirkung auf die eigene Handelsbilanz.

Bisher hielt China den Kurs des Yuans, in dem die Notenbank US-Dollar eingekauft hat, niedrig. Doch Peking ist sich wohl bewusst, dass dies keine dauerhafte Lösung sein kann, da eine weitere Verschlechterung der US-Außenhandelsbilanz die Wahrscheinlichkeit erhöht, dass die Vereinigten Staaten ihren wachsenden Schuldenberg durch eine künstlich herbeigeführte Inflation verringern könnten. Dies würde wiederum schwerwiegende Nachteile für die chinesische Wirtschaft nach sich ziehen und den gerade erst errungenen Wohlstand gefährden.

Chinas Ministerpräsident Wen Jiabao will deswegen von einer zu schnellen Aufwertung des Yuans nichts wissen, denn das würde das Wachstumsmodell zerstören, das großen Teilen der Bevölkerung aus der Armut hilft. Viele chinesische Unternehmen stünden vor dem Bankrott, Hunderttausende Arbeiter würden erwerbslos werden und müssten in ihre Dörfer zurückkehren. Ein Schreckensszenario, nicht nur für eine kommunistische Führung, auch für viele Exportnationen, die am Tropf von Chinas Wohlstand hängen. Den Vorwürfen der Amerikaner, er würde die Währung künstlich niedrig halten, antwortete Jiabao mit dem Argument, die USA würden einen großen Teil der Waren aus China ja schließlich selbst und freiwillig kaufen und somit Vorteile aus den niedrigeren Preisen erzielen.[27] Seit Juni 2010 zeigten sich die Asiaten allerdings etwas reformbereiter, denn der Yuan wurde seither um etwa drei Prozent gegenüber dem Dollar aufgewertet.[28]

Doch besonders auf dem chinesischen Immobiliensektor bahnt sich Unheil an: Nach Ansicht von *Citigroup*-Chefökonom Willem Buiter steht China in spätestens fünf Jahren vor einer neuen Blase, da es durch seine rasant steigenden Immobilienpreise und die große Anhäufung fauler Kredite besonders gefährdet ist. Zwar versuche die Regierung in Peking, den Export auch weiterhin durch eine künstlich niedrig gehaltene Währung anzukurbeln, aber es sei nur eine Frage der Zeit, bis der staatlich gesteuerte Wirtschaftsboom zum Erliegen komme. Solch ein Szenario werde neue Schockwellen an den Finanzmärkten und in der Weltwirtschaft auslösen.[29]

Und tatsächlich: Sollten die Immobilienpreise in China plötzlich und unkontrolliert fallen, droht das Wachstum zu schrumpfen, und es kann zu erheblichen Risiken für die Wirtschaft kommen. Die chinesische Regierung will diesen Gefahren zuvorkommen und das Geld, das sich im Markt befindet, im Jahr 2011 verknappen. Ob dies gelingen wird, ist jedoch fraglich, denn zu viel billiges Geld floss in den vergangenen Jahren bereits in falsche Kanäle.[30]

Demzufolge steht auch die aufstrebende Wirtschaftsmacht in Asien vor schweren Zeiten.

USA und China – eine »verhängnisvolle Affäre«

Die USA und China sind über Importe/Exporte, Dollar/Yuan, Leistungsbilanzüberschüsse/-defizite, Wechselkurse und Staatsanleihen voneinander abhängig. In dieser »verhängnisvollen Affäre« hat China zwischenzeitlich die Oberhand gewonnen, denn die Amerikaner sind – ob sie das wollen oder nicht – so abhängig von den Asiaten wie ein Junkie von seinem Dealer.

Mehr denn je brauchen die Vereinigten Staaten das Ausland zur Finanzierung ihrer gigantischen Schulden. Aber nur Fachleute wissen, dass die USA nur noch existieren, weil die Volksrepublik China einen großen Teil ihrer Währungsreserven in US-Staatsanleihen investiert. Die Chinesen besitzen bereits die größten Dollar-Reserven außerhalb der USA – über zwei Billionen Dollar.[31]

Bereits im September 2008 war ausgerechnet China, der ehemalige »Klassenfeind«, der größte ausländische Gläubiger der Vereinigten Staaten, und die chinesische Zentralbank sitzt nach wie vor auf einem riesigen Berg von Währungsreserven, der vor allem aus amerikanischen Staatsanleihen besteht. Im Oktober 2010 hatte China erneut US-Papiere mit einem Wert von 23,3 Milliarden US-Dollar gekauft und blieb mit einem Gesamtvolumen an gehaltenen Staatsanleihen von 906,8 Milliarden US-Dollar der größte ausländische Gläubiger der USA.[32] Auf Platz zwei rangierten die Japaner. Somit finanzieren die Chinesen und Japaner die Haushaltsdefizite der amerikanischen Regierung größtenteils mit.

Das Defizit in der US-Leistungsbilanz resultiert daraus, dass die Amerikaner mehr konsumieren, als sie selbst herstellen. Die USA müssen deshalb den zusätzlichen Bedarf über die Einfuhr decken, seien es nun Spielwaren aus China und Taiwan oder Öl aus Saudi-Arabien und Venezuela; zudem verstärken die Kriege in Irak und Afghanistan die Verschuldung rasant. Ein Großteil des Kapitals für diese Einkäufe stammt daher von ausländischen Investoren, die das Geld in der Hoffnung auf eine gute Verzinsung an die US-Börse tragen oder in Direktinvestitionen stecken.

Das könnte sich allerdings bald ändern, denn die Staaten brauchen das Geld im Zuge der Wirtschaftskrise nun selbst, das heißt, die Käuferschar für US-Staatsanleihen wird kleiner.

Die Chinesen sorgen sich schon einiger Zeit um die Werthaltigkeit ihrer Dollar-Anlagen. Denn: Jeder Dollar, den die US-Regierung zusätzlich in ihre Wirtschaft pumpt, entwertet die chinesischen Dollar-Vorräte. Zudem spült die Dollar-Schwemme immer mehr spekulatives Kapital nach China und heizt dort die Inflation an.[33] Folgerichtig suchen die Chinesen einen Weg, so schnell wie möglich aus der US-Währung zu fliehen und sich von amerikanischen Staatsanleihen zu lösen. Weltweit tauschen sie deshalb die Greenbacks gegen Vermögenswerte wie etwa Rohstoffe ein.

Die Waffe im Kampf gegen den Dollar ist Chinas mächtiger Staatsfonds *China Investment Corporation* (CIC), der mit Vermögenswerten von über 300 Milliarden Dollar ausgestattet ist. Davon sind bislang fast 60 Milliarden im Ausland angelegt worden, weitere 110 Milliarden Dollar stehen zur Verfügung.[34] Die ehemalige »Wirtschaftssupermacht« USA hängt also auf Gedeih und Verderb »am Tropf« der Chinesen.

Warum es zu einem USA-China-Crash kommen wird

Folgende wirtschafts- und finanzpolitische Indikatoren sprechen dafür, dass es mittelfristig, also in den nächsten zehn bis 15 Jahren, zu einem Crash in China und den USA kommen wird:

USA:

- Die Verschuldung der Vereinigten Staaten ist mit 14 Billionen Dollar gigantisch.
- Die Staatsschuldenquote erhöhte sich von 70,7 Prozent im Jahr 2008 auf 75,5 Prozent. 2011 soll sie bei 99 Prozent liegen, 2030 sogar bei 140 Prozent des BIP.
- Die Gesamtverschuldung (Staat, Haushalte, Unternehmen) beträgt rund 50 *Billionen* Dollar.
- Im Jahr 2019 werden 700 Milliarden Dollar allein für den Schuldendienst benötigt. Damit würden 17 Prozent der gesamten Budgeteinnahmen für die Schuldentilgung aufgewendet – mehr als das Doppelte von heute.
- Die *Fed* hat ihre Bilanzsumme seit Mitte 2008 um rund 1,4 Billionen Dollar ausgeweitet, damit vergrößert sich die Inflationsgefahr drastisch.
- Die amerikanische »Politik des billigen Geldes« schwächt die Weltwährung »Dollar«.
- Das Außenhandelsdefizit vergrößert sich zunehmend.
- Bis zu 3000 mittelgroße Banken haben gefährliche Konzentrationen von Gewerbeimmobilienkrediten in ihren Büchern.
- Bankinsolvenzen nehmen immer mehr zu.
- 65 Prozent der zur Refinanzierung anstehenden Hypotheken sind ausfallgefährdet. Somit wären 40 Prozent *aller* US-Banken in ihrer Existenz bedroht.
- Ein Crash auf dem 2,8 Billionen Dollar schweren Kommunalanleihenmarkt droht.
- 40 Millionen US-Bürger sind auf Lebensmittelmarken angewiesen.
- Die Zahl der Pfändungen steigt unaufhaltsam.
- Die Arbeitslosenzahl kletterte innerhalb von vier Jahren von sieben auf 14 Millionen.
- Rund 50 Millionen Amerikaner erhalten staatliche Unterstützung, damit sie zum Arzt gehen können.

China:

- Das Wachstum der Wirtschaft ist durch einen massiven Geldzufluss aus gigantischen Konjunkturprogrammen quasi künstlich erzeugt worden.

- Konjunkturhilfen fließen auch weiterhin zum Teil in unwirtschaftliche Vorhaben.
- Ein sich selbst tragender Aufschwung bleibt aus.
- Die Inflation zieht an.
- Eine gigantische Immobilienblase ist durch rasant steigende Preise und eine große Anhäufung fauler Kredite entstanden.
- Fast ein Viertel der an Kommunen vergebenen Darlehen mit einem Umfang von rund 880 Milliarden Euro zur Finanzierung von Infrastrukturvorhaben ist akut »ausfallgefährdet«.
- Lohn- und Produktionskostensteigerungen verteuern die Exporte und gefährden heimische Arbeitsplätze und Standorte ausländischer Investoren in China.
- Erstmals reduzierte sich der Handelsüberschuss.
- Peking kurbelt den Export auch weiterhin durch eine künstlich niedrig gehaltene Währung an.
- Die Dollar-Reserven mit einem Volumen von über zwei Billionen Dollar werden durch die inflationäre Politik der Amerikaner immer mehr entwertet.

DER EUROPA-CRASH

Als der Euro starb

Berlin, 29. September 2013: Angela Merkel ist nach ihrer Wiederwahl auf dem Höhepunkt ihrer Karriere. »Die Frau, die Deutschland gerettet hat«, befindet sich mit Hunderttausenden ihrer Anhänger auf einer Kundgebung im Schatten des Brandenburger Tores. Die Stimmung ist ausgelassen und fröhlich. Seit dem Mauerfall hat es keine solchen Szenen mehr gegeben: »Merkelmania«, wohin man schaut.

Nach ein paar Worten des Dankes greift die Kanzlerin in ihre Jackentasche, holt einen neuen 100-D-Mark-Schein hervor und winkt mit ihm in die Menge. Laute Jubelschreie und »Merkel Hoch!«-Rufe erschallen. Jeder hier im Herzen Berlins versteht diese symbolische Geste und Botschaft: Der Euro-Albtraum ist endgültig vorbei, die D-Mark ist wieder da!

Zwei Jahre zuvor: Die Ereignisse des 16. September 2011, »des Tages, an dem der Euro starb«, hätten kaum dramatischer sein können. Alles begann in einem stickigen Konferenzraum im Bundesverfassungsgericht in Karlsruhe. Dem Euro wurde der Prozess gemacht. Acht deutsche Juristen des Ersten Senats zerschlugen die europäische Einheitswährung ein für alle Mal: »Die Monetarisierung von exterritorialen Schuldtiteln ist gegen das Grundgesetz der Bundesrepublik.« Das heißt aus der Juristensprache übersetzt: Es ist verfassungswidrig, dass der deutsche Steuerzahler den ganzen Rest Europas finanziert. Der Euro war tot. Widerstand vonseiten der Regierung gab es nicht, denn Kanzlerin Merkel hatte schon Monate zuvor deutlich gemacht, dass sie den Richterspruch ohne Wenn und Aber akzeptieren würde.

Kurz nach Bekanntwerden des Urteils schlossen fast alle Banken in der Eurozone, weil man einen Run der Menschen auf ihre Vermögen befürchtete. Geldautomaten waren bald leer, da verängstigte Sparer verzweifelt versuchten, an ihr Geld zu kommen. Überall in Europa schlugen Randalierer die Glasfassaden von Banken ein, Landwirte blockierten mit ihren Traktoren die Autobahnen, und Gewerkschaften riefen zu Streiks auf.

Der ganze Kontinent wurde von einer Geld- und Währungskrise überrollt. Übliche Zahlungsmechanismen zum Ausgleich von Schulden, Kreditkartentransaktionen, Lastschriften, Daueraufträge und Schecks lösten Fehlfunktionen aus, weil die Banken sich weigerten, die Aufträge für ihre Kunden auszuführen. Die Börsen in Paris, Frankfurt, London und später in New York und Hongkong verzeichneten den größten Kursverfall seit den 1930er-Jahren. Der Ansturm auf Euro-Verkäufe steigerte sich rasch in blinde Panik. Jetzt dämmerte es auch dem letzten Analphabeten, dass der Euro wertlos geworden war. Davon betroffen waren zunächst vor allem die Sparer und Inhaber von europäischen Staats- und Bankanleihen.

Die ersten Fenster gingen in Madrid zu Bruch. Eine aufgebrachte Menschenmasse stürmte den Sitz des Finanzministeriums. Die Polizei und die Einsatztruppen waren zunächst unsicher, wie sie sich verhalten sollten, da es keine klaren Befehle gab. Als dann Blumen an ihren Gewehren befestigt wurden, entschieden sich die meisten von ihnen dafür, sich der Menge anzuschließen. Die Familien der Soldaten und Polizisten hatten schließlich während der gescheiterten Sparmaßnahmen der vergangenen Jahre ebenfalls gelitten. Tage später erklärten die Katalanen einseitig ihre Unabhängigkeit von Spanien. Ministerpräsident Zapatero gelobte, alles zu tun, um die Unruhen zu beenden und die Einheit seines Landes zu wahren. Der irische Außenminister Garry Adams begab sich auf eine Solidaritätsmission nach Barcelona, gleichzeitig traten die Premierminister von Estland und Portugal zurück, und die griechische Bonität sank unter die von Malawi. In Belgien nutzten flämische Separatisten ihre Chance, nachdem die EU finanzielle Hilfe verweigert hatte, weil es keine dauerhafte und stabile Regierung gab. In Portugal und Italien spitzte sich die Lage ebenfalls zu.

Doch die EU-Chefs waren nicht ganz unvorbereitet auf diese Ereignisse und setzten nun »Plan B« um, den sie seit Jahren in Geheimverhandlungen ausgearbeitet und untereinander abgesprochen hatten: Ein neuer Euro wurde installiert. Er ersetzte den alten und wurde um 20 Prozent abgewertet. Schulden und Ersparnisse wurden entsprechend angepasst. Doch der neue Euro sollte nur eine Brücke zur Einführung der alten nationalen Währungen sein und diente bis dahin quasi als Umrechnungseinheit. Am 1. Januar 2012 war es dann endlich so weit: Die nationalen Währungen wurden wieder eingeführt. Jeder in der EU konnte den neuen Euro gegen D-Mark, Drachmen, Escudos, Francs, Peseten und so weiter eintauschen. Doch die anfängliche Freude wich schnell dem Entsetzen, als klar wurde, dass einige nationale Währungen fast 50 Prozent ihrer Kaufkraft verloren hatten.

In Deutschland, Finnland, Österreich und den Niederlanden hingegen waren die Menschen jetzt besser dran, wenn sie mit D-Mark, Schilling und Gulden bezahlten, da ihre Währungen gegenüber denen der Schwachwährungsländer an Wert gewannen. Auch Frankreichs Notenbank versuchte mit verschiedenen finanzpolitischen Maßnahmen, den Wert des »Franc2« gegenüber der neuen D-Mark zu halten, was aber nur teilweise gelang. Bei seiner letzten Pressekonferenz beschimpfte der ehemalige französische Präsident Nikolas Sarkozy die Währungsspekulanten und Journalisten als »idiotische Pädophile«. Er hatte seine Präsidentschaft an Dominique Strauss-Kahn verloren, den früheren Chef des IWF, der nie an das Überleben des Euros geglaubt hatte und dafür von den Wählern belohnt wurde.

Auch der ehemalige britische Premierminister Gordon Brown, der im Mai 2010 abgewählt worden war, wurde wieder populär, da er als einer der wenigen in Europa das britische Pfund als Zahlungsmittel erhalten und den Euro kategorisch abgelehnt hatte.

Bundeskanzlerin Merkel war schon einige Zeit zuvor klar geworden, dass die deutsche Regierung den Euro nicht für immer halten konnte, denn die öffentliche Meinung war unmissverständlich: Die Menschen wollten ihre geliebte D-Mark zurück. Die Lage verschärfte sich noch, als im Jahr 2011 deutlich wurde, dass die deutschen Kredite an Griechenland, Irland, Portugal und Spanien nicht zurückgezahlt werden konnten. Die öffentliche Unterstützung für den Euro und das Europäische Währungssystem kollabierte. Einer Umfrage zufolge hätten es damals 83 Prozent der deutschen Wähler begrüßt, die EU zu verlassen. Doch das war in wenigen Monaten nicht umzusetzen, obwohl die Proteste und Demonstrationen immer gewalttätiger wurden, weil die Menschen es satt hatten, ganz Europa zu finanzieren und selbst immer mehr einsparen zu müssen.

Bundeskanzlerin Merkel opferte den Euro, um Europa zu erhalten. Geheime Pläne für einen geordneten Übergang wurden entwickelt. »Operation Abbruch« war in vollem Gange.

In ganz Großbritannien wurde der Todeskampf des Euros mit Wohlwollen beobachtet. Politiker, die vor vielen Jahren an der Beibehaltung des Pfunds festgehalten hatten, gerieten erneut in den Mittelpunkt des öffentlichen Interesses. Eine zerbrechliche, an den Rollstuhl gefesselte Margaret Thatcher zwang sich aus ihrem Haus in Belgravia, um den Dank von Euro-Skeptikern entgegenzunehmen.

Einige erinnerten sich an die Schlagzeilen, die, kurz nachdem der Euro im Jahr 1999 ins Leben gerufen worden war, in Delhi und Peking erschienen. Damals nannte ein unbekannter Währungshändler den Euro »eine Toilettenwährung«, die in weniger als einem Jahrzehnt weggespült werden würde. Jetzt war der Euro tot.[35]

Das, was heute noch Fiktion ist, könnte sich in den nächsten Jahren tatsächlich so abspielen, denn schon längst haben Spekulanten und Investoren zum Großangriff auf den Euro und die EU geblasen.

Der Euro im Visier der Spekulanten

Die Vergangenheit zeigt: Haben Spekulanten erst einmal »Blut geleckt«, können sie ganze Währungen zu Fall bringen. Die hohe Verschuldung einiger EU-Staaten hat eine massive Spekulationswelle gegen die europäische Währung ausgelöst. Anleger auf dem Devisenmarkt rechnen mit einer Schwächeperiode des Euros. Schon im Frühjahr 2010 brachten Spekulanten die Griechen in Bedrängnis. Aber auch die vermeintlich schwächsten Glieder der EU-Kette wurden und werden angegriffen: Spanien, Portugal und Irland.

Die Spekulationen gegen die europäische Währung laufen vor allem über die Terminmärkte. Dort werden die Transaktionen mit Derivaten durchgeführt.

Derivate sind Finanzinstrumente, deren Preise sich nach den Kursschwankungen oder den Preiserwartungen anderer Investments richten. Sie sind so konstruiert, dass sie die Schwankungen der Preise dieser Anlageobjekte überproportional nachvollziehen. Daher lassen sie sich sowohl zur Absicherung gegen Wertverluste als auch zur Spekulation auf Kursgewinne des Basiswerts verwenden. Zu den wichtigsten Derivaten zählen Zertifikate, Optionen, Futures und Swaps.

Währungs-Swaps sind »Tauschgeschäfte« und funktionieren folgendermaßen: Ein Investor leiht sich Geld in Währung A, verkauft es und investiert den Ertrag in Währung B. Fällt Währung A im Kurs, kann er das geliehene Geld billiger zurückgeben.

Daneben gibt es noch *Swaptions* (Optionsgeschäfte auf Swaps),

Forwards, bei denen zwei Parteien den Kauf und Verkauf einer Währung zu einer bestimmten Zeit zu einem vorab fixierten Preis vereinbaren, und *Futures,* bei denen der Kauf und Verkauf einer Währung zu einer bestimmten Zeit zu einem fixen Preis und einer fixen Menge verabredet wird.

Diese Devisenderivate werden zu mehr als 95 Prozent im Interbankenverkehr, also im direkten Handel zwischen Banken und Finanzinstituten, abgewickelt. Der Markt ist unreguliert, unterliegt also keiner Kontrolle.

Spekulanten nutzen jetzt, da viele Euro-Staaten hoch verschuldet sind, diese Derivatinstrumente, um mit geringem Einsatz auf Veränderungen der Währungskurse zu setzen. Ein großer Teil dieser Währungsgeschäfte findet zwischen Euro und Dollar statt. Immer mehr Investoren spekulieren auf eine Schwächung des Euro-Kurses.[36]

So kamen in den vergangenen Monaten immer mehr Euro-Staaten in große Bedrängnis und gerieten sogar an den Rand der Zahlungsunfähigkeit. Der internationale Informationsdienst *Thomson Reuters* hat eine Liste erstellt, welche EU-Mitgliedsstaaten gefährdet sind:

Bankrottwahrscheinlichkeit der Euro-Länder

Griechenland:	52 %
Portugal:	35 %
Spanien:	28 %
Irland:	28 %
Italien:	26 %
Slowakei:	19 %
Österreich:	18 %
Slowenien:	17 %
Belgien:	14 %
Frankreich:	12 %
Deutschland:	9 %
Niederlande:	9 %
Finnland:	7 %[37]

Doch Sie sollten sich angesichts der geringen Wahrscheinlichkeit eines deutschen Staatsbankrottes jetzt nicht gemütlich zurücklehnen. Denn *unberücksichtigt* bei dieser Analyse ist die Tatsache, dass Deutschland bereits den de facto bankrotten Staaten Irland und Griechenland finanziell kräftig unter die Arme greift, und unberücksichtigt sind auch die expliziten Schulden, die Deutschland angehäuft hat (mehr dazu im Kapitel »Deutschlands Bonität verschlechtert sich«, Seite 88). Prof. Dr. Bernd-Thomas Ramb formuliert das so: »Hilft Deutschland den Staaten des Euro-Verbundes, die bezüglich ihrer Staatsschulden zahlungsunfähig werden, gerät es selbst in höhere Gefahr der Staatsinsolvenz. Hilft Deutschland nicht, droht die Auflösung des gemeinsamen Euro-Währungsverbundes. Damit steigt die Wahrscheinlichkeit einer Währungsreform.«[38]

Erster EU-Staatsbankrott 2010: Griechenland

Ausufernde Staatsschulden und eine Regierung, die die Vorgaben der Europäischen Kommission zum Abbau der Defizite nicht beachtet hatte, brachten Griechenland Ende 2009 immer mehr in Bedrängnis.

Doch das Land gehört zur Europäischen Union und konnte sich darauf verlassen, dass die anderen europäischen Staaten es nicht bankrottgehen lassen. So stiegen die Zinsen für griechische Staatsanleihen immer weiter, und Käufer vertrauten darauf, dass die EU haften würde. Zwei Ratingagenturen stuften im Dezember 2009 das Rating Griechenlands von »A−« auf »BBB+« zurück.[39] Damit wies Griechenland das mit Abstand schlechteste Rating unter den Ländern der Eurozone auf, und Ministerpräsident Giorgos Papandreou versicherte, die Regierung wolle die Glaubwürdigkeit schon deshalb schnell wiederherstellen, weil sonst »sogar die Souveränität des Landes Gefahren ausgesetzt« wäre.[40] Das beruhigte die Investoren jedoch nicht. Die Herabstufung löste eine Flucht der Anleger aus griechischen Staatsanleihen aus, und an der Athener Börse brach der Leitindex um mehr als fünf Prozent ein.

Mit der Herabstufung auf »BBB+« unterschritten die griechischen Anleihen sogar die bis dahin geltende Mindestanforderung der Europäischen Zentralbank (EZB), die bis Oktober 2008 mindestens eine Bonität von »A−« für bei ihr als Sicherheit hinterlegte Papiere verlangte. Wegen der Finanzkrise hatte sie diese Grenze aber auf »BBB−« gesenkt.[41] Das war der erste Verstoß gegen die Finanzstabilitätskriterien, die sich die EZB selbst erlassen hatte.

Aber auch der griechische Bankensektor war in akuter Gefahr. Wegen der Finanzkrise hatten die Institute rund 47 Milliarden Euro bei der EZB zu Sonderkonditionen ausgeliehen. Zudem halten die griechischen Banken rund 45 Prozent griechischer Staatsanleihen und sind somit der größte Gläubiger des Landes.[42]

Griechenlands schlechte Bonität könne »Folgen für alle Euro-Länder« haben, hieß es daher bereits im November 2009 beim EU-Finanzministertreffen. Im schlimmsten Falle drohe sogar die Zahlungsunfähigkeit.[43] Doch die Regierung in Athen vertraute weiterhin auf die EU, aber dort schwand die Geduld. Die *Süddeutsche Zeitung* schrieb dazu: »Dass laut EU-Kommission ›kein Vertrauen‹ mehr besteht, liegt auch daran, dass sich Griechenland nicht zum ersten Mal mit wichtigen Daten vertan hat. Das Land wurde einst aufgrund geschönter Zahlen in die Währungsunion aufgenommen. Seither hat es immer wieder rekordverdächtige Schuldenberge angehäuft.«[44]

Griechenland nahm es in der Tat mit der Ehrlichkeit nicht so genau. Hier nur *ein* Beispiel: Offiziell hatte das Land nur ein einziges Mal die Kriterien des Maastricht-Vertrages zur Begrenzung des Haushaltdefizits auf drei Prozent eingehalten. Das war im Jahr 2004. Doch wie sich später herausstellte, erweiterten die Griechen ihr offizielles Bruttosozialprodukt um stolze 25 Prozent. Das gelang auch deshalb, weil sie den Schwarzhandel und die Prostitution zur Wirtschaftsleistung zählten! Nur so sank die Defizitquote dann auf 2,9 Prozent.[45]

Doch Anfang 2010 war die Verschuldung allein Griechenlands so hoch, dass ein Bankrott auf viele Banken, die griechische Staatsanleihen halten, destabilisierend gewirkt hätte und eine weitere allgemeine Finanzmarktkrise die Folge gewesen wäre.[46]

Die Finanzdienstleistungsaufsicht BaFin hatte das Finanzministerium schon vorab in einem internen Vermerk vor den Auswirkungen eines Staatsbankrotts Griechenlands für deutsche Banken gewarnt. Dieser könnte auch auf andere schwache EU-Staaten wie Portugal, Italien, Irland oder Spanien (PIIGS-Staaten) übergreifen und verheerende Auswirkungen haben. Von »katastrophalen Folgen« war in dem Papier der BaFin die Rede und: »Das Hauptrisiko für den deutschen Finanzsektor besteht in den kollektiven Schwierigkeiten der PIIGS-Staaten. Griechenland könnte hierfür möglicherweise der Auslöser sein.«

Insgesamt halten deutsche Banken von diesen angeschlagenen Staaten rund 522 Milliarden Euro an Wertpapieren. Das sind gut 20 Prozent der *gesamten* Auslandsforderungen deutscher Kreditinstitute und ein

Fünftel des deutschen Bruttoinlandsprodukts. Müssten deutsche Banken 30, 50 oder gar 70 Prozent dieser Forderungen abschreiben, hätte dies erschreckende Auswirkungen. Ausgerechnet die HRE, die 9,1 Milliarden Euro Forderungen gegen Griechenland hält, würde dies sehr schwer treffen.[47] Dann folgten die Commerzbank mit 4,6 Milliarden, die LBBW mit 2,7 Milliarden und die BayernLB mit 1,5 Milliarden Euro. Insgesamt sind deutsche Kreditinstitute mit rund 32 Milliarden Euro in griechischen Papieren engagiert, hinzu kommen zehn Milliarden Euro bei Versicherungen.[48]

Das Risiko eines Crashs war zu groß, aber nicht nur für deutsche Gläubiger. Griechenland hatte sich in ganz Europa verschuldet. Im Mai 2010 wurde deshalb in einer Krisensitzung ein Notfallplan erstellt, um Griechenland vor dem Staatsbankrott zu retten: Die EU-Staaten und der IWF stellten Athen Notkredite über 110 Milliarden Euro mit einem Zinssatz von 5,5 Prozent in Aussicht. Deutschlands Anteil davon betrug rund 22 Milliarden Euro. Die Gelder sollten zuerst in insgesamt zwölf Tranchen bis März 2013 überwiesen und nach drei tilgungsfreien Jahren in acht vierteljährlichen Raten zurückgezahlt werden.[49]

Doch mit diesem Rettungspaket trug die Europäische Union den Vertrag von Maastricht zu Grabe, denn im Jahr 1996 beschlossen die Verantwortlichen der EU-Staaten, dass jedes Land für sich selbst haftet und die Gemeinschaft *nicht* für Verbindlichkeiten anderer Mitglieder eintritt. Dies ist in Artikel 104b festgelegt, was auch als sogenannte »No Bailout«-Klausel bekannt ist. Doch seit dem Rettungsplan für Athen war das Ganze nicht mehr das Papier wert, auf dem es stand. Bundeskanzlerin Angela Merkel ist im Übrigen mitverantwortlich für diese Entwicklung, denn am 11. April 2010 gab sie in einem Telefonat mit Luxemburgs Regierungschef Jean-Claude Juncker ihr Einverständnis für diesen weitreichenden Vertragsbruch.

Was die Medien bis heute weitgehend ausblenden: Für jeden Euro, den Deutschland den Griechen leiht, müssen wir auch drei Prozent Zinsen bezahlen. Fließt also kein Geld aus Athen zurück, ist der Schaden noch größer. Aber es kommt noch dicker: Durch die Kreditvergabe wird die Bonität Deutschlands auf Dauer schlechter (siehe Seite 88), das heißt, auch wir müssten dann immer höhere Zinsen für unsere Anleihen bezahlen.

Merkel hat die Deutschen belogen

Was den Griechen vielleicht kurzfristig half, war genau betrachtet der Anfang vom Ende des Euros, wie wir ihn kennen. Denn trotz monatelanger Dementis und Verschleierungstaktiken der Staats- und Regierungschefs wurde mit der Finanzhilfe der Maastricht-Vertrag, der den Bürgern als Garantie für die Stabilität des Euro versprochen wurde, gebrochen. Ausreden hin oder her. Jürgen Trittin, Fraktionsvorsitzender der Grünen, brachte es damals auf den Punkt: »Frau Merkel hat die deutsche Öffentlichkeit belogen. Sie wusste, dass Griechenland geholfen werden musste. Dennoch hat sie etwas anderes versprochen, um so über die NRW-Wahlen zu kommen.« Die FDP formulierte es folgendermaßen: Es gibt Milliarden für Griechenland, aber es ist kein Geld da für Steuersenkungen.

Die Stabilität des Euros ist in Gefahr

Der Preis für die Scheinrettung der Griechen war hoch: Denn die Eurozone wurde zu einer *Haftungs-* oder *Transfergemeinschaft* ohne gemeinsame ökonomische Kultur. Und noch etwas geschah: Griechenland verlor de facto seine Souveränität. Erstmals mischte sich der IWF in die Finanzen eines europäischen Kernlandes ein. Amerikaner und Chinesen sitzen jetzt also mit im Boot, wenn über die europäische Währung entschieden wird.

Es geht um die Stabilität des Euros, ganz klar. Doch politische Nebelkerzen allenthalben. So erklärte der ehemalige Finanzminister Theo Waigel, der den Euro »durchgeboxt« hatte: »Griechenland kann den Euro nicht gefährden, dazu ist die Volkswirtschaft zu klein.« Der amtierende Finanzminister Wolfgang Schäuble hingegen ließ verlauten: »Wir verteidigen die Stabilität des Euros [...] Die Hilfe für Griechenland ist also keine Verschwendung von Steuergeldern.«

Würden Sie diesem Cousin Ihr Geld leihen?

Olaf Gersemann gab in der *Welt am Sonntag* ein Beispiel dafür, wie irrsinnig die europäische Finanzhilfe für Athen war. Ich gebe es etwas verkürzt wieder: »Stellen Sie sich vor, Ihr Cousin verdient 60 000 Euro im Jahr. Er gibt aber 75 000 Euro, in manchen Jahren sogar 80 000 Euro aus. Die Lücke zwischen Einnahmen und Ausgaben deckt er durch Kredite. Die bekommt er von der Bank. Deren Mitarbeiter ahnen zwar, dass es kein gutes Ende nehmen wird [...], doch sie leihen weiter Geld, nur eben zu immer höheren Zinsen. Irgendwann, na klar, steht Ihr Cousin vor der Pleite.« Was bleibt Ihrem Cousin also anderes übrig, als bei der Familie um Hilfe zu bitten? »Natürlich können Sie und der Rest Ihrer Großfamilie sich weigern, Ihrem Cousin zu helfen. Es ist ja schließlich nicht gerecht, dass Sie, der Sie zumindest einigermaßen ordentlich gewirtschaftet haben, haften sollen für einen anderen, der über seine Verhältnisse gelebt hat. Und wie machen Sie die Nothilfe jener Cousine [...] klar, die sich ebenfalls finanziell übernommen hat [...]?«[50] So ähnlich liegt der Fall auch mit Griechenland.

Denn nur vier Monate nach den vollmundig angekündigten Griechenland-Hilfen zeigten sich Experten darüber besorgt, ob Athen seine Kredite überhaupt jemals zurückzahlen könne. Gegenüber *Bloomberg* sagte Andrew Bosomworth, Leiter Portfoliomanagement bei PIMCO: »Griechenland ist zahlungsunfähig. Ich denke, das Risiko eines Ausfalls oder einer Schuldenrestrukturierung ist beträchtlich.« Im besten Fall werde die öffentliche Verschuldung auf 150 Prozent des BIP ansteigen. Neben dem Rettungspaket, das den Griechen unter Federführung der EU für drei Jahre zur Verfügung steht, benötigt Athen im gleichen Zeitraum noch zusätzlich 82 Milliarden Euro, die die Regierung am Kapitalmarkt aufbringen müsste. Das dürfte, so Bosomworth weiter, »sehr schwierig« werden.[51]

Es kam, wie es kommen musste: Bereits Ende November 2010 sprangen die Euro-Finanzminister schon wieder für das immer höher verschuldete Griechenland ein: Athen konnte sich mit der Tilgung der Hilfskredite nun viereinhalb Jahre länger Zeit nehmen als ursprünglich vereinbart.[52] Mit dieser Entscheidung wollte man den absehbaren Staatsbankrott des Landes ein zweites Mal hinausschieben. Doch die Arbeitslosenzahl stieg auf ein Zehn-Jahres-Hoch, Auswirkungen des von der EU und dem IWF verordneten Sparpaketes. Die Wut der Menschen wurde immer größer. Bei einem Generalstreik Mitte Dezember 2010 wurde der frühere Verkehrsminister Costis Hatsidakis von gewalttätigen Demonstranten blutig geschlagen, und in Athen brannte es auf den Straßen.[53]

Zweiter EU-Staatsbankrott 2010: Irland

Irland war einst einer der reichsten Staaten der EU. Das Pro-Kopf-Einkommen lag sogar um ein Drittel höher als in Deutschland. Doch die Wirtschaftskrise traf die Insel besonders hart, war der Wohlstand doch vor allem durch Spekulationsblasen (meist im Immobiliensektor) entstanden. Aufgrund der fallenden Immobilienpreise sind viele Iren nach wie vor maßlos überschuldet.[54] Aber auch die Staatsverschuldung nahm immer gewaltigere Ausmaße an – und das Volk ging auf die Straße. Bereits Ende November 2009 legte ein Streik, an dem sich rund 250 000 aufgebrachte Menschen beteiligten, darunter Feuerwehrmänner, Lehrer, Krankenschwestern und andere Angestellte, das Land lahm. Sie protestierten gegen die Sparmaßnahmen der Regierung. Doch diese hatte keine andere Wahl, als einen rigiden Sparkurs zu fahren, denn das Land stand kurz vor dem Aus. Schon damals waren die Wirtschaftsdaten verheerend, die Steuereinnahmen fielen auf das Niveau von 2003, die Ausgaben lagen 70 Prozent darüber. Die Verschuldungsrate verdreifachte sich in nur zwei Jahren.

Erwartungsgemäß senkte die Ratingagentur *Fitch* Irlands Bonität bereits im Dezember 2009 von »AA+« auf »AA–«, was ein verheerendes Signal für ausländische Investoren war. Schon damals appellierte der irische Finanzminister an die Bürger: »Es geht um das Überleben unseres Landes.« Und die OECD bereitete die Insel in ihrem Länderbericht auf einen »anhaltend niedrigeren Lebensstandard« vor.[55]

Irland befand sich in einer gefährlichen Lage: Es stand kurz vor dem Bankrott, musste sparen, was den Abbau lieb gewonnener Sozialleistungen bedeutete. Das wiederum erzürnte das Volk. Soziale Unruhen waren nicht mehr auszuschließen. In diesem Zusammenhang ist zu berücksichtigen, dass das kleine Land gerade einmal über etwa 10 000 Polizisten, von denen rund 8000 unbewaffnet sind, und 11 000 Soldaten verfügt – und das bei einer Bevölkerungszahl von über vier Millionen Menschen. Dennoch blieb Finanzminister Lenihan keine andere Wahl. Mitte Dezember 2009 legte er den »härtesten« Haushalt in der Geschichte der irischen Republik vor: Im öffentlichen Dienst wurden die Löhne zwischen fünf und 15 Prozent gekappt, das Arbeitslosengeld reduziert und Sozialleistungen gekürzt.[56]

Zusätzlich wurden hohe Kosten für die Rettung der maroden Großbanken der Insel erwartet, weshalb die Ratingagentur *Standard & Poor's* das Land im August 2010 ebenfalls von »AA« auf »AA–« mit »negativem Ausblick« herabstufte. Die Märkte reagierten mit Sorge: Gegenüber den deutschen Bundesanleihen stieg der Renditeaufschlag irischer Staatsanleihen sogar noch über das Niveau der Griechenland-Krise im Mai 2010 an.

Das schlechte Rating verteuerte den Schuldendienst der Iren und erschwerte die dringend notwendige Sanierung der Staatsfinanzen noch zusätzlich. Das hieß: Das Land musste immer höhere Zinsen bezahlen, um überhaupt noch Käufer für seine Anleihen zu finden. Fakt blieb: Die Kosten für die Rettung irischer Banken drohten das Land an die Grenze des Bankrotts zu bringen.[57]

Die Lage war mehr als dramatisch: Irland hatte das höchste Haushaltsdefizit in der gesamten EU, das sogar noch höher war als das der Griechen. Über Jahrzehnte hinweg flossen finanzielle EU-Hilfen in Milliardenhöhe nach Irland, das so zu einem der wohlhabendsten Ländern in Europa aufstieg. Aber das Geld heizte auch einen fast beispiellosen Immobilienboom an. Jeder dritte Euro an Steuereinnahmen kam schließlich aus dem Immobiliensektor. Als die Blase schließlich platzte, kollabierten auch die Staatseinnahmen. Seither stehen Regierung und Bankensystem unter Dauerdruck. Alle großen Finanzinstitute sind bereits teilverstaatlicht, und die Regierung hat ihnen ihre faulen Hypothekenkredite abgenommen. Doch das reicht bei Weitem nicht aus, um die Lage unter Kontrolle zu bekommen.

Die Ratingagentur *Standard & Poor's* rechnete damit, dass die irische Regierung für die Stabilisierung der maroden Banken insgesamt 90 Milliarden Euro aufbringen musste. Das waren zehn Milliarden Euro mehr als angenommen. Die gewaltige Summe entsprach etwa einem Drittel der gesamten irischen Wirtschaftsleistung, und war damit doppelt so hoch wie der Betrag, den die Bankenkrise in Japan 1997 gekostet hatte.

Kein Wunder, dass es auch in der EU-Kommission rumorte. Sie forderte die Regierung in Dublin auf, ihren derzeitigen Sparkurs »drastisch« zu verschärfen, weil nur so das Staatsdefizit von über 14,3 Prozent des BIP bis im Jahr 2014 unter den EU-Grenzwert von drei Prozent gedrückt werden könne.

Aber natürlich wollte die EU trotzdem keine negativen Gerüchte in die Welt setzen und tat – ähnlich wie damals im Fall von Griechenland – alles dafür, die Lage schönzureden. So sagte EU-Wirtschaftskommissar Olli Rehn, er habe »volles Vertrauen«, dass Irland die zusätzlichen

Sparmaßnahmen bewältigen werde. Auch Klaus Regling, der Leiter der Europäischen Finanzmarktstabilisierungsfazilität (EFSF) und einer der Architekten des Stabilitätspaktes, sah die Lage in Irland erwartungsgemäß nicht so dramatisch und sprach von Märkten, die »überreagieren«, und davon, dass er es sich »nicht vorstellen könne«, dass die irische Notenbank die Sparziele infrage stellt. Zum Schluss gab er allerdings kleinlaut zu, dass es »natürlich« noch weiterhin »Risiken in der Eurozone« gebe, »das ist klar«.

Doch hinter den Kulissen in Brüssel machten sich immer mehr Zweifel breit, ob Irland seine finanziellen Probleme tatsächlich noch allein schultern könne. Die irische Nationalbank war ebenso skeptisch, denn der Raum für weitere Einsparungen war nur noch sehr begrenzt. Im September 2010 räumte erstmals auch der Chef der irischen Notenbank, Patrick Honohan, ein, dass die Haushaltssanierung auch scheitern könne.

Die Wahrscheinlichkeit, dass Irland nach Griechenland der zweite EU-Mitgliedsstaat werden könnte, der einen Hilfskredit der EU benötigte, um einen Staatsbankrott abzuwenden, stieg. Genau das aber bestritt Irlands Finanzminister Brian Lenihan vehement und ging damit auf Konfrontationskurs zu seinem eigenen Notenbankchef.[58]

Irlands Fall war zu diesem Zeitpunkt allerdings nicht mehr aufzuhalten. Nur ein paar Wochen später bereiteten sich dann europäische Finanzpolitiker darauf vor, dem Inselstaat eine Finanzspritze aus dem EU-Rettungsfonds zukommen zu lassen. Auch in Berliner Regierungskreisen wurde die Angst immer größer: »Der Anstieg der Renditen irischer Staatsanleihen ist besorgniserregend«, hieß es von dort. Zwar liege ein Hilfsantrag der Iren noch nicht auf dem Tisch, aber man bereite sich trotzdem auf den Notfall vor: »Wir sind in der Lage, Irland sehr kurzfristig zu helfen.« Diplomaten in Brüssel räumten ebenso ein, dass Finanzhilfen für den Inselstaat nicht mehr auszuschließen seien.

Die Regierung in Dublin dementierte aber immer noch. Finanzminister Brian Lenihan hoffte nach wie vor, die Lage »eigenständig« in den Griff zu bekommen. Verschärft wurde die Situation dadurch, dass die EU-Regierungschefs beim letzten Gipfel beschlossen hatten, private Gläubiger künftig an den Kosten von staatlichen Insolvenzen in der EU zu beteiligen. Das versetzte natürlich viele Bonds-Besitzer in Panik. Am 27. Oktober 2010 halfen dann alles Schönreden und alle Verschleierung nichts mehr. Irlands Ministerpräsident Brian Cowen bekräftigte in einer sechsstündigen Dringlichkeitssitzung die enorme

Haushaltskrise seines Landes und gestand damit den De-facto-Staatsbankrott öffentlich ein. Aufgrund der erneuten Bankenrettung betrug das Defizit im Jahr 2010 32 Prozent des Bruttoinlandsprodukts. Zur Rettung seiner Finanzinstitute bürgte Dublin bereits mit 350 Milliarden Euro. Das war doppelt so viel wie die gesamte Wirtschaftsleistung des Landes. Außerdem musste Irland künftig 20 Prozent seiner Steuereinnahmen nur für Zinsen ausgeben. Unsichere Wachstumsaussichten und eine anhaltende Arbeitsmarktkrise verschärften die Lage dann auch noch.[59]

Am 13. November 2010 sagte der irische Premierminister Brian Cowen zur Überraschung aller, die seine Parlamentsrede hörten: »Irland ist bis zum kommenden Juli finanziell abgesichert.« Das war natürlich eine glatte Lüge, denn nur zehn Tage später stand das Land vor dem Staatsbankrott: Am 22. November 2010 unterstrich EU-Währungskommissar Olli Rehn, dass die Hilfe für Irland erforderlich sei, um die finanzielle Stabilität in Europa zu wahren. Jetzt war die Katze aus dem Sack. Erneut gaukelte man dem Volk vor, es gehe bei der EU-Rettungsaktion vornehmlich um die irische Wirtschaft und den irischen Bankensektor. Doch in Wirklichkeit ging es auch um heimische Banken und Versicherungen, die horrende Kreditausfälle fürchteten, denn mit knapp 13 Milliarden Euro stand und steht Irland bei deutschen Banken und mit rund 125 Milliarden Euro beim deutschen Staat in der Kreide.[60]

Danach ging wieder alles sehr schnell. Am Sonntag, dem 28. November 2010, noch vor Öffnung der Börsen, einigten sich Vertreter der EU, der Europäischen Zentralbank (EZB) und des IWF auf die Grundzüge eines Rettungspakets im Umfang von 85 Milliarden Euro. Ein Drittel des Kreditpaketes kam von der EU und ein zweites vom IWF. Die Milliardenhilfen sollten größtenteils in die irische Bankenbranche fließen, deren Krise Irland schwerwiegende Haushaltsprobleme beschert hatte. Der Rest sollte zur Sanierung des irischen Staatshaushaltes genutzt werden. Im Gegenzug sagte die irische Regierung zu, in den kommenden vier Jahren 15 Milliarden Euro im Staatshaushalt einzusparen[61] und 17,5 Milliarden Euro aus eigenen Mitteln beizusteuern. Dafür sollten 12,5 Milliarden Euro aus der staatlichen Rentenversicherung entnommen werden. Das bedeutet für jene, die auf Altersbezüge angewiesen sind, geringere und unsichere Renten. Es zeigt, wie schnell staatliche Renten für all jene zum Albtraum werden können, die nur auf sie gesetzt haben. Zusätzlich wurde für Irland die Zeit, um die Haushaltssanierung zu realisieren, um ein Jahr bis 2015 verlängert.[62]

Am 7. Dezember 2010 sagte Irlands Finanzminister Brian Lenihan: »Die Regierung ist überzeugt, dass die Wirtschaft trotz des Sparprogramms wachsen kann.«[63] Das ist ein frommer Wunsch, denn um nicht in einer Spirale von Zins- und Schuldzahlungen zu versinken, müsste die Wirtschaft jährlich um *acht* Prozent wachsen, doch für das Jahr 2011 sind gerade einmal 0,9 Prozent vorhergesagt.

Der Markt ließ sich von den markigen Sprüchen jedoch nicht hinters Licht führen. Nur wenige Tage später wurde die Rechnung präsentiert: Trotz des Euro-Schutzschirmes verlor Irland an den Finanzmärkten weiterhin an Kreditwürdigkeit. Die Ratingagentur *Fitch* stufte die Bonität des Landes schließlich auf »BBB+« herab.[64]

Am 16. Dezember 2010 stimmte das irische Parlament dem Rettungspaket von EU und IWF dann mit einer hauchdünnen Mehrheit zu.[65] Nach Griechenland war Irland somit der zweite europäische Staat, der innerhalb von nur zehn Monaten vor der Zahlungsunfähigkeit, das heißt vor dem Bankrott, stand und mit Milliardengarantien und -summen gerettet werden musste.

Doch auch das schien den Iren nicht viel zu nützen, denn am 17. Dezember 2010 stufte die Ratingagentur *Moody's* die Kreditwürdigkeit des Landes gleich um fünf (!) Noten auf »Baa1« zurück – zwei Noten über Ramschniveau.[66]

Auch das Bankensystem drohte zusammenzubrechen. So stellte sich die EZB bereits auf eine zusätzliche Stützung Irlands ein. Mit der britischen Zentralbank vereinbarte sie ein Tauschgeschäft, bei dem diese bis zu zehn Milliarden Pfund (11,7 Milliarden Euro) an die irische Zentralbank geben sollte. Die *Bank of England* erhielt im Gegenzug einen entsprechenden Euro-Betrag. Dieser Schritt war notwendig, weil die irische Notenbank wegen der engen wirtschaftlichen Verzahnung des Landes mit Großbritannien auf zusätzliche Mittel in Pfund angewiesen war. »Die Aktion zeigt, dass die irischen Banken trotz der Unterstützung der EZB noch immer unter Liquiditätsproblemen leiden«, warnten die Analysten der französischen Bank *Natixis*. Diese Aussage war nicht unbegründet, denn weil die Märkte den irischen Banken nicht mehr trauten, refinanzierten sich diese zum großen Teil über die EZB.[67]

Am 20. Dezember 2010 stufte *Moody's* die Kreditwürdigkeit irischer Banken um drei bis fünf Stufen herunter. Davon besonders betroffen waren die *Anglo Irish Bank* und die Bausparkasse *Irish Nationwide Building Society*, deren Bonitätsnoten nunmehr auf Ramschniveau lagen.[68]

Anfang bzw. Mitte Januar 2011 erfolgte dann der nächste europäische Rettungsversuch: Die EU-Kommission platzierte verschiedene Anleihen zur Refinanzierung eines Teils der Kredite an Irland. Bis Ende 2011 soll das Volumen dieser Anleihenemissionen bis zu 17,6 Milliarden Euro betragen.[69] Ob Irland aber den Weg aus der Krise findet, wird sich erst in den kommenden Monaten zeigen.

Nächster Staatsbankrott-Kandidat: Portugal

Schön und beruhigend klangen die Worte, die Angela Merkel am 10. Mai 2010 vor den Kameras fand: »Der Rettungsfonds ist eine entschlossene und geschlossene Botschaft an diejenigen, die glauben, den Euro schwächen zu können.« Der Kern dieser Botschaft: Jeglicher Angriff auf einen Mitgliedsstaat der Eurozone ist zwecklos.

Doch Pustekuchen. Schon rund ein halbes Jahr nach dieser vollmundigen Ankündigung musste Irland mit vielen Milliarden vor dem Staatsbankrott gerettet werden. Die Märkte hatten sich von dem Rettungsschirm nicht blenden lassen, sondern zerpflückten die volkswirtschaftlichen Kennziffern einzelner schwacher Euro-Staaten. Nächster Kandidat war Portugal. Hier sind die deutschen Banken mit rund 37 Milliarden Dollar engagiert.

Der Markt jedenfalls war alarmiert, und die Renditen der portugiesischen Staatsanleihen stiegen immer weiter. Und wieder wurde das gleiche Verdummungsspiel wie bei Griechenland und Irland gespielt: EU-Währungskommissar Olli Rehn beschwichtigte und gab an, dass der Bankensektor in Portugal »gesund« sei. Doch er verschwieg dabei andere wichtige Tatsachen: Irland hatte nur ein Leistungsbilanzdefizit von 0,3 Prozent des Bruttoinlandsprodukts, Portugal hingegen ein Minus von über zehn Prozent.

Portugals Zentralbank warnte zudem vor großen Risiken für heimische Banken: Sollte es nicht zu Maßnahmen kommen, die Staatsfinanzen glaubwürdig und nachhaltig zu konsolidieren, werde das Risiko für die Banken untragbar, teilte sie in ihrem Finanzstabilitätsbericht Ende November 2010 mit. Da die dringend notwendigen Sparschritte aber die Wirtschaft schwächten, müssten die Banken ihre Kapitaldecke stärken und mehr Geld für Kreditausfälle zurücklegen. Auch müssten die Kreditinstitute ihre große Abhängigkeit vom Finanztropf der Europäischen Zentralbank (EZB) verringern.[70]

Die Ratingagentur *Standard & Poor's* (S&P) teilte im Dezember 2010 mit, dass sie innerhalb von drei Monaten über eine Herabstufung der Bonitätsnote für Portugal entscheiden werde, da die »Kreditwürdigkeit der Regierung mit erhöhten Risiken bewertet« sei. Außerdem habe das Land ein hohes Leistungsbilanzdefizit, und die Wirtschaft werde im Jahr 2011 real um zwei Prozent schrumpfen.[71] Bereits im April 2010 hatte S&P das Rating der Portugiesen um zwei Stufen abgewertet, das seither auf einer Stufe mit Botswana steht.[72]

Angesichts der prekären Wirtschafts- und Finanzlage warb die sozialistische Regierung für eine parteiübergreifende große Koalition, weil nur so die »nötige politische Stabilität« gesichert werden könne, ansonsten sei sogar das Ausscheiden Portugals aus der Währungsunion nicht mehr auszuschließen. Dessen ungeachtet versicherte Finanzminister Fernando Teixeira dos Santos, dass sein Land keine Hilfe aus dem EU-Rettungsfonds brauche und nicht mit Irland zu vergleichen sei. Starke Worte, die sein irischer Kollege noch ein paar Tage zuvor in ähnlicher Weise von sich gegeben hatte.[73] Und auch Premierminister José Socrates verkündete noch Anfang Dezember vergangenen Jahres: »Wir brauchen keine Hilfe von außen.«[74]

Ende Dezember 2010 stellte die Ratingagentur *Moody's* das erst im Juli gesenkte »A1«-Rating der Portugiesen auf den Prüfstand und hielt eine weitere Herabstufung um ein bis zwei Noten für möglich.[75] Am 23. Dezember 2010 stufte die Ratingagentur *Fitch* die Kreditwürdigkeit um eine Note auf »A+« herab.[76] Als dann die Chinesen auch noch ankündigten, im ersten Quartal 2011 portugiesische Staatsanleihen im Wert von vier bis fünf Milliarden Euro kaufen zu wollen[77], dämmerte dann wohl auch dem hartnäckigsten Realitätsverweigerer, was die Stunde geschlagen hatte.

In der ersten Januar-Woche dieses Jahres stiegen die Renditen für zehnjährige Portugalanleihen auf 7,1 Prozent – Rekordwert. EU-Kollegen wurden bereits unruhig, und hinter den Kulissen munkelte man schon, dass die Portugiesen endlich um Hilfe aus dem Euro-Rettungsschirm bitten sollten. Doch noch verweigerte sich Lissabon hartnäckig. In Berlin schimpfte man bereits: »Die erkennen den Ernst der Lage nicht«.[78]

Nächster Staatsbankrott-Kandidat: Spanien

Man kann gegen den sozialistischen spanischen Ministerpräsidenten José Luis Rodríguez Zapatero sagen, was man will, aber wenigstens war er ehrlich: Schon im September 2009 kündigte er im Parlament an, die Steuern drastisch zu erhöhen, um die öffentlichen Finanzen wieder zu konsolidieren. Zapatero machte deutlich, wie er die schwierige Lage in seinem Land wieder unter Kontrolle bekommen wollte: Der Bürger sollte in nie dagewesener Weise zur Kasse gebeten werden. In seiner verklausulierten Sprache hörte sich das natürlich etwas sanfter an: »Ich plädiere dafür, dass die Menschen ihr Einkommen aus Solidarität mit jenen Menschen teilen, die am meisten bedürftig sind«.[79]

Zapatero wollte für den Haushalt 2010 die Steuern um sage und schreibe 1,5 Prozent des Bruttoinlandsproduktes (BIP) erhöhen, was etwa 15 Milliarden Euro entsprach. Damit vollführte der spanische Ministerpräsident eine 180-Grad-Wende gegenüber seiner bisherigen Politik, denn in den vorausgegangenen Jahren war es seine Regierung, die den Spitzensteuersatz der Einkommen- und Körperschaftsteuer massiv senkte und so dem spanischen Steuerzahler eine Ersparnis von rund 400 Euro pro Jahr bescherte. Das war zu einer Zeit, als die Konjunktur in Spanien boomte.

Doch jetzt liegt die Baubranche in Trümmern, und Hunderttausende von neuen Häusern stehen leer. Ein Acht-Milliarden-Euro-Beschäftigungsprogramm hat nicht den gewünschten Erfolg gebracht, im Gegenteil, die Steuereinnahmen brachen noch mehr ein, die Arbeitslosigkeit stieg auf über 20 Prozent – die höchste Quote in der gesamten EU. Der Zusammenbruch des Bau- und Immobiliensektors riss die spanische Wirtschaft in eine tiefe Rezession, und das hohe Verschuldungsniveau privater Haushalte verschärfte die Lage zusätzlich. In der Eurozone wies Spanien nun das dritthöchste Haushaltsdefizit auf.[80]

Die Märkte reagierten folgerichtig: Ende September vergangenen Jahres stufte die zweitgrößte Ratingagentur der Welt, *Moody's*, Spanien herunter, da sie Zweifel an der Bonität des Landes hatte. Mit der Bewertung von »Aa1« verlor erstmals ein großes EU-Land auch bei *Moody's* das begehrte »Triple-A«-Rating, was eine Verteuerung der Refinanzierung am Kapitalmarkt bedeutete.[81]

Seither steht Spanien, das eine der größten Volkswirtschaften in der EU repräsentiert, mit dem Rücken an der Wand. Da die Verflechtung der Iberer mit anderen Staaten sehr groß ist, könnten bei Zahlungsnöten auch viele andere Staaten ernsthafte Probleme bekommen und der Euro-Rettungsschirm wohl schnell an seine Belastbarkeitsgrenze gelangen.

Anfang Dezember 2010 stellte Zapatero dann ein weiteres »Anti-Krisen-Paket« vor: Diesem zufolge sollte der staatliche Flughafenbetreiber AENA großteils privatisiert und bis zu 30 Prozent der staatlichen Lotterie verkauft werden. Eine Sonderhilfe für Langzeitarbeitslose in Höhe von 420 Euro im Monat sollte nicht verlängert, dafür aber dem Mittelstand durch bessere Abschreibungsmöglichkeiten, Steuersenkungen und Bürokratieabbau geholfen werden.[82]

Der harte Sparkurs der spanischen Regierung konnte die Märkte bisher aber noch nicht so richtig überzeugen. Zudem kämpfen die heimischen Banken mit Milliardenlasten toxischer Kredite aufgrund der Krise am Immobilienmarkt und großen Refinanzierungsnöten. Die gigantische Summe von 445 Milliarden Euro schuldet der Bausektor nämlich den spanischen Kreditinstituten, und die faulen Kredite sind nur zu 35 Prozent durch Rückstellungen gedeckt.[83] Experten sagen, dass sich die Lage während des Jahres 2011 noch verschärfen wird, denn die Zahlungsausfälle werden weiter ansteigen. Stark betroffen seien dann vor allem Banken mit großem Engagement im Hypothekenbereich. Denn als der Häusermarkt boomte, führte dies zu einer Verfünffachung des Hypothekenvolumens auf 618 Milliarden Euro, da die Banken immer niedrigere Zinsen für Hypotheken anboten, um Eigenheimkäufer als Kunden für Kreditkarten und Versicherungen gewinnen zu können. Doch das Hypothekengeschäft, das früher eine Goldgrube gewesen war, ist inzwischen zu einer Belastung geworden.[84]

Das größte Problem aber bereiten die unzähligen privaten Sparkassen (Cajas), die schwach kapitalisiert sind und an den Kapitalmärkten nur noch schwer an frische Mittel kommen. Schätzungen zufolge müssen die kleinen und mittelgroßen Geldinstitute bis Mitte 2011 rund 40 Milliarden Euro aufnehmen. Dazu kommen noch 30 Milliarden Euro vom Staat. *Barclays* schätzte, dass über 200 Milliarden Euro aufgrund der prekären Wirtschafts- und Arbeitsmarktlage verloren gehen könnten. Außerdem sind die Institute mit fast 80 Milliarden Dollar im Krisenland Portugal engagiert. Madrid hatte deshalb bereits einige Sparkassen de facto zu Fusionen gezwungen und dafür 15 Milliarden Euro an Krediten zur Verfügung gestellt.

Die Zinsen für spanische Anleihen stiegen ebenfalls, und spanische Banken müssen ähnlich hohe Risikoaufschläge bezahlen. Einer Berechnung von *Unicredit* zufolge benötigt das Land bis Ende des Jahres 2013 rund 350 Milliarden Euro neues Kapital. Das ist aber bei diesen hohen Zinsen nur schwerlich zu refinanzieren, weswegen Wirtschaftsstaatssekretär Jose Manuel Campa dieses Problem auch als »besorgniserregend« bezeichnete.[85]

Noch Ende November 2010 erklärte die spanische Finanzministerin: »Ich bin absolut davon überzeugt, dass wir keine Hilfe brauchen«[86], und Spaniens Europaminister Lopez Garrido fügte hinzu: »Für Spanien gibt es keinen Grund, die EU um Hilfe zu bitten. Wir reduzieren unser Defizit und kommen aus der Krise. Wir bezahlen unsere Schulden aus eigener Kraft zurück, kein Zweifel.«[87]

Die Ratingagentur *Moody's* sah das ganz anders und setzte Spaniens Bonitätsnote Mitte Dezember 2010 auf die Prüfliste für eine weitere Herabstufung. Damit war wahrscheinlich, dass die Iberer ihre Ratingnote »Aa1« bald verlieren könnten. *Moody's* sah einen »Refinanzierungsstress« für 2011 voraus, weil Madrid allein in diesem Jahr 170 Milliarden Euro von den Investoren an den Märkten benötigt. Prompt ruderte die bislang so arrogant auftretende Wirtschaftsministerin zurück und verlangte stattdessen die Aufstockung des Euro-Rettungsschirmes[88] – eine Kehrtwendung also innerhalb von zwei Wochen, was zeigt, dass die Politiker aller Couleur weiterhin versuchen, Bürger, Märkte und Investoren zu belügen.

Weitere gefährdete Staaten

Ungarn

Ungarn stand schon einmal vor Jahren als erster EU-Mitgliedsstaat kurz vor dem Zusammenbruch. Damals konnte der Staatsbankrott nur durch massive finanzielle Hilfe verhindert werden. Der IWF, die EU und die Weltbank stellten dem osteuropäischen Land insgesamt 20 Milliarden Euro zur Verfügung, damit es seinen Zahlungsverpflichtungen weiter nachkommen konnte. Die Finanzspritze war allerdings an wirtschaftspolitische Bedingungen geknüpft: Die ungarische Regierung musste sich dazu verpflichten, ein politisches Programm aufzulegen, das für mehr Wachstum, die Konsolidierung des Staatshaushalts und weitreichende Reformen sorgen sollte, denn der ungarische Staat war und ist seit Längerem hoch verschuldet und konjunkturelles Schlusslicht in

Europa. Bereits im Jahre 2007, also drei Jahre nach dem Beitritt in die Europäische Union, hatte das Land das größte Budgetdefizit aller EU-Staaten aufzuweisen.

Im Oktober 2008 beschloss die ungarische Regierung schließlich, die Landeswährung »Forint« um 15 Prozent abzuwerten. Internationale Investoren zogen daraufhin ihr Kapital ab. Der Markt für ungarische Staatsanleihen brach zeitweise zusammen, und die Banken waren gezwungen, die Ausgabe von Devisenkrediten zu stoppen, während die Menschen ihre Spareinlagen schnell bei ausländischen Banken in Sicherheit brachten.[89]

Im Februar 2009 beschloss die Regierung ein weitreichendes Sparpaket, um das Land aus der Wirtschaftskrise zu führen. Es sah Steuererhöhungen, Kürzungen der Sozialleistungen und Hilfen für Unternehmen vor. Doch ausländische Experten sind übereinstimmend der Meinung, dass sich das Land noch immer in einer »Schuldenfalle« befindet. Aegon-Fondsverwalter Peter Heim erklärte, der IWF-Kredit habe Ungarn zwar geschützt, praktisch könne man dennoch von einem Staatsbankrott sprechen.[90]

Die Ratingagentur *Moody's* senkte das Rating des osteuropäischen Landes am 6. Dezember 2010 auf gerade einmal »Baa3«. Damit liegt die Bewertung von Ungarns Anleihen nur noch eine Note über dem Ramschstatus.

Moody's begründete den Schritt mit den langfristigen haushaltspolitischen Problemen des Landes, das zudem für externe Risiken anfällig sei. »Die Herabstufung hat vor allem mit dem zwar langsamen, aber deutlichen Verlust an Finanzkraft der ungarischen Regierung zu tun«, hieß es wörtlich. Auch die Konsolidierungsstrategie der Regierung sehe vor allem temporäre Maßnahmen vor, aber wenige Vorschläge für eine nachhaltige Sanierung. Nach Ansicht der Ratingagentur könnten weitere Herabstufungen folgen, wenn Ungarn es versäume, seine finanzielle Stärke wiederherzustellen.

Hierfür wurden im Dezember 2010 seitens der ungarischen Regierung noch radikalere Methoden als bisher angewendet: Das Land verstaatlichte einen Teil des Geldes, das die Bürger für ihre Rente angespart hatten. Seit 1998 existierte eine private Säule der Altersabsicherung. Diese ging nun an den Staat über. Die privaten Ersparnisse der Menschen wurden also beschlagnahmt. Das Geld sollte dafür verwendet werden, das Defizit der staatlichen Rentenversicherung zu senken und die Staatsschulden zu sanieren. Wer sich weigerte, verlor auch den gesamten Anspruch auf die staatliche Rente. Die Opposition sprach von »Diebstahl« und »Rentenklau«.[91]

Die Rechnung der Finanzmärkte kam schnell: Bereits zwei Wochen später senkte die Ratingagentur *Fitch* die Kreditwürdigkeit Ungarns für Staatsanleihen mit längerer Laufzeit von »BBB« auf »BBB–« mit »negativem Ausblick«. Damit drohte eine weitere Herabstufung auf Ramschniveau. Ungarns Wirtschaftsminister György Matolczy blieb davon jedoch völlig unbeeindruckt und erklärte, man rechne damit, »dass die Welt außerhalb (Ungarns) nicht zusammenbricht«[92].

Volkswirte hingegen sind bis heute darüber besorgt, dass eine Zuspitzung der desaströsen Lage in Ungarn auf die gesamte osteuropäische Region Einfluss nehmen könnte. Die größten Gläubiger der maroden ungarischen Banken sind Österreich mit einem Volumen von rund 37 Milliarden US-Dollar und Deutschland mit 30,8 Milliarden US-Dollar. Der deutsche Steuerzahler kann sich also schon auf die nächste Milliardenunterstützung einstellen.[93]

Belgien

Während alle europäischen Politiker gebannt auf die Krisen in Irland und Griechenland blicken, bahnt sich in Belgien das nächste Unheil an. Belgien zählt zu den EU-Ländern mit der höchsten Staatsverschuldung, was allerdings in den Medien nicht oft erwähnt wird. Und das Land macht schwere Zeiten durch: Die Staatsverschuldung ist bereits auf mehr als 100 Prozent des jährlichen Bruttoinlandsprodukts angewachsen. Zudem hat die Nation schon seit April 2010 keine funktionierende Regierung mehr, die die schwerwiegenden Finanzprobleme angehen könnte.

Die Ausfallversicherungen für belgische Staatsanleihen steigen, was ein untrügliches Zeichen dafür ist, dass auch Belgien in großen wirtschaftlichen Schwierigkeiten steckt. Zudem drohen nicht nur soziale, sondern auch ethnische Unruhen zwischen Flamen und Wallonen (Frankofonen). Das Auseinanderbrechen des ganzen Staates ist aufgrund von Separationsbestrebungen durchaus möglich. Im Land herrscht allgemeine Ratlosigkeit, wie die tiefe Staatskrise zu lösen ist. Und genau diese politische Lähmung bewegt auch die Finanzmärkte: Ohne funktionierende Regierung gibt es in Belgien keine Pläne, wie man die Schulden in den Griff bekommen könnte. Größere Sparpakete sind demnach nicht geplant. Im Klartext heißt das: Es wird weiter abwärts gehen.[94]

Mitte Dezember 2010 senkte die Ratingagentur *Standard & Poor's* logischerweise dann den Ausblick für das Land auf »negativ«. Somit droht eine Herabstufung in den nächsten sechs Monaten, sollte nicht rasch eine handlungsfähige Regierung gebildet werden.[95] Belgien ist also ebenfalls ein »heißer« Kandidat für die nächste EU-Rettungsaktion.

Zypern

Bisher ignorierte die Mainstream-Presse den kleinen Inselstaat im Mittelmeer, der erst im Jahr 2008 in die Europäische Währungsunion aufgenommen wurde. Das könnte sich aber bald ändern, denn das Wirtschaftswachstum und die Finanzstabilität hängen stark von der Entwicklung in Griechenland ab, das immerhin 22 Prozent der zyprischen Exporte abnimmt und somit der größte Handelspartner ist. Geht es Griechenland schlecht, ist also auch Zypern in ernster Gefahr – und die Zeichen stehen auf Sturm: Anlass zu Sorge geben die steigenden Defizite und Schulden sowie die schon angesprochene enge Verflechtung der zyprischen Wirtschaft mit dem maroden Griechenland, dessen BIP 2010 um 4,2 Prozent und 2011 um weitere drei Prozent schrumpfen wird. Die zyprische Wirtschaft läuft also Gefahr, in den griechischen Sog zu geraten. Zudem sind die zyprischen Banken mit hohen Risiken konfrontiert, weil sie sich stark in ihrem Nachbarland engagieren. Die Beteiligung der zyprischen Geldinstitute entspricht rund dem 2,5-Fachen der Wirtschaftsleistung der kleinen Mittelmeerinsel.

Die drei größten zyprischen Banken, die *Bank of Cyprus*, die *Marfin Popular Bank* und die *Hellenic Bank*, haben sich in den vergangenen Jahren auf dem griechischen Markt konsequent eingerichtet. Das rächt sich nun in Zeiten der Rezession, die Griechenland besonders hart trifft: Nicht nur heimische, sondern auch zyprische Banken, die rund 40 Prozent ihrer Kredite an Griechenland vergeben, kämpfen mit zunehmenden Kreditausfällen. Prognosen zufolge wird die Quote der notleidenden Darlehen in diesem Jahr bei zwölf Prozent der gesamten Kreditsumme liegen. Das ist ein nicht zu unterschätzendes Problem also auch für die Banken in Zypern, denen dann hohe Abschreibungen drohen dürften.

Aber nicht nur die Kreditvergabe stellt für die zyprischen Banken
ein Risiko dar, sondern auch das Engagement in griechischen Staatsanleihen, die Bonds im Volumen von rund fünf Milliarden Euro halten.
Diese hohen Risiken, eine Staatsverschuldung, die von 58,3 Prozent
(2008) auf 79 Prozent (2011) steigen soll, und die »schiere Größe« des
Bankensektors veranlasste die Ratingagentur *Standard & Poor's* dann
auch im November 2010, die Kreditwürdigkeit Zyperns von »A+« auf
»A–« herunterzustufen, was die Rendite von zyprischen Staatsanleihen
um fast zwei Prozent in die Höhe trieb.

Im Dezember 2010 warnte Zyperns Zentralbankchef Athanasios
Orfanides vor der Haushaltspolitik der Regierung, die den aufgeblähten
Staatssektor beschneiden und die Gehälter im öffentlichen Dienst kür-
zen solle, anstatt die Rentenversicherung zu sanieren. Damit mache die
Regierung dieselben Fehler, die Griechenland bereits an den Rand des
Bankrotts gebracht habe.[96]

Euro-Land ist abgebrannt

»Alles ist sicher«, »alles ist gut« – so oder so ähnlich versuchen europäische Spitzenpolitiker bis heute, das Volk zu verdummen. Doch im
vergangenen Jahr gab es auffallend viele Krisensitzungen, die verhindern sollten, dass die EU auseinanderfällt und der Euro zerbricht. Alles
ist gut – wirklich?

Ein anderes Indiz dafür, dass Euro-Land abgebrannt ist, ist die
Tatsache, dass die Europäische Zentralbank (EZB) Staatsanleihen von
EU-Ländern aufkauft, die auf dem freien Markt keine Abnehmer mehr
finden. Geschah dies am 31. Mai 2010 noch in einem Volumen von
35 Milliarden Euro, stieg die Stütze für die Schuldenstaaten bis Mitte
Dezember 2010 schon auf 69 Milliarden Euro. Ohne diese Stützungs-
käufe hätten sich einige EU-Staaten nicht mehr refinanzieren können,
wären also bankrott gewesen.[97] Die EZB hat ihren Staatsanleihenankauf
also in gerade einmal sechs Monaten *verdoppelt*, um das Zusammenbrechen der Währungsunion zu verhindern.[98] Für die PIIGS-Anleihen[99] gibt
es häufig nur noch *einen* Käufer, und der heißt Europäische Zentralbank.[100]

Anfang Dezember 2010 gab EZB-Präsident Jean-Claude Trichet in
Frankfurt bekannt, dass das Programm zum Aufkauf von Staatsanleihen
fortgeführt und die Liquiditätshilfen für die Banken verlängert werden.

Bis zum April 2011 will die EZB Banken nun billiges Geld zu einem Zinssatz von nur einem Prozent anbieten und gewinnt noch einmal Zeit durch diese Maßnahmen.[101] Ob sie die dafür eingesetzten Summen erhöhen oder in welchem Umfang die EZB künftig Anleihen aufkaufen will, ließ Trichet allerdings offen.[102] Doch damit sind die strukturellen Probleme der EU-Zone nicht gelöst, denn die Währungsunion leidet an der Divergenz zwischen Geld- und Fiskalpolitik.[103]

Die Europäische Zentralbank sorgt sich ebenfalls um die Finanzstabilität in der EU, obwohl gerade sie es ist, die diese durch ihr Verhalten gefährdet. Das größte Risiko sieht die EZB im Zusammenspiel von hoch verschuldeten Ländern mit problembehafteten Finanzinstituten. Ebenso sei eine hohe Verschuldung, gepaart mit Schwierigkeiten bei der Refinanzierung und niedrigen Gewinnen, nach wie vor ein Risiko.[104]

Daher mutet es manchmal schon grotesk an, mit welchen Schönfärbereien, Vertuschungen und Volksverdummungen europäische Spitzenpolitiker verzweifelt versuchen, die desaströse Lage der gesamten EU zu erklären. Doch den klaren Ansagen der Finanzwelt stehen nur vage politische Kommentare entgegen. Die Politik versucht aus Angst vor den Wählern, nicht zu konkretisieren. Die Schulden der einzelnen Länder sind allerdings so exorbitant hoch, dass es mittel- bis langfristig zum »Big Bang« kommen *muss*, denn Schulden mit immer noch mehr Schulden zu bekämpfen heißt, den Teufel mit dem Beelzebub auszutreiben. Längst geht es nicht mehr um Griechenland, Irland oder Portugal, es geht um den Euro, um das Fortbestehen der Europäischen Union und um die Vermögen der Menschen.

Selbst EU-Ratspräsident Herman van Rompuy schloss einen Zusammenbruch des gemeinsamen Währungsraumes nicht mehr aus. Fast hilflos appellierte er Anfang Dezember 2010: »Wir müssen alle zusammenarbeiten, um das Überleben der Eurozone zu sichern.«[105]

In ihrem Neun-Punkte-Plan zur Stabilisierung der Eurozone rückte die Bundesregierung dann endlich mit der Wahrheit heraus: »Der Stabilitäts- und Wachstumspakt [...] hat nicht als Instrument ausgereicht, um finanzpolitische Fehlentwicklungen zu verhindern. Zweitens ist es durch die bestehende wirtschaftspolitische Überwachung nicht gelungen, strukturpolitisch bedingte Ungleichgewichte und Wettbewerbsschwächen in den EU-Euro-Ländern [...] anzugehen. Und drittens zeigt sich, dass die Währungsunion für den Extremfall staatlicher Liquiditäts- und Solvenzkrisen nicht gerüstet ist.«[106]

Somit bestätigte die Bundesregierung also rückwirkend, dass die Europäische Union von Anfang an falsch strukturiert war. Was viele nicht wissen: Hinter dem Euro steckte der politische Wunsch Frankreichs und einiger anderer Länder, von der Stärke der D-Mark nach der Wiedervereinigung Deutschlands zu profitieren. Andere wiederum hatten Angst vor der D-Mark als der »deutschen Atombombe«.[107] Deutschland stimmte schließlich zu, um den Wiedervereinigungsprozess nicht zu gefährden.[108] So gesehen war die Einführung des Euros der Preis für die Wiedervereinigung der beiden deutschen Staaten.[109]

Doch dabei übersah man einen entscheidenden Punkt: Eine gemeinsame Währung ist nur dann sinnvoll, wenn auch die Finanz-, Fiskal- und Währungspolitik der beteiligten Länder gemeinschaftlich abgestimmt und durchgeführt wird. So war es von Anfang an für diejenigen absehbar, die »sehen« wollten, dass einige wenige Euro-Länder irgendwann für die maroden Mitglieder der Währungsgemeinschaft würden einspringen müssen.

Dabei wäre es einfacher gewesen, eine andere Lösung zu finden: zum Beispiel ein Europäisches Währungssystem mit festen, aber anpassungsfähigen Wechselkursen. Das hatten wir schon einmal von 1979 bis Ende 1998. Damals waren die europäischen Währungen aneinandergekoppelt, um sie vor Angriffen zu schützen, und das brachte einen gewissen Zwang mit sich, feste Wechselkurse einzuhalten.[110]

Der Euro-Rettungsschirm

Das »Gesetz zur Übernahme von Gewährleistungen im Rahmen eines europäischen Stabilisierungsmechanismus« wurde am 21. Mai 2010 in Windeseile erlassen und enthält eine Absicherungssumme von 750 Milliarden Euro für künftige Krisen.

Bisher wurde der Öffentlichkeit vorgegaukelt, dass dieses Gesetz unabdingbar gewesen sei, um den Euro und Griechenland zu retten. Doch in dem vertraulichen Schreiben der Bundestagsabgeordneten Judith Skudelny, FDP (MdB), wurde klar, dass dies nur die halbe Wahrheit ist. In Wirklichkeit war die Lage noch viel schlimmer, doch darüber klärte man die europäische Bevölkerung nicht auf: Demnach war nicht nur Griechenland vor einem Staatsbankrott bedroht, sondern auch ein *deutscher Nachbarstaat*, der bisher keinerlei strukturelle Schwächen zeigte.

Nachfolgend möchte ich einige Auszüge aus dem Brief von Frau Skudelny an FDP-Mitglieder präsentieren (Hervorhebungen durch mich):

»In der vergangenen Sitzungswoche habe ich versucht, die Gründe der neuerlichen Krise zu verstehen. Dabei stand für mich insbesondere die Kurzfristigkeit der Entscheidung im Fokus. Was ich zunächst nicht verstanden habe, war, warum **eine neue Krise gerade an dem Tag ›brennend‹ wurde, an welchem wir ein Hilfspaket zur Vermeidung einer ebensolchen Krise verabschiedet hatten** [...] **Mein Schreiben basiert auf Erkenntnissen aus zahlreichen Gesprächen mit Personen aus Politik, Wirtschaft und Banken.** Unter anderem haben innerhalb der Fraktion der Kanzleramtschef de Maizere und der Bundesfinanzminister Schäuble Auskünfte über den Ablauf der Verhandlungen gegeben. Mit Herrn Hannes Rehm, Chef des Sonderfonds für Finanzen (auch Bankenrettungsfonds oder SoFFin genannt), hatte ich Gelegenheit, im kleinen Kreis zu sprechen. Zudem habe ich mit einem Hedgefondsmanager aus London telefoniert [...].

Aus Sicht der Hedgefonds hat sich die **Krise bereits seit letztem Sommer abgezeichnet** (gemeint war das Jahr 2009; Anm. d. Verf.). Nach Aussage des Hedgefondsmanagers ist **Berechenbarkeit das Wichtigste für die Finanzbranche. Diese war in Europa nicht mehr gegeben** [...] Trotz der Griechenlandhilfe waren ausländische **Investoren nicht mehr der Meinung, Europa sei ein sicherer Anlageort** [...] In der Gesamtschau führte diese Situation dazu, dass das Vertrauen in den europäischen Finanzmarkt erneut eine Talsohle erreichte. **Anfang Mai 2010 war der Interbankenmarkt nahezu in dem Maße ausgetrocknet wie zu den akuten Zeiten der *Lehman-Brothers*-Krise** im Jahr 2008. Damit hat sich gezeigt, dass durch das zögerliche und unstete Handeln in Bezug auf Griechenland eine Ausweitung der Krise nicht verhindert werden konnte. **Ohne Reaktion wäre die Folge des Austrocknens der Finanzmärkte eine erneute Ansteckungsgefahr der Realwirtschaft gewesen.**

Infolge des Austrocknens konnte bereits ein **solventer Staat (in der deutschen Nachbarschaft, der Name wurde jedoch nur unter vier Augen gesagt)** seine Staatsanleihen kurzfristig **nicht mehr am Finanzmarkt platzieren.** Sprich: Er konnte sich nicht refinanzieren und war kurzweilig **ebenfalls von der Zahlungsunfähigkeit bedroht.** Und das, **obwohl bei diesem Staat eben keine strukturellen oder anderweitigen Schwächen** vorlagen.«[111]

Wir sehen also an diesem Beispiel, wie die Öffentlichkeit hinters Licht geführt wird. Der deutsche Steuerzahler haftet mit rund 150 Milliarden für die verschiedenen Rettungspakete, und es ist die Pflicht unserer gewählten Volksvertreter, den Menschen deshalb die *ganze* Wahrheit zu sagen. Demnach hätten die verantwortlichen Politiker den Namen des »solventen« Staates in der »deutschen Nachbarschaft« preisgeben müssen und nicht nur »unter vier Augen« flüstern dürfen. Ich tippe auf Frankreich. Das würde auch erklären, weshalb sich der französische Präsident Nicolas Sarkozy in den darauffolgenden Wochen so vehement in die Geschehnisse eingemischt hat.

Und so funktioniert der Euro-Rettungsschirm, der sich aus verschiedenen Kreditquellen zusammensetzt: Zunächst haben die Euro-Staaten bilaterale Kreditgarantien über 400 Milliarden Euro über die Europäische Finanzstabilisierungsfaszilität (EFSF) abgegeben. Hinzu kommen ein Notkreditrahmen des Europäischen Finanzstabilisierungsmechanismus (EFSM) über 60 Milliarden sowie Kreditlinien über 250 Milliarden Euro vom Internationalen Währungsfonds (IWF). Diese sind auf drei Jahre, also bis Ende Juni 2013, begrenzt, wurden aber im Falle von Griechenland und Irland nun bereits verlängert. Beantragt ein EU-Land Finanzierungshilfe aus dem Programm, kann das Geld innerhalb von vier bis fünf Wochen fließen.

Um die Hilfe vom EFSM zu erhalten, muss sich das entsprechende Land zuerst an die EU-Kommission wenden, die dann zusammen mit der Europäischen Zentralbank (EZB) den Finanzbedarf ermittelt. Dann muss die Regierung des hilfesuchenden Staates ein Konzept für die Sanierung seines Haushalts und seiner Finanzen an den Arbeitsausschuss der EU-Finanzminister übermitteln. Nach Prüfung entscheidet der Ministerrat auf Vorschlag der Kommission. Er muss mit qualifizierter Mehrheit für den Antrag stimmen. Dann handelt die Kommission die Konditionen für die Hilfskredite aus. Verläuft das Ganze positiv, nimmt sie Geld am Kapitalmarkt auf.

Der Garantierahmen der Euro-Länder EFSF funktioniert ähnlich: Auf hier muss der Hilfeantrag an die EU-Finanzministergruppe gerichtet werden. Stimmt diese einer Unterstützung zu, wird eine Delegation der EU-Kommission, der EZB und des IWF in das hilfesuchende Land geschickt, um den Finanzbedarf festzustellen und mit der Regierung ein Sanierungsprogramm abzustimmen. Das Programm muss von der Euro-Gruppe angenommen werden. Sollen gleichzeitig Kredite vom IWF fließen, muss auch der Währungsfonds zustimmen. Das Prozedere – wie

Konditionen und Auszahlungsmodalitäten – wird in einer Vereinbarung festgelegt. Die EFSF kann sich das benötigte Kapital besorgen, indem sie über die deutsche Schuldenagentur Anleihen am Kapitalmarkt begibt und das Geld anschließend an das notleidende Land weiterreicht. Ende November 2010 war sich die Europäische Union dann schließlich hinsichtlich der Umschuldung nach dem Jahr 2013 einig. Die Grundzüge eines dauerhaften Rechtsrahmens zur Lösung staatlicher Schuldenkrise wurden erarbeitet. Diesen zufolge sollen auch private Gläubiger beteiligt werden, falls ein Staat entschuldet werden muss. Neben einer Zinsverringerung und der Laufzeitverlängerung von Staatsanleihen verständigte man sich auch auf die Möglichkeit eines Forderungsverzichts für den äußersten Notfall. Allein die Tatsache, dass dieser sogenannte »Haircut« mit in die Überlegungen einbezogen wurde, zeigte, dass die politische Führung der EU wohl selbst wenig Vertrauen hat, dass so manches Land seine Hilfskredite zurückzahlen wird.

Außerdem sollen alle EU-Staatsanleihen ab Mitte 2013 mit Umschuldungsklauseln ausgestattet werden, in denen die Rolle privater Anleger bei Staatsinsolvenzen festgelegt wird. Demnach sollen EZB, EU-Kommission und IWF rechtzeitig analysieren, inwieweit Krisenstaaten ihre Schulden selbst tilgen können. Sollte ein Land dazu nicht in der Lage sein, wird ein Restrukturierungsplan erstellt. Eine private Gläubigerversammlung soll dann über den Anteil der privaten Anleger bei der Entlastung des überschuldeten Landes entscheiden.[112]

Am 7. Juni 2010 unterzeichneten die 16 Finanzminister der Eurozone den Gründungsvertrag einer Zweckgesellschaft mit dem Namen *Special Purpose Vehicle* (SPV), die im Bedarfsfall bis zu 440 Milliarden Euro an den Kapitalmärkten aufnehmen und dann als Kredit an bedürftige EU-Mitgliedsstaaten auszahlen kann. Gesellschafter sind die 16 Euro-Staaten. Ihre Anteile sind am Kapitalschlüssel der Europäischen Zentralbank (EZB) bemessen. Deutschland muss demzufolge für Kredite in einer Höhe von bis zu 123 Milliarden Euro bürgen; falls ein anderes EU-Land als Garantiegeber ausfällt, kann sich diese Summe sogar um 20 Prozent erhöhen.

Die Tätigkeit der Zweckgesellschaft sollte zunächst auf fünf bis sechs Jahre befristet werden, wobei sie nur in den ersten drei Jahren Kredite vergeben kann. Die EU verfolgte damit das Ziel, die europäische Einheitswährung zu stabilisieren und Zinsaufschläge für Staatsanleihen von Ländern mit schlechter Bonität zu senken.[113]

Ende November 2010 beschlossen die Staats- und Regierungschefs schließlich, den Europäischen Rettungsschirm durch den Europäischen Stabilisierungsmechanismus zu ersetzen. In einem ersten, noch nicht abgestimmten Konzept soll ein *European Stability and Growth Investment Fund* (ESAGIF) die Eurozone künftig bei Schuldenkrisen absichern. Mitte Dezember 2010 vereinbarten sie dann, dass der Rettungsschirm für überschuldete Staaten eine Dauereinrichtung werden soll. Über die Höhe des zur Verfügung zu stellenden Geldes soll aber erst im März 2011 entschieden werden. Für diese Dauereinrichtung muss Artikel 136 des EU-Grundlagenvertrages von Lissabon verändert werden. Zwei Sätze werden neu eingefügt: »Die Mitgliedsstaaten, deren Währung der Euro ist, können einen Stabilitätsmechanismus schaffen, der im unvermeidlichen Fall aktiviert wird, um die Stabilität in der Eurozone als Ganze abzusichern. Die Gewährung von jeglicher finanzieller Hilfe im Rahmen des Mechanismus ist an strikte Bedingungen gebunden.«[114]

Gemeinsame Staatsanleihen in der Eurozone wird es bis auf Weiteres (noch) nicht geben, darauf verständigten sich die Staatschefs bereits bei einem Treffen am 6. Dezember 2010, obwohl der hoch verschuldete Süden dieser Forderung nach wie vor mit Sympathie begegnet. Doch Deutschland, die Niederlande, Finnland und Österreich sind strikt dagegen. Auch Frankreich ist skeptisch, denn mit den sogenannten »Euro-Bonds« würde man die Staatsschulden der Eurozone quasi vergemeinschaften, bzw. Deutschland als größter Geldgeber müsste für die Risiken anderer Länder dann am meisten mitzahlen.[115] Oder anders ausgedrückt: Die Bundesrepublik würde den schwachen EU-Staaten ihre Bonität leihen, was Nachteile für den deutschen Steuerzahler mit sich bringen würde, weil das Land bei einem für alle einheitlichen Euro-Bond höhere Zinsen zahlen müsste als derzeit für eine Bundesanleihe.[116]

Deutschlands Verweigerung, europäische Staatsanleihen einzuführen, ließ Jean-Claude Juncker, den Chef der Euro-Gruppe, zu der Bemerkung hinreißen, das Deutschland »ein bisschen simpel« denke, und das, obwohl wir ja bereits der *Zahlmeister* der EU sind. Gleichzeitig warf er der Bundeskanzlerin »uneuropäisches Verhalten« vor.[117]

Das Gegenteil, nämlich, dass Deutschland *zu* europäisch sei, werfen die Professoren Wilhelm Hankel, Joachim Starbatty, Karl Albrecht Schachtschneider und Wilhelm Nölling der Bundesregierung vor. Sie reichten bereits im ersten Halbjahr 2010 Klage gegen den Euro-Rettungsschirm beim Bundesverfassungsgericht ein. Auf seiner Homepage erklärte Prof. Dr. Hankel den Stand des Prozessverlaufes: »Zum Prozessverlauf ist mitzuteilen: Das Bundesverfassungsgericht hat unsere Klagen gegen die steuerfinanzierten Euro-Rettungsschirme als klare Verstöße gegen die EU-Verträge und unser Grundgesetz angenommen und diesmal nicht zurückgewiesen wie vor zwölf Jahren unsere Klage gegen die Einführung des Euros. Das Gericht hat die Klage den Beteiligten (Bundesregierung, Bundestag und Bundesrat) zur Stellungnahme vorgelegt. Das Verfahren ist also eröffnet: ›Die Kugel hat den Lauf verlassen und fliegt‹ [...] Die Anhörung wird vieles klären, nicht nur für den Verlauf des Verfahrens, sondern auch die Einschätzung der Dinge an den Finanzmärkten. Wir sind guten Mutes und kämpfen weiter. Es geht nicht nur um unser Geld, sondern was genauso wichtig ist: den Erhalt der Demokratie in unserem Land und in Europa. Die EU missbraucht die von ihr selbst angezettelte Euro-Krise schamlos, um ihre Machtposition zu erweitern und immer mehr demokratische Rechte der Völker an sich zu ziehen. Aus Europa soll ein zentral regierter Bundesstaat werden – weder demokratisch noch marktwirtschaftlich verfasst –, und wir Deutsche ›dürfen‹ für ihn zahlen. Wenn es uns gelingt, dies zu verhindern, wird es allen europäischen Völkern in einem freien Europa wieder besser gehen [...].«[118]

Die Annahme der Klage durch das Bundesverfassungsgericht ist bisher zweifellos ein großer Erfolg für das Team um Prof. Dr. Hankel, und es bleibt zu wünschen, dass sie letztendlich zum Ziel führen wird. Jedenfalls ist die Bundesregierung erst einmal in die Defensive gedrängt worden und muss nun in aller Öffentlichkeit und vor jedem Steuerzahler Farbe bekennen.

Europäische Zentralbank in Schwierigkeiten

Mitte Dezember 2010 schreckte eine neue Nachricht die Finanzmärkte auf: Der Europäischen Zentralbank (EZB), die Staatsanleihen krisengeplagter Nationen in Milliardenhöhe aufkaufte, ging offensichtlich das Geld aus, und sie musste die Euro-Staaten anpumpen.

Die EZB drängte die beteiligten Notenbanken zu einer Kapitalaufstockung, weil sie wegen der Schuldenkrise mehr Grundkapital benötigte. Offenbar hatten die europäischen Währungshüter selbst Angst vor drastischen Verlusten der von ihnen aufgekauften Bonds. Um deren Refinanzierungsnot zu lindern, kaufte die EZB Staatsanleihen krisengeplagter Länder wie Griechenland, Portugal und Irland auf. Diese erhielten auf dem freien Finanzmarkt entweder gar kein Kapital mehr oder nur noch zu überhöhten Zinsen. Bis Ende 2010 hatte die EZB so für rund 73,5 Milliarden Euro Staatsanleihen erworben.[119]

Der Hilferuf der EZB war ein neuer Höhepunkt in der Schuldenkrise. Betrachtet man die nackten Zahlen, sieht die Bilanz der EZB tatsächlich verheerend aus: Das Grundkapital beträgt 5,8 Milliarden Euro. Aber durch zahlreiche Hilfsmaßnahmen ist ihre Bilanz auf fast 140 Milliarden Euro angeschwollen – und das ohne reale Deckung. Die Bilanzsumme der EZB *zusammen* mit den nationalen Notenbanken des Euroraums beträgt rund 1,9 Billionen Euro und ist ebenfalls überproportional aufgebläht. Rund 70 Prozent des Kapitals der EZB halten die Notenbanken der 16 Euro-Länder, der Rest verteilt sich auf andere EU-Staaten, die nicht in der Währungsunion sind, etwa Schweden, Dänemark oder Großbritannien.[120]

Das eingezahlte Grundkapital bei der EZB in Millionen Euro

Deutschland:	1091
Frankreich:	819
Italien:	720
Spanien:	478
Niederlande:	230
Belgien:	140
Griechenland:	113
Österreich:	112
Sonstige Euro-Länder:	317
Großbritannien:	59
Sonstige EU-Staaten:	63[121]

Am 16. Dezember 2010 gab die EZB schließlich bekannt, dass sie ihr Grundkapital zum 29. Dezember von 5,8 auf 10,8 Milliarden Euro verdoppeln werde. Deutschlands Kapitalanteil erhöht sich durch die Aufstockung von 1,091 Milliarden auf 2,037 Milliarden Euro. Als Begründung gab die EZB die gestiegenen Schwankungen an den Finanzmärkten und ein erhöhtes Kreditausfallrisiko an. Die Einzahlung erfolgt bis 2012 in drei Schritten. Gleichzeitig gründete die EZB den

»Europäischen Risikorat«, eine unabhängige EU-Organisation, die für die makroprudentielle Aufsicht verantwortlich ist, also Risiken im Finanzsystem rechtzeitig erkennen soll.[122] Dabei handelt es sich um ein Novum, denn in der Geschichte der Bank wurde noch niemals ein solcher Schritt für nötig erachtet. Wir sehen also auch an dieser Maßnahme, welche Stunde geschlagen hat.

Sparen, Sparen, Sparen

Politiker aller Couleur geben seit längerer Zeit nur noch eine Parole aus, um die Staatsschuldenkrise zu bekämpfen: Sparen. Sie verschweigen in diesem Zusammenhang jedoch, dass die Schulden trotzdem immer weiter steigen werden.

Nach dem De-facto-Bankrott von Griechenland und Irland wollen die Regierenden nun das Sparen lernen. »Sparen« heißt im Politikjargon aber nicht das, was jeder von uns unter diesem Begriff versteht, nämlich etwas auf die Seite zu legen, sondern vielmehr »*nicht* noch *mehr* Schulden zu machen«. Die Haushaltsdefizite der EU-Staaten müssen drastisch verringert werden, um das Drei-Prozent-Kriterium des Maastricht-Vertrages zu erfüllen.

Um diese Beträge (Angaben in Milliarden Euro) müssten die Staatsausgaben in der Eurozone bis zum Jahr 2013 sinken:

Großbritannien:	106,0
Frankreich:	90,0
Spanien:	67,3
Deutschland:	42,3
Italien:	37,6
Griechenland:	14,3
Irland:	13,3
Niederlande:	8,9
Portugal:	8,7
Belgien:	5,3
Österreich:	4,9
Slowakei:	1,7

Slowenien:	1,5
Finnland:	1,4
Zypern:	0,6
Luxemburg:	0,3
Malta:	0,1[123]

Die Summe der Defizitreduzierung in der Eurozone beträgt demnach 298 Milliarden Euro, in der Eurozone und Großbritannien 404 Milliarden Euro.

Gleichzeitig prognostizierte man für die Eurozone einen *Anstieg* der Staatsschulden auf 1,282 Billionen Euro. Auf Deutschland würden demzufolge 224 Milliarden entfallen. Zählt man Großbritannien mit einem Schuldenanstieg von 461 Milliarden hinzu, käme man auf eine gesamte *Erhöhung* der europäischen Staatsschulden, die den Wert von 1,743 Billionen Euro erreicht.[124] Als »Gegenmaßnahme« planen die Regierungen Einsparungen in Höhe von rund 404 Milliarden Euro, das entspricht gerade einmal 23 Prozent des Schuldenanstiegs. Anders formuliert: Trotz rigoroser Einsparungen werden die Schulden um 77 Prozent zunehmen.

Kommt der »EU-Länderfinanzausgleich«?

Die Verschuldungssituation in den EU-Staaten wird immer dramatischer. Trotz der beinahe zahlungsunfähigen Staaten wie Griechenland und Irland sowie trotz des drohenden Crashs von Portugal, Spanien und vielleicht Italien versuchen die Politiker zu beschwichtigen und die Lage herunterzuspielen. Die Krise zeigt allerdings eindeutig, dass einige EU-Mitgliedsstaaten für den Euro zu schwach sind.

Schon wird darüber diskutiert, ob der europäische Rettungsschirm mit einem Volumen von 750 Milliarden Euro angesichts der vielen Problemfälle künftig überhaupt noch ausreichen wird. In EU-Kommissionskreisen wird bereits über eine Verdopplung der Summe auf 1,5 Billionen Euro nachgedacht. Die Strategie, Schulden mit immer neuen Schulden zu bekämpfen, kann aber auf Dauer nicht gut gehen. Demzufolge müssten die reichen den armen Euro-Ländern immer wieder finanziell unter die Arme greifen, um weitere Staatsbankrotte zu verhindern und den Euro zu stabilisieren. Der deutsche Steuerzahler würde dabei die Hauptlast tragen.

Der renommierte Wirtschaftswissenschaftler Kai Konrad vom Max-Planck-Institut hatte in einer exklusiven Berechnung für die *Welt am Sonntag* ermittelt, dass dieser »EU-Länderfinanzausgleich« bis zu 800 Milliarden Euro *pro* Jahr kosten würde. Im Klartext: Diese gigantische Summe würden finanzschwache und unsolide EU-Mitglieder von den Leistungsträgern der Währungsunion erhalten. Die größten Profiteure wären die osteuropäischen Länder, da ihre Steuer- und Sozialversicherungseinnahmen gemessen am EU-Durchschnitt sehr niedrig sind, weshalb die Transfersummen an sie besonders hoch wären. Noch sind nicht alle dieser Länder Teil der Eurozone, doch sie haben sich verpflichtet, der Währungsunion schnellstens beizutreten. Aufgrund dieser für sie positiv erscheinenden Aussichten kann man ihnen das keineswegs verdenken.

Für Deutschland wäre dieser EU-Länderfinanzausgleich jedoch der Super-GAU: Wie Konrad errechnete, könnten dann etwa 260 der rund 800 Milliarden Euro betragenden Umverteilungssumme auf den Schultern des deutschen Steuerzahlers lasten (der gesamte Bundeshaushalt ist rund 300 Milliarden Euro schwer). Auf den hiesigen Bürger kämen in diesem Extremfall zusätzliche Steuerbelastungen zu. Nur um das Ausmaß zu verdeutlichen: Um 50 Milliarden Euro einzunehmen, müsste man die Mehrwertsteuer um ganze sechs (!) Prozent anheben. Aber auch die Neuverschuldung würde rasant ansteigen, und Deutschlands Bonität wäre gefährdet.

Ganz so abwegig ist dieses Horrorszenario nicht, denn es scheint, als haben sich bereits viele Politiker mit dem Schicksal der EU-Umverteilung abgefunden, nur um den Euro zu retten. Für sie ist eine Transferunion alternativlos. Für uns Deutsche wäre sie aber eine Katastrophe.[125]

So sahen es auch die Finanzexperten der renommierten *New York Times*, die ihren Lesern zu erklären versuchten, welcher GAU auf jene Steuerzahler zukommen wird, wenn sie für die europäische Schuldenkrise zahlen müssen.

Demnach würde das mit derzeit 750 Milliarden Euro ausgestattete Rettungspaket schon für die Verschuldung der europäischen Banken untereinander (unter denen viele noch faule Kredite in zweistelliger Milliardenhöhe halten) nicht reichen. Der tatsächliche Finanzierungsbedarf, so die *New York Times*, beläuft sich auf etwa vier bis fünf Billionen Euro, sollten alle Stricke reißen. Die deutschen Steuerzahler werden 28 Prozent davon bezahlen müssen. Das sind dann zwischen 1,12 und 1,40 Billionen (!) Euro. Zum Vergleich: Derzeit betragen die deutschen Staatsschulden rund 1,8 Billionen Euro.[126]

So will sich die EU künftig in die nationale Wirtschaftspolitik einmischen

Vertreter der 27 EU-Staaten diskutieren ebenfalls seit Monaten darüber, wie man die Kluft zwischen den wirtschaftlich starken und leistungsschwachen Ländern schließen könnte. Einig ist man sich zwar weitgehend darin, dass sich die EU künftig in die nationale Wirtschaftspolitik wettbewerbsschwacher Länder einmischen müsse, aber nicht, wie das genau geschehen soll.

In einem Bericht des einflussreichen EU-Wirtschafts- und Finanzausschusses (WFA) hieß es: In Mitgliedsstaaten mit »dauerhaft hohen Leistungsbilanzdefiziten und hohen Einbußen bei der Wettbewerbsfähigkeit« sei der »Bedarf« an politischen Eingriffen »besonders dringend« zur »Stärkung der wirtschaftspolitischen Steuerung in der EU«.

Strittiger Punkt bleibt aber nach wie vor, ob dann die EU auch bei Staaten mit hohen Leistungsbilanzüberschüssen in die Wirtschaftspolitik eingreifen darf. Deutschland und die Niederlande sind dagegen.

Um wirtschafts- und finanzpolitische Verwerfungen und Fehlentwicklungen künftig zu vermeiden, hat sich die WFA bereits mit der EU-Kommission und Beamten der Finanzministerien auf folgende »Früherkennungsindikatoren« verständigt, die man beobachten will:

- Leistungsbilanz
- Nettoauslandsvermögen
- Reale Wertschöpfung im Bausektor
- Hauspreise
- Gesamtvolumen der privaten Verschuldung
- Gesamtvolumen der öffentlichen Verschuldung
- Steigerungsrate der privaten Verschuldung
- Steigerungsrate der öffentlichen Verschuldung
- Verbraucherpreisindex
- Euro-Staaten: Lohnstückkosten
- Nicht-Euro-Staaten: Wechselkurs auf Grundlage der Lohnstückkosten

70

Für jeden dieser Indikatoren soll ein Schwellenwert festgelegt werden. Wird dieser überschritten, will die EU-Kommission dann ein sogenanntes »vertieftes Prüfungsverfahren« einleiten und eventuell sogar wirtschaftspolitische Gegenmaßnahmen verordnen.

Die Staaten außerhalb der Eurozone wehren sich verständlicherweise allerdings vehement gegen die Kontrolle ihrer Wechselkurse. Schweden und Großbritannien haben beispielsweise Angst davor, dass sie bei starken Kursschwankungen ihrer Währungen im Verhältnis zum Euro durch Druck von außen zu wirtschaftspolitischen Gegenmaßnahmen gezwungen werden könnten.

Der Einführung dieser Indikatoren und der Kontrolle der EU-Kommission über die nationale Wirtschaftspolitik müssen im Übrigen auch die EU-Abgeordneten zustimmen. Sollten sie dies tatsächlich tun, könnte sich die EU-Kommission vielleicht auch bald in unseren deutschen Bundeshaushalt und unsere nationale Wirtschaftspolitik einmischen.[127]

Risikofaktor Banken

Aufgrund der anhaltenden Krise im Bankensektor verlängerte die EU-Kommission die Sonderregeln für staatliche Beihilfen an notleidende Geldhäuser Anfang Dezember 2010 um ein weiteres Jahr. Insgesamt genehmigte die Kommission dadurch Hilfen in Höhe von fast 4,6 Billionen Euro[128], von denen bisher gut zwei Billionen Euro in Anspruch genommen wurden. 75 Prozent der Hilfen wurden von den EU-Staaten als Garantien für Kredite bereitgestellt, der Rest für Kapitalspritzen oder Hilfen zur Auslagerung von toxischen Krediten genutzt.[129]

Dies geschah nicht ohne Grund, denn der Risikofaktor »Bankschulden« bleibt nach wie vor bestehen, und zusammen mit den Staatsschulden können sie sogar zu einem überlebenswichtigen Problem werden. Kritisch sehen Experten jene Staaten, in denen bereits die Bilanzpositionen einer einzelnen Bank ein Vielfaches der Wirtschaftsleistung des Landes selbst ausmacht. Nachfolgend einige Beispiele:

Bank	Land	Bilanzsumme in Prozent des BIP
Kaupthing	Island	300
Fortis	Belgien/NL	270
UBS	Schweiz	250
Credit Suisse	Schweiz	220
Danske Bank	Dänemark	190
Dexia	Belgien	170
Bank of Ireland	Irland	110
Allied Irish Banks	Irland	95
Santander	Spanien	90
KBC	Belgien	90
Deutsche Bank	Deutschland	45[130]

Zusammen mit den Staatsschulden ergeben sich daraus große Risiken für die Refinanzierungen der davon besonders betroffenen EU-Länder.

Deutsche Banken waren einer der wichtigsten Auslandsgläubiger der europäischen Krisenstaaten wie Griechenland, Irland, Portugal und Spanien. Ihr Volumen an Forderungen belief sich auf 417,8 Milliarden Euro. Dies entspricht etwa einem Fünftel der weltweiten Auslandsforderungen an die vier maroden EU-Länder. Der größte Teil der Kredite deutscher Banken ging an die öffentliche Hand dieser Staaten sowie an die dortigen Banken.[131]

Nach Schätzungen des IWF haben deutsche Banken allein an Irland rund 113 Milliarden Euro an Krediten vergeben. Die englische Notenbank warnte deswegen Ende Dezember 2010: »Die britischen Banken haben Forderungen von 300 Milliarden Euro gegenüber Frankreich und Deutschland, deren Bankensysteme höheren Risiken in den am meisten gefährdeten Volkswirtschaften ausgesetzt sind.«[132]

Höchste Alarmbereitschaft herrscht also auch hier. Eine weitere Verschärfung der Schuldenkrise könnte ungeahnte Folgen für Deutschland haben.

Die sieben Todsünden der EU

Torsten Riecke, Korrespondent des *Handelsblatts* in Zürich, stellte die Frage, was die Gründe dafür sind, dass sich die Europäische Gemeinschaft samt ihrer Währung immer wieder selbst in die Krise führt. Er machte dabei sieben Todsünden aus, die ich dem Leser nicht vorenthalten möchte:

1. Verdrängung: Die meisten europäischen Politiker und Staatschefs beschwichtigen und sehen die Krise als vorübergehende Finanzklemme schwacher Euro-Länder, obwohl sie wissen, dass es gerade die Banken finanzstarker Staaten sind, die sich in jenen Ländern besonders engagiert haben.

2. Illusion: Als man in Brüssel den 750-Milliarden-Euro-Rettungsschirm aufspannte, glaubte man, allein dieses Hilfsversprechen werde die Märkte für immer beruhigen können. Doch dies erwies sich als Irrtum, denn die internationalen Finanzakteure sind sich sicher, dass der Rettungsschirm die Probleme nicht einmal bis zu seinem Ablaufdatum verschiebt. Der De-facto-Staatsbankrott Irlands ist das beste Beispiel hierfür.

3. Übermut: Die Europäische Zentralbank (EZB) stützt die Schuldnerländer nicht nur mit Anleihenkäufen, sondern hält deren Banken auch noch mit ständigen Liquiditätsspritzen über Wasser, was die Grenzen zwischen Fiskal- und Geldpolitik aufhebt und die Preisstabilität gefährdet. Ein Beispiel dazu: Mitte und Ende 2010 gelang es der EZB nur zum Teil und entgegen ihren vollmundigen Ankündigungen, keine inflationären Tendenzen zuzulassen, Geld für ihre Anleihenkäufe aus dem Markt wieder abzuziehen.[133]

4. Kommunikation: Bundeskanzlerin Merkel hat die Krise durch unbedachtes Handeln zweimal verschärft: Zuerst schwieg sie im Falle Griechenlands zu lange, dann redete sie im Falle Irlands zu vorschnell über eine etwaige Beteiligung privater Gläubiger.

5. Planlosigkeit: Weder in den europäischen Hauptstädten noch in der EU-Zentrale in Brüssel gibt es Pläne, wie man die angeschlagene Währungsunion auf Dauer stabilisieren will. Der Rettungsschirm verspricht lediglich eine Atempause, und der angedachte Krisenmechanismus ist noch lange nicht verabschiedet.

6. Unehrlichkeit: Man kann die Währungsunion in der jetzigen Form nicht zusammenhalten, wenn man zugleich eine Transferunion zwischen armen und reichen Ländern ablehnt. Hier muss der Öffentlichkeit reiner Wein eingeschenkt werden.

7. Führungslosigkeit: Aufgrund seiner wirtschaftliche Stärke wäre Deutschland eine »natürliche« Führungsmacht in Europa. Doch es fühlt sich dieser Rolle noch nicht gewachsen und fällt immer wieder durch Inkompetenz auf.[134]

Warum es zu einem Europa-Crash kommen wird

Die folgenden wirtschafts- und finanzpolitische Indikatoren sprechen dafür, dass es mittelfristig, also in den kommenden zehn bis 15 Jahren, zu einem Crash in Europa kommen wird:

- Spekulanten wetten weiter gegen schwache Euro-Länder.
- Hoch verschuldete Nehmerländer und produktive Geberländer können langfristig nicht unter einen Hut gebracht werden.
- Griechenland wird seine Hilfskredite nicht zurückzahlen können, daraus resultiert eine Umschuldung oder gar ein Schuldenerlass, der die Geberländer, allen voran Deutschland, teuer zu stehen kommen wird.
- Irland wird weitere finanzielle Hilfen brauchen.
- Portugal wird ebenfalls EU-Hilfsgelder benötigen oder aus der Währungsunion ausscheiden.
- Ungarn und Belgien, eventuell auch Großbritannien und Italien, werden ebenfalls Hilfspakete in Anspruch nehmen müssen, um nicht zu kollabieren.
- Spanien wird unter den EU-Rettungsschirm schlüpfen, der gigantisch ausgeweitet werden muss, damit die Finanzstabilität der gesamten Europäischen Währungsunion erhalten bleibt.
- Aufgrund der auferlegten Sparpakete für hilfsbedürftige Staaten wird sich die Rezession in diesen Ländern verschärfen, sodass sich diese noch mehr verschulden müssen.

- Die Risikofaktoren Staats- und Bankschulden werden weitere EU-Länder in den Bankrott treiben.
- Die Stabilität des Euros ist akut gefährdet. Weitere Entwertungen drohen, damit sind die Vermögen der Menschen in Gefahr.
- Innere Unruhen in der gesamten EU sind absehbar.
- Die EZB wird weiterhin ausfallgefährdete Staatsanleihen schwacher EU-Länder aufkaufen und sie ebenfalls mit Krediten versorgen. Dadurch gerät die EZB selbst in immer größere Schwierigkeiten.

Exkurs I: Der Euro ist schlecht für Deutschland

Man kann es schon fast nicht mehr hören, was politisch korrekte Politiker, Ökonomen und »Finanzexperten« allenthalben in Talkshows oder Interviews von sich geben: Der Euro sei gut für Deutschland, denn ohne ihn würde es unserer heimischen Industrie viel schlechter gehen. Oder: Ohne die Gemeinschaftswährung wäre die D-Mark so stark geworden, dass unsere Exporteure große Schwierigkeiten hätten, ihre Produkte ins Ausland zu verkaufen. Oder: Deutschland sei ein Profiteur des Euros. Oder: Der Euro bringt Preistransparenz und planbare Handelsbeziehungen.

Das alles ist Schönfärberei, denn vergleicht man diese Aussagen mit den ökonomischen Realitäten anderer europäischer Länder, die den Euro nicht haben, deren Wirtschaftsleistung aber durchaus mit jener Deutschlands vergleichbar ist, kommt man zu einem ganz anderen Ergebnis. Die Fakten:

1. Die Börsen in der Eurozone haben sich im Jahr 2010 schlechter entwickelt als die übrigen Märkte weltweit.
2. Der EuroStoxx 50 stieg seit Einführung des Euros um 56 Prozent (3,2 Prozent Jahresertrag); der Jahresertrag des DAX lag bei 6,2 Prozent; der Schweizer SMI stieg aber im gleichen Zeitraum um 172 Prozent (7,5 Prozent Jahresertrag), und der schwedische OMX verzeichnete ein Plus von 234 Prozent (9,1 Prozent Jahresertrag).
3. Auf der Liste der 20 finanzschwächsten Nationen der Welt stehen schon sechs von 16 Staaten aus der Europäischen Währungsunion.

4. Die Nicht-Euro-Währungen blieben stabiler. Zwei eindeutige Beispiele: Die Schwedische Krone notiert zum Euro fast auf dem gleichen Stand wie 1997, und der Schweizer Franken hat sich sogar um 28 Prozent gegenüber der Gemeinschaftswährung verteuert.
5. Dass eine starke Währung ein Problem für den Export darstellt, stimmt nicht. Beispiele Schweden und Schweiz: Trotz auffallend starker Währungen erzielen die beiden Länder große Erfolge im Außenhandel, ihre Exportüberschüsse sind sogar noch höher als die Deutschlands.
6. Das Wirtschaftswachstum des Euro-Verweigerungslandes Schweden belief sich seit 1997 im Durchschnitt auf 2,5 Prozent; beim Nicht-EU-Mitglied Norwegen waren es 2,2 Prozent. Deutschland als größte Ökonomie und Wirtschaftsmotor der EU kam gerade mal auf kümmerliche 1,3 Prozent.
7. Obwohl die Zinsen in der Europäischen Währungsunion immer weiter gesunken sind und damit auch die Finanzierungskosten für die einzelnen EU-Staaten, ist deren Schuldenquote seit 1997 nie merklich zurückgegangen. Hingegen reduzierte die Schweiz ihre Schuldenlast auf 40 Prozent, die Schweden ebenfalls (von 70) auf 40 Prozent. Für Deutschland wird für 2011 hingegen eine Schuldenquote von knapp 80 Prozent prognostiziert.[135]

Die Europäische Währungsunion lädt also dazu ein, höhere Schulden zu machen, und erweist sich immer mehr als Risikogemeinschaft:

- Beispiel Griechenland: übermäßige Verschuldung;
- Beispiel Spanien: gefährlich expandierender Immobilienmarkt;
- Beispiel Irland: halsbrecherische Geschäftsmodelle.

Für Ratingagenturen wird die Mitgliedschaft in der Eurozone demnach immer mehr zu einem Bewertungspunkt, der Schwäche signalisiert, da die einzelnen Länder der Eurozone entgegen dem Maastrichter Vertragstext für die Schulden anderer haftbar gemacht werden können. Die europäischen Länder ohne Euro stehen bei fast allen Kennzahlen besser da. Die von der Politik so propagierten Euro-Vorteile erweisen sich im Vergleich mit den ökonomischen Realitäten also als Nebelkerzen und verkehren deren Aussage ins Gegenteil: Der Euro ist schlecht für Deutschland.[136]

Exkurs II: Deutschland ist der Zahlmeister
der ganzen Welt!

Wir sind wegen unserer jüngeren Vergangenheit nicht gerade beliebt, aber ohne unser Geld geht auch nichts. Deutschland ist an der Europäischen Zentralbank (EZB) und am Internationalen Währungsfonds (IWF) überproportional beteiligt. Das heißt im Klartext: Der deutsche Steuerzahler überweist jetzt schon über die EZB und den IWF Milliarden an (fast) bankrotte Staaten, und zwar nicht nur in Europa, sondern weltweit.

Die Europäische Zentralbank und Deutschland

Die EZB wird von den nationalen Notenbanken getragen. Sie bringen das Kapital auf, das bei Bedarf erhöht werden kann. Die Staaten, die noch nicht am Euro teilnehmen, müssen als Beitrag zu den Betriebskosten der EZB einen Mindestprozentsatz des von ihnen gezeichneten Kapitals in Höhe von derzeit sieben Prozent einzahlen.

Für die Ermittlung der zu übertragenen Kapitalanteile sind zwei Kriterien maßgeblich: der jeweilige Anteil an der Gesamtbevölkerung sowie der jeweilige Anteil am Bruttoinlandsprodukt der Gemeinschaft. Das spiegelt das Gewicht der einzelnen Länder wider. Anders ausgedrückt: Die Fleißigen werden auch hier bestraft.

Die EZB erzielt Einnahmen aus den ihr übertragenen Devisenreserven und den eingezahlten Anteilen am Kapital. Die Anteile werden alle fünf Jahre und immer dann, wenn ein neuer Mitgliedsstaat der EU beitritt, angepasst. Insgesamt beläuft sich das gezeichnete Kapital auf über 5,7 Milliarden Euro (genau: 5 760 652 402,58 Euro). Dieser Betrag soll nun ab 2011 auf 10,8 Milliarden Euro nahezu verdoppelt werden.

Das eingezahlte Kapital einiger ausgewählter EU-Staaten (in Euro; gerundet):

Deutschland:	1,09 Milliarden (18,9 %)
	bis 2012: 2,037 Milliarden
Griechenland:	113,1 Millionen (1,9 %)
Spanien:	478,3 Millionen (8,3 %)

Frankreich:	819,2 Millionen (14,2 %)
Irland:	63,9 Millionen (1,1 %)
Portugal:	100,8 Millionen (1,7 %)

28 Notenbanken bringen insgesamt 5,7 Milliarden Euro auf. Davon zahlt Deutschland allein rund ein Fünftel und ist damit mit Abstand der größte Kapitalgeber. All jene Länder jedoch, die kurz vor einem Finanzkollaps stehen, zahlen nur etwa ein Zehntel von dem ein, was der deutsche Steuerzahler aufbringen muss.[137]

Egal, ob EU-Subventionen fließen oder marode Staaten finanzielle Unterstützung brauchen, Deutschland zahlt am meisten.

Der Internationale Währungsfonds und Deutschland

Der Internationale Währungsfonds (englisch: *International Monetary Fund*, IMF) ist eine Sonderorganisation der UNO und eine Schwesterorganisation der Weltbank-Gruppe mit Hauptsitz in Washington, D. C. Dem IWF gehören 190 Mitgliedsstaaten an, und er verfügt weltweit über 2700 Mitarbeiter. Zu seinen Aufgaben gehören unter anderem die Stabilisierung von Wechselkursen, Kreditvergaben, die Überwachung der Geldpolitik und die Ausweitung des Welthandels.

Bereits im Jahr 2009 wurden die Möglichkeiten des IWF zur Kreditvergabe erweitert, indem man die dafür zur Verfügung stehenden Mittel von 250 Milliarden Dollar auf 600 Milliarden Dollar aufstockte. Das Geld hierfür kam aus den Währungsreserven der Mitgliedsländer. Die Erhöhung der IWF-Ressourcen teilten sich Japan, die EU und China. Der europäische Beitrag von zunächst 105 Milliarden Dollar wurde unter den EU-Staaten nach dem Schlüssel der bisherigen Beteiligung am Stammkapital des IWF aufgeteilt. Damit übernahm Deutschland auch hier den größten Anteil – vor Frankreich, Großbritannien und Italien.

Am 23. Oktober 2010 einigten sich die Finanzminister der G20-Staaten im südkoreanischen Gyeongju auf eine Reform des IWF. Aufstrebende Volkswirtschaften der Schwellenländer und China sollten mehr Macht erhalten.

Die Stimmrechte beim Internationalen Währungsfonds, IWF (ausgesuchte Länder):

	2011	bis 2010
Deutschland:	5,59 %	5,88 %
USA:	17,67 %	16,77 %
Japan:	6,46 %	6,02 %
Frankreich:	4,23 %	4,86 %
Großbritannien:	4,23 %	4,86 %
China:	6,07 %	3,66 %[138]

Die EU verfügt über rund 31 Prozent IWF-Quote. Deutschland muss rund ein Fünftel des europäischen Beitrags übernehmen.

Wichtigste Quelle des IWF für die Vergabe von Krediten sind also die Kapitalanteile seiner Mitgliedsländer. Hinzu kommen rund 50 Milliarden Dollar aus zwei besonderen Kreditvereinbarungen, den *General Arrangements to Borrow* (GAB) und den *New Arrangements to Borrow* (NAB), die der IWF mit einem kleineren Kreis von Ländern geschlossen hat, zu dem natürlich auch Deutschland zählt und dort wiederum, als eines von wenigen Ländern, Milliarden eingezahlt hat.[139]

Das bedeutet, dass die jeweiligen Notenbanken – im Fall Deutschlands die Bundesbank – dem Fonds Kredite einräumen, die der IWF dann an Mitgliedsländer verleihen kann, die sich in finanziellen Schwierigkeiten befinden. Verluste des IWF aus dem Kreditgeschäft – beispielsweise wenn ein Land das Darlehen nicht zurückbezahlen kann, also bankrott ist – würden letztlich anteilig die Geberländer tragen.

Die Europäische Union und Deutschland

Auch in der EU ist die deutsche Melkkuh diejenige, die am meisten Milch gibt. Exemplarisch möchte ich dies anhand des Jahres 2009, des Jahres der schlimmsten Wirtschaftskrise seit fast 60 Jahren, dokumentieren. Diese Zeit war geprägt von hohen Arbeitslosenzahlen, sinkender Produktivität und Banken am Abgrund. Dennoch kassierte die EU gewaltig ab, vor allem beim deutschen Steuerzahler, wie aus dem Finanzbericht der EU hervorging. Gleichzeitig verzichtete die Bundesregierung freiwillig auf 17 Millionen Euro Fördermittel, die ihr eigentlich zugestanden hätten.

Von allen 27 Mitgliedsstaaten zahlte Deutschland am meisten in den europäischen Topf ein.

Hier die **Nettozahler** (in Millionen Euro, Rückflüsse bereits abgezogen):

1. Deutschland: 8107
2. Frankreich: 4739
3. Niederlande: 2026
4. Großbritannien: 1363
5. Dänemark: 821
6. Schweden: 704
7. Österreich: 432
8. Finnland: 430
9. Luxemburg: 83

Hier die **Nettoempfänger,** das heißt **Kassierer** (in Millionen Euro):

1. Polen: 6489
2. Griechenland: 3252
3. Ungarn: 2772
4. Portugal: 2243
5. Spanien: 1794
6. Tschechien 1777
7. Rumänien: 1756
8. Litauen: 1511
9. Bulgarien: 642
10. Estland: 582
11. Slowakei: 580
12. Lettland: 514
13. Slowenien: 262
14. Irland: 47
15. Malta: 12
16. Zypern: 7

Elf Länder, allen voran Deutschland, zahlten mehr, als sie bekamen, während 16 Länder mehr Geld kassierten, als sie einzahlten. Demzufolge erhielten alle neuen ost- und mitteleuropäischen Länder großzügige EU-Zuwendungen – und das im Krisenjahr 2009.[140]

Ich fasse noch einmal zusammen: Der deutsche Steuerzahler ist zu rund einem Fünftel an der EZB beziehungsweise an deren Kreditvergabe an finanzschwache Länder und an den Subventionen beteiligt. Dazu kommt ein überproportionaler Anteil der EU-Tranche am IWF, und zusätzlich ist Deutschland auch noch in zwei IWF-Sonderfonds (GAB, NAB) engagiert, die marode Länder finanzieren. Zudem ist Deutschland auch in der EU der größte Geldgeber. Und um noch einen draufzusetzen: Wenn eines der Länder seine Schulden nicht mehr zurückzahlen kann, müssen diese dann auch noch anteilig durch die deutschen Steuerzahler getragen werden, was bedeutet, dass wir auch hier überproportional in der Pflicht stehen. Wir sind der Zahlmeister der Welt oder, wie es der britische Europa-Investmentchef von *Allianz Global Investors* ausdrückte: »Europa ist ein einfaches Spiel: 27 Nationen sind dabei, am Ende zahlen immer die Deutschen«.[141]

Solange die deutsche Melkkuh also noch funktioniert und der deutsche Michel brav sein Salär entrichtet, wird sich daran auch nichts ändern. Wir haften für die ganze Welt, aber wer haftet für uns? Dass das ewige Geldgeben an andere Staaten seinen Preis hat, muss hier nicht besonders betont werden. Ich werde die diesbezüglichen Konsequenzen im nächsten Teil erläutern.

DER DEUTSCHLAND-CRASH

Die Bundesrepublik Deutschland *war* ein reicher Staat, und um unsere Errungenschaften hat uns die ganze Welt beneidet. Doch in den vergangenen Jahrzehnten ging es damit immer weiter bergab. Wir, eine der fleißigsten, produktivsten und sparsamsten Nationen auf dem ganzen Erdball, mussten und müssen unseren schwer erarbeiteten Wohlstand immer mehr mit anderen teilen. Da wir aber unser Geld mit vollen Händen verschenken, können wir uns nun selbst nichts mehr leisten: Unsere Sozialsysteme sind dahin, die Kommunen und Städte bankrott, das Bildungssystem am Boden, und immer mehr Armut greift um sich.

Unsere Regierung handelt dabei ähnlich wie die Spekulanten: Sie schraubt die Neuverschuldung drastisch in die Höhe und kündigt an, das Defizit mit den im Aufschwung zu *erwartenden* Steuermehreinnahmen wieder auszugleichen. Dieses Gebaren erklärt uns der Wirtschaftsjournalist Thomas Helfrich sehr illustrativ: »Für mich ist das so, als würde ich mir ein Dauerlos kaufen, damit zur Bank gehen und sagen: Ich hätte gerne 50 000 Euro, die zahle ich zurück, wenn ich sechs Richtige habe.«[142]

Die Bundesrepublik leidet unter permanentem Geldmangel, wenn es um die eigenen Bürger geht, scheut sich aber nicht, weiterhin Hunderte von Milliarden an die ganze Welt zu verteilen, obwohl wir bereits der am höchsten verschuldete Staat in Europa sind. Ja, schlimmer noch, mittelfristig droht sogar ein Staatsbankrott. Wie konnte es so weit kommen, und was sind die Gründe dafür?

Meine Analyse ergibt drei maßgebliche Ursachen für dieses Dilemma, die ich nun genauer erläutern möchte.

Verschuldung

Die Verschuldung von Bund, Ländern und Kommunen wächst inzwischen um 4481 Euro pro *Sekunde*. Die Reaktion: Die Menschen sparen

immer mehr. Allein im Krisenjahr 2009 stockten sie das private Geldvermögen auf 4,6 Billionen Euro auf – ein Allzeithoch.

**Wie das Geldvermögen in Deutschland aufgeteilt ist
(in Milliarden Euro, gerundet):**

Bankkonten:	1600
Lebensversicherungen:	1200
Aktien:	950
Rentenansprüche:	330
Pensionsrückstellungen:	250
Sonstige:	200[143]

Doch die Ersparnisse der Bürger sind mit den Schulden des Staates auf
schicksalhafte Weise verbunden, wie die Vergangenheit zeigt: In Zeiten
leerer Kassen bediente sich der Staat am Geld seiner Bürger durch
fortschreitende Inflation, höhere Steuern und Kürzungen von Sozialleistungen.

**Deutschlands Verschuldung nach Sektoren sieht so aus
(in Klammern die Zahlen der USA):**

Finanzsektor:	80 %	(53 %)
Staatlicher Sektor:	73 %	(67 %)
Unternehmen:	69 %	(79 %)
Privathaushalte:	64 %	(97 %)[144]

Alle Sektoren haben mehr Schulden aufgenommen, außer den Privat-
haushalten, die in dieser Hinsicht relativ stabil geblieben sind. In den
USA hingegen funktionierte Wirtschaft bis jetzt ganz anders: Mit wenig
Eigen- und viel Fremdkapital kauft man ein Haus, dessen Preis jährlich
steigt, weswegen das Vermögen des Hausbesitzers kontinuierlich wächst,
woraufhin die Bank das Kreditvolumen erhöht. Mit dem höheren Kre-
ditrahmen kauft man immer neue Waren, weswegen die Binnenkonjunktur boomt und immer neue Arbeitsplätze entstehen. Viele, die

Arbeit bekommen, kaufen sich wieder ein kreditfinanziertes Haus, und der Kreislauf beginnt von Neuem. Doch damit ist seit 2008 Schluss.[145]

Die Verschuldungsverteilung des deutschen Staates:

Bund:	62 %
Länder:	32 %
Kommunen und Gemeinden:	6 %[146]

Die Entwicklung der Staatsverschuldung sieht folgendermaßen aus:

Jahr	Schulden in Milliarden Euro	Steigerung gegenüber der Vordekade
1950:	10	
1960:	29	(+ 19 Mrd.)
1970:	63	(+ 34 Mrd.)
1980:	237	(+ 174 Mrd.)
1990:	536	(+ 299 Mrd.)
2000:	1198	(+ 662 Mrd.)
2005:	1448	(+ 250 Mrd.)
2006:	1481	(+ 33 Mrd.)
2007:	1502	(+ 21 Mrd.)
2008:	1515	(+ 13 Mrd.)
2009:	1760	(+ 245 Mrd.)
2010:	1799	(+ 39 Mrd.)[147]

Anhand dieser Zahlen erkennen wir eine signifikante Steigerung der Staatsverschuldung im Zeitraum zwischen 1970 und 1980 sowie die Kosten der Deutschen Einheit (1990) und den rasanten Anstieg zwischen 2000 und 2008 wie auch die »Rettungsmaßnahmen« für die Jahre 2009 und 2010.

Jeden Tag wächst der Schuldenberg um rund 890 Millionen Euro. Das ist ein Rekord. Das Bundesfinanzministerium ging davon aus, dass für das Jahr 2010 58,5 Milliarden Euro allein für die Zinsen zu zahlen gewesen sind, für 2011 sind sogar 61 Milliarden Euro eingeplant. Zur Refinanzierung muss der Bund 2011 insgesamt 302 Milliarden Euro auf dem Kapitalmarkt aufnehmen.[148]

Staatsschuldenquoten 1980–2013:

1980: 30,3 %
2000: 59,7 %
2008: 65,9 %
2009: 73,1 %
2010: 75,7 %
2011: 81,6 % (Prognose)[149]
2012: 82,0 % (Prognose)
2013: 82,5 % (Prognose)[150]

Wir sehen, dass sich der Schuldenstand des Gesamtstaates seit 1980 *mehr als verdoppelt* hat. Aber wir können auch noch etwas anderes feststellen: Noch *nie* hat es in Deutschland *weniger* Schulden als im Vorjahr gegeben, sie steigen seit 60 Jahren rasant an. Deshalb kann man auch für die Zukunft davon ausgehen, dass der Schuldenberg, allein durch die Zinsen begründet, stetig wachsen wird. Auch die lächerlich erscheinende Schuldenbremse wird daran nichts ändern.

Folgerichtig schrieb Gabor Steingart in einem Gastkommentar im *Handelsblatt*: »Die Politiker leben also nicht nur über unsere Verhältnisse. Wenn sie so weitermachen, zerstören sie die Verhältnisse, in denen wir leben.«[151]

Aber um diese Verhältnisse auch richtig einordnen zu können, muss man erst einmal die Wahrheit kennen.

Die ganze Wahrheit über die deutsche Staatsverschuldung

Täglich hören wir, dass sich Regierungen immer weiter verschulden. Auch die Bundesrepublik hat Verbindlichkeiten in Rekordhöhe. Doch das, was sich so dramatisch anhört, ist nur die halbe Wahrheit. In Wirklichkeit ist es nämlich noch viel schlimmer, denn Politiker aller

Couleur kommunizieren nur die *explizite* Staatsverschuldung. Diese ergibt sich aus verbrieften Staatsverbindlichkeiten wie Bundesanleihen, -schatzbriefen, Kommunalanleihen usw. und ist mit rund 1,8 Billionen Euro schon so hoch wie niemals zuvor.

Offensichtlich zögern unsere »Volksvertreter«, ihrem Volk die ganze Wahrheit zu sagen. Auf der einen Seite ist das verständlich, denn wer gibt schon gern zu, dass Deutschland bankrotter ist als bankrott? Auf jeden Fall nicht die politische Elite, die permanent in Wahlkämpfen steckt. Sie müsste dann ja eingestehen, dass sie auf ganzer Linie versagt hat – über Jahrzehnte und über alle Parteigrenzen hinweg.

Wohlweislich nicht beachtet wird nämlich auf der anderen Seite die *implizite* Verschuldung (»versteckte Verschuldung«), die sich aus der Höhe der künftigen staatlichen Zahlungsverpflichtungen, wie etwa Renten- oder Pensionszahlungen, und künftigen Aufwendungen für die Sozialsysteme ergibt.[152]

Rechnet man also »richtig« beziehungsweise zählt man diese außerbilanziellen Belastungen hinzu, liegt die Staatsverschuldung um ein Vielfaches höher als öffentlich zugegeben.

Allerdings ist eine Hochrechnung der Zahlungsverpflichtungen aus der impliziten Verschuldung des Staates in absolute Zahlen der Gesamtverschuldung nicht eindeutig möglich. Der Sachverständigenrat schätzte die implizite Verschuldung auf etwa 270 Prozent des Bruttoinlandsprodukts.[153] Zusammen mit den 76 Prozent expliziter Staatsverschuldung läge die Gesamtverschuldung der Bundesrepublik Deutschland bei etwa 346 Prozent des Bruttoinlandsprodukts. Das sind umgerechnet mehr als *sieben Billionen* Euro und nicht »nur« knapp 1,8 Billionen, wie in den Medien kommuniziert. Eine wahre Horrorzahl!

Der Staat hat also jetzt schon rund 7000 Milliarden (sieben Billionen) Euro Gesamtschulden. Die jährlichen Einnahmen belaufen sich auf rund 500 Milliarden Euro. Würde man ab sofort *alles* Geld, das man einnimmt (also 100 Prozent), nur für die Schuldentilgung ausgeben und keine neuen Schulden mehr aufnehmen, würde man mehr als 14 Jahre[154] benötigen, um diese abzahlen zu können. In Wirklichkeit werden die Schulden jedoch nur mit ein bis zwei Prozent getilgt. Dazu kommen die jährlichen Zinszahlungen und – natürlich nicht zu vergessen – die jährliche Neuverschuldung, die hinzugezählt werden muss. Somit wird die Schuld nicht wie bei einem Annuitätendarlehen konstant abgeführt, sondern kann sich sogar noch erhöhen, wenn die Neuverschuldung höher ist als die Tilgung. Das wiederum bedeutet, Deutschland würde bis zu 800 Jahre benötigen, um die jetzt schon bestehenden Schulden abzuzahlen – Schulden, die der Staat nie wieder abbauen kann, wenn nichts Einschneidendes geschieht.

Niemand kann voraussagen, wie der Staat seine Schuldenlast loswerden wird. Die Vergangenheit hat jedoch gezeigt, dass nur wenige Möglichkeiten existieren. Dazu gehören Inflation und Währungsreform. Wie immer sich die Politiker in der Stunde »X« entscheiden werden, die Bürger werden auf jeden Fall den Großteil der Zeche zahlen müssen.

Als mein Buch *Der Staatsbankrott kommt!* zu Beginn des Jahres 2010 erschien, lächelten nicht wenige darüber, dass ich eine Zahlungsunfähigkeit Deutschlands bis zum Jahr 2020/2030 vorhersagte. Doch schon jetzt, wenige Monate später, sprechen einige Fakten für meine These (die übrigens auch von manchen Experten geteilt wird). Bereits im Jahr 2013 wird die Verschuldung des deutschen Staates bei 82 Prozent liegen, im Jahr 2020 sogar bei 100 Prozent, wie der Wirtschaftsweise Wolfgang Wiegard erklärte. Die Experten der Bank für Internationalen Zahlungsausgleich (BIZ) gingen sogar noch einen Schritt weiter und befürchten, dass die offiziellen Schuldenprognosen schöngerechnet seien. Denn: Kritisch wird der Schuldenstand ab 90 Prozent des BIP, wie der Finanzwissenschaftler Clemens Fuest nach Auswertung zahlreicher Studien feststellte:»Jenseits dieser Grenze ändert sich die Situation drastisch.« Das Wachstum wird gebremst, und der Staat büßt seine Handlungsfähigkeit ein. Der IWF geht sogar davon aus, dass sich die Schuldenquote der zehn »reichsten« Länder von 78 Prozent im Jahr 2007 auf 106 Prozent ausweiten wird.[155]

Deutschland ist Europas Schuldenmeister

Ein etwas anderer Schuldenvergleich zeigt: Wenn man die *Brutto*verschuldung eines Landes betrachtet, war die Bundesrepublik im Jahr 2010 das Land mit den meisten Schulden in Europa. Die auf der nächsten Seite aufgeführte Tabelle zeigt, dass Deutschland in der Krise die Staatsverschuldung massiv hochgefahren hat. Die Verschuldung stieg zwischen 2007 und 2010 in absoluten Zahlen um fast 20 Prozent. Auch bisher als »sicher« eingestufte Staaten wie Dänemark (+ 68 Prozent) und Luxemburg (+ 190 Prozent) haben sich in den vergangenen drei Jahren immer höher verschuldet. Interessant ist zudem die Tatsache, dass Frankreich, wenn man die Staatsverschuldung in Prozent des

BIP betrachtet, eine höhere Verschuldungsquote aufweist als beispielsweise Spanien. Die immer höhere Verschuldung der Bundesrepublik hat natürlich auch Auswirkungen auf unsere Bonität, die einst hervorragend gewesen ist. Doch die Zeiten haben sich geändert.

Land	Schulden in Mrd. Euro 2010	Schulden in Mrd. Euro 2007	Zunahme d. Schulden 2007–2010 in Prozent	Schuldenstand in Prozent des BIP 2010
Deutschland	1884,25	1578,63	**19,36**	75,7
Italien	1841,63	1601,84	**14,97**	118,9
Frankreich	1616,13	1209,19	**33,65**	83,0
Großbritannien	1328,21	913,516	**45,4**	77,8
Spanien	677,43	380,326	**78,12**	64,4
Niederlande	379,73	259,013	**46,61**	64,8
Belgien	346,25	282,141	**22,72**	98,6
Griechenland	321,12	236,816	**35,6**	140,2
Österreich	198,05	161,302	**22,79**	70,4
Polen	196,53	139,950	**40,43**	55,5
Irland	152,56	47,343	**222,24**	97,4
Portugal	141,65	105,798	**33,89**	82,8
Schweden	138,06	135,177	**2,13**	39,9
Dänemark	104,58	62,116	**68,36**	44,9
Finnland	87,38	63,255	**38,14**	49,0
Ungarn	76,65	66,590	**15,11**	78,5
Tsch. Republik	58,24	36,925	**58,22**	40,0
Rumänien	37,04	15,715	**135,67**	30,4
Slowakei	27,39	16,251	**68,52**	42,1
Slowenien	14,40	8,088	**78,04**	40,7
Zypern	11,2	9,299	**20,43**	62,2
Litauen	10,02	4,829	**107,54**	37,4
Lettland	7,79	1,899	**309,92**	45,7
Luxemburg	7,29	2,511	**190,16**	18,2
Bulgarien	6,57	5,29	**24,04**	18,2
Malta	4,86	3,38	**43,66**	70,4
Estland	1,13	0,59	**93,73**	8,0[156]

Deutschlands Bonität verschlechtert sich

Die Renditen für deutsche Staatsanleihen steigen. Hält dieser Trend an, wird es immer teurer für die Bundesrepublik, sich auf den internationalen Finanzmärkten Geld zu leihen. So historisch niedrig, wie die Zinsen zurzeit sind, werden sie nicht bleiben. Und sollten die Durchschnittszinsen um nur *ein* Prozent steigen, muss der deutsche Steuerzahler, so die Bundesbank, 17 Milliarden Euro Mehrbelastungen schultern.

Die Verschuldung des Bundes ist im Zuge der Wirtschafts- und Finanzkrise seit 2008 bereits um knapp 20 Prozent gestiegen. Hinzu kommt, dass die Bundesanleihen seit der Irland-Krise nicht mehr als »Schutzburg« dienen und sich die Bonität Deutschlands verschlechtert. Der Zinssatz für zehnjährige Staatsanleihen kletterte von 2,1 Prozent Ende August 2010 auf kurzfristig über drei Prozent am 8. Dezember 2010. Das war ein Anstieg von über 40 Prozent.[157] Deutschland muss also innerhalb von nur drei Monaten 0,9 Prozent mehr Zinsen zahlen. Experten gehen davon aus, dass sich die Renditen bis Ende 2011 auf 3,2 Prozent erhöhen und danach sogar noch deutlicher steigen können. Der Wirtschaftswissenschaftler Prof. Dr. Bernd-Thomas Ramb hält sogar einen Anstieg auf sechs Prozent für möglich, worauf sich die Zins-Steuer-Quote (das Verhältnis der Zinszahlungen zu den Steuereinnahmen) von gegenwärtig rund 13 auf dann 25 Prozent erhöhen würde. Das hieße: Ein Viertel der Steuereinnahmen würde dann allein für die Zinszahlungen aufgebraucht werden. Ramb: »Da die Schulden aber bis zum Jahr 2013 um mindestens 20 Prozent ansteigen, könnte sich die Zins-Steuer-Quote sogar auf 30 Prozent erhöhen.«[158]

Auch die Bundesbank warnte bereits vor dramatischen Folgen für den Staat, denn ein Anstieg des Zinsniveaus sei »sogar relativ schnell mit Haushaltsbelastungen in Milliardenhöhe verbunden«, zudem gerate die Bundesregierung wegen der Schuldenbremse zusätzlich unter Druck. Die schrumpfende Nachfrage zeigte sich bei den Neuemissionen dreier kurz laufender Bundesanleihen, die im Dezember begeben wurden: Alle waren *unterzeichnet*.[159]

Grund dafür sind die bereits oben angesprochenen, vielfältigen Garantieübernahmen des deutschen Staates: für Griechenland mit bis zu 22 Milliarden Euro, für das Rettungspaket für Irland mit zehn Milliarden Euro, für den EU-Rettungsschirm mit 123 Milliarden Euro und für die Rettung der eigenen Banken mit Milliardenstützen. Je stärker also der europäische Rettungsschirm beansprucht wird, umso kritischer werden die Anleger den Hauptbürgen, nämlich Deutschland, bewerten. Hinzu kommt die Angst einiger Investoren, dass sich die bisher hohe Qualität deutscher Anleihen durch die vielen Rettungsmaßnahmen immer mehr verwässern könnte und diese hierdurch an Attraktivität verlieren.

Finanzminister Wolfgang Schäuble (CDU) war sich dieser Gefahr bereits im Dezember 2010 bewusst: Wegen des steigenden Defizits und eines höheren Zinsniveaus hat er vorsorglich für das Jahr 2014 einen Schuldendienst von insgesamt 48,1 Milliarden Euro eingeplant. Träfe das tatsächlich ein, entspräche dies einem Anstieg von fast 30 Prozent gegenüber dem Jahr 2010.[160]

Aber auch die Verbraucherverschuldung nimmt immer mehr zu: Ende 2010 konnten 6,5 Millionen Verbraucher in Deutschland auf absehbare Zeit ihre Schulden nicht bezahlen. Damit waren 9,5 Prozent aller Bundesbürger über 18 Jahre überschuldet, was ein Anstieg von 300 000 gegenüber dem Jahr 2009 war.[161]

Banken

Bei den deutschen Banken sieht die Lage ebenfalls nicht gut aus. Experten schätzen, dass die Kosten der Bankenrettung für die öffentlichen Haushalte bis Ende 2012 zwischen 34 und 52 Milliarden Euro liegen dürften und gerettete Banken »in absehbarer Zeit« kein Kapital zurückzahlen können. Die deutschen Kreditinstitute sind aufgrund der Bankendichte die am wenigsten profitablen in ganz Europa, zudem wird das Firmen- und Privatkundengeschäft immer härter.

Auch die EZB rechnet bis Ende 2011 bei europäischen Banken mit weiteren Abschreibungen in Höhe von 228 Milliarden Euro. Was den Bundesländern wegen der Garantien in Höhe von 39 Milliarden Euro für die Verluste ihrer Landesbanken aus verbrieften Krediten noch blühen kann, ist ebenso völlig offen. Schiffsbeteiligungen werden immer mehr zum Risiko, aber gerade hier haben sich HSH Nordbank, Commerzbank und Nord/LB mit insgesamt rund 75 Milliarden Euro engagiert. Nächstes Ungemach droht von den Gewerbeimmobilien, an denen deutsche Banken ebenso beteiligt sind. Die Commerzbank hatte über ihr Tochterinstitut *Eurohypo* zuletzt 71 Milliarden Euro Finanzierungen in den Büchern, die verstaatlichte HRE ganze 58 Milliarden. Beide Banken sind zudem in den Risikomärkten wie Spanien, USA und Großbritannien vertreten.

Der mit Steuergeldern ausgestattete Bankenrettungsfonds SoFFin stützte die deutschen Finanzinstitute noch im vergangenen Jahr mit Hilfen in einer Gesamthöhe von 131,59 Milliarden Euro.[162] Ein Risiko für die sowieso schon geschwächten deutschen Krisenbanken stellen auch die neuen Vorschriften zur Bankenregulierung dar. Bis zum Jahr 2019 dürften sie nach Schätzungen wohl bis zu 50 Milliarden Euro zusätzliches Kapital brauchen. Bei der Refinanzierung sind nur 35 Prozent der Einlagen gedeckt, was deutsche Banken besonders stark vom Kapital- und Interbankenmarkt abhängig macht.

Künftig sollen angeschlagene Banken auf eine andere Bank oder einen Fonds für Bankenrettungen übertragen werden. So treffen die Verluste dann die Eigentümer und nicht mehr den Steuerzahler.

Hintergrund: die deutschen Pleite- und Krisenbanken

Damit sich der unbedarfte Leser einmal einen Überblick über die Situation maroder deutscher Großbanken machen kann, möchte ich kurz auf ausgewählte Institute eingehen.

IKB:
Bilanzsumme: 35,6 Milliarden Euro
Kernkapitalquote: etwa zehn Prozent
Mitarbeiter: 1613
Hilfen: rund zehn Milliarden Euro plus Garantien in Höhe von zehn Milliarden Euro
Prognose: nicht überlebensfähig

LBBW:
Bilanzsumme: 417 Milliarden Euro (66 Milliarden Euro riskante Papiere)
Kernkapitalquote: 10,1 Prozent
Mitarbeiter: 13 381
Hilfen: fünf Milliarden Euro plus 12,7 Milliarden Euro Garantien
Prognose: ungewiss

Hypo Real Estate:
Bilanzsumme: 385 Milliarden Euro
Kernkapitalquote: 8,4 Prozent

Mitarbeiter: 1374

Hilfen: 7,7 Milliarden Euro Kapitalhilfe plus 100 Milliarden Garantien

Prognose: ungewiss (als einziges deutsches Institut beim europäischen Stresstest durchgefallen)

WestLB:

Bilanzsumme: 251 Milliarden Euro

Kernkapitalquote: 10,1 Prozent

Mitarbeiter: 5032

Hilfen: drei Milliarden Euro stille Einlagen plus 14 Milliarden Euro Garantien

Prognose: ungewiss, sie muss bis Ende 2011 verkauft, fusioniert oder abgewickelt werden

Commerzbank:

Bilanzsumme: 848 Milliarden Euro

Kernkapitalquote: 11,2 Prozent

Mitarbeiter: 59 761

Hilfen: 18,9 Milliarden stille Einlagen sowie Eigenkapital plus fünf Milliarden Euro Garantien

Prognose: überlebensfähig, aber risikobehaftet durch Schiffsfinanzierungen und die Tochtergesellschaft *Eurohypo*, die bis 2014 verkauft werden muss

HSH Nordbank:

Bilanzsumme: 176 Milliarden Euro

Kernkapitalquote: 9,8 Prozent

Mitarbeiter: 3437

Hilfen: drei Milliarden Euro Eigenkapital plus 27 Milliarden Garantien

Prognose: ungewiss (Abschreibungen in Höhe von 38 Milliarden Euro wegen ausländischer Gewerbeimmobilien drohen), Verkauf oder Abwicklung droht

BayernLB:

Bilanzsumme: 340,7 Milliarden Euro

Kernkapitalquote: 10,4 Prozent

Mitarbeiter: 10 835

Hilfen: zehn Milliarden Euro Eigenkapital plus 9,6 Milliarden Euro
Garantien
Prognose: ungewiss, einigermaßen stabil[163]

Doch damit nicht genug: Obwohl sie wieder kräftig Gewinne machen,
haben die deutschen Banken faule Papiere in Milliardenhöhe in ihren
Büchern. Daran sind sie selbst schuld, denn es gibt auch hierzulande
viel zu viele Fondsmanager, die wirklich große Portfolios unterhalten
und nicht die leiseste Ahnung davon haben, was sie tun. Das Ausmaß ist
katastrophal: Wertpapiere, die an privat genutzte Immobilien geknüpft
sind, werden gemäß einer Umfrage der Bundesanstalt für Finanzdienstleistungsaufsicht (BaFin) und der Bundesbank mit 101,9 Milliarden Euro beziffert, und die sind erst zu 28 Prozent abgeschrieben. Die
Papiere sind unverkäuflich, weil sie keinen feststellbaren Wert haben.
Auch Derivate rund um gewerblich genutzte Immobilien im Wert von
38,8 Milliarden Euro haben die befragten Banken noch bilanziert.[164]
Zwar werden und wurden zwischenzeitlich viele Milliarden in sogenannte »Bad Banks« ausgelagert, doch das Risiko für den Steuerzahler
bleibt dennoch bestehen.

Aber auch die Landesbanken kommen nicht gut weg. Ihre Verschuldung, für die die Eigentümer (das heißt die einzelnen Bundesländer)
haften, hat ebenfalls dramatische Züge angenommen: Die Landesbanken sollen in ihren Büchern »fragwürdige« Anlagen im Wert von
355 Milliarden Euro haben. Davon werden 180 Milliarden Euro als
»toxisch« klassifiziert.[165]

Solche Verhältnisse können das eine oder andere Bundesland durchaus in die Pleite führen. Kandidat Nummer eins hierfür ist Schleswig-
Holstein.[166] Es werden immer neue Milliarden in die Geldinstitute
gepumpt. Sollten die Länder ihren Verpflichtungen gegenüber ihren
Landesbanken nicht mehr nachkommen, ist der Bund in der Pflicht, so
steht es jedenfalls in der Verfassung.

Aber auch die Situation für andere deutsche Banken war so katastrophal, dass die Regierung handeln musste, um den Zusammenbruch des
gesamten Bankensystems zu verhindern. Fehlspekulationen mit Hypo-
thekendarlehen verursachten so hohe Verluste, dass wohl einige Finanzinstitute in die Insolvenz getrieben worden wären.

Kein Wunder also, dass die Große Koalition bereits im Oktober
2008, in nur fünf Tagen, das Finanzmarktstabilisierungsgesetz (FMStG
vom 17. Oktober 2008) durch Bundestag und Bundesrat »peitschte«,

das 480 Milliarden Euro Hilfe für angeschlagene deutsche Banken sicherstellte. Kritiker sprechen von einem »Ermächtigungsgesetz«, das unter Umgehung von Haushaltordnung und Grundgesetz verabschiedet wurde, da sich die Schulden *außerhalb* des Haushaltsplanes des Bundes bewegen würden.[167]

Der Staat steht nun im Notfall für die Verluste der »Spekulantenbanker« ein. In Wahrheit aber haftet nicht der Staat, sondern der Steuerzahler. Und das kann schreckliche Auswirkungen haben: Die Gesamtbilanzsumme der deutschen Banken beläuft sich auf acht Billionen Euro. Bei einem angenommenen Ausfall in Höhe von *nur* 15 Prozent der Bankbilanzsummen würde sich ein Abschreibungsbedarf von immerhin 1,2 Billionen Euro ergeben. Dies hätte fatale Folgen, wenn die öffentliche Hand die Risiken schuldenwirksam übernähme, denn die Staatsverschuldung würde dann um 75 (!) Prozent steigen.[168] Schulden in dieser astronomischen Höhe wären nicht mehr zu bedienen; die unmittelbare Folge: Zahlungsunfähigkeit, das heißt Staatsbankrott.

Übrigens wurde das Bankenrettungspaket mit Garantien, Eigenkapitalspritzen und der Übernahme risikoreicher Wertpapiere durch den Staat verlängert.[169] Alles ist gut, oder?

Sozialsysteme

Im Jahr 2010 wurden 32 Prozent des Bruttoinlandsprodukts und rund zwei Drittel aller öffentlichen Ausgaben für die Sozialkassen ausgegeben. Damit liegt Deutschland in Europa im Spitzenbereich.[170] Der größte Anteil der Sozialausgaben, nämlich 40 Prozent, macht die »Alters- und Hinterbliebenenversorgung« aus.

In den vergangenen zehn Jahren sind die Ausgaben für Arbeitslose um 38 Prozent, für die Pflegeversicherung um 36 Prozent, für die Krankenkassen um 30 Prozent und für die Renten um elf Prozent gestiegen.[171]

Gesetzliche Rentenversicherung[172]

Noch gibt es keine unmittelbaren Folgen der Weltschuldenkrise für die gesetzliche Rentenversicherung. Das System selbst wird gegenwärtig nur noch von wenigen Kritikern infrage gestellt, weil es sich in Krisen-

94

zeiten wohl »bewährt« habe. Das meinen zumindest die Befürworter und lassen dabei außer Acht, dass der Staat im Jahr 2010 über 80 Milliarden Euro Steuergelder in die gesetzliche »Zwangs«-Rentenversicherung zuschießen musste[173], was fast ein Drittel der Steuereinnahmen ausmacht.[174] Für mich ist dies ein klarer Beweis dafür, dass das Umlageverfahren (aufgrund der Alters- und Bevölkerungsentwicklung) schon jetzt nicht mehr funktioniert und nur noch mittels jährlicher Notzuschüsse aller Steuerzahler künstlich am Leben gehalten wird. Mit steigenden Beiträgen und langfristig sinkenden Renten ist auf jeden Fall zu rechnen.

Das Deutsche Institut für Altersvorsorge (DIA) stellte bereits Mitte 2010 in einer Studie eine immer größere »Rentenlücke« fest. Bleiben einem Rentner*ehepaar* heute nach Abzug von Steuern und Abgaben noch rund 1700 Euro, muss bereits in 20 Jahren eine Privatrente in Höhe von etwa 500 Euro angespart werden, damit der jetzige Lebensstandard überhaupt gehalten werden kann.

Schon in jungen Jahren soll deshalb konsequent Geld fürs Alter zurückgelegt werden, um die drohenden »Kaufkraftverluste« auszugleichen. Beispiele werden auch gleich genannt: Wohnungseigentümer sollen acht Prozent und Mieter gleich neun Prozent ihres Bruttoeinkommens *zusätzlich* zu den Rentenbeiträgen sparen.

Der Studie zufolge wird künftig auch die Kaufkraft der gesetzlichen Rentenzahlungen durch Zusatzbelastungen im Alter – speziell in den Bereichen Gesundheit und Pflege – viel stärker schrumpfen als die restlichen Einkommen der Bevölkerung. »Rentnerspezifische Güter und personalintensive Dienstleistungen« werden teurer, und deren Kosten werden schneller steigen als die Inflationsrate. Und genau das ist es, was zusätzliche Lücken in die Lebenshaltungskosten und »Einkommen« der Rentner reißen wird, mit denen kaum einer rechnet, von denen fast keiner etwas weiß.[175]

Folgende Zahlen verdeutlichen, wie »krank« das System der gesetzlichen Rentenversicherung in Wirklichkeit ist:

Anzahl der Renten:	24,7 Millionen
Anzahl der Beitragszahler:	39,7 Millionen

Jeder Beitragszahler trägt also jetzt schon im Schnitt die Kosten für mehr als einen »halben« Rentner pro Monat.

Gesamtausgaben der Rentenversicherung:

240,1 Milliarden Euro
davon
Kosten für Beamte: 104,5 Milliarden Euro
Kosten Pensionäre: 67,5 Milliarden Euro[176]
Tendenz steigend

Am 19. Juni 2009 beschloss der Bundestag mit den Stimmen von Union und SPD die Rentengarantie. Rentner müssen künftig auch im Falle sinkender Löhne höchstens Nullrunden fürchten. Doch das ist eine Mogelpackung, denn sie müssen diese »Garantie« bei Besserung der Lage durch Nullrunden oder reduzierte Erhöhungen selbst bezahlen.[177]

Die Prognosen für die kommenden Jahre zeigen, dass immer mehr Rentner in die Nähe der Grundsicherung gelangen werden, auch wenn sie 45 Jahre lang in die gesetzliche Rentenversicherung einbezahlt haben. Sie sind dann trotzdem de facto ein Sozialfall. Selbst die Anhebung des Renteneintrittsalters auf 67 Jahre ist nichts anderes als eine Rentenkürzung, denn wer früher aufhört zu arbeiten, muss Abzüge von 3,6 Prozent *pro Jahr* in Kauf nehmen.

Meiner Einschätzung nach wird es in 20 Jahren nur noch eine »Grundrente« von etwa 500 Euro geben, die dann jeder erhält, egal wie lange und wie viel er einbezahlt hat.

Wie schlimm die Lage der Gesetzlichen Rentenversicherung in Wirklichkeit ist, enthüllte bereits im Jahr 2009 das Argumentationspapier des Bundesministeriums der Finanzen so erschreckend ehrlich, dass ich es Ihnen nicht vorenthalten möchte: »Mit rund 80,7 Milliarden Euro machen die Leistungen des Bundes an die Rentenversicherung wie bereits in den vergangenen Jahren den größten Ausgabenblock im Bundeshaushalt aus. Mittlerweile liegt sein Anteil an den Bundesausgaben bei rund 24,6 Prozent. 1984 waren es noch rund 13 Prozent. Das heißt: Nominal haben sich die Ausgaben des Bundes für die Rentenversicherung innerhalb eines Vierteljahrhunderts fast verfünffacht, während sich die Ausgaben der Rentenversicherung seither fast verdreifacht haben. Mit anderen Worten trägt der Bundeshaushalt eine immer größere Last.«[178]

Bis zum Jahr 2050 erwarten Experten Verluste in der GRV von 200 Milliarden Euro – eine riesige Summe![179]

Deshalb wird den kommenden Regierungen nichts anderes übrig bleiben, als die Renten immer mehr zu kürzen und die Beiträge zu erhöhen, ansonsten droht der Zusammenbruch des gesamten staatlichen Alterssicherungssystems.

Bisher wurden folgende Maßnahmen zur gesetzlichen Rente politisch beschlossen:

- Senkung des Rentenniveaus;
- Rente mit 67;
- Gekürzte bzw. gestrichene Anrechnung von Ausbildungszeiten;
- Gekürzte Beiträge für ALG-II-Bezieher.

Daran erkennen wir, dass die Gesetzliche Rentenversicherung für die Zukunft alles andere als sicher ist. Lassen Sie sich also nicht von den Politikern hinters Licht führen.

Pensionen

In Deutschland gibt es rund 1,9 Millionen Beamte und 1,5 Millionen Pensionäre.[180] Diese erhalten eine Pension in Höhe von bis zu 75 Prozent (im Durchschnitt 69 Prozent) des letzten Dienstgehaltes. Zudem eine Beihilfe, nämlich 70 Prozent Zuschuss zu ihren Krankheitskosten. Pensionen sind überdies nicht mit Sozialabgaben belastet.

Ich möchte das an einem Beispiel für eine durchschnittliche Beamtenpension demonstrieren: Die Pension eines Studienrates in Höhe von etwa 2500 Euro monatlich kostet den Staat bei einem 25-jährigen Bezug einen Betrag von 750 000 Euro zuzüglich 150 000 Euro (500 Euro monatlich) Krankenkostenzuschuss, also insgesamt 900 000 Euro. Sie können sich selbst ausrechnen, welche Milliardenbeträge der Staat künftig ausgeben muss, nur um für die Pensionen seiner Bediensteten aufkommen zu können. Doch woher soll das Geld kommen? Dafür wurde bisher nämlich *kein einziger Cent* als Rücklage angespart. Doch die monatlichen Pensionszahlungen verschlingen bereits jetzt zehn bis zwölf Prozent der Bundeseinnahmen.[181]

Die Staatsausgaben für die Zahlungen für Pensionen werden in den kommenden Jahren sprunghaft ansteigen, denn jedes Jahr gehen neue Beamte in den Ruhestand. Im Jahr 2018 wird es dann erstmals mehr Pensionäre als Beamte geben.[182] Die Bundesregierung rechnet in ihrem

Versorgungsbericht damit, dass die Versorgungsausgaben für Beamte und Pensionäre im Jahr 2050 auf über 90 Milliarden Euro ansteigen werden.[183] Schon heute sind die Altersansprüche der Beamten plus die Ansprüche der noch aktiven Beamten auf drei *Billionen* Euro gestiegen. Dies überfordert vor allem die Haushalte der Länder, die rund 75 Prozent der Beamten beschäftigen. Insgesamt geben sie derzeit über 20 Milliarden Euro für deren Altersversorgung aus. Der Bund der Steuerzahler fordert deshalb nicht umsonst drastische Einsparungen, doch die Politik traut sich nicht, die Privilegien ihrer »Diener« zu beschneiden, denn während das Rentenniveau eines Normalbürgers 46,4 Prozent des Bruttoverdienstes ausmacht, erhalten Beamte 71,75 Prozent. Die »Pension mit 67« ist aber kein Tabu mehr. So würde die Schuldenlast um 30 Prozent verringert.[184] Wie dem auch sei, klar ist: Auch bei den Beamtenpensionen tickt eine Zeitbombe.

Gesetzliche Krankenversicherung

Die Gesetzliche Krankenversicherung (GKV) ist seit Jahren das Sorgenkind bundesdeutscher Finanz- und Gesundheitspolitiker. Die Ausgaben steigen kontinuierlich an, die Einnahmen hingegen stagnieren oder gehen zurück. Die vielen »Gesundheitsreformen« haben die Situation nur noch verschlimmert und unübersichtlicher gemacht. Die Zweiklassenmedizin ist fest zementiert.

Einer der großen Unterschiede zwischen der Gesetzlichen Krankenversicherung und der Privaten Krankenversicherung (PKV) besteht für mich darin, dass die GKV ihre Leistungen nach dem *Wirtschaftlichkeitsgebot* (Sozialgesetzbuch V, § 2, Absatz 1)[185] zur Verfügung stellt, während die PKV die *medizinisch besten* Leistungen finanziert. Auf der einen Seite ist also das Billigste gerade gut genug, auf der anderen Seite gelangt man in den Genuss der neuesten medizinischen Errungenschaften.

Aber trotz der »Billigversion« bekommt die GKV ihre Kosten nicht in den Griff: Zur pauschalen Abgeltung ihrer Ausgaben erhielt sie in den vergangenen Jahren immer wieder Bundeszuschüsse in Milliardenhöhe.[186] Ohne eine erneute Reform drohte dem Gesundheitssystem im Jahr 2011 ein Defizit in Höhe von etwa neun Milliarden Euro. Um dieses auszugleichen, wurde die Gesundheitsreform II[187] verabschiedet, die aber vor allem wieder die Arbeitnehmer zur Kasse bittet. Daran sehen wir also, dass zig Reformen bisher nichts gebracht haben. Unser Gesundheitssystem steht vor dem Scheitern und vor der Reduzierung auf eine einfache Basisabsicherung.

Sozialversicherungssysteme allgemein

Ohne staatliche Hilfe geht schon lange nichts mehr. Der Steuerzahler trägt die Kosten des (überteuerten) Sozialstaates also in dreifacher Hinsicht:

1. Steuern
2. Sozialversicherungsbeiträge
3. Geringere Leistungen

Staatliche Zuschüsse an die Sozialversicherungssysteme (in Milliarden Euro):

2008:	99,12
2009:	104,65
2010:	128,36
2011:	114,65 (Planung)
2012:	113,75 (Planung)
2013:	114,43 (Planung)[188]

Seit dem Jahr 2010 muss also ein Viertel der Gesamteinnahmen des deutschen Staates für Zuschüsse an die Sozialsysteme ausgegeben werden.

Vergleich der Steuern und Sozialabgaben in den vergangenen 31 Jahren:

	1979	2010
Mehrwertsteuer	12 %	19 %
Sozialabgaben	28 %	40 %

Pflegeversicherung	–	1,95 %[189]
Arbeitslosenversicherung	2 %	2,8 %
Staatsschuld (Bund)	103 Mrd. Euro	1799 Mrd. Euro
Zinsausgaben (Bund)	2,7 Mrd. Euro	42 Mrd. Euro[190]

Allein diese einfache Gegenüberstellung zeigt, wie es um unseren Staat bestellt ist: immer höhere Steuern und Sozialabgaben, immer weniger Sozialleistungen, eine drastische Erhöhung der Staatsschulden und ein ebenso drastischer Anstieg der Zinsen zur Tilgung der Schulden. Und das alles in nur *einer* Generation!

Und die Steuer- und Abgabenquote steigt und steigt: Obwohl die Bundesregierung in der Vergangenheit immer wieder eine Entlastung verkündet hatte, sind die Belastungen für die Bundesbürger gestiegen, selbst wenn man die Mehrwertsteuererhöhung von 2006 unberücksichtigt lässt. Laut Angaben des Statistischen Bundesamtes haben sich die Abzüge vom Bruttoeinkommen für den deutschen Durchschnittshaushalt zwischen 2003 und 2008[191] um neun Prozent auf 793 Euro im Monat erhöht. Die monatlichen Abzüge für Einkommen-, Kirchensteuer und Solidaritätszuschlag stiegen im Schnitt um 46 auf 416 Euro. Die Belastung mit Sozialabgaben erhöhte sich zugleich um 19 auf 377 Euro. Die privaten Haushalte führten im Schnitt 21,4 Prozent ihrer Bruttoeinkommen an Staats- und Sozialkassen ab. Somit zahlt der Durchschnittshaushalt pro Monat 65 Euro mehr als noch im Jahr 2003.[192]

Ich möchte einen zweiten Vergleich heranziehen, um das Dilemma, in dem sich unser Sozialstaat befindet, noch mehr zu verdeutlichen.

Verhältnis zwischen Erwerbstätigen und Nichterwerbstätigen (Zahlen gerundet):

Einwohner/Deutschland:	80 Millionen
Erwerbstätige:	**40 Millionen**
Nichterwerbstätig:	33 Millionen (25 Millionen Rentner, acht Millionen Arbeitslose/Hartz-IV-Empfänger)

| Erwerbstätig, aber vom Steuerzahler finanziert: | 3,4 Millionen (1,9 Millionen Beamte, 1,5 Millionen Pensionäre) |
| **Nichterwerbstätig bzw. vom Steuerzahler finanziert:** | **36,5 Millionen** |

Rund 40 Millionen Erwerbstätige stehen also über 36 Millionen Menschen gegenüber, die vom Staat finanziert werden. Das heißt nichts anderes, als dass bereits *jeder,* der arbeitet, (fast) *einen* anderen Menschen mitfinanzieren muss!

Zwar haben die Rentner ein Leben lang in die Rentenkasse einbezahlt, aber dieses Geld ist in dem Monat schon ausgegeben, in dem es einbezahlt wird. Aufgrund des Umlageverfahrens ernähren diejenigen, die jetzt arbeiten, die Rentner von heute. Auch Kinder werden über Kinderfreibeträge, Kindergeld, Kindertagesstätten usw. durch die Gemeinschaft finanziert.[193]

Sogar ein Laie kann sich vorstellen, dass die Lösung des Problems nur darin bestehen kann, drastische Kürzungen bei den Sozialleistungen oder Steuererhöhungen oder beides vorzunehmen. Das aber werden sich die Menschen nicht so einfach gefallen lassen. Ich frage Sie also: Welche Regierung wird sich solche radikale Einschnitte trauen, welche Partei, die wiedergewählt werden will? – Keine!

Dadurch wird das Problem Jahrzehnte um Jahrzehnte verschleppt, bis es zu spät ist. So laufen die Sozialversicherungssysteme immer weiter aus dem Ruder und werden auch in Zukunft immer höhere Zuschüsse des Staates benötigen. Geld, das er (eigentlich) gar nicht hat.

Die Grundsatzfrage, wie viele soziale Wohltaten sich ein so hoch verschuldeter Staat wie Deutschland in Zukunft noch leisten kann, bleibt bisher von allen Parteien und politisch Verantwortlichen unbeantwortet. So lebt unser Sozialstaat immer mehr auf Pump und steht vor dem Kollaps, wenn nichts Einschneidendes geschieht.

Warum es zu einem Deutschland-Crash kommen wird

Folgende wirtschafts- und finanzpolitische Indikatoren sprechen dafür, dass es mittelfristig, also in den nächsten zehn bis 15 Jahren, zu einem Crash in Deutschland kommen wird:

- Durch Milliardenzahlungen an EZB, IWF und EU sowie Garantien in Höhe von vielen hundert Milliarden Euro ist Deutschland der Zahlmeister der ganzen Welt und gefährdet dadurch seine eigene Finanzstabilität, die Demokratie und innere Sicherheit.
- Deutschland hat die höchsten Schulden in der gesamten EU.
- Deutschlands Bonität verschlechtert sich, das verteuert die Refinanzierung durch die Ausgabe von Staatsanleihen.
- Privat- und Landesbanken halten noch viele toxische Kredite, für die der Bund haftet. Bei einem Ausfall von nur 15 Prozent und der gleichzeitigen Übernahme durch den Staat droht die Zahlungsunfähigkeit.
- Viele Städte und Kommunen stehen bereits vor dem Bankrott.
- Ohne den Länderfinanzausgleich wären einige Bundesländer jetzt schon zahlungsunfähig.
- Die Sozialsysteme stehen vor dem Kollaps.
- Die Finanzierung der Beamtenpensionen ist nicht gewährleistet.
- Die Verbraucherverschuldung und die Verarmung nehmen immer mehr zu.
- Die Verschuldung ist so hoch wie noch nie in der Geschichte der Bundesrepublik: Die impliziten Schulden belaufen sich auf rund sieben Billionen Euro. Diese sind durch »normale« staatliche Sparmaßnahmen nicht mehr zurückzuführen, Inflation oder Währungsreform drohen.
- Prof. Dr. Bernd-Thomas Ramb hat ein Wahrscheinlichkeitsprofil einer kommenden Währungsreform erstellt. Die Parameter Bevölkerungsentwicklung und die sich daraus ergebenden Versorgungslasten hat er mit den steigenden Schulden gekoppelt. Daraus ergibt sich ein kontinuierlich steigendes rechnerisches Wahrscheinlichkeitspotenzial für eine Währungsreform von 50 Prozent im Jahr 2017 und von 98 Prozent im Jahr 2030. Demnach ist mit Sicherheit eine Währungsreform in den nächsten zwei Jahrzehnten zu erwarten.[194]

DIE KRISE IST NOCH NICHT VORÜBER

Die Krise 2.0 kommt erst noch

Fast schon schizophren mutet der mediale und politische Aufschwung-rummel in Deutschland an, obwohl die Verantwortlichen doch genau wissen müssten, dass das Schlimmste noch lange nicht vorbei ist, denn die Krise 2.0 kommt erst noch!

Zwar sind die konjunkturellen Zahlen für Deutschland besser als für den Rest Europas, aber der Schein trügt. Schauen wir uns die Konjunktur in Deutschland einmal genauer an, ist klar, dass es ohne Nachfrage kein nachhaltiges Wirtschaftswachstum geben kann.

Das BIP schrumpfte 2009 um 4,7 Prozent. Nur um keine neuen Schulden machen zu müssen, brauchen wir aber ein Wirtschaftswachstum von 1,5 Prozent. Will Deutschland jedoch wieder die Kriterien des EU-Stabilitätspaktes erreichen (eine Schuldenquote von 60 Prozent), müsste die Wirtschaft jährlich um satte 4,2 Prozent wachsen. Das ist unrealistisch, denn seit dem Jahr 1992 beträgt das durchschnittliche Wirtschaftswachstum gerade mal lächerliche 1,17 Prozent und seit 2000 sogar nur 0,86 Prozent.

Wirtschaftswachstum kommt von Unternehmen, den privaten Haushalten, dem Staat und aus dem Ausland. Vom Staat ist nicht viel zu erwarten, denn durch die selbst auferlegte Schuldenbremse zwingt er sich zur Ausgabenaskese. Die Privathaushalte müssen sparen, weil gut bezahlte Arbeitsplätze rar sind. Und die Unternehmen investieren nur dann, wenn es gute Absatzmöglichkeiten gibt. Im Inland sind diese eher verhalten, und im Ausland generiert sich die Nachfrage hauptsächlich aus Ländern wie China oder den Vereinigten Staaten. Doch diese beiden Nationen haben selbst Probleme, und ihre Wirtschaft beginnt zu schwächeln. Somit ist das deutsche »Wachstumswunder« sehr zerbrechlich und in der Hauptsache dem Export geschuldet. Das Märchen von einer *lang anhaltenden,* »boomenden« deutschen Binnenkonjunktur glaube ich persönlich nicht.

Auch US-Firmen misstrauen dem deutschen Aufschwung: Im Rahmen einer Umfrage der Amerikanischen Handelskammer (*AmCham*) Ende vergangenen Jahres antwortete die Hälfte der befragten Unternehmen, sie glaube nicht, dass der deutsche Wirtschaftsboom nachhaltig sein werde. »Die USA wachsen nur noch langsam. Beginnt auch China zu schwächeln, dann Gute Nacht, Exportland Deutschland!«, sagte ein hochrangiger Manager eines amerikanischen IT-Spezialisten und traf damit den Nagel auf den Kopf.[195]

Der Antimainstream-Ökonom und Wirtschaftsnobelpreisträger Paul Krugman, der bei uns sehr kritisch gesehen wird, weil er die Dinge beim Namen nennt und den Menschen keinen Sand in die Augen streut, warnt Deutschland ausdrücklich vor einer »trügerischen Aufschwungeuphorie«. Er hält die Krise nicht für überwunden und orakelt, dass sie noch lange anhalten könne.

Doch noch ein anderes, viel größeres Problem kommt hinzu: die exorbitant hohe Verschuldung einzelner Staaten, Deutschland mit eingeschlossen.

Nicht umsonst warnte Jürgen Stark, der Chefvolkswirt der Europäischen Zentralbank (EZB), in der Tageszeitung *Die Welt* davor, die Krise bereits abzuschreiben: »In allen fortgeschrittenen Volkswirtschaften ist der Schuldenstand aufgrund der konjunkturellen Entwicklung und der staatlichen Stützungsmaßnahmen für den Finanzsektor und die Realwirtschaft dramatisch angestiegen. Die Krise ist nicht vorüber.«

Die Ratingagentur *Standard & Poor's* schürte bereits im Sommer vergangenen Jahres neue Ängste an den Finanzmärkten: Die Bonitätswächter warnten in einer Studie davor, dass jede weitere Verschlechterung der Kreditwürdigkeit von Staaten massive Probleme bei der Refinanzierung von Banken nach sich ziehen könnte. In den kommenden dreieinhalb Jahren werden laut *Standard & Poor's* bei europäischen Unternehmen Schulden in Höhe von 2,5 Billionen Euro fällig. 71 Prozent davon entfallen auf die Banken. Demzufolge richten sich die größten Sorgen um die Kreditwürdigkeit auf die wirtschaftlich schwächeren Länder im Euroraum.[196]

Auch angesehene Finanzwissenschaftler und Portfoliomanager halten Staatsinsolvenzen mittelfristig für unvermeidbar und fürchten daher Schaden durch die staatlichen Rettungspakete. Zudem sei die Wahrscheinlichkeit, dass Griechenland alle seine Schulden zurückbezahlen könne, gering, ein Schuldenschnitt sei auf längere Sicht daher unvermeidbar.

Sogar der Internationale Währungsfonds (IWF) warnt vor einem Rückschlag in Europa. Nach Einschätzung der Experten des IWF ist die Wirtschaft im Euroraum noch immer nicht im Gleichgewicht. Auch bei den Banken gebe es unverändert Probleme, und von der Währungsseite könne eine neues Ungleichgewicht entstehen. Der Euro sei schon bald zu hoch bewertet und könne die Wachstumsaussichten in der Eurozone in relativ kurzer Zeit schmälern.

Deshalb appelliert der IWF an die Notenbanken, auf einen möglichen konjunkturellen Rückschlag vorbereitet zu sein.[197] Diese Krise 2.0 wäre dann wohl schlimmer als all das, was wir seit dem Jahr 2008 erlebt haben.

Mögliche Szenarien[198] für Europa:
- Verdoppelung der Garantiesummen des Euro-Rettungsschirmes;
- Staatsanleihenblase, die platzt;
- Überbewertung des Euros, dadurch sinkende Wettbewerbsfähigkeit;
- höhere Inflation durch Geldmengenerhöhung der EZB, die es gleichzeitig nicht schafft, das Kapital (etwa durch Tender) wieder aus dem Markt zu nehmen, da Banken die verzinslichen Termineinlagen von der EZB nicht in dem Maße aufkaufen, wie Geld in das Währungssystem gepumpt wird;
- weitere De-facto-Staatsbankrotte von Euro-Ländern;
- Einführung von Euro-Bonds und damit die Vergemeinschaftung aller Staatsschulden in der EU;
- Installation einer Wirtschaftsregierung, die auch Einfluss auf nationale Parlamente nimmt;
- völliger oder teilweiser Forderungsverzicht (»Haircut«) der Gläubigerländer;
- Austritt wirtschaftlich schwacher und hoch verschuldeter EU-Länder aus der Währungsunion und Abwertung der wieder eingeführten nationalen Währungen zur Minderung der Inlandsschulden. Auslandsschulden bleiben, werden dann aber mit Sicherheit teilweise oder ganz erlassen;
- Spaltung der EU in Nord- und Südstaaten mit zwei unterschiedlich bewerteten Euro-Währungen;
- kompletter Zusammenbruch der Europäischen Währungsunion.

Mögliche Szenarien für Deutschland:
- immer höhere Verschuldung des Staates durch stets höher werdende Transferleistungen an EU, IWF und Weltbank;
- drastische Steuererhöhungen und Einsparungen bei staatlichen Dienstleistungen;
- Zusammenbruch der Sozialsysteme auf Grundsicherungen;
- Austritt der Bundesrepublik aus der Währungsunion aufgrund eines Bundesverfassungsgerichtsurteils, weil der Maastricht-Vertrag fahrlässig gebrochen wurde;
- höhere Inflation und steigende Verbraucherpreise;
- Währungsreform und Entwertung von Ersparnissen; Privatschulden könnten in einem anderen Verhältnis abgewertet werden;
- staatlicher Zugriff auf das Privatvermögen der Menschen;
- Wiedereinführung der D-Mark; sie wird zunächst als Buchgeld mit einer Übergangsfrist von einem Jahr eingeführt. Während dieser Zeit gilt der Euro noch als offizielles Zahlungsmittel. Überweisungen und Bankgeschäfte können jedoch bereits in D-Mark durchgeführt werden. D-Mark-Scheine und -münzen werden wieder eingeführt. Während einer Übergangszeit von zwei oder drei Monaten gilt die doppelte Währungsführung. Das Euro-Bargeld wird als offizielles Zahlungsmittel abgeschafft, zur Buchwährung zurückgestuft und dient nur noch als virtuelle Währung, während die Bevölkerung wieder mit D-Mark bezahlen kann. Der festgesetzte Euro-Wechselkurs von 1,95583 DM je Euro wird aufgehoben, wodurch verhindert wird, dass ein schwacher Euro die D-Mark automatisch abwertet. Dadurch ist die D-Mark, wie vor 1998, wieder unabhängig.

Was Ihnen blühen kann

Bereiten Sie sich also schon einmal »mental« auf das vor, was Ihnen blühen kann, wenn sich das eine oder andere der oben geschilderten Szenarien bewahrheiten wird. Ein Staat, der vor dem Bankrott steht, wird alles tun, um an das Privatvermögen seiner Bürger zu gelangen und die Staatsschulden zu verringern. Folgendes ist denkbar:

- Währungsreform;
- Inflation/Deflation;

- Abwertung der Währung um bis zu 50 Prozent (oder mehr): Das bedeutet Reallohn- und Kaufkraftverlust;
- Die Sicherheit der angesparten Altersvorsorge ist ungewiss; dasselbe gilt für das Vermögen in Versicherungen und Bausparverträgen;
- Kredite an den Staat werden einfach in langfristige Anleihen umgewandelt;
- Staatliche Angestellte werden zur Hälfte nicht mehr mit Geld, sondern mit Schuldenbonds bezahlt;
- Einschränkung von Bargeldabhebungen;
- Schließung von Banken;
- Ansparkonten werden einfach in festverzinsliche Wertpapiere umgewandelt, auf die man erst Jahre später Zugriff hat;
- Geld in Form einer höheren Fremdwährung wird einfach an die niedrigere Landeswährung »angepasst«;
- Zwangsverstaatlichung der privaten Altersvorsorge bzw. Abschöpfung und Umverteilung der privat angesparten Altersvorsorge in das gesetzliche Rentensystem;
- Staatsanleihen besitzen nur noch einen Bruchteil ihres Wertes;
- höhere Steuern;
- niedrigere Sozialleistungen;
- Lohnkürzungen;
- Rentenkürzungen;
- Schließung von Schulen.

Ein wahres Horrorszenario also! Von einer möglichen Währungsreform wären Sie ebenso stark betroffen. Die Durchführung vergangener Währungsreformen hat uns Folgendes gelehrt, das Sie bitte niemals vergessen sollten:

- Wir sind der Willkür der Regierung *schutzlos* ausgeliefert.
- Währungsreformen können bis kurz vor ihrer Umsetzung *geheim* gehalten werden, aus Angst vor Umtausch in eine Fremdwährung.
- Das Umstellungsverhältnis zum Bargeld kann bis 10:1 betragen.
- Schulden können hingegen in einem Verhältnis von 1:1 bleiben.
- Sparkonten können 10:1 oder mit einer anderen Quote abgewertet werden.

- Die Verwendung des abgewerteten Geldes auf den Sparkonten kann begrenzt werden, etwa 50 Prozent dürfen gleich abgehoben werden, die anderen 50 Prozent werden auf eine bestimmte Zeit »eingefroren«.
- (Staats-)Anleihen sind nicht mehr viel oder gar nichts mehr wert.
- Eine Währungsreform geht mit einer mehr oder weniger weitgehenden Enteignung des Geldvermögens einher.
- Sachvermögen wird begünstigt.
- Mit Preissteigerungen ist zu rechnen.
- Die Höhe des Betrages, der von der alten in die neue Währung umgetauscht werden soll oder darf, kann von der Regierung begrenzt werden.
- Der Wert der Lebensversicherungen und Bausparverträge kann implodieren.
- Eine Vermögenssonderabgabe, ein »sozialer Lastenausgleich« auf das gesamte Vermögen, könnte erhoben werden; staatliche Zwangshypotheken auf der Grundlage eines Lastenausgleichsgesetzes könnten folgen.

Aus all dem Genannten folgere ich:

a) Eine Währungsreform kann so »plötzlich« kommen, dass man sich nicht darauf vorbereiten kann.
b) Bargeld oder Sparkonten sind für die Zukunft nicht sicher.
c) Hände weg von Staatsanleihen, denn sie können schnell nichts mehr wert sein.
d) Sachvermögen und Edelmetalle sind zu bevorzugen.

Die Vergangenheit hat uns gezeigt, dass sich ein Staat seiner Schulden *immer* durch eine Währungsreform entledigte, wenn die Zahlungsunfähigkeit drohte. Keiner nahm dabei Rücksicht auf den »kleinen Mann« und seine Ersparnisse. Deshalb würde ich auch nicht von einer »Reform«, sondern von einer klaren »Enteignung« sprechen: Der Staat nimmt Ihnen das weg, was ihm rechtlich eigentlich gar nicht zusteht.

Die Grundlage für eine Zahlungsunfähigkeit bildet eine gigantische Staatsverschuldung – und diese haben wir nicht nur in Deutschland, sondern in (fast) allen Ländern der Welt. Die Verschuldungen sind so groß, dass sie erst in zwei oder drei Generationen abgetragen sein werden, sofern man ab sofort rigoros sparen würde. Die Gefahr einer

Währungsreform schlummert also latent und kann für Deutschland auf die Jahre 2020 bis 2030 prognostiziert werden.

Fakt bleibt, die Schulden in Billionenhöhe, die die Staaten angehäuft haben, können nur mit folgenden Maßnahmen getilgt werden:

- Inflation
- Steuererhöhungen
- Währungsreform
- Staatsbankrott

Aber egal, welche dieser Maßnahmen letztendlich durchgeführt werden, für Sie bedeutet das *immer* eine Minderung oder gar einen Verlust Ihres Vermögens.

Seien Sie wachsam!

Glauben Sie also der medialen und politischen Aufschwunghysterie keinen Augenblick. Seien Sie stattdessen wachsam: Wie absurd und paradox das ganze System bereits geworden ist, zeigt folgende, zugegebenermaßen etwas überspitzte Darstellung: Der Staat finanziert sich durch die Ausgabe von Staatsanleihen. Um deren Zinsen an die Käufer bezahlen zu können, erhöht er die Steuern, die dann in den allgemeinen Bundeshaushalt fließen. Der Bürger finanziert »seine« Zinsen, die er nach Ablauf der Anleihen bekommen soll, also selbst. Die Notenbank gibt Bargeld gegen Hinterlegung von Staatsanleihen heraus, das heißt de facto: Bargeld erhält seinen Wert durch künftige Steuereinnahmen zur Bedienung der Anleihen. Überall in Bausparverträgen, Lebensversicherungen, Pensionsversicherungen, Fonds etc. sind Staatsanleihen implementiert. Schreibt der Staat diese Schulden ab, ist das Vermögen der Menschen vernichtet, die das Ausgeben von Staatsanleihen erst ermöglicht haben.

Die Bevölkerung entwickelt für diese Probleme jedoch eine ganz andere Sensibilität als die politisch Verantwortlichen, deren Verhalten immer unberechenbarer wird und die – koste es, was es wolle – an althergebrachten Denkmustern festhalten, nur um keine Fehler eingestehen zu müssen. Aber damit gefährden sie die Ersparnisse der Menschen.

Ganz anders die Euro-Kritiker, die sich in allen ihren früheren Befürchtungen bestätigt fühlen und für die es nur eine logische Konsequenz hinsichtlich des Dilemmas gibt: die Wiedereinführung der D-Mark und der Austritt aus der Europäischen Gemeinschaft.

Welcher Weg in Zukunft beschritten werden wird, ist ungewiss. Doch sollten wir alle, wir, das Volk, unsere – auf Wiederwahl geeichten – Politiker immer wieder daran erinnern, dass sie für *uns*, unseren Wohlstand und unsere Vermögen eintreten *müssen* und nicht für den Abbau und die Vernichtung unserer hart erarbeiteten Errungenschaften. Wir können nicht die ganze Welt finanzieren, ohne dass wir selbst an den Rand des Bankrotts gelangen. Es ist an der Zeit, genau das unseren volksfremden »Volksvertretern« klarzumachen. Eine Beseitigung des Schuldenberges wird kommen, entweder durch eine Inflation und Währungsreform oder durch andere revolutionäre Ereignisse. Vor diesem Hintergrund wird das private Geldvermögen als »politische Beute« zur Schuldentilgung immer begehrter. Und auch die links-ideologische Forderung »Entschuldung durch Enteignung« liegt nicht mehr im Bereich des Unmöglichen. Wenn die Menschen das erst einmal realisiert haben, könnte es in Deutschland sogar zu inneren Unruhen und bürgerkriegsähnlichen Zuständen kommen.[199]

UDO ULFKOTTE

DAS EUROPA DER
WUTBÜRGER

DRUCK VON ALLEN SEITEN

Die EU warnt vor »apokalyptischen Zuständen«

Im ersten Teil dieses Buches haben Sie erfahren, dass der uns Europäern so vertraute Wohlstand ganz sicher nicht für alle Ewigkeit garantiert ist. Wenden wir uns daher nun den daraus resultierenden Folgen zu: Schon jetzt spüren immer mehr Menschen, dass nicht nur ihre Ersparnisse gefährdet sind. Es kommen gewaltige Veränderungen auf uns Europäer zu. Alles, was vor wenigen Jahren noch als »sicher« galt, steht jetzt auf einmal auf dem Prüfstand. Geschichte bedeutet eben auch Veränderung. Die sich abzeichnenden Veränderungen könnten einem revolutionären Umschwung gleichen. Denn nichts hat in der Geschichte ewig Bestand. Großreiche kommen. Und Großreiche zerfallen. Wir Europäer leben in einem solchen großen Reich – der Europäischen Union. Über viele Jahrzehnte hinweg haben wir die Lehren aus der Geschichte verdrängt. Die vielen positiven Prognosen von Politikern, Medien und Zukunftsforschern, mit denen wir in den vergangenen Jahren rund um die Uhr bombardiert wurden, haben uns blind gemacht für die Realität.

Die französische Zeitung *La Tribune* berichtete unlängst über eine »Revolte der Bürger«, die durch ganz Europa zieht.[200] Die Rückkehr der Wirtschaftskrise werde den Machthabern in Europa nirgendwo eine andere Chance lassen: Sie werden – so die Prognose – das eigene Volk und dessen Kundgebungen der Unzufriedenheit niederknüppeln lassen, wie die Machthaber es auch in Nordkorea oder Iran tun. Der Durchschnittsbürger in Deutschland, Österreich oder der Schweiz hält solche Szenarien derzeit garantiert (noch) für völlig absurde Spinnerei. Genau jener Durchschnittsbürger hätte es allerdings vor wenigen Jahren auch für eine absurde Spinnerei gehalten, dass überall in der EU die klassischen Glühlampen verboten werden.

Zwar spüren alle Durchschnittsbürger in ganz Europa die immer tieferen Einschnitte in die sozialen Netzwerke. Wir nehmen allerdings (noch) nicht wirklich wahr, was da gerade passiert: Pure Existenzangst

breitet sich aus. Immer mehr Menschen haben nicht mehr die geringste
Perspektive. In einem EU-Land wie Portugal haben mehr als 35 Prozent
der Jugendlichen weder eine Ausbildung noch eine Arbeitsstelle – in
Spanien sind es 32 Prozent, in Griechenland 15, in Großbritannien 17
und in Deutschland zwölf Prozent.[201] Auch jeder zehnte junge Niederländer, Franzose, Däne, Luxemburger, Schwede oder Belgier hat nicht
die geringste Perspektive für sein Leben. Da draußen steht ein junges
kräftiges Heer von Hilfsarbeitern, die niemand zu brauchen scheint.

Nur vor dem Hintergrund solcher Zahlen kann man verstehen, dass
junge Menschen überall in Europa gewalttätig werden und Perspektiven
einfordern. Die nüchternen Zahlen werden allerdings weitaus bedroh-
licher, wenn man noch genauer hinschaut. Denn die statistischen Werte
lassen vergessen, dass es Bevölkerungsgruppen gibt, die besonders hart
betroffen sind, nehmen wir beispielsweise nur einmal Österreich: 81 Prozent aller in Österreich lebenden Migranten aus der Türkei haben keine
Berufsausbildung.[202] Rund 20 Prozent der österreichischen Türken schaffen nicht einmal den Hauptschulabschluss (»Primarabschluss«). In
Deutschland ist es noch schlimmer: Mehr als 30 Prozent der jungen
Türken verfügen über keinen Schulabschluss.[203] Solche Menschenmas-
sen ohne Perspektive sind tickende Zeitbomben. Viele von ihnen haben
nach jüngsten wissenschaftlichen Studien eine extrem hohe Gewalt-
bereitschaft.[204] Wir verdrängen das alles. Wir wollen das alles nicht
hören. Vor allem wollen wir uns nicht ausmalen, was passiert, wenn
unsere Sozialsysteme die Wünsche des immer größeren Heeres junger
gewaltbereiter Menschen in Europa schlicht nicht mehr finanzieren
können. Wenn die Wirtschafts- und Finanzkrise die Euro-Rettungs-
pakete scheitern lässt, dann könnten wir in den EU-Staaten sehr schnell
Zustände bekommen, die wir uns derzeit noch nicht einmal im Traum
vorstellen wollen.

In der Vergangenheit haben wir uns innenpolitische Ruhe immer mit
Geld erkauft. Wenn es beispielsweise an der multikulturellen Rütli-
Schule im Berliner Migrantenstadtteil Neukölln ein enormes Problem
mit gewalttätigen Schülergruppen gab[205], dann haben wir dort sehr viel
Geld in die Hand genommen, um Sozialarbeiter, Psychologen, Jugend-
therapeuten, Freizeitanimateure und den ganzen sozialstaatlichen Unter-
stützungsapparat aufmarschieren zu lassen. Das haben wir bislang überall in Deutschland, ja überall in Europa so gemacht. Wenn wir diese
Wohltaten, die zu scheinbaren Selbstverständlichkeiten geworden sind,
bald nicht mehr verteilen können, ist die innenpolitische Ruhe schnell

dahin. Das geschieht völlig unabhängig davon, ob in Europa konservative oder sozialdemokratische, grüne oder liberale Politiker regieren.

Besonders schlimm wird es dort werden, wo auf engstem Raum Zuwanderergruppen leben, die es gewohnt sind, in weiten Teilen von staatlichen Transferleistungen zu leben. Wir werden später im Detail darauf eingehen. Wenn etwa 90 Prozent (!) der in Deutschland lebenden Libanesen und 65 Prozent der Iraker von staatlichen Sozialleistungen leben[206], dann muss man keine wissenschaftlichen Studien erstellen, um zu ergründen, was passieren wird, wenn die gewohnten Leistungen (wie absehbar) auch gegenüber diesen Gruppen nicht aufrechterhalten werden können: Diese Gruppen werden – höflich formuliert – unglücklich. Sie zählen allerdings zu jener Bevölkerungsgruppe, die nicht verstanden hat, dass Glück nur ein Nebeneffekt von Leistung ist. Leistungsverweigerer werden ihr »Unglück« bald schon auf andere projizieren und diesen die Schuld an ihrer Lage geben. In der Vergangenheit haben wir sie in diesem Denken bestärkt, warum sollten sie nun auf einmal umdenken?

Aber solange das Reihenhäuschen noch steht, der Bäcker noch offen hat und die Überweisungen pünktlich gebucht werden, interessiert die flächendeckend heranrollende Krise die meisten Menschen (noch) nicht wirklich. Krise, welche Krise? Solange es doch noch Übergangsgeld, Kurzarbeitergeld, Arbeitslosengeld, Kindergeld, Erziehungsgeld, Hartz-IV-Geld, Wohngeld, Rente und Sterbegeld gibt, kann es uns in Deutschland oder Österreich ja nicht so schlecht gehen. »Immer schön ruhig bleiben«, heißt bei vielen die Devise – wenn sie gelassen vor dem Fernseher mit der Fernbedienung in der Hand sitzen. Da sieht man doch nirgendwo Bilder von drohendem Unheil, oder? Im Gegenteil, da wird Optimismus verkündet. Bedenken Sie beim Lesen der nachfolgenden Seiten bitte stets, was der Vater des deutschen Wirtschaftswunders, der frühere Bundeskanzler Ludwig Erhard (Bundeskanzler 1963 bis 1966), einmal gesagt hat: »Kein Staat kann seinen Bürgern mehr geben, als er ihnen vorher abgenommen hat.«[207]

Heute ist Europa vom drohenden Zerfall geprägt. Während die deutsche Bundeskanzlerin Angela Merkel 2011 noch mit Durchhalteparolen gute Laune und Optimismus verbreitet, sprechen andere schon jetzt Klartext – etwa EU-Kommissionspräsident Jose Manuel Barroso. Der Mann warnte bei einem Treffen mit Gewerkschaftsführern vor bevorstehenden »apokalyptischen Zuständen in Europa«. Wenn die durch Rettungsschirme bereitgestellten Finanzmittel für bankrotte

116

EU-Staaten nicht ausreichten (was absehbar sei), werde es schon bald Bürgerkriege und möglicherweise auch Militärputsche innerhalb der EU geben. Barroso sagte vor sichtlich geschockten britischen Gewerkschaftsführern, in Staaten wie Griechenland, Spanien und Portugal werde die Demokratie dann sehr schnell der Vergangenheit angehören. Die Diktatur werde zurückkehren. Es drohe in mehreren bankrotten EU-Staaten ein Militärputsch. Auch die Gefahr von Bürgerkriegen in vielen EU-Staaten werde derzeit immer wahrscheinlicher, weil die Kassen leer seien, die Bürger aber ihre gewohnten sozialen Leistungen auch weiterhin einfordern wollten.

Die Ausführungen des EU-Regierungschefs wurden weltweit von allen führenden Medien zitiert (etwa von der Londoner *Daily Mail*[208]), nur nicht in Deutschland. Auch der Wirtschaftswissenschaftler Professor Dirk Meyer von der Helmut-Schmidt-Universität warnt vor einer »Gefahr des chaotischen Zerfalls«.[209] Er ist keineswegs der einzige Wissenschaftler, der in den vergangenen Monaten vor Bankenzusammenbrüchen und der Insolvenz von Lebensversicherungen warnte. Wir wollen das nicht wirklich hören. Wir vertrauen lieber weiterhin jenen Politikern, die uns fröhlich lächelnd von einer Krise in die nächste treiben.

Die Schweiz erwartet Flüchtlingsströme aus anderen EU-Staaten

Deutsche und österreichische Medien haben ihren Bürgern bislang verschwiegen, dass die Militärs inmitten Europas ihre Armeen längst insgeheim auf die sich abzeichnende Lage vorbereiten, etwa in der Schweiz: Die Sicherheitspolitische Kommission (SiK) des in Bern ansässigen Schweizer Nationalrats wurde schon im Mai 2010 von der Schweizer Armeeführung über erwartete innere Unruhen und Flüchtlingstrecks in der Europäischen Union unterrichtet.[210]

Die Zukunft der EU sieht demnach völlig anders aus, als es Politiker in Deutschland oder Österreich behaupten. »Auch in Europa können Situationen entstehen, die wir uns heute gar nicht vorstellen können«, erklärte der Schweizer Armeechef André Blattmann 2010 bei einer vertraulichen Darstellung der sich abzeichnenden Lage der Europäischen Union in der Sicherheitskommission (SiK) des Schweizer Nationalrates. Demnach werden wahrscheinlich in einer Reihe von EU-Staaten aufgrund der schlimmen Finanzlage (und der irgendwann nicht mehr ausreichenden finanziellen Rettungsschirme) ständig neue schwere innere Unruhen ausbrechen.

Die Folge? Die Armeen anderer europäischer Staaten müssen sich auf Kampfeinsätze vorbereiten, auch in der Schweiz. Denn die auf den Zusammenbruch der sozialen Sicherungssysteme in Staaten wie Griechenland oder Portugal folgenden Flüchtlingsströme werden wegen der grenzenlosen Reisefreiheit in EU-Länder ziehen, in denen die sozialen Sicherungssysteme (noch) funktionieren. Damit das nicht passiert, könnte zur Abwehr auch ein Schweizer Armeeeinsatz notwendig werden, so der dortige Armeechef. Bürger aus Ländern mit einer schwierigen finanziellen Lage würden sonst massenhaft in Länder wie die Schweiz einwandern.

Armeechef Blattmann sagte wörtlich: »Auch große Migrationsströme könnten einen Einsatz nötig machen. Denken Sie nur an die wirtschaftliche Situation in Griechenland: Plötzlich steht in einem EU-Land der Staat vor dem Bankrott!«[211]

Blattmann präsentierte zudem eine geheime Europa-Karte, auf der die potenziellen schweren Unruheherde eingezeichnet sind. Sie birgt außenpolitischen Zündstoff. Die *Baseler Zeitung* berichtete darüber unter der Überschrift »Armee fürchtet Unruhen in Europa«, das *Schweizer Fernsehen* brachte die schockierende Schlagzeile »Armeechef warnt vor Migrationsströmen aus Griechenland«. Seit Sommer 2009 werden demnach im Schweizer Verteidigungsministerium insgeheim Pläne zur Abwehr von Flüchtlingsströmen, die in absehbarer Zeit nach sozialen Unruhen in EU-Staaten entstehen werden, erarbeitet.

Einer der Ideengeber dafür ist der Privatbankier Konrad Hummler. Der Mann ist geschäftsführender Teilhaber von Wegelin & Co. und Präsident der Vereinigung Schweizerischer Privatbankiers. Hummler war Oberst im Generalstab und bis Ende 2007 Chef der »Sachgruppe Strategie« im Armeestab. Er vertritt die Auffassung, dass sich die EU-Staaten infolge der Finanzkrise – wirtschaftlich – nicht mehr im »kooperativen«, sondern »im nicht kooperativen Modus« befänden. Die erwarteten Folgen für die Schweiz aus der Sicht der Armeeführung seien mögliche Flüchtlingsströme ungeheuren Ausmaßes. Selbst Schweden gilt auf der von Armeechef André Blattmann präsentierten Armeekarte – ebenso wie die Bundesrepublik Deutschland – künftig als gefährdet für soziale Unruhen, falls sich die wirtschaftliche Lage weiter verschlechtern sollte.

Nicht nur in der Schweiz waren linke Sicherheitspolitiker über die Veröffentlichung entsetzt. Der sozialdemokratische Nationalrat Max Chopard (SP) sagte:»Ich erschrak, dass der Armeechef mit solchen Szenarien spielt. Solche Denkschemen kann ich nicht akzeptieren.« Dabei hatte auch der amerikanische Auslandsgeheimdienst CIA zuletzt vor dem G-20-Treffen im April 2009 schon eine geheime Studie erarbeitet, in der für viele EU-Staaten vor dem sich abzeichnenden wirtschaftlichen Niedergang in absehbarer Zeit schwere innere Unruhen und Kämpfe prognostiziert werden. Im Herbst 2009 veröffentlichte dann auch der renommierte amerikanische Zukunftsforscher Gerald Celente, Leiter des US-amerikanischen *Trend Research Institute*, eine ähnliche Studie, in der er sogar von den»Trommeln des Krieges« (»drums of war«) in der EU sprach. Auch er prognostiziert schwere innere Unruhen und überall in Europa Migrationsströme.

Und der Bundesvorsitzende der Deutschen Polizeigewerkschaft, Rainer Wendt, sagt:»Man weiß, was sich da zusammenbraut, aber man verdrängt das in der Öffentlichkeit lieber.« Er berichtet über vertrauliche Unterredungen im Bundeskanzleramt, in denen über die Einsatzszenarien bei einem inzwischen möglich erscheinenden Bürgerkrieg auch in Deutschland gesprochen wird.

Selbst dem schlichtesten Bundesbürger müsste in den vergangenen Monaten aufgefallen sein, dass immer mehr Politiker möglichst schnell die Rechtslage ändern wollen, damit die deutsche Bundeswehr auch im Innern eingesetzt werden kann. Neben Wolfgang Schäuble (CDU) sprechen sich beispielsweise der niedersächsische Innenminister Uwe Schünemann[212], Verfassungsrichter Ferdinand Kirchhoff[213] und der Hamburger Innensenator Heino Vahldieck[214] dafür aus. Begründet wird das mit der islamistischen Terrorgefahr. Dummerweise haben Militärs noch nirgendwo in der Welt mit ihren Armeen auch nur einen einzigen Terroranschlag radikaler Muslime verhindern können. Die Zielrichtung des Vorstoßes deutscher Politiker ist demnach klar: Es geht in Wahrheit ganz sicher nicht um islamistische Terrorabwehr, es geht um einen völlig anderen erwarteten Terror – jenen, der abzusehen ist, wenn die Euro-Rettungsschirme zusammenbrechen und den Bürgern klar wird, was sie alles verlieren werden.

Ablenkung durch bewusst provozierte Kriege?

Sind unruhige Zukunftsaussichten vielleicht nur Spinnereien, die uns die schöne bunte Welt da draußen madig machen wollen? Wir lachen die Überbringer schlechter Nachrichten gern aus und erklären sie für verrückt.

Als Professor Michael Hudson, Chefberater der lettischen Regierung in Wirtschaftsfragen, vor einigen Jahren schon von einem sich abzeichnenden »Krieg um Schulden in Europa«[215] sprach, da lachte man ihn nicht nur in Brüssel aus. Hudson prognostizierte völlig nüchtern den Zusammenbruch der Eurozone, die schlagartige Verarmung der nationalen Bevölkerungen und deren Ablenkung durch bewusst provozierte Kriege. Das alles mitten in Europa. Und nicht etwa in ferner Zukunft, sondern schon recht bald. Hudson, so schien es aus Sicht deutscher Politiker, war ein irrer Spinner, denn er sprach nicht etwa nur über die Probleme in Griechenland, Italien oder Spanien – er wies auch noch auf den angeblichen GAU hin, der der EU zudem auch bald noch in den früheren Ostblockstaaten drohe: durch Staaten, die erst in die EU aufgenommen, mit Euro-Krediten zugeschüttet wurden – und diese nun nicht mehr zurückzahlen können. Viele hundert Milliarden Euro, die deutsche, österreichische und Schweizer Banken an ehemalige Ostblockstaaten innerhalb der EU vergeben haben, werden demnach nie zurückgezahlt werden. Um genau zu sein: Westeuropäische Banken haben Osteuropäern Euro-Kredite in Höhe von 1,2 Billionen Euro gegeben.[216] Sie haben richtig gelesen – es geht da um Billionen, nicht mehr nur um Milliarden!

Bevor die Zahlen Sie verwirren, schauen wir einmal kurz, was da in Osteuropa passiert: Die Menschen, denen wir in den neuen östlichen EU-Staaten über unsere Banken unsere Ersparnisse (als Kredite) geliehen haben, können diese nun wegen der Wirtschaftskrise nicht mehr zurückzahlen und entwickeln grenzenlosen Hass auf uns, weil sie von Monat zu Monat mehr verarmen. Die Schuld an ihrer Lage geben sie uns. Nehmen wir nur ein Land wie Ungarn: Gegenwärtig sind rund 1,5 Millionen Ungarn (das sind 15 Prozent der Bevölkerung) in Fremdwährungen wie dem Euro verschuldet. Sie wollten vor der Finanzkrise die damals deutlich niedrigeren Zinsen nutzen, die im Vergleich zu Krediten in ungarischen Forint von den Banken für Schweizer-Franken- und Euro-Kredite berechnet wurden. Mehr als zwei Drittel aller Konsumentendarlehen wurden nach den Statistiken der ungarischen

Zentralbank in Fremdwährung aufgenommen. Und viele Ungarn werden ihre Kredite nicht zurückbezahlen können. Diese Ungarn entwickeln grenzenlose Wut auf die Geldgeber (also auf uns), die aus ihrer Sicht Wucherer sind. Und wir Geldgeber – deutsche und österreichische Sparer – werden unser Geld irgendwann abschreiben müssen. Osteuropa steht das Schlimmste eben erst noch bevor.[217]

Wir verdrängen das. Derweilen sprechen wir bei den Rettungsschirmen nur über Länder wie Griechenland, Irland, Portugal oder Spanien – den nächsten GAU im Osten ahnen wir noch nicht einmal. Allein die Töchter österreichischer Kreditinstitute haben in Osteuropa Fremdwährungsdarlehen in Höhe von 80 Milliarden Euro vergeben. Das entspricht fast einem Drittel der Wirtschaftsleistung Österreichs und rund 49 Prozent des gesamten Kreditportfolios.[218] Man muss kein großer Rechenkünstler sein, um zu erahnen, was es für österreichische Sparer bedeutet, wenn auch nur 20 Prozent dieser Fremdwährungskredite nicht mehr zurückbezahlt werden (können). Doch es sieht wohl noch wesentlich schlimmer aus: In Ländern wie Ungarn zahlt jeder zweite Kreditnehmer schon jetzt seinen Fremdwährungskredit nicht mehr zurück.[219]

Deutsche und österreichische Banken, die den Osteuropäern so großzügig das Geld deutscher und österreichischer Sparer geliehen haben, werden wieder einmal unendlich viele Milliarden Euro in den Wind schreiben müssen. Und damit müssen die als systemrelevant geltenden Banken westlicher Länder – wieder einmal – vom Steuerzahler gestützt werden. Die finanziellen Rettungspakete sind demnach eine Spirale ohne Ende. An allen Ecken bricht das System zusammen. Denken Sie jetzt noch einmal an die ohnehin schon vielen unzufriedenen jungen kräftigen Menschen in den EU-Staaten zurück, über die wir eingangs gesprochen haben. Das Heer von Hilfsarbeitern, die auf eine Aufgabe warten. Die Politik wird sie irgendwann aufeinanderhetzen, um vom eigenen Versagen abzulenken.

Denn der einzige Ausweg, so der schon oben erwähnte Professor Michael Hudson, Chefberater der lettischen Regierung in Wirtschaftsfragen, sei Krieg. Das klingt für einen Durchschnittsleser derzeit wahrscheinlich immer noch absurd, auch wenn man Ziffer für Ziffer der gigantischen Summen, die sich buchstäblich in nichts auflösen, nachprüfen kann. Jeder Leser sollte sich allerdings vor Augen halten, dass es SEIN Geld ist, das sich dort in nichts auflöst. Irgendwann kommt der Crash. Und damit die sozialen Unruhen, Revolten, Aufstände, Ausschreitungen – oder eben auch Krieg. Viele mögen darüber derzeit noch lächeln. Deutsche und österreichische Politiker lächeln nicht – sie bereiten sich auf solche Szenarien vor, sagen es uns aber nicht. Was machen Menschen, wenn sie spüren, dass die Zukunft Unheil bringt? Sie holen erst einmal ihre Ersparnisse von der Bank. Vertrauen in Stabilität kann nämlich innerhalb weniger Stunden schwinden.

Der Bundesnachrichtendienst – Warnung vor einem möglichen Weltkrieg

Man muss einfach nur genauer in die Archive schauen, dann findet man auch Warnungen vor der sich abzeichnenden Entwicklung vom deutschen Auslandsgeheimdienst BND. Der hatte schon 2009 in einer vertraulichen Studie darauf hingewiesen, dass die Weltwirtschaftskrise sogar das Potenzial für einen möglichen Weltkrieg beinhaltet.[220] Damals waren die Folgen der Wirtschaftskrise allerdings noch nicht so dramatisch wie derzeit. Das Szenario wurde als eines von mehreren möglichen aufgelistet. Man konnte das damals in keiner deutschen Qualitätszeitung lesen – die Medienlandschaft schwieg damals.

Ende April 2010, also ein Jahr nach dem Bekanntwerden der BND-Studie vom Mai 2009, haben sich in der europäischen Hauptstadt Brüssel dann die Vertreter mehrerer westlicher Geheimdienste getroffen. Es gab keine Beobachter. Und es gab keine Presseerklärungen, die die Vertreter der Qualitätsmedien Mitte 2010 hätten abschreiben können. Denn das Thema war nicht für die Öffentlichkeit bestimmt. Es ging bei dem »privaten« Treffen höchster Geheimdienstler um die Sorge der Beteiligten vor einer scheinbar kaum noch abzuwendenden Katastrophe – mögliche Kriegsszenarien mitten in Europa. Man ist in Geheimdienstkreisen inzwischen ernüchtert, hofft nicht mehr wie die Politik auf den von ihren Vertretern immer noch angekündigten dauerhaften Aufschwung.

Die Wahrscheinlichkeit von Kriegsszenarien inmitten Europas ist inzwischen realistischer geworden. Die Hintergründe dafür sind offen einsehbar: Fast alle ehemaligen südlichen EU-Länder und auch die ehemaligen Ostblockstaaten haben ebenso wie deren Staatsbürger kaum vorstellbare Schulden, die sie nicht in ihrer Landeswährung, sondern in Euro aufgenommen haben und zurückbezahlen müssen. So müssen etwa die Letten 87 Prozent ihrer Schulden in Euro zurückzahlen. Während der Hauptkreditgeber der Letten schwedische Banken sind, schulden Rumänien und Ungarn österreichischen Banken Milliardensummen, deren Zinsen sie vor dem Hintergrund ihrer Defizite und des schwachen Wechselkurses – auch beim besten Willen – schlichtweg nicht mehr werden bezahlen können. Deutsche, britische, französische, österreichische und schwedische Großbanken werden in naher Zukunft die absehbare Erfahrung machen, dass sie eben auch die in ehemaligen Ostblockstaaten großzügig verteilten Kredite weitgehend werden abschreiben müssen.

Es sind viele kleine Geschichten, die große Folgen haben. Schauen wir uns nur eine dieser ganz kleinen Geschichten aus der Nähe an:»Das Haus von Mihály Bodnár in der Rákóczi-Straße in Budapest sieht aus wie eine Bruchbude. Von den Außenwänden bröckelt der Putz. Der Garten ist verwahrlost. Die Fenster fallen auseinander. Der Wohnzimmerteppich ist voller Löcher. Aber dann ist da diese Küche. Die Geräte sind freilich alt und schäbig. Aber die Wände sind ein einziges Farbenmeer: Orange, Violett, Gelb, Rot. Der kettenrauchende Maler Mihály hat nach Lust und Laune gestrichen und so sich und seiner Frau Jakab ein Kunstwerk voller faszinierender Muster geschaffen. In diesem Glanz soll einmal das ganze Haus erstrahlen. Aber das Haus ist in Gefahr. […] Im Spätherbst 2008 nahm Bodnár ein Darlehen […]. Dass der Kredit in Euro laufen würde, also auch jede Rate in Euro zurückbezahlt werden musste, spielte keine große Rolle. Wirtschaftskrise, Forint-Absturz, Fremdwährungsrisiko: Wer hatte damals schon etwas davon gehört? Wenige Monate nachdem Bodnár seinen Kredit bekam, krachten Ungarns Märkte, der Forint sackte ab. Statt 62 000 Forint (heute: 225 Euro) wollte die Bank 82 000, dann 120 000 Forint haben, sagt er und zeigt Belege. Bodnár hatte nur Forint-Einkommen. Hilfe gab es nicht, gewarnt hat uns auch keiner, sagt er. Seit über einem Jahr zahlen sie ihr Darlehen von 35 000 Euro gar nicht mehr ab.«[221]

Es gibt unendlich viele solcher kleinen »Einzelfälle« – und irgendwann bricht das Kartenhaus zusammen.

Wer aber wird für die sich abzeichnenden Folgen bezahlen? Die Osteuropäer ganz sicher nicht. Und die europäischen Großbanken gelten als »systemrelevant« und sollen nicht bankrottgehen dürfen. Die im Vergleich dazu vorübergehend beruhigte Krise in Griechenland, die sich abzeichnenden kommenden finanziellen Zusammenbrüche in Staaten wie Portugal, Spanien, Italien, Großbritannien, Belgien und den Niederlanden werden zeitgleich auf eine Wiederbelebung des Ost-West-

Gegensatzes stoßen: Alt-EU-Bürger wollen von den Neu-EU-Bürgern ihr Geld wiederhaben – und werden es nicht bekommen. Die Ratingagenturen werden dann die Kreditwürdigkeit vieler europäischer Staaten herabstufen müssen, die Refinanzierungskosten werden so in die Höhe getrieben. Und eine nicht mehr aufzuhaltende Spirale brutalster Interessensgegensätze wird in Marsch gesetzt. Millionen Europäer werden mit nicht absehbaren politischen Folgen auf die Straßen gehen. Die EU wird in ihren Grundfesten erschüttert werden.

In solchen Situationen haben – geschichtlich betrachtet – Politiker den Unmut der Bevölkerung stets auf einen äußeren Feind gelenkt. Im Klartext: Es gab dann Krieg. Er wurde immer dann ausgerufen, wenn die Regierungen sich nicht mehr in der Lage sahen, die Grundbedürfnisse der Bevölkerung zu finanzieren. Wenn für medizinische Versorgung, für soziale Leistungen, für die Alten und Schwachen, für die Bildung der Jugend, für Straßenbau und Energiesicherung kein Geld mehr vorhanden ist, dann zerstört man den letzten Rest mit Krieg. Danach sind ein Neubeginn und ein neues Wachstum für die Finanzmaschine gesichert. Die Menschen müssen alles wieder aufbauen. Sie haben dann auch wieder Arbeit. Das war die mögliche Prognose, über die bei dem Geheimtreffen in Brüssel Einigkeit herrschte.

So weit die Geheimdienste. Man kann solche Prognosen sicherlich noch einige Zeit ignorieren. Aber auch die Vereinten Nationen sehen nun im Zusammenhang mit der Wirtschafts- und Finanzkrise innere Unruhen in Europa heraufziehen. Sie haben der ganzen industrialisierten Welt jedenfalls bis 2015 solche schwereren Unruhen vorausgesagt – auch den Europäern.[222] Ballungsgebiete in ständigem Aufruhr, brennende Barrikaden in Innenstädten, Menschen auf der Suche nach Lebensmitteln, steigende Kriminalität und abnehmende innere Sicherheit – vor allem aber eine Zunahme der Arbeitslosigkeit und wachsende Armut. So sehen die Vereinten Nationen unsere wahrscheinliche Zukunft für die kommenden Jahre. Die Berliner Bundesregierung allerdings verdrängt das. Sie verbreitet lieber Optimismus. Und wer will sich da schon als Bürger auf eine Krise vorbereiten?

Geheimer Notfallplan: Schließung der Bankschalter

Im November 2010 hatte die Europäische Union die großen europäischen Medienhäuser dazu aufgefordert, nicht darüber zu berichten, dass bei irischen Banken Einlagen in Milliardenhöhe abgehoben wurden. Im Klartext: Im kleinen Irland, das nur 4,5 Millionen Einwohner zählt, hatte ein erster Run auf die Geldeinlagen eingesetzt. Und niemand berichtete zu jenem Zeitpunkt darüber, weil sonst über Irland hinaus ein Flächenbrand hätte entstehen können. Bei der irischen *Anglo Irish Bank* hatten die Kunden bis November 2010 schon 13 Milliarden Euro abgehoben.[223] Und bei der *Bank of Ireland* hatten zum gleichen Zeitpunkt allein die Firmenkunden mehr als zehn Milliarden Euro ihrer Einlagen von den Konten genommen.[224]

In der Schweiz sprachen renommierte Volkswirtschaftler zu jenem Zeitpunkt ganz offen über bevorstehende Szenarien, die von deutschen Medien und der Politik wohl nicht gern gehört wurden. Schweizer Bürger wurden darauf vorbereitet, dass im Zusammenhang mit der heraufziehenden neuen Euro- und Irland-Krise in Ländern wie Deutschland möglicherweise mittelfristig vorübergehend die Bankschalter geschlossen werden könnten und die Eurozone zerbricht.

Nicht nur der Wirtschaftshistoriker Tobias Straumann ist fest davon überzeugt, dass Staaten wie Deutschland in aller Stille eine neue Währung vorbereiten. Er sagt: »Es traut sich nur niemand, öffentlich darüber zu reden, weil ein Währungswechsel im Überraschungsmoment geschehen muss.«[225] Auch Ernst Baltensperger, Leiter des Studienzentrums der Schweizerischen Nationalbank, hält eine Spaltung der Eurozone mit den entsprechenden Folgen für wahrscheinlich. Und der Schweizer Bankenprofessor Urs Birchler hebt hervor: »Der Euro ist kaum haltbar.« Der Berner Professor Reto Föllmi sagt: »Sobald Griechenland seine Schulden nicht mehr bezahlen kann, ist in der Eurozone die Schmerzgrenze erreicht.« Dann werde der Euro zerschlagen, indem die staatlichen Schulden in die neue Währung getauscht würden. Die Vermögen der Privaten müssten dann aber vorerst in Euro weiterbestehen. »So kann ein Bankenansturm verhindert werden.«[226] Der Schweizer Volkswirt Professor Reto Föllmi spricht also ganz offen über die Gefahr eines möglichen »Bankenansturms«.

Als ganz am Anfang der Wirtschaftskrise im Oktober 2008 ein »Bankenansturm« auf die Konten deutscher Sparer drohte, weil deren Vertrauen in die Einlagen in Zusammenhang mit der *Hypo-Real-Estate*-Bankenpleite geschwunden war, da gab Bundeskanzlerin Angela Merkel im Fernsehen eine Absichtserklärung ab und ließ wissen: »Wir sagen den Sparerinnen und Sparern, dass ihre Einlagen sicher sind. Auch dafür steht die Bundesregierung ein.«[227] Das war keine einklagbare

Garantie, aber zumindest eine Willensbekundung. Die aber gilt heute nicht mehr. Die unverbindliche Zusage endete mit der letzten Bundestagswahl am 27. September 2009. Die neue Regierung weigert sich, abermals eine Willensbekundung zur Sicherung privater Geldanlagen abzugeben. Sie bürgt jetzt nur noch für »systemrelevante« Unternehmen wie etwa Großbanken.

Das ergibt durchaus einen Sinn, denn die Bundesregierung hat gar nicht mehr die finanziellen Möglichkeiten, für die kompletten Spareinlagen der Bürger zu haften. Die Deutschen sind Weltmeister im Sparen, haben mehr als 4,8 Billionen (!) Euro hauptsächlich auf Sparbüchern, Tagesgeldkonten, als Festgeldanlagen und in Lebensversicherungen gebunkert.[228] Wie gewaltig die Summe der Einlagen deutscher Sparer ist, kann man erst beim Vergleich mit den Schulden der Amerikaner ermessen: Die Vereinigten Staaten schulden dem Ausland drei Billionen Euro (4,2 Billionen Dollar). Die Summe aller US-Staatsanleihen in ausländischer Hand betrug im September offiziell 4,2 Billionen Dollar. Mit anderen Worten: Mit den Guthaben der deutschen Sparer könnten die USA ihre Staatsanleihen theoretisch auf einen Schlag zurückkaufen.[229]

Falls also deutsche Sparer im Zusammenhang mit der Rückkehr der Finanz- und Euro-Krise das Vertrauen in deutsche Banken verlieren, ihr Geld abheben und daheim aufheben würden, dann hätte das kaum noch zu beschreibende Folgen nicht nur für die Bundesrepublik. Denn das von deutschen Sparern eingezahlte Geld liegt ja in Wahrheit nicht in einem Tresor, sondern schwirrt virtuell in den verschiedensten Anlageformen um die Welt. Für den Fall des Auseinanderbrechens der Eurozone oder innerer Unruhen muss die Bundesregierung also dafür Sorge tragen, dass die Bürger keinesfalls in Massen ihre Einlagen von den Banken abziehen. Denn die Folge wäre – nicht nur in Deutschland – eine nicht mehr beherrschbare Katastrophe.

Überall in Europa werden derzeit Gesetze vorbereitet, nach denen der Aufruf zum massenhaften Kontoschließen oder Geldabheben von einer Bank (»Bank Run«) Straftatbestand werden soll. Einen Tag vor dem Heiligen Abend 2010 erfuhren die Niederländer aus den staatlichen Medien, dass gezielte Aufrufe zur Schließung von Konten oder zum Geldabheben bei Banken zum Straftatbestand erklärt werden sollen.[230] Im Oktober 2009 hatte ein Finanzfachmann Kleinanleger öffentlich zu einem Run auf die niederländische DSB-Bank aufgerufen, damit diese ihr Geld noch vor dem Zusammenbruch der Bank abheben und so ihre

Spareinlagen sichern konnten. Wenige Tage später brach die DSB Bank zusammen. Die nur regional in den Niederlanden aktive Bank hatte vielen Kunden zuvor für die Vergabe von Hypotheken zu hohe Gebühren berechnet und stand vor gewaltigen Rückzahlungsforderungen. In dieser Situation rief der Fachmann die Kleinanleger der Bank öffentlich dazu auf, ihre Einlagegelder abzuheben. Die niederländische Regierung teilte nun mit, dass der neue Gesetzentwurf das heimische Finanzsystem vor »künftigen Schocks schützen« solle. Denn vor dem Hintergrund der modernen Kommunikationstechnologien könne ein Run auf jede Bank der Welt innerhalb von nur wenigen Stunden – und nicht Tagen – einsetzen. Aufrufe zum Abheben von Geld werden demnach in den Niederlanden künftig zur Straftat.

Viele europäische Regierungen machen sich Sorgen über die wachsende Zahl von Aufrufen besorgter Bürger, ihre Konten zu plündern und Sparguthaben daheim zu deponieren. Zuletzt hatte Anfang Dezember 2010 der frühere französische Fußballprofi Éric Cantona zu einem europaweiten »Bank Run« aufgerufen, dem jedoch nur wenige Menschen Folge leisteten. Euro-Gruppen-Chef Jean-Claude Juncker nannte den Aufruf Cantonas »unverantwortlich«.[231] Andere Aktionen in den Jahren zuvor hatten durchaus Erfolg gehabt: Die Menschenschlangen vor der britischen Hypothekenbank *Northern Rock*, als geschockte Sparer im September 2007 panikartig ihre Konten leer räumten, sind bei vielen Bankern und Politikern unvergessen. Vor allem auch in Deutschland. Das jedenfalls berichtet Dirk Schiereck, BWL-Professor an der Technischen Universität Darmstadt. Er sagt, wenn im Internet Aufrufe zur Plünderung der Konten verbreitet werden, dann könnte irgendwann tatsächlich ein unerwarteter Run auf Bankkonten einsetzen. Dann könnte es zum totalen Crash des Finanzsystems kommen – zu einer Pleiteserie. Schiereck hebt hervor: »Und das kann dann kein Sicherungssystem mehr auffangen. Auch kein staatliches.«

Vor diesem Hintergrund prüfte denn auch die Bundesregierung gesetzliche Regelungen, mittels derer – wie in den Niederlanden – öffentliche Aufrufe zum Abheben von Geld unter Strafe gestellt werden könnten. Dabei gibt es jedoch noch erhebliche juristische Hürden zu überwinden: Schließlich würde dann beispielsweise jeder Edelmetallhändler, der Kunden dazu rät, ihre Sparguthaben etwa in (physisches) Gold oder Silber einzutauschen, zum potenziellen Straftäter avancieren. Das aber wäre dann das Ende der freien Marktwirtschaft, wie wir sie kennen.

Die Bundesregierung hat einen geheimen Notfallplan für die mögliche Verschärfung der Euro-Krise im Frühjahr 2011 wieder einmal überarbeitet. Dies wurde aus Kreisen des Kanzleramts bekannt. Im Innenministerium liegen neue Aufmarschpläne der Exekutive vor. Demnach müssen die Kreditinstitute bei einem sich abzeichnenden Euro-Kollaps vorübergehend die Schalter schließen und die Bankautomaten sperren. Auch die Börsen werden dann geschlossen, der freie Informationsaustausch über das Internet würde vorübergehend abgeschaltet, um etwa »Flash-Mob«-Aktionen (über das Internet koordinierte gezielte Menschenaufläufe) zu erschweren. Das Innenministerium bestätigte die Existenz der Pläne inoffiziell, äußerte sich aber nicht zu den Details. Man wolle argentinische Zustände wie ein gewaltsames Erstürmen von Banken oder eine Massenpanik vermeiden, hieß es. Die Grundzüge der Handlungsanweisungen seien bereits zu Beginn der Finanz- und Wirtschaftskrise 2008 festgelegt worden. Es sind die gleichen Pläne, die es auch in Österreich gibt.[232]

Auch die deutsche Bundeswehr ist in diese Planungen längst einbezogen. Die militärische Unterstützung im Falle von Bankenschließungen ist Teil der Zivil-Militärischen Zusammenarbeit der Bundeswehr (ZMZBw). Im Krisenfall soll die Bundeswehr Banken vor dem Sturm schützen. Bei einem nationalen Diskussionsforum für Sicherheitspolitik, dem Celler Trialog 2008[233], sagte der Aufsichtsratsvorsitzende der Commerzbank, Peter Müller, etwa: »Im Rahmen der militärisch-zivilen Zusammenarbeit ist einer unserer Mitarbeiter im Range eines Majors der Reserve, einer von drei Offizieren des Kreisverbindungskommandos Frankfurt, das bei Krisen die Unterstützung der Bundeswehr organisiert«.[234] Für Situationen, in denen die »Funktionsfähigkeit des Finanzsystems« als bedroht gelte, wenn es also im »schlimmsten Fall [...] zu einem Run auf die Bankschalter und zum Zusammenbruch der gesamten Geld- und Währungsordnung« kommt, sei vorgesorgt. Dazu werde regelmäßig generalstabsmäßig der Ernstfall durchgespielt, etwa »Erreichbarkeit und Einsatz von Schlüsselpersonen bei Ausfall großer Teile der üblichen Infrastruktur oder Belegschaft«.

Ein Blick in andere Staaten, die die oben skizzierten bevorstehenden Szenarien schon hinter sich haben, dokumentiert, wie Regierungen die Neuausrichtung einer Währung praktisch durchführen: Sie schließen vorübergehend nicht nur die Banken, sondern stellen auch die Geldautomaten ab.

Stellen Sie sich vor, an einem Wochenende wird das Radioprogramm plötzlich unterbrochen, und ein Sprecher verliest eine Erklärung der Bundesregierung, wonach Börsen, Bankschalter und Geldautomaten wegen der Folgen der Finanzkrise für einige Tage geschlossen bleiben. Ein Scherz? Nein, keineswegs. In vielen Ländern der Welt haben die Bürger schon erfahren, was es bedeutet, wenn die Bankschalter überraschend geschlossen werden. Im Spätsommer 1998 etwa setzte die Moskauer Regierung die Tilgung ihrer Schulden aus, stürzte die Weltfinanzmärkte ins Chaos und ließ Restaurants, Bankschalter und Geschäfte für mehrere Tage schließen. Bargeld war im Spätsommer 1998 bei vielen Russen Mangelware.[235] Deutsche Unternehmen schickten Geldkuriere nach Russland, damit die deutschen Mitarbeiter ihrer Tochterunternehmen in Moskau und anderen Ballungszentren überleben konnten. Das Finanzsystem Russlands war zusammengebrochen, weil russische Banken im Zusammenhang mit der Asien-Krise zu hohe Wertverluste bei Fremdwährungsgeschäften und Spekulationen erlitten hatten.

Ein Einzelfall? Nein, keineswegs. Im Jahr 2002 wurden in Argentinien die Bankschalter geschlossen und die Sparkonten der Bürger eingefroren.[236] Kaum ein Argentinier hatte eine solche Krise vorausgesehen. Die Mehrheit der Menschen vertraute blind den Versprechungen der Politiker. Bis heute – acht Jahre nach der Aktion – sind die Sparguthaben der Argentinier (abhängig von der Höhe der Einlagen) eingefroren. Um an Geld zu kommen, ließ die Regierung inzwischen sogar die privaten Rentenkassen beschlagnahmen.[237] Mit den dort angelegten privaten Einlagen der Arbeitnehmer in Höhe von 20 Milliarden Euro tilgt die argentinische Regierung nun ihre Staatsschulden. Und auch die Auszahlung argentinischer Staatsanleihen wurde um bis zu 30 Jahre verzögert: Oder man erhält sein Geld nur unter hohen Verlusten von bis zu 90 Prozent zurück. Die Fehler, die zum Finanzcrash in Russland und Argentinien führten, sind die gleichen, die von den europäischen Banken und Regierungen gemacht wurden und werden.

Die Rückkehr der Finanzkrise beinhaltet somit Risiken, über die sich viele Europäer derzeit offenkundig noch nicht im Klaren sind. Die Argentinier haben die Erfahrung gemacht, was es heißt, eine solche Krise nicht vorausgesehen und der Regierung blind vertraut zu haben. In Großbritannien wurde das Schlimmste 2007 noch einmal abgewendet: Nachdem besorgte Kunden im September 2007 die Schalter der britischen Bank *Northern Rock* gestürmt hatten, übernahmen der Staat und die *Bank von England* sofort eine Garantie für die privaten Einlagen. *Northern Rock* wurde dann verstaatlicht.[238] Nun kehrt die Krise allerdings zurück. Nicht nur in Großbritannien.

Sobald also absehbar ist, dass künftig eine oder gar mehrere Banken in Ländern wie Irland bankrott sind (die Einlagen der Kunden also nicht mehr ausbezahlt werden können), werden nicht nur in Irland, sondern auch in ähnlich gefährdeten Staaten – etwa in Griechenland, Portugal und Spanien – noch mehr Bürger ihre Konten plündern und Ersparnisse daheim horten. Wenn das Vertrauen in die Sicherheit des europäischen Finanzsystems erst einmal dahin ist, dann kann ein solcher Run auf die Banken binnen Stunden zu einem Flächenbrand in Europa werden und auch auf Länder wie Deutschland übergreifen.

Völlig unabhängig von der Euro-Krise will die Europäische Union ohnehin den Bargeldumlauf stark einschränken. Offizieller Grund: die hohe Zahl von Bank- und Raubüberfällen. Nach einem uns vorliegenden EU-Bericht wurden 2009 mehr als 4150 Banken in Europa überfallen. Mehr als 40 Prozent dieser Banküberfälle (1744) fanden in Italien statt. Damit werden Banken in Italien fünf Mal häufiger überfallen als in Deutschland. Grund ist der hohe Bargeldbestand in den Filialen, denn rund 90 Prozent ihrer Einkäufe erledigen Italiener mit Bargeld. Mit EC- oder Kreditkarte bezahlen sie nur 66 Mal im Jahr (der europäische Durchschnitt liegt dreimal so hoch).

In Griechenland, wo die Lage eine ähnliche ist, gilt seit Januar 2011 ein Barzahlungsverbot für Beträge in Höhe von mehr als 1500 Euro.[239] Als zweites Land stellen die Niederlande seit Anfang 2011 Schritt für Schritt komplett auf den bargeldlosen Zahlungsverkehr um: Bargeld ist in den Niederlanden nun verpönt. Schilder weisen an den Eingangstüren aller Supermärkte und Geschäfte darauf hin, dass bald schon kein Bargeld mehr angenommen wird, nur noch EC- und Kreditkarten. Auch in den Niederlanden lautet die offizielle Begründung für die Umstellung auf bargeldlosen Zahlungsverkehr: Angst vor Bank- und Raubüberfällen.[240]

Die EU fordert, dass diese Umstellung nun als Nächstes in Italien und dann auch in allen anderen EU-Staaten übernommen wird. Doch was offiziell mit Bank- und Raubüberfällen begründet wird, hat bei näherer Betrachtung einen völlig anderen Hintergrund: Die Einnahmen und Ausgaben der EU-Bürger sollen künftig zentral überwacht und den Finanzämtern gemeldet werden. Auch aus diesem Grund kann es also nicht schaden, stets einen Bargeldvorrat zu haben, der über den Tag hinaus zur Grundversorgung ausreicht.

Leere Kassen: Menschenwürde
nach Haushaltslage

Man kann die sich abzeichnende Entwicklung an vielen kleinen Dingen Tag für Tag erkennen: Überall um uns herum wird den Menschen an Leistungen nach und nach das genommen, was für uns alle früher völlig selbstverständlich war. Man sagt den Bürgern allerdings nicht: Wir sind pleite, wir können uns das nicht mehr leisten. Man lenkt vielmehr ab und schiebt die Schuld an dem fortwährenden Verfall auf andere. Grenzenlose Wut, die zu Unruhen im Land führt, gibt es erst dann, wenn die Bürger an immer mehr Stellen merken, das sie rundum nur noch zahlen müssen, aber keine Leistungen mehr vom Staat bekommen; ja, selbst das privat von den Bürgern Ersparte sich beispielsweise in nichts auflöst. Und was ist, wenn die Menschen sehr bald auch noch erkennen müssen, dass selbst die medizinische Versorgung aus Kostengründen immer weiter zurückgefahren wird und Menschenleben nur noch nach einer Kosten-Nutzen-Rechnung betrachtet werden? Dann schlägt die Stimmung irgendwann um. Die häufig diskutierte Frage lautet, wann dieser Punkt erreicht ist.

Dabei ist die Antwort eine recht einfache – man muss nur in andere Länder schauen: Wenn die Bürger eines Landes von ihren Eliten ganz offen belogen und betrogen werden, dann knallt es, sobald sich weite Teile der Bevölkerung um ihre Zukunft oder um die Zukunft ihrer Kinder betrogen sehen. Gefährlich wird es beispielsweise, wenn man als Staat den Bürgern sagen muss, dass man ihnen medizinisch notwendige Behandlungen aus finanziellen Gründen verweigert, die man früher bezahlt hat.

Überall in westeuropäischen Staaten haben sich die Menschen in den vergangenen Jahrzehnten daran gewöhnt, dass der Staat ihnen über ein gesetzliches Krankenversicherungssystem alle notwendigen medizinischen Behandlungen gewährt. Doch nun wird flächendeckend gespart. Und im Zweifel wird Leben eingespart. Die Schweiz hat es vorgemacht, andere Länder – wie Deutschland – folgen dem Beispiel. Die finanziellen Engpässe des Gesundheitssystems in der Schweiz haben das oberste Gericht in Lausanne im Dezember 2010 zu einem umstrittenen Urteil kommen lassen: Wer eine kostspielige Krankheit hat, der muss nicht mehr unter allen Umständen behandelt werden. Im Zweifelsfall also für die Krankenkasse. Das System soll auch auf Deutschland übertragen werden.

Die Entscheidung des Schweizer Bundesgerichts hat bei den Bürgern einen Sturm der Entrüstung hervorgerufen. Die Schweizer Grundversicherung muss Behandlungen jetzt nur noch dann bezahlen, wenn diese »wirtschaftlich« sind. Ein Missverhältnis zwischen Heilerfolg und wirtschaftlichem Aufwand könne sich der Schweizer Staat nicht mehr leisten, so die Richter.[241] Aus diesem Grund müsse künftig im Einzelfall genau geprüft werden, ob die medizinische Rettung eines Menschenlebens auch wirtschaftlich sinnvoll sei. Damit es Ärzte und Krankenkassen bei der Beurteilung des »wirtschaftlichen Faktors« nicht allzu schwer haben, wurde ihnen von den Juristen auch gleich eine Faustregel mitgeliefert. Der Kostenfaktor Patient und dessen Behandlung wird in Lebensjahren abgerechnet und bezahlt. Für jedes durch eine Therapie gerettete Lebensjahr dürfen demnach höchstens 100 000 Schweizer Franken (81 000 Euro) bezahlt werden. Wird die Behandlung teurer, dann muss der Patient entweder eine private Zusatzversicherung haben oder selbst bezahlen. Wer als Notfallpatient oder als chronisch Kranker nach vorheriger wirtschaftlicher Analyse teurer wird, ist dem Tode geweiht, wenn er die Behandlung nicht selbst finanzieren kann. Künftig entscheiden somit Zahlen über die Krankenbehandlung von Schweizern.

Auch in Deutschland müssen die gesetzlichen Krankenversicherungen sparen. Darunter könnte künftig nach noch geheimen Plänen etwa die Versorgung von Frühgeborenen und von Todkranken leiden. Die Bundesregierung prüft jedenfalls finanzielle Einsparungsmöglichkeiten in den gesetzlichen Krankenversicherungen, die viele Bürger derzeit wohl noch, würden sie bekannt, für einen üblen Scherz halten würden.

Das Kieler Institut für Gesundheits-System-Forschung hat unter der Leitung von Fritz Beske ein Zukunftsszenario entworfen, das unglaublich klingt: Man stellt dort allen Ernstes die Frage, ob man bei schwer erkrankten Menschen künftig noch teure medizinische Behandlungen zur Lebensverlängerung finanzieren muss. Und man weist darauf hin, dass Frühgeborene in der Schweiz unterhalb eines bestimmten Gewichts schon jetzt aus Kostengründen nicht mehr intensivmedizinisch behandelt werden.[242] Viele solcher Frühgeburten blieben lebenslange Pflegefälle. Auch auf diesem Gebiet werden mögliche finanzielle Einsparungen angedeutet. Das Kieler Institut für Gesundheits-System-Forschung fordert auch Sanktionen für ungesund lebende Menschen und will aus dem Leistungskatalog der gesetzlichen Krankenversicherung Physiotherapien, künstliche Befruchtung, alternative Heilmethoden,

132

Homöopathie, Kuren und Empfängnisverhütung gestrichen sehen. Wenn es nicht massive Leistungseinschnitte gebe, dann werde das deutsche Gesundheitssystem unfinanzierbar. In einer Umfrage haben 64 Prozent der Ärzte in Niedersachsen geäußert, dass sie ihren Patienten schon heute nicht mehr die beste medizinische Leistung bieten können.

Migranten bevorzugt: ethnische Europäer als Menschen zweiter Klasse?

Werden Menschenleben aus Kostengründen nun auf einmal einer Kosten-Nutzen-Rechnung unterzogen, dann kann man darüber offen diskutieren. Das ist die eine Seite. Zu grenzenloser Wut wird es allerdings führen, wenn man den Bürgern zugleich wahrheitsgemäß sagt, dass sie als ethnische Deutsche in der Gesetzlichen Krankenversicherung von der Politik vorsätzlich schlechter gestellt werden als Migranten, die etwa aus der Türkei zu uns kommen und hier gesetzlich krankenversichert sind.

Ein Beispiel: In Deutschland lebende Türken haben Anspruch darauf, dass auch ihre im Ausland lebenden Angehörigen kostenlos mitversichert werden. Sie haben richtig gelesen: Wenn in Deutschland lebende Türken ihre minderjährigen Töchter in der Türkei zwangsverheiraten, dann sind diese in der deutschen Gesetzlichen Krankenversicherung mitversichert. In Deutschland lebende Türken haben – trotz leerer Kassen – auch weiterhin Anspruch darauf, dass ihre in der Türkei lebenden Angehörigen – sogar die Eltern – im Krankheitsfall Leistungen aus der deutschen Krankenversicherung erhalten, und zwar auch dann, wenn diese niemals in Deutschland gewesen sind.[243]

Rechtsgrundlage dieser Regelung ist das deutsch-türkische Abkommen vom 30. April 1964 über Soziale Sicherheit. Die Bevorzugung ausländischer Familienangehöriger in der kostenlosen Mitversicherung deutscher Krankenkassen widerspricht klar dem Gleichbehandlungsgrundsatz und stellt Deutsche erheblich schlechter als in Deutschland lebende Türken. Schließlich ist deutschen Krankenversicherten die Einbeziehung von Eltern in die Familienmitversicherung verwehrt. Bei Deutschen dürfen nur Ehegatten, Lebenspartner und Kinder beitragsfrei in die gesetzliche Familienversicherung aufgenommen werden.

Wenn man also auf der einen Seite Deutschen die medizinischen Leistungen bei lebensbedrohlichen Erkrankungen kürzt und auf der anderen Seite Menschen, die noch nie in Deutschland gewesen sind, kostenlos in der Gesetzlichen Krankenversicherung mitversichert, dann muss man kein Prophet sein, um zu erkennen: Das schürt Unmut im Land. Die Politik nennt es »ausländerfeindlich«, wenn man diese Fakten offen benennt.

Über unschöne Fakten in Zusammenhang mit Migranten sollte man ohnehin besser nicht öffentlich sprechen. Man darf nicht offen sagen, dass 90 Prozent der in Deutschland lebenden Libanesen von Hartz IV leben, ebenso 65 Prozent aller Iraker, 53 Prozent aller Afghanen und 48 Prozent aller Pakistaner – um nur einige orientalische Bevölkerungsgruppen zu nennen.[244] Immerhin gelten solche Bevölkerungsgruppen aus der Sicht der Politik ja als angebliche »Bereicherung« für unser Land. Dummerweise haben wir in den vergangenen Jahren enorme Summen für jene »Potenziale« aufgewendet, die angeblich eine »Bereicherung« für uns sind.

Die *Frankfurter Allgemeine Zeitung* hatte am 24. Juni 2010 aufgeschrieben, was allein die Deutschen für ihre zugewanderten »Potenziale« bezahlen müssen. Diesen Angaben zufolge hatten Erstere bereits im Jahr 2007 (also vor der Wirtschafts- und Finanzkrise) eine Billion Euro Schulden nur für Migranten gemacht, die mehr aus den deutschen Hilfesystemen entnehmen, als sie in diese einbezahlen. Auf jeden der 25 Millionen voll erwerbstätigen deutschen Nettosteuerzahler entfallen im Jahr 2010 immerhin 40 000 Euro Schulden, die wir für Migranten noch abbezahlen müssen.[245] Weit mehr als die Hälfte der deutschen Staatsschulden verdanken die Deutschen somit ihren Migranten. Wenn man das der Bevölkerung wahrheitsgemäß mitteilen würde, dann gäbe es wohl einen Aufstand gegen jene Zuwanderer, die aus kulturfernen Ländern kommen und sich nicht integrieren.

Aber wir brauchen diese »Talente« ja angeblich alle, weil die Wirtschaftskrise bald vorbei ist und Arbeitskräfte begehrt sein werden. Schauen wir uns also einfach einmal eine der mehr als 30 000 libanesischen Familien an, die in Deutschland von Hartz IV leben. Da gibt es in Bremen etwa die libanesische Großfamilie Miri, die 2600 Familienangehörige zählt. Sie haben richtig gelesen – 2600 Personen. Sie beziehen pro Jahr rund zehn Millionen Euro (!) Sozialhilfe. Davon müssen sie allerdings nicht leben, denn die Großfamilie verdient jährlich weitere 50 Millionen Euro (!) im Rauschgifthandel. Gegen 1200 Familienmitglieder gibt es Ermittlungsverfahren.[246]

Das sind keine Einzelfälle, es sind Regelfälle. Gehen wir von den

Libanesen zu den Türken beim Opel-Werk in Rüsselsheim: Da existieren jede Menge türkische und nordafrikanische Ex-Opel-Mitarbeiter in Rüsselsheim, die den deutschen Staat vorsätzlich und systematisch betrügen, indem sie trotz hoher Abfindungen seit Jahren Hartz-IV-Leistungen fordern. Die Zeitung *Welt am Sonntag* nennt das Verhalten dieser Migranten inzwischen ganz offen »Schmarotzertum«.[247]

Spätestens seit der Sarrazin-Debatte 2010 ist jedem Politiker in Deutschland und Österreich klar, dass die klassischen Parteien an Wählern verlieren und Protestparteien künftig große Erfolge haben werden. Etwa 20 Prozent aller Deutschen würden eine Sarrazin-Partei wählen.[248] Und 96 Prozent der Deutschen finden, dass Sarrazin mit seinen Äußerungen nicht zu weit gegangen ist.[249] Was aber macht ein Fernsehsender, der solche Umfragewerte ausstrahlt? Er löscht die (unerwünschten) Ergebnisse anschließend ganz schnell wieder.[250]

Wer diesen Wutstau in der Bevölkerung löscht oder verdrängt, der macht sich mitschuldig an einer Entwicklung, die vorhersehbar ist. Da sagt uns der bekannte Deutsch-Türke Cem Gülay ganz offen, was auf die Deutschen in den Ballungsgebieten zukommt – Unruhen, die von Migranten entfacht werden: »Es kann jederzeit passieren. Es werden keine Vorstädte brennen wie in Paris. Nein, die Innenstädte werden brennen. Sie werden diesen Kampf in die Städte tragen, weil es euch dort am meisten schmerzt.«[251] Unabhängig von Cem Gülay warnten auch DGB-Chef Michael Sommer und SPD-Präsidentschaftskandidatin Gesine Schwan vor Unruhen in Deutschland.

Sie halten das, was Migranten wie der Deutsch-Türke Cem Gülay uns sagen, für ziemlich absurd? Wenn Sie wirklich wissen wollen, was auf uns Mitteleuropäer in den nächsten Jahren zukommt, dann sollten Sie jetzt einmal tief Luft holen und Baldrian bereithalten. Weit über Frankfurt hinaus bekannt ist inzwischen die einflussreiche türkische Gruppe »Generation Zukunft e. V.«, die junge türkische Intellektuelle repräsentiert. Die nachfolgenden Ausführungen stammen also nicht von ungebildeten Menschen, sondern von der elitären zugewanderten Führungsschicht. Vertreter dieser Gruppe riefen 2011 dazu auf, sich von den »Ketten« der Deutschen »zu befreien«. Über die Deutschen heißt es dort in dem Aufruf: »Sie haben uns als Gastarbeiter engagiert, wir haben ihre Straßen gebaut, ihre Firmen errichtet, ihre Häuser repariert, wir haben Tag und Nacht am deutschen Wohlstand gearbeitet, unsere Gesundheit aufs Spiel gesetzt, ihnen gedient, und heute machen sie uns eine Rechnung dafür, rechnen uns entgegen, dass es billiger gewesen wäre, wenn wir niemals als Gastarbeiter nach Deutschland immigriert wären.«[252] Deshalb müsse nun von allen Türken aktiv der Kampf »gegen diese deutsche Unterdrückung« unterstützt werden. Weiter heißt es in dem Aufruf über die Forderungen an die Deutschen: »Autonomie für die Türken in Deutschland mit dem Ziel einer unabhängigen Verwaltung? Wir wollen Ortsschilder in Deutschland auf Türkisch, in den Supermärkten müssen die Informationen auf türkischer Schrift geschrieben werden, im Sinne der Fairness und Gleichberechtigung, im Namen der heiligen Demokratie. [...] Die Türken dürfen nicht mehr missachtet werden. Jahrelange Unterdrückung, jahrelange Missstände und Fehlintegration und soziale Ungerechtigkeit.«

Aus dem türkischen Verein »Generation Zukunft e. V.« (eingetragen im Vereinsregister des Amtsgerichts Frankfurt am Main – VR 13708) kommt auch der Vorschlag, allen Türken in Deutschland das Wahlrecht zu geben und dann als Erstes das von vielen Türken bewohnte Bundesland Nordrhein-Westfalen zu einer autonomen türkischen Republik (»Kuzey-Ren-Vestfalya«) zu machen.[253] In einem weiteren Schritt solle dann Berlin türkisch-autonom werden und die Bundesregierung wieder in die alte Bundeshauptstadt Bonn umziehen.

Der türkische Aufruf fordert »Nieder mit der Unterdrückung!« und gibt interessante Einblicke in das Denken angeblich vorbildlich integrierter Türken in Deutschland, heißt es da doch etwa auch: »Es wird uns eingehämmert, dass wir nicht türkisch reden dürfen, wenn wir gemeinsam mit unseren Brüdern und Schwestern in der Spielecke sitzen. Es wird uns verboten, den türkischen Geist zu leben und unsere Hunderte Jahre alte Kultur zu praktizieren. Sie nehmen uns unsere Identität und zwingen uns, das verabscheuungswürdige Schweinefleisch zu essen. Stets kriegen die deutschen Kinder immer die besseren Spielzeuge und genießen mehr Freiheiten als unsere türkischstämmigen Kinder. Eine Tortur, die ihresgleichen sucht, eine Unterdrückungsmaschinerie und Assimilationspolitik, geplant und gesteuert von der widerlichen deutschen Obrigkeit, um die Türken von Jahr zu Jahr über Jahrzehnte zu zermahlen und ihren Willen und ihre Individualität zu brechen. Wir sind ihre Sklaven und Gefangene, ihre Beutetiere.«

Die Mitglieder des türkischen Vereins strotzen vor Selbstbewusstsein, schreiben über sich selbst, sie seien »unter demografischen Gesichtspunkten diejenigen«, die »die neue Generation der Bevölkerung Deutschlands zu einem beachtlichen Anteil stellen. Wir sind so gesehen die Zukunft Deutschlands.«[254] Der türkische Aufruf endet mit einer deutlichen Warnung und den Worten: »Die deutsche Regierung sollte langsam aber sicher anfangen, tiefgründig darüber nachzudenken, wen sie auf ihrem Schoß sitzen lässt …«[255]

Falls Sie bislang davon überzeugt waren, dass wir eine friedliche gemeinsame Zukunft haben, dann sollten Sie sich einfach einmal anschauen, wie solche Aufrufe von Türken im Internet kommentiert werden. Dann müssen Sie auch nicht mehr lange überlegen, ob das alles eine völlig isolierte Einzelmeinung ist oder aber jene Grundhaltung, mit der uns eben nicht nur Türken vom Verein »Generation Zukunft e. V.« in Deutschland gegenüberstehen. Wer da noch an eine friedliche Zukunft glaubt, der glaubt wahrscheinlich auch noch an den Weihnachtsmann. Die Unruhe wächst unterdessen an allen Fronten.

VERFALL, ARMUT UND NIEDERGANG

Die Einkommen sinken – die Bürger brauchen Zweitjobs

Unsere sozialen Systeme stehen nicht nur wegen einer Wirtschaftskrise vor dem Zusammenbruch. Sie sind vor allem deshalb in diese ausweglose Lage manövriert worden, weil die Politik uns importiertes Elend, das wir fortwährend alimentieren müssen, als »Bereicherung« verkauft hat. Wenn die Bürger das erkennen, dann führt auch das zu unendlicher Wut bei den Einheimischen. Aber die Politik behauptet, wir bräuchten alle diese Menschen als künftige Arbeitskräfte.

So sagte Bundeskanzlerin Angela Merkel im Dezember 2010 trotz Millionen Arbeitsloser, den Deutschen gingen die Arbeitskräfte aus: »Uns geht nicht die Arbeit aus – wir haben so viel Arbeit und so viele Aufträge wie nie zuvor –, aber uns gehen die Arbeitskräfte aus.«[256] Auch der *Spiegel* berichtete 2010 staatstragend: »Deutschland gehen die Arbeitskräfte aus.«[257]

Angeblich bricht das Land nicht deshalb wirtschaftlich zusammen, weil die Eliten versagt und bei windigen Spekulationen weltweit Billionen an den Finanzmärkten verzockt haben, sondern weil wir so viel Arbeit haben, dass wir einfach nicht mehr nachkommen.[258] Nun weiß man als Laie häufig vor lauter angeblichen Fachleuten, die sich in den Medien über unsere Zukunft äußern, irgendwann nicht mehr, wem und welchen Aussagen man noch trauen kann. Vergessen wir also für einen kurzen Moment die vielen Fachleute und schauen uns die Fakten an.

Wenn Bundeskanzlerin Merkel, Fachleute und viele Medien von einer angeblich rosaroten Zukunft sprechen, weil ja die Auftragsbücher prall gefüllt sind und in den Werkshallen emsig gearbeitet wird, dann müssten die vielen Produkte ja auch irgendwie transportiert werden. Das Transportwesen ist – abseits aller Wirtschaftsprognosen – auch für den Laien ein verlässlicher Indikator für die tatsächliche Wirtschaftslage: Fahren die Brummis auf den Autobahnen in endlosen Schlangen und wird in den Häfen Container um Container verladen, dann brummt die Wirtschaft wirklich.

Werfen wir also zur Jahreswende 2010/2011 – als die Bundesregierung behauptete, wir hätten Arbeit in Mengen wie niemals zuvor – einen solchen Blick aufs Transportwesen. Da kehrt schnell Ernüchterung ein, berichtet das Verkehrsministerium doch: Der Bund hat im Jahr 2010 etwa 300 Millionen Euro weniger aus Mautgebühren eingenommen, als im Haushalt eingeplant wurde.[259] Weil die wirtschaftliche Lage nicht wirklich gut ist, sinken mit dem Verkehrsaufkommen eben auch die Mauteinnahmen. Sie sind ein wichtiger Indikator für die tatsächliche wirtschaftliche Lage. Und die ist – anders als von der Politik öffentlich verkündet – offenkundig weiterhin nicht gut, denn die Einnahmen werden auch 2011 geringer ausfallen als geplant. Die Mauteinnahmen werden eigentlich in den Ausbau von Schienen und Wasserwegen investiert. Aber wo nichts ist, da kann man dann auch nichts investieren.

Vielleicht sind die Mindereinnahmen an Mautgebühren ja nur irgendwie ein Ausrutscher – und bei den Containerschiffen sieht es völlig anders aus. Irrtum, denn im ganzen Jahr 2010 wurde nicht ein einziges (!) Containerschiff bei einer deutschen Werft bestellt. Zum Jahreswechsel 2010/2011 berichtete das *Handelsblatt* unter der Überschrift »Viele Werften kämpfen um die Existenz«[260], dass bei deutschen Werften 18 700 Arbeitsplätze unmittelbar auf dem Spiel stehen – und bei den Zulieferern noch einmal doppelt so viele. Falls also das Transportwesen tiefrote Zahlen schreibt, die Mauteinnahmen zurückgehen und keine Frachtschiffe mehr gebaut werden, dann wird für jeden offensichtlich, dass die Realität das eine und die Fiktion in der Berichterstattung das andere ist. Beide sind miteinander nicht vereinbar.

Die Politik behauptet unverdrossen weiter: Wir Deutschen werden angeblich von unseren europäischen Nachbarn um unser »Jobwunder« beneidet.[261] Jene, die das behaupten, glauben wahrscheinlich auch noch daran, dass der Klapperstorch die Kinder bringt. Wenigstens die *Financial Times* blieb bei der Wahrheit und berichtete Anfang 2011: »Industriejobwunder entpuppt sich als Märchen.«[262] Und die Überschrift über einem weiteren Bericht zur getürkten guten Stimmung lautete: »Die Lage ist nicht halb so gut wie die Stimmung«.[263] Wir schaffen dort, wo Geld verdient wird, in Wahrheit keine neuen Stellen. Die schaffen wir nur noch dort, wo das sauer verdiente Geld eifrig verbrannt wird: im Dienstleistungssektor, etwa bei der Betreuung von Migranten.[264] Wir schaffen Arbeitsplätze in der Migrationsindustrie, die Zuwandererfrauen beibringt, wie man einen Tampon benutzt[265], oder die ihren arbeitslosen Männern die Zeit als »Parkbetreuer«[266] vertreiben. Das ist so, als ob wir die Arbeitslosigkeit dadurch bekämpften, indem wir immer mehr Menschen als Schauspieler ausbilden – wir betrügen uns selbst. Man kann das durchaus gut finden und immer so weitermachen. Man kann sich – wie die Bundesregierung – darüber freuen. Irgendwann ist man dann aber bankrott.

Wenn die Menschen spüren, dass man ihnen nicht die Wahrheit sagt – was passiert dann? Sie werden wütend. Diese Wut will die Bundesregierung nicht, denn sie würde ja Wählerstimmen kosten – also schürt man Optimismus, denn das Superwahljahr 2011 (mit immerhin sieben Landtagswahlen) setzt die Bundesregierung unter erheblichen Erfolgsdruck.[267] Also behauptet man, es gebe immer mehr Arbeitsplätze. Was aber steckt in Wahrheit hinter dieser Aussage der Bundesregierung? Die Antwort: Die Einkommen sinken, sie reichen für immer mehr Menschen nicht zum Leben. Die Zahl der Menschen mit mindestens einer Nebentätigkeit hat sich in Deutschland in nur zwei Jahren vervierfacht. Zudem denken 38 Prozent der Deutschen bereits darüber nach, eine Zweitbeschäftigung anzunehmen. Vor dem Hintergrund steigender Lebenshaltungskosten und allenfalls moderater Einkommenserhöhungen wird der Trend zum Zweitjob zur Normalität.[268] Eine Zeitung schrieb Ende 2010: »Sie schippen Schnee, gehen in diesen Tagen als Weihnachtsmann verkleidet zu Firmen und Familien, jobben nach Feierabend noch als Kellner – die Zahl der Menschen, die neben ihrem eigentlichen Arbeitsplatz noch einen Zweitjob haben, ist in Deutschland in den vergangenen zwei Jahren deutlich gewachsen. Hauptantriebskraft ist nicht etwa die Lust auf die zusätzliche Arbeit, sondern der Wunsch, wegen des niedrigen Einkommens aus dem ersten Job die Haushaltskasse aufzubessern.«[269]

Wer gleich mehrere Beschäftigunsverhältnisse aufnehmen muss, der ist garantiert nicht der glücklichste Mensch der Welt. Schließlich suchen sich die Menschen ja die zusätzliche Arbeit nicht deshalb, weil sie gern und viel arbeiten, sondern aus der Not heraus. Der Druck auf den Einzelnen wächst scheinbar unaufhaltsam – und er macht immer häufiger krank: Die Forderung der Arbeitgeber nach immer mehr Flexibilität – verbunden mit der Angst der Beschäftigten um ihren Arbeitsplatz – sind verantwortlich dafür, dass Menschen immer öfter krank werden. Galten bislang Rückenleiden und Bandscheibenvorfall als Folgen schwerer körperlicher Arbeit, so sind diese Erkrankungen heute mit zunehmender Tendenz dem steigenden Druck in der Arbeitswelt zuzu-schreiben.

Der 58 Jahre alte Osnabrücker Friedrich Wojak kennt diesen Druck sehr genau. Er hat 2009 bei Karmann in Osnabrück seinen Job verloren. Der Kfz-Meister hat mit 150 Kollegen beim Autobauer mit Tränen in den Augen die Halle saubergemacht, bevor er am 30. Juni 2009 ohne einen Cent Abfindung freigestellt wurde. 2010 hat er als einer von wenigen ehemaligen Karmann-Mitarbeitern Glück gehabt und eine neue Stelle gefunden. Über seine alten Kollegen sagt er heute: »Ich kenne genug, die Haus und Hof verloren haben oder bald verlieren werden.«[270] Über die Versprechungen jener Politiker, die in diesen Tagen dreist behaupten, Deutschland gingen gerade die Arbeitskräfte aus, können die vielen von Hartz IV lebenden ehemaligen Karmann-Mitarbeiter ganz sicher nicht lachen.

Wohin man auch schaut, es geht nicht bergauf, sondern steil bergab. Und überall staut sich – unabhängig von den politischen Vorlieben der einzelnen Bürger – Wut an. Nicht jeder merkt es auf den ersten Blick. Aber spätestens auf den zweiten. Nicht nur an den Fließbändern, auch in der Landwirtschaft in Österreich und Deutschland grassiert die Zukunfts-angst. Etwa 34 000 Euro verdient ein bayerischer Bauer im Jahr, wenn er den Hof im Vollerwerb bewirtschaftet. Doch rund 24 000 Euro davon – also fast 70 Prozent – sind Agrarzuschüsse der EU. Ohne die Europäi-sche Union und die Subventionen müssten fast alle 117 000 bayerischen Bauern ihren Hof sofort aufgeben. Nun haben sie alle berechtigte Angst – denn von 2013 an verteilt EU-Agrarkommissar Dacian Ciolos die Brüsseler Fördermilliarden neu. Die österreichischen und deutschen Bauern müssen sich auf dramatische Kürzungen der Agrarzuschüsse einstellen.

Klar ist schon jetzt: Die Betriebe erhalten ab 2013 zwischen zehn und 14 Prozent pro Jahr weniger an Subventionen.[271] Die Kürzungen sollen Landwirten in den neuen EU-Staaten zugute kommen. Wie rea-giert ein deutscher Landwirt, dessen Lebensstandard immer weiter sinkt, wenn er etwa erfährt, dass seine Kollegen in Slowenien jetzt von der EU jährliche Zuschüsse in Höhe von 15 000 Euro bekommen?[272]

Wir sprechen hinsichtlich dieser deutschen und österreichischen Bauern von Menschen, die beispielsweise Milch für uns produzieren. Sie brauchten 42 Cent für den Liter, um ihre Produktionskosten zu decken. Aber sie bekommen – dank der EU – nur noch 24 Cent. Also kommt unsere Milch aus früheren Ostblockstaaten. Und deutsche sowie österreichische Milchbauern geben einer nach dem anderen auf. Der Wahnsinn hat Methode ...

Die Fördertöpfe für die Landwirtschaft sind mit rund 56 Milliarden Euro der größte Posten im EU-Haushalt.[273] Künftig sollen osteuropäische Staaten gegenüber deutschen und österreichischen Bauern noch mehr bevorzugt werden – es ist die gleiche Umverteilung, wie wir sie von den Euro-Rettungsschirmen her kennen: Die armen EU-Staaten hängen am finanziellen Tropf, und die »wohlhabenden« bezahlen dafür. Was glauben Sie, liebe Leser, wie sich ein österreichischer oder deutscher Bauer dabei fühlt? Man muss in diesem Zusammenhang wissen, dass die EU Agrarsubventionen an anderen Stellen mit vollen Händen hinauswirft: So erhält der Amsterdamer Flughafen Schiphol pro Jahr rund 100 000 Euro Agrarsubventionen. Schließlich liegen zwischen den Start- und Landebahnen ja einige Hektar Land. Die dürfen zwar nicht landwirtschaftlich genutzt werden, aber man bekommt dafür Brüsseler Subventionen.[274]

Ungewisse Zukunft am Fließband, Zukunftsangst bei den Bauern – immer mehr Menschen scheinen in Deutschland ein Fall für die Wohlfahrt zu werden. Doch Vorsicht: Auch die Arbeiterwohlfahrt nagt inzwischen am Hungertuch. Sie ist einer der sechs Spitzenverbände der Freien Wohlfahrtspflege in Deutschland. Überall regiert dort nun der Rotstift und Stellen werden gestrichen.[275] Vom großen Boom, den die Politik verheißt, ist auch beim Diakonischen Werk Traunstein nichts zu spüren: Dort müssen 2011 rund 400 000 Euro eingespart werden, Entlassungen drohen.[276] Nicht anders sieht es bei der Sprachschule Berlitz aus, die 2011 rund 70 Mitarbeiter auf die Straße setzen will.[277] Und beim Geislinger Besteckproduzenten WMF ist es auch nicht anders.[278]

Das alles sind Momentaufnahmen vom Jahreswechsel 2010/2011, die Menschen und Firmen betreffen, die in den Jubelmeldungen von Politik und Medien schlicht nicht vorgekommen sind. Könnte es also sein, dass wir uns wie in einer Art Trance befinden und uns ablenken lassen von einer Entwicklung, die alles andere als schön für uns sein wird? – Wir wollen es offenkundig nicht wirklich wahrhaben, wenn wieder einmal schlechtere Zeiten auf uns zukommen.

Sitzen Sie gut? Während in vielen Branchen Stellen abgebaut werden, immer mehr Menschen einen Zweitjob zum Überleben brauchen, die Landwirtschaft um ihre Existenz bangt, selbst die Wohlfahrt inzwischen zum Fall für die Wohlfahrt wird, blickten die Deutschen vor dem Hintergrund der Optimismus verbreitenden Regierungspropaganda Anfang 2011 extrem optimistisch in die Zukunft. 62 Prozent aller Deutschen (das sind also fast zwei Drittel) erwarten, dass die wirtschaftliche Situation außergewöhnlich gut wird.[279] »Deutsche werden zum Volk von Optimisten«, schrieb die Tageszeitung *Die Welt*.[280] Die Propaganda der Regierung wirkt also – noch.

Doch im Windschatten des Optimismus scheint sich die Geschichte zu wiederholen. Und irgendwann werden wir aufwachen müssen. Wer sich rechtzeitig auf diese Entwicklung vorbereitet, der wird zu den Gewinnern gehören. Millionen andere aber werden vor dem Nichts stehen.

Das Europa der »Wutbürger«

Immer mehr Bürger wachen derzeit auf. Sie spüren, dass sie eine Menge verlieren werden. An vielen Menschen geht diese Entwicklung nicht spurlos vorbei. Das Wort »Wutbürger« wurde Ende 2010 von der deutschen Gesellschaft für Sprache zum »Wort des Jahres« gekürt. Dieses Wort stehe für die Empörung in der Bevölkerung darüber, »dass politische Entscheidungen über ihren Kopf hinweg getroffen werden«[281].

Diese »Wutbürger« gibt es plötzlich überall in Europa. Wo vor wenigen Monaten noch scheinbar tiefster Friede herrschte, ziehen nun immer öfter »Wutbürger« durch die Straßen: Straßenschlachten in Griechenland, Paketbomben, die von linksextremistischen griechischen »Wutbürgern« im Spätherbst 2010 sogar ans Berliner Kanzleramt geschickt wurden.[282]

Doch auch ganz normale Griechen zünden wegen des drastischen Sparkurses der Regierung in Athen nun immer öfter Fahrzeuge an und werfen Brandbomben auf Polizisten. Und sie machen Jagd auf Menschen. Menschen wie etwa den früheren Verkehrsminister Kostis Hatzidakis, den sie im Dezember 2010 mit Stöcken und Steinen krankenhausreif prügelten.[283] Eine Zeitung berichtete: »Die etwa 200 linken Demonstranten riefen ›Diebe! Schäm dich!‹ Hatzidakis rettete sich mit blutüberströmtem Gesicht in ein nahe gelegenes Gebäude.«[284]

In Athen sind seither immer öfter bürgerkriegsähnliche Zustände zu verzeichnen.[285] Athen wird für griechische Politiker zunehmend zur No-Go-Zone.[286] Und auch für Normalbürger, denn nach den blutigen Straßenprotesten, Übergriffen auf Politiker und Paketbomben erschütterten schwere Bombenanschläge die griechische Hauptstadt. Kein Grieche und kein Tourist kann mehr sicher sein, dass es ihn nicht treffen wird. Eine typische Meldung lautete etwa am 30. Dezember 2010: »Athen: Bombenexplosion erschüttert Stadtzentrum«.[287]

Mehr noch: In einem Land wie Griechenland werden jetzt wieder Grenzschutzzäune gebaut – und zwar als Maßnahme gegen die Zunahme illegaler Einwanderer, die sich immer häufiger an den Ausschreitungen beteiligen. Griechenland plane im Frühjahr 2011 einen Grenzzaun entlang der Grenze zur Türkei. Dies sagte der griechische Minister für Bürgerschutz, Christos Papoutsis, der griechischen Nachrichtenagentur ANA.[288] Mehr als 80 Prozent der illegalen Einwanderer in die EU reisen inzwischen über Griechenland ein. Pro Tag kommen allein durchschnittlich 200 Türken. Mittlerweile ist beinahe jeder zehnte in Griechenland lebende Mensch ein Nicht-EU-Bürger. Rund 300 000 Menschen leben allein in Athen illegal. Sie stammen zumeist aus Afghanistan, dem Irak und nordafrikanischen Staaten. Die griechischen Behörden griffen allein 2009 rund 146 000 illegale Zuwanderer auf. Wenn sie diese abzuschieben versuchen, dann kommt es zu Unruhen.[289]

Wer glaubt, diese Wut und Unruhe sei nur auf Griechenland beschränkt, der sollte einfach einmal genauer hinschauen. Auch in Großbritannien passieren auf einmal Dinge, die man bislang für unmöglich gehalten hätte: Am 9. Dezember 2010 wurden Thronfolger Prinz Charles und seine Frau Camilla von einem wütenden Mob mit Stöcken in ihrem *Rolls Royce* angegriffen.[290] Wenige Tage zuvor hatten wütende Studenten die Parteizentrale der *Torys* – der konservativen Partei – gestürmt. Es gab die schlimmsten Ausschreitungen seit 27 Jahren. Der oberste Polizeichef des Landes, Sir Paul Stephenson, sprach davon, die Polizisten hätten um ihr Leben gekämpft.[291] In Großbritannien – immerhin Mutterland der westlichen Demokratie – erwägt man seither das Verbot von politischen Demonstrationsmärschen in London[292], denn was ursprünglich als Protestbewegung von Studenten gegen die Erhöhung der Studiengebühren organisiert worden war, weitete sich zu militanten Aktionen aus, denen sich immer mehr Gewaltbereite anschlossen. Wie auch in Griechenland nutzen zudem Migranten die Lage für sich aus.

Ein Beispiel aus Sussex aus der Zeit der Jahreswende 2010/2011: In einem Gefängnis (offener Vollzug) in der Stadt Arundel in West-Sussex, in dem mehrheitlich Zuwanderer einsitzen, randalierten am Silvestertag die Insassen. Sie warfen die Scheiben ein und legten Brände. Damit »protestierten« sie gegen Alkoholtests, weil die Wärter es nicht länger hinnehmen wollten, dass man bei den Insassen in ihren Zellen Alkoholflaschen fand. In dem Gefängnis gibt es für die 500 Insassen nur zwei Aufseher. Als diese Atemtests vornehmen wollten, griffen Häftlinge sie an. Der Schaden: zwei Millionen Pfund (2,3 Millionen Euro).[293]

Zeitgleich berichteten erstaunte Auslandskorrespondenten aus der italienischen Hauptstadt Rom, dass diese im »Bürgerkrieg« zu versinken drohe. Etwa 2000 Militante marschierten im Dezember 2010 durch die Stadt, setzten Fahrzeuge und Geschäfte in Brand, griffen Passanten an. 20 Millionen Euro Sachschaden – so die Bilanz am Tag danach. Ganz Italien stand unter Schock. Und auch in Italien sagte jeder, dass man solche Ausschreitungen bis dahin nicht für möglich gehalten habe.[294] Ebenso wie in Griechenland und Großbritannien standen auch in Italien die Folgen der Wirtschaftskrise im Hintergrund der Unruhen. Wenige Tage später kam es dann zu neuen Protesten im ganzen Land: In Mailand, Palermo, Rom, Cagliari und Neapel gab es unmittelbar vor dem Weihnachtsfest 2010 Ausschreitungen wegen der Sparprogramme bei den Bildungsausgaben.[295] Schweizer Zeitungen berichteten: »Italienische Studentenproteste arten in Straßenschlachten aus«[296].

In Frankreich kennt man diese Zustände seit den schweren Unruhen im Herbst 2005 – und veröffentlicht seither immer wieder Warnungen an die Bürger, welche Gebiete im Land als unsicher und bürgerkriegsgefährdet gelten. Derzeit gibt es 751 solcher Unruheherde in Frankreich.[297] Durchschnittlich 43 Prozent der Jugendlichen sind in solchen Problemgebieten arbeitslos – das Potenzial für plötzlich ausbrechende landesweite, schwere Unruhen ist nach Angaben der Pariser Tageszeitung *Le Monde* gewaltig.[298] Pro Tag werden allein in der Hauptstadt Paris 50 Fahrzeuge von Aufständischen angezündet. Tag für Tag. Die französische Regierung hat angeordnet, dass darüber nicht mehr berichtet werden darf. Man sagt einfach, es herrsche Ruhe im Land, obwohl das Gegenteil der Fall ist. Selbst als in der Silvesternacht 2010/2011 in Straßburg, Marseille und Paris wieder einmal Hunderte Fahrzeuge angezündet und 500 Menschen inhaftiert wurden, sprach das Innenministerium von einer »ruhigen Nacht«.[299] Ein Nachrichtenportal berichtete dazu im Januar 2011: »Wie viele Brandstifter am Werk waren, bleibt diesmal allerdings ungewiss: Der französische Innenminister Brice Hortefeux will zu den abgefackelten Autos offiziell keine Zahlen mehr nennen. Es sei aber relativ ruhig geblieben. Immerhin ist aber bekannt, dass es landesweit zu rund 500 Festnahmen kam. Und auch im vergangenen Jahr wurde die Silvesternacht vom Innenminister als ruhig bezeichnet – damals wurden 1137 Autos abgebrannt.«[300]

Wie schnell vergessen und verdrängen wir Unruhen in Frankreich, die von Sondereinheiten niedergeschlagen werden? Beispiel Grenoble Juli 2010: Nachdem die Polizei den 27 Jahre alten nordafrikanischen Casinoräuber Karim Boudouda auf der Flucht erschossen hatte, brachen überall in Grenoble schwere Einwandererunruhen aus. Die Randalierer schossen mit scharfen Waffen auf Polizisten, steckten Geschäfte und Fahrzeuge in Brand.[301]

Doch es sind heute nicht mehr nur die Zuwanderer, die in Frankreich als »Wutbürger« in Massen auf die Straßen gehen. Auch Schülerproteste, die sich etwa gegen die Erhöhung des Renteneintrittsalters richteten, schlagen heute schnell in Gewalt um.[302] Lkw-Fahrer schlossen sich 2010 den demonstrierenden Schülern an, lieferten kein Benzin mehr an die Tankstellen – die Armee musste eingreifen.[303] Mehr als 1400 Randalierer wurden festgenommen.[304]

Die Franzosen haben sich viele Jahre lang hinsichtlich der starken Überwachungsmechanismen der Briten in deren Land lustig gemacht und London dafür kritisiert, dass man dort keinen Schritt tun kann, ohne von einer Überwachungskamera aufgenommen zu werden. Nach den Streiks, Unruhen und Ausschreitungen bekam die Pariser Regierung dann Ende 2010 Angst – und macht es nun den Briten nach: Die Zahl der Überwachungskameras soll Ende 2011 (von bislang nur 400) auf mehr als 13 000 steigen. Staatspräsident Nicolas Sarkozy soll sich die Aufnahmen jederzeit direkt im Präsidentenpalast anschauen können.[305]

Überall im europäischen Kulturkreis staut sich die Wut auf. In Spanien gibt es immer wieder Massenproteste gegen die Sparmaßnahmen der Regierung.[306] Diese richten sich allerdings nicht nur gegen die spanische Regierung, sondern immer häufiger auch gegen nordafrikanische Migranten, die den Spaniern aus deren Sicht die Arbeitsplätze wegnehmen.

Während über die spanischen Massenproteste in deutschen und österreichischen Medien berichtet wurde, hat man die vielen Unruhen im EU-Land Rumänien 2010 in europäischen Medien schlichtweg ignoriert. Streiks und Massenproteste gibt es im ärmsten EU-Land inzwischen beinahe wöchentlich[307] – es scheint uns nicht zu interessieren. Dabei steht auch Rumänien nach IWF-Angaben vor dem Staatsbankrott. Zudem wird erwartet, dass Deutsche und Österreicher irgendwann für die Folgen aufkommen werden.

Selbst im scheinbar so fernen Moskau werden die Zeiten zunehmend unruhiger. Überall in Russland haben sich Konflikte zwischen ethnischen Russen und zugewanderten Kaukasiern aufgestaut – bei den immer häufigeren ethnischen Massenschlägereien treten die Gruppen mit Schwertern und Messern gegeneinander an. Allein an einem Dezembertag des Jahres 2010 musste die Moskauer Polizei 3000 Menschen festnehmen, um Mord und Totschlag zwischen den ethnischen Gruppen zu verhindern.[308] Nun gibt es zahlreiche Möglichkeiten, solche Unruhen zu beruhigen. Eine, die durchaus ernst gemeint war, wurde von westlichen Medien nicht wahrgenommen: In Anbetracht der schweren, ethnisch motivierten Ausschreitungen stellte der Moskauer Polizeichef Wladimir Kolokolzew die Bürgerrechte infrage. Er sagte, die Sicherheitskräfte könnten nicht zugleich für Recht und Ordnung sorgen und auch noch die Bürgerrechte gewähren. Deshalb müsse man einfach die Bewegungs- und Reisefreiheit von Menschen beschränken. Wenn die verschiedenen ethnischen Gruppen sich nicht mehr frei aus ihren Siedlungsgebieten bewegen könnten, dann werde es auch keine Unruhen mehr geben.[309] Erinnern Sie sich an das, was Sie schon weiter oben über Großbritannien gelesen haben: In jenen Tagen forderte auch der oberste britische Polizeichef ein Verbot politischer Demonstrationszüge in London. Halten wir fest: Wo es zunehmende Unruhen und Ausschreitungen gibt, wo die »Wutbürger« aufmarschieren, da geraten die Bürgerrechte schnell unter Druck.

Ein weiteres Beispiel aus den Niederlanden: Dort gibt es wachsende Probleme mit »erlebnisorientierten«, unruhigen Jugendlichen, die wegen der Wirtschaftskrise arbeitslos sind und nur noch durch Vandalismus und Angriffe auf Passanten auffallen und über Polizei und Richter lachen. Sie ziehen randalierend durch »ihre« Stadtviertel und respektieren die Staatsmacht in Form der Polizei nicht mehr. In solchen Städten haben die Niederländer Angst davor, auf die Straßen ihrer Wohnviertel zu gehen. Man hat deshalb inzwischen landesweit spezielle Eingreiftruppen (»Hilfstrupps«) für die immer zahlreicher werdenden niederländischen Unruheherde gebildet.[310] Diese Eingreiftrupps – die auch politisch nicht korrekt gegen aufbegehrende Migranten aus Marokko und der Türkei vorgehen dürfen – können von allen Städten und Gemeinden angefordert werden. Sie sind der nächste Schritt, nachdem einige Städte – wie Utrecht – in manchen Stadtteilen schon abendliche Ausgangsverbote gegenüber Jugendlichen verhängt haben. Vor dem Hintergrund der in vielen niederländischen Stadtvierteln zum Alltag gehörenden Gewalt und Unruhe wollen die dortigen christlichen Demokraten Jugendliche, die sie ganz offen »Straßenterroristen« nennen, nun sogar pauschal für sechs Monate in Lagerhaft mit Therapie nehmen – sie wollen sie also in Arbeitslager stecken.[311]

Überall im europäischen Kulturkreis gibt es also auf einmal »Wutbürger«. Und überall breitet sich eine diffuse, unruhige (fast schon revolutionäre) Stimmung aus. Überall gibt es auf einmal »Ausschreitungen«, sogar in der friedlichen Schweiz: Als die Schweizer Ende November 2010 bei der sogenannten Ausschaffungsinitiative mehrheitlich dafür stimmten, kriminelle Ausländer wieder in ihre Heimatländer zurückzuschicken, da gab es nach der Bekanntgabe des Abstimmungsergebnisses in Städten wie Zürich und Bern sofort gewaltsame »Ausschreitungen« von Menschen, die das demokratische Abstimmungsergebnis nicht hinnehmen wollten. Die Polizei schoss mit Gummischrot und Tränengas auf die Randalierer, um sie sich vom Leib zu halten.[312]

Ist das heute etwa »normal« in Europa? Haben wir uns in Deutschland und Österreich so schnell so sehr an die zunehmende Unruhe, gewaltsame Proteste und Ausschreitungen in Nachbarländern wie der Schweiz gewöhnt? In der Schweiz hat die Entwicklung die Bürger jedenfalls zutiefst verängstigt.[313]

Interessant ist vor allem, wie Politik und Medien auf das Ganze reagieren: Während es in vielen europäischen Hauptstädten zum Jahresende 2010 schwere gewaltsame Ausschreitungen gab, in Athen sogar mit Brandsätzen Hotels angegriffen wurden[314], warnte etwa der deutsche Außenminister die Bundesbürger vor Reisen in die Elfenbeinküste. In jenen Tagen, als die Brandsätze in Italien etwa in Mailand, Palermo, Rom, Neapel und Cagliari flogen[315] und von Moskau über Rumänien, Griechenland, Großbritannien und Spanien gewaltsame Proteststürme durch die Städte fegten, da sagte Außenminister Guido Westerwelle, Deutsche könnten bei Reisen in die Elfenbeinküste wegen der dortigen Unruhen möglicherweise gefährdet werden.[316] Man blendet als Politiker die Realität in Europa, vor der eigenen Haustüre, demzufolge komplett aus. Und man konzentriert sich auf das, was irgendwo außerhalb des europäischen Tellerrandes passiert und möglichst weit entfernt ist. Von dem, was sich da draußen direkt vor unseren Haustüren zusammenbraut, hat man offenkundig keine Ahnung – oder man will es nicht wahrhaben.

Um die Bürger von Massenaufläufen in europäischen Ballungsgebieten fernzuhalten, greift die Politik neben der Verbreitung von Optimismus und Aufbruchstimmung zu einem weiteren Trick: Man schürt Ängste vor Massenveranstaltungen. Immer dann, wenn die Unzufriedenheit der Europäer besonders stark ist, werden Terrorwarnungen herausgegeben – versehen mit dem Hinweis, dass man sich von Menschenansammlungen möglichst fernhalten sollte. Als die Bundesregierung wegen der Stuttgart-21-Demonstrationen im Spätherbst 2010 unter wachsenden Druck geriet, da verkündete Innenminister Thomas de Maizière (CDU), man habe Hinweise auf unmittelbar bevorstehende Terroranschläge.[317] Vier Wochen lang hatten Zehntausende Polizisten Bahnhöfe, Flughäfen und U-Bahnen unter scharfer Beobachtung. Und die Menschen hielten sich aus Angst vor dem Terror von Ansammlungen zurück. Es passierte – nichts. Zum Jahresende 2010 wiederholte de Maizière seine Terrorwarnung.[318] Die Einwohner von Großstädten sind demnach angeblich besonders gefährdet.[319]

Auch in Frankreich nutzte man zeitgleich mit dem »Wutstau« in der Bevölkerung über die Erhöhung des Renteneintrittsalters und den wachsenden sozialen Protesten das Instrument der diffusen Terrorwarnung, ließ sogar mehrfach den Eiffelturm räumen.[320] Die Briten, die in diesem Reigen nicht fehlen durften, warnten Ende 2010 ebenfalls vor Menschenansammlungen und angeblich bevorstehendem Terror.[321] Das alles ergibt, im richtigen Zusammenhang betrachtet, durchaus einen Sinn.

Deutsche Soziologen wie der Jenaer Professor Klaus Dörre warnen seit Langem schon vor den Folgen des Wutstaus in der Bevölkerung. Er sagt: »Wenn in Deutschland mal Protest ausbricht, dann wird er auch sehr gründlich gemacht. Unter den organisierten Arbeitslosen herrscht bereits eine sehr radikale Stimmung.«[322] Und er fürchtet eine Explosion der sozialen Spannungen, weil die Gerechtigkeitsmaßstäbe der Menschen immer mehr mit Füßen getreten werden: »Die Gerechtigkeitsmaßstäbe der Bevölkerung sind tief verletzt, das zeigen soziologische Untersuchungen. Dass ein Hartz-IV-Empfänger seine Barschaft transparent machen muss, ein Manager aber Boni bekommt für eine Misswirtschaft, die keiner versteht, das kann man nicht mehr vermitteln.«[323]

Soziale Gegensätze bergen Sprengstoff

Da giert ein Mann wie HSH-Nordbank-Chef Dirk Jens Nonnenmacher mit 47 Jahren Anfang 2011 nach einer Millionen-Euro-Abfindung.[324] Der Pleitebanker leitete die bankrotte HSH Nordbank und fiel nur durch Inkompetenz und eine Spitzelaffäre auf. Zudem verteidigte er vor einem parlamentarischen Untersuchungsausschuss umstrittene Geldgeschäfte.

Der Schaden, den Männer wie Nonnenmacher anrichten, ist gewaltig: Es ist der deutsche Steuerzahler, der nun für die Pleitebank mit immer neuen Milliardensummen einstehen muss. Das ist aber nur die eine Seite. Die andere betrifft Menschen wie die 40 Jahre alte Sibel S. – sie hatte versehentlich das Zehn-Euro-Fach an einem Commerzbank-Geldautomaten mit 20-Euro-Scheinen gefüllt. Wer zehn Euro abhob, bekam infolge des Versehens vom Automaten 20 Euro. Die Kunden waren alle ehrlich und gaben das Geld am Schalter zurück. Niemand hatte einen Schaden. Doch die 3. Kammer des Hagener Arbeitsgerichts unter Vorsitz von Richter Jürgen Schlösser bestätigte Ende 2010 die Kündigung der zweifachen Mutter (Az. 3 Ca 1124/10).[325] Die Frau durfte danach nur noch Toiletten putzen und alte Klebesiegel von Geldkassetten abkratzen. Das alles sei mitsamt der Kündigung voll in Ordnung – fanden die Richter.

Dann gibt es Manager wie den Ex-Post-Chef Klaus Zumwinkel. Der kassierte inmitten der schlimmsten Wirtschaftskrise dreist 20 Millionen Euro Pension auf einen Schlag.[326] Dieser feine Herr Klaus Zumwinkel wurde vom Landgericht Bochum immerhin 2009 wegen Steuerhinterziehung in Millionenhöhe zu zwei Jahren Haft auf Bewährung und einer Geldstrafe von einer Million Euro verurteilt. Die Millionenabfindung bekam er aber trotzdem.

Was sagt dazu wohl jener Bundeswehrsoldat, dem als Zeitsoldaten Ende 2010 fristlos gekündigt werden sollte, weil er ein Essen aus der Truppenküche der Klotzbergkaserne in Idar-Oberstein (Rheinland-Pfalz) im Wert von 2,70 Euro »gestohlen« haben sollte? Er hatte vergessen, es zu bezahlen. Die Bundeswehr behauptete, er schade ihrem »militärischen Ansehen«.[327]

Kann es vielleicht sein, dass einfache Bürger die kalte Wut packt, wenn sie sehen, wie die einen bevorzugt und die anderen benachteiligt werden? Da wird ein Mitarbeiter, der 20 Jahre ohne Beanstandungen in einem Betrieb gearbeitet hat, fristlos entlassen, weil er für 1,8 Cent Strom »geklaut« hat, mit dem er einen Akku aufladen wollte.[328] Zwar hat das zuständige Arbeitsgericht die Kündigung 2010 für unwirksam erklärt, aber Wut und Unverständnis über das Vorgehen des Unternehmens bleiben.

In einer Zeit, in der die Bundesregierung über den angeblich gigantischen Bedarf an Arbeitskräften berichtet, machen immer mehr Bürger jene Erfahrung, die der *Spiegel* mit den Worten überschreibt: »Büro-Alltag: Müller – Sie können gehen!«[329]

So erging es auch Bettina B. (44), einer Briefsortiererin der Deutschen Post. Es war der verrückteste Kündigungsfall, mit dem sich ein deutsches Arbeitsgericht im Jahr 2010 befassen musste: Bettina B. wurde von der Post entlassen, weil sie vergessen hatte, ihre Uhr auf Sommerzeit umzustellen und deshalb genau eine Stunde zu spät zur Arbeit kam. Im Jahr 2010 fiel der Sommerzeitbeginn auf den 28. März. In den späten Abendstunden des Sonntags hätte die Hagenerin eigentlich um 23.30 Uhr zur Nachtschicht erscheinen müssen. Doch Bettina B. kam erst um 0.30 Uhr im Briefverteilzentrum Lennetal an. Sie hatte – wie berichtet – vergessen, die Uhr umzustellen. Das aber wollte die Deutsche Post als Grund nicht gelten lassen. Sie kündigte der 20-Stunden-Teilzeitkraft.[330]

Ein weiterer Fall: Weil sich eine 39 Jahre alte Putzfrau in der Marburger Uniklinik einen Pfannkuchen heiß gemacht hatte, wurde sie fristlos entlassen. Im Herbst habe sie unbefugt den Herd in der Elternküche der Kinderklinik benutzt, um sich ein Pfannkuchenfertiggericht aufzuwärmen. Der Arbeitsvertrag verbiete aber die Nutzung des Inventars der Kinderklinik und ziehe bei Missachtung eine Abmahnung nach sich, zitierte der Vorsitzende Richter Hans Gottlob Rühle beim Prozess Ende 2010 aus dem Arbeitsvertrag.[331] Zur Erinnerung: Das Urteil fiel in jene Zeit, in der der oben erwähnte HSH-Pleitebanker Nonnenmacher mehr als vier Millionen Euro Abfindung forderte.[332] Nicht anders lief es zeitgleich in Österreich: Bei der Pleitebank Kärntner Hypo, die vom österreichischen Steuerzahler mit immer neuen horrenden Millionensummen gestützt werden muss, kassierten die Ex-Manager hohe Abfindungen.[333]

Die Zahl der Millionärshaushalte in Deutschland stieg im Krisenjahr 2009 um satte 23 Prozent im Vergleich zu 2008.[334] Die Reichen werden immer reicher und die Armen immer ärmer. Zeitgleich debattieren Parteien und Arbeitgeberverbände darüber, Karenztage einzuführen und den Arbeitnehmern im Krankheitsfalle für die ersten Tage keinen Lohn mehr zu zahlen.[335]

Unsere Politiker scheint die Stimmung in der Bevölkerung eher wenig zu interessieren: Sie versaufen lieber unsere Steuergelder. Wenn Politiker die Ergebnisse von Koalitionsverhandlungen verkünden, dann sind alle Fernsehkameras auf sie gerichtet. Angeblich haben sie dann zuvor fleißig gearbeitet. Die Realität sieht wohl anders aus. Der Berliner Landesrechnungshof forderte eine Erklärung dafür, warum Angela Merkel und 39 ihrer Parteikollegen 2009 zum Abschluss der Koalitionsverhandlungen an einem Abend 75 Flaschen Wein für 6417,67 Euro getrunken haben – pro Person rund zwei Flaschen Wein zum Stückpreis von bis zu 94,01 Euro auf Kosten der Steuerzahler.[336]

Unsere Eliten werden also immer dreister. Und die soziale Kluft zwischen den Menschen wird somit unbestreitbar größer. Es gibt Gegensätze, die lassen sich kaum noch überbrücken – und unsere Eliten lenken mit altbewährten Mitteln davon ab. Ist diese Dreistigkeit unserer »Eliten« ein Einzelfall? Nein, keineswegs: Wie die Bundestagsverwaltung bestätigte, wurden allein in einem Jahr knapp 400 Füller und Kugelschreiber der Nobelmarke *Montblanc* von 115 Bundestagsabgeordneten bestellt. Die Kosten hierfür: 68 800 Euro[337] – zu zahlen vom deutschen Steuerzahler!

Nun haben Abgeordnete und Amtsinhaber aber Auftraggeber – das Volk. Und Bereitschaft zur Teilhabe an der Demokratie beweist man als Bürger eben nicht nur dadurch, dass man am vorbestimmten Tag zur Wahl geht, sondern auch durch Widersetzlichkeit, vielleicht sogar, wenn es nicht anders geht, durch Widerstand. Auch der kann ja ein Zeichen sein für Engagement, das gern gefordert wird. Immer mehr Menschen sind es offenkundig leid, sich mit dem Hinweis auf leere Kassen abspeisen zu lassen. Die Wähler wollen die Einlösung von Wahlversprechen, und wenn sie ihnen vorenthalten werden, dann werden sie rebellisch. Der CSU-Politiker Horst Seehofer hat die Stimmung recht genau erfasst, als er nach einer Rundfahrt durch seinen heimischen Wahlkreis berichtete: »Die Leute sagen mir: Ihr macht in der Politik, was ihr wollt. Wir wollen auch machen, was wir wollen.«

Die Proteste, die seit einigen Monaten überall – in Hamburg, in Stuttgart oder in Gorleben – den gewählten Volksvertretern das Leben schwer machen, haben Fragen aufgeworfen, die über den jeweils aktuellen Anlass – eine Schulreform, ein Verkehrsproblem oder ein Energieprojekt – weit hinausweisen. Sie haben nicht nur die Berufsdemonstranten von links und rechts auf die Beine gebracht, sondern auch Frauen und Kinder, Rentner und Pensionäre, kurz: das Volk, das zu vertreten die demokratischen Politiker als ihre Aufgabe betrachten, in seiner ganzen Breite und Tiefe mobilisiert. Was die Leute auf die Straße treibt, ist der diffuse, aber aufdringliche Verdacht, dass »etwas faul sei im Staate«. Das alles bereitet unseren Eliten Angst, viel Angst.

Immerhin wird das, womit wir alle Probleme in der Vergangenheit zu lösen versucht haben, nämlich Geld, beständig knapper. Es zeichnet sich darüber hinaus immer deutlicher ab, wie viele ungelöste Probleme im deutschsprachigen Raum aufeinanderprallen könnten: Da draußen stehen sich Arme und Reiche gegenüber, Linke und Rechte, Inländer und Ausländer, Religiöse und Nichtreligiöse. Und sie werden irgendwann ganz sicher das machen, was überall in der Geschichte passiert ist, wenn vier Faktoren in einem Land zeitgleich mit einem Wutstau aufeinanderprallten: wirtschaftlicher Niedergang, ethnische Spannungen, Verfall der staatlichen Autorität und der gesellschaftlichen Werte. Dann hat sich in der Geschichte der Wutstau immer gewaltsam entladen. Immer.

Vorbereitungen für den Ernstfall: EU-Geheimtruppe soll Aufschläge niederschlagen

Die Politik bereitet sich inzwischen schon überall in Europa auf die militärische Abwehr eines möglichen eruptiven Wutausbruches der Bevölkerung vor. Im Saarland übten belgische, französische und deutsche Fallschirmjäger bei der Luftlandeoperation *Colibri* den möglichen Kampfeinsatz mitten in Europa. Das Bürgerkriegsszenario lautete: In einem grenznahen Gebiet der »Provinz Lothringen des Landes Westfranken« sind Unruhen zwischen Bevölkerungsgruppen verschiedener Länder ausgebrochen. Dort verschärft sich zudem die soziale Lage. Politik und militante Gruppen kämpfen gegeneinander. Die Fallschirmjäger schlagen Aufstände nieder. Vorwand für das Eingreifen ist der Verdacht, dass eine der Bürgerkriegsparteien eine »schmutzige Bombe« entwickelt und damit einen Terroranschlag plant. Und das müssen die Einsatzkräfte natürlich verhindern.[338]

Die Wirtschaftskrise und die sie begleitenden wachsenden Unruhen bieten auch der Brüsseler EU-Regierung eine willkommene Gelegenheit, um in aller Stille die Einsatzfähigkeit einer geheimen EU-Truppe zu testen, die für die Niederschlagung von Aufständen in der Europäischen Union aufgestellt wurde. Diese geheime EU-Truppe heißt EUROGENDFOR, hat ihren Sitz in Norditalien und ist jederzeit abmarschbereit für den ersten großen Einsatz gegen die Bevölkerung eines EU-Landes.[339] In Brüssel wurden schon 2009 vor dem Hintergrund der Wirtschaftskrise alle Vorbereitungen dafür getroffen, zum ersten Mal die EU-Geheimtruppe zur Niederschlagung von Aufständen einzusetzen. Die meisten Europäer kennen diese Geheimtruppe nicht. EUROGENDFOR ist nichts anderes als eine paramilitärische Gendarmerie, die im Krisenfalle anstelle von regulären Militärs eingesetzt werden soll, um den Eindruck abzuwenden, die Armee eines Landes schieße auf die eigenen Bürger.[340]

Die *European Gendarmerie Force* kann theoretisch überall dort zum Einsatz gelangen, wo die EU eine Krise sieht – beispielsweise auch, wenn ein EU-Land den Vertrag von Lissabon nicht ratifiziert oder aus dem EU-Staaten- oder Währungsverbund gegen den Willen der Brüsseler Zentralregierung ausscheren will. Das steht so im »Vertrag von Velsen«, der die Einsätze von EUROGENDFOR regelt. Das kreuzförmige Schwert des Wappens der EUROGENDFOR symbolisiert die Truppe, die Lorbeerkrone den Sieg und die in Flammen stehende Granate die gemeinsamen militärischen Wurzeln der Polizeitruppe. Das Motto »LEX PACIFERAT« lautet übersetzt »Das Recht bringt den Frieden« und betont »das Prinzip der strengen Beziehung zwischen der Durchsetzung der Rechtsgrundsätze und der Wiederherstellung einer sicheren und geschützten Umgebung.« Über die Einsatzstrategie entscheidet ein »Kriegsrat« in Gestalt des Ministerausschusses, der sich aus den Verteidigungs- und Sicherheitsministern der teilnehmenden EU-Mitgliedsstaaten zusammensetzt. Die Truppe kann auf Anfrage und nach Beschluss der EU in Marsch gesetzt werden. In Artikel 4 des Gründungsvertrages heißt es zu den Einsatzaufgaben: »Schutz der Bevölkerung und des Eigentums und Aufrechterhaltung der öffentlichen Ordnung beim Auftreten öffentlicher Unruhen«.[341]

Die Soldaten dieser paramilitärischen EU-Truppe müssen sich zwar zunächst beim Einsatz an das geltende Recht des Staates halten, in dem sie eingesetzt und stationiert werden, aber: Alle Gebäude und Gelände, die von den Soldaten in Beschlag genommen werden, sind immun und selbst für Behörden des Staates, in dem die Truppe tätig wird, nicht zugänglich. Der Moloch EU setzt damit nationales Recht auch bei der Aufstandsbekämpfung außer Kraft. Ob die Bürger da draußen das alles so wissen – und wollen? EUROGENDFOR ist eine schnell einzusetzende paramilitärische und geheimdienstliche Polizeitruppe. Sie vereinigt alle militärischen, polizeilichen und nachrichtendienstlichen Befugnisse und Mittel, die sie nach einem Mandat eines ministeriellen Krisenstabs an jedem Ort zur Bekämpfung von Unruhen, Aufständen und politischen Großdemonstrationen im Verbund mit nationalen Polizei- und Armeeverbänden ausüben darf.

Das Bundesverteidigungsministerium bejubelt die EUROGENDFOR auf seinen Internetseiten mit den Worten: »Polizei oder Militär: Eine europäische Gendarmerie verspricht die Lösung.« Noch ist Deutschland an dieser Truppe nicht mit eigenen Kräften beteiligt, aber das Verteidigungsministerium teilte schon einmal mit, dass man mit den Feldjägern ja auch schon eine hervorragende militärische Polizei habe. Auch die Bundesregierung erwartet schwere innere Unruhen – dann nämlich, wenn die Wirtschaftskrise zurückkommt, die blauäugigen Versprechungen der Politiker verweht und die Kassen zur Linderung der Not der Menschen leer sind. Und in anderen Ländern proben wir schon einmal insgeheim, wie man Aufstände am besten niederschlägt – mit deutschen Mitteln.

Reizgas gegen aufmüpfige Bürger

Niemals würde die *Tagesschau* groß darüber berichten, dass deutsches Tränen- und Reizgas bei der Niederschlagung von Aufständen und sozialen Unruhen in anderen EU-Staaten getestet wird. So wie unsere Medien die unliebsamen Sarrazin-Umfrageergebnisse möglichst schnell und lautlos aus allen Portalen entfernen, so verschweigt man den Bürgern auch die folgende unliebsame Episode: Die deutschen Medien spekulieren seit vielen Monaten schon darüber, wie viele Gelder wann aus Deutschland wohl noch zur Rettung des bankrotten griechischen Staates fließen müssen. Das ist interessant, schließlich zahlen die deutschen Steuerzahler schon längst nicht mehr »nur« mit Bargeld für Griechenland, sondern auch mit Sachspenden. Selbst den deutschsprachigen Medien kann nicht entgangen sein, dass Griechenland zur Niederschlagung der Aufstände immer wieder einmal auch Gasgranaten gegen die eigene Bevölkerung einsetzt. Egal, ob Lehrer demonstrieren oder Beamte gegen die Athener Sparpläne auf die Straßen gehen – das Tränengas ist stets bereit. Die immer schwerer werdenden Unruhen in Griechenland sichern unterdessen deutsche Arbeitsplätze. Schon seit Dezember 2008 (!) berichteten zahlreiche renommierte ausländische Medien darüber, dass deutsche Unternehmen das Tränengas liefern[342], das in Ländern wie Griechenland von den Sicherheitskräften gegen die Demonstranten eingesetzt wird. Die deutschen Medien verschweigen das seither tapfer.

Die Produktion des Reizgases in Deutschland läuft in aller Stille auf Hochtouren – überall wird darüber berichtet; nur deutsche Medien haben davon seit 2008 (!) schlicht nichts mitbekommen oder wollen einfach nichts darüber publizieren. Sie üben sich stattdessen derweil in der Hofberichterstattung über die deutsche Regierung und machen sich Gedanken darüber, wie man die Probleme der Zukunft mit jenen Politikern lösen könnte, die zu ihrer Entstehung beigetragen haben. Genau diese Politiker haben eine ganz einfache Lösung für die aufmüpfige europäische Bevölkerung – Gas. Genauer gesagt: Tränen- und Reizgas. Überall in Europa wurde die Produktion seit 2008 hochgefahren, weil der Bedarf nach den Prognosen unserer »Volksvertreter« noch deutlich steigen wird.

Das aus Deutschland etwa nach Athen gelieferte Aerosol heißt fachlich korrekt »2-Chlorbenzyliden-Malonsäuredinitril« und wird kurz CS-Gas genannt. Einer der vielen bekannten Anbieter für solch »reizende« Gase ist die chemische Fabrik Carl Hoernecke im baden-württembergischen Oberstenfeld. Dort liefert man Qualität seit 1896. Wie es aussieht, werden deutsche Unternehmen wie die genannte chemische Fabrik Carl Hoernecke neue Arbeitskräfte einstellen können, denn die Produktion von Reizgas dürfte ganz sicher eine europäische Wachstumsbranche werden. Seit Dezember 2008 wurde deutsches Tränen- und Reizgas (auch aus Polizeibeständen) auf Kredit an Griechenland geliefert. Kanister für Kanister wurde angeschrieben. Für die unbezahlten Rechnungen kommt nun der deutsche Steuerzahler auf. Am Rande sei erwähnt: Auch die schon oben beschriebene Sondereingreiftruppe EUROGENDFOR hat Tränengas aus deutschen Beständen in ihrem Arsenal.

In der Geschichte der Menschheit haben alle Revolutionen bewiesen, dass sich vieles verändern lässt, bloß nicht die Menschen. Es gibt derzeit auch deshalb wenig Grund, hoffnungsvoll in die Zukunft zu blicken.

Im 19. Jahrhundert glaubten die Menschen, es gehe stets aufwärts, vorwärts, man werde zivilisierter, man werde gebildeter. Die Leute lernten lesen, schreiben, sie glaubten, es gehe nicht nur materiell, sondern gleichzeitig auch moralisch voran. Man konnte optimistisch sein. Dann kam der Erste Weltkrieg mit seinen bis dahin unvorstellbaren Grausamkeiten und einer Opferzahl, die in die Millionen ging. Nach seinem Ende gab es wieder Hoffnung auf eine bessere Welt. Diese verflog schnell infolge des Zweiten Weltkriegs, der den Ersten in jeder Beziehung übertraf. Doch wieder keimte die Hoffnung einer Nachkriegsgeneration auf, nun endlich werde alles dauerhaft besser. In materieller Hinsicht hat sich die Welt für sehr viele Menschen tatsächlich für einige Jahrzehnte verbessert. Man wird größer, lebt länger, man ist

156

gesünder. Doch geistig, politisch, moralisch können die »Eliten« offenkundig nicht Schritt halten mit der Entwicklung. Und mancher Zeitgenosse meint, dass sich der Mensch zurzeit sogar zurückentwickle. Bei jedem oberflächlichen Blick auf die herrschende politische Elite spüren wir zumindest, dass wir belogen werden. Und wenn wir ehrlich zu uns selbst sind, dann müssen wir erkennen, dass der über Jahrzehnte erarbeitete Wohlstand gerade rasend schnell wieder dahinschwindet.

Ein Präsidentenberater spricht von unserem »Todesurteil«

Unterdessen wächst in der Bevölkerung überall der Unmut – Unruhe macht sich breit. Doch vor allem die deutsche und die österreichische Regierung verkünden den Bürgern, es werde bald schon wieder aufwärtsgehen. Wie passt das zusammen?

Jacques Attali war einer der engsten Berater mehrerer französischer Staatspräsidenten. Als Wirtschaftswissenschaftler stand er etwa Francois Mitterand zur Seite. Und er war Präsident der Europäischen Bank für Entwicklung und Wiederaufbau. Der Mann ist unverdächtig, ein Nörgler oder politischer Extremist zu sein. Er sagt jetzt nicht nur Frankreich, sondern auch Deutschland und Österreich für die nächsten zehn Jahre einen »unaufhaltsamen Niedergang« und Unruhen voraus.[343] Und zwar, weil immer mehr gut ausgebildete Europäer die Nase voll haben, ihre Koffer packen und Europa den Rücken kehren. Zudem: Wir können uns den gewohnten Wohlstand einfach nicht mehr leisten. Immer weniger Arbeitnehmer müssen für immer mehr Menschen mitverdienen, die keine Beiträge in unsere Sozial-, Renten- und Versorgungssysteme einbezahlen. Neben der horrenden Staatsverschuldung habe der anhaltende Abfluss von »Humankapital« (gemeint ist die Auswanderung gut ausgebildeter Europäer) eine nicht mehr umkehrbare Lage geschaffen, so Attali.

Er hebt hervor: »Das Humankapital an jungen, gut ausgebildeten und leistungsbereiten Menschen« kehre wie in einem Sog dem alten Europa den Rücken.[344] Das sei nicht nur ein entscheidender »Wettbewerbsnachteil« für die europäischen Staaten, sondern deren Todesurteil. Ganz anders sei die Lage in ebenfalls schwer von der Wirtschaftskrise getroffenen Ländern wie den Vereinigten Staaten, Indien und China. Denn diese hätten zwar ebenfalls gewaltige finanzielle Verluste zu erleiden, aber im Gegensatz zu Europa das »Humankapital«, um die entstandenen Schäden wieder abzuarbeiten und die Zukunft zu meistern. Es sei schon jetzt klar, dass die europäische Bevölkerung ihren gewohnten Lebensstandard nicht mehr lange werde halten können – und danach beginne der unaufhaltsame »Niedergang«.[345]

Ist dieser Jacques Attali ein Spinner? Oder sagt er die Wahrheit? Nun, die Wahrheit lautet in ganz Europa: Immer mehr Akademiker verlassen die EU. Immer mehr junge, hoch qualifizierte Europäer wandern in Massen aus ihren Heimatstaaten aus. Die meisten lassen sich in Staaten außerhalb der EU nieder, kaum einer will zurück. Das hat Ende 2010 auch das Deutsche Bundesinstitut für Bevölkerungsforschung mitgeteilt.[346] Nach diesen Angaben verlassen beispielsweise pro Jahr 18 300 Wissenschaftler und Führungskräfte die Niederlande und ziehen in ein Nicht-EU-Land. Italien verliert pro Jahr 21 500 Akademiker, Frankreich 13 100, Griechenland 6200, Portugal 3100 und Irland 1100. Deutschland ist ebenfalls ein Auswanderungsland für Hochqualifizierte und hat den Kampf um die besten Köpfe längst verloren, wie die Bertelsmann-Stiftung Ende 2010 mitteilte.[347] Der Verlust der besten Köpfe wird für Europa wirtschaftlich verheerende Folgen haben.

Es geht also unabhängig von neuen Schuldenbergen und politischen Richtungskämpfen abwärts in Europa. Und nicht etwa – wie von der Politik behauptet – wieder aufwärts. Selbst der Präsident des renommierten Münchner ifo-Instituts, Professor Hans-Werner Sinn, hob hervor, Deutschland sei »erheblich abgesackt«. Er sagte: »Wir liegen nicht mehr vorne. Es ist aus meiner Sicht eine Zeit der verringerten Hoffnungen und Erwartungen.«[348]

Staatsfeind Nr. 1 – der Staatsbürger

Immer offensiver und lauter fordern deutsche Politiker etwas, was vor Jahren noch völlig undenkbar war: eine Zensur der Berichterstattung, die Einschränkung der Presse- und Meinungsfreiheit. Sie wollen künftig eine unliebsame Berichterstattung verhindern. Die Staatsbürger sollen nur noch eine geschönte Wahrheit präsentiert bekommen. Hintergrund ist die Finanzkrise, die weitaus schlimmer ist, als offiziell eingestanden wird.

Die Demokratie bereitet Politikern im Zusammenhang mit der Finanzkrise offenkundig zunehmend Sorgen. So hat Wolfgang Böhmer,

CDU-Ministerpräsident von Sachsen-Anhalt, die Bürger gerade erst wissen lassen, sie seien zu dumm, um bei wichtigen Fragen in politischen Entscheidungsprozessen überall mitsprechen zu können. Er sagte, zu viel Mitbestimmung könne die Demokratie gefährden.[349] Die Probleme des Staates seien für die Bürger zu vielfältig, um sie überschauen zu können.

Ein Hauptproblem sehen Politiker aller Parteien offensichtlich in der freien Berichterstattung. Bundespräsident Christian Wulff (CDU) forderte im September 2010 allen Ernstes eine »ISO-Norm« für Qualitätsjournalismus.[350] Journalisten, die im Abschreiben staatlich produzierter Pressemitteilungen geübt sind, sollen demzufolge noch ein staatlich zertifiziertes Gütesiegel verliehen bekommen.

Noch einen Schritt weiter geht der CDU-Politiker Siegfried Kauder. Er fordert ganz offen die Einschränkung der Pressefreiheit in Deutschland. Begründet wird das offiziell mit der freien Berichterstattung über mögliche Terrorgefahren. Er hob hervor: »Wenn die Presse darüber berichtet, welche Orte besonders gefährdet sind, dann kann das unter Umständen ein Anreiz für Terroristen sein.« Deutsche Medien sollen die Bürger demnach künftig nicht mehr vor möglichen Gefahren an bestimmten öffentlichen Orten warnen dürfen. Siegfried Kauder ist immerhin der Vorsitzende des Rechtsausschusses im Deutschen Bundestag, sein Bruder Volker Kauder hat die Funktion des Vorsitzenden der CDU/CSU-Fraktion im Parlament inne. Siegfried Kauders Äußerungen können demnach nicht einfach als Gerede eines unbedeutenden Hinterbänklers abgetan werden.

Aufhorchen lässt auch, dass mehrere Islamverbände bei Gesprächen im Kanzleramt eine 30-prozentige Quote für positive Berichterstattung über den Islam in deutschen Medien gefordert haben. Mit der Pressefreiheit des Artikels 5 im Grundgesetz ist auch das nicht vereinbar.

Unterdessen rutscht Deutschland bei der Pressefreiheit im internationalen Maßstab immer weiter nach hinten und liegt jetzt nach Angaben der Organisation »Reporter ohne Grenzen« nur noch auf Platz 17. Wer nicht im Sinne bestimmter Politiker, Großunternehmen oder mächtiger Gruppen berichtet, der verliert in Deutschland inzwischen schnell seinen Arbeitsplatz, kommt auf eine schwarze Liste oder wird öffentlich von »Kollegen« der Qualitätsmedien diskreditiert.

Vorreiter dieser Entwicklung ist Bundeskanzlerin Angela Merkel (CDU). Sie hat inzwischen zwei Mal die wichtigsten Chefredakteure Deutschlands ganz offen dazu aufgefordert, nicht länger wahrheitsgemäß über die schlimme wirtschaftliche Lage im Land zu berichten. Am 8. Oktober 2008 hatte sie vor dem Hintergrund der heraufziehenden Wirtschaftskrise zum ersten Mal die wichtigsten Medienvertreter und Verlagsleiter zu einem abendlichen Treffen eingeladen. Drei Tage zuvor hatte die Kanzlerin vor den Fernsehkameras dreist behauptet: »Wir sagen den Sparerinnen und Sparern, dass ihre Einlagen sicher sind. Auch dafür steht die Bundesregierung ein.«

Doch in Wahrheit war und ist die Lage für die Ersparnisse der Bundesbürger alles andere als sicher. Und deshalb sollten Journalisten und Verlagsleiter im Auftrag der Kanzlerin in den deutschen Medien die Unwahrheit verbreiten. Die Aufforderung zur Ablenkung von der Realität war eindeutig. Die Wochenzeitung *Zeit*, die *Süddeutsche* und die *taz* hatten dann ganz klein am Rande über dieses Treffen und über die Aufforderung zur Ablenkung der Bevölkerung von der Realität berichtet.[351] Es gibt Menschen in Deutschland, die den Systemmedien und der Kanzlerin immer noch bedingungslos Glauben schenken. Sie werden wahrscheinlich in absehbarer Zeit alles verlieren.

Merkel sagte den vor ihr aufmarschierten Journalisten, die deutschen Medien hätten bei der Wirtschafts- und Finanzkrise eine »wichtige Rolle«. Und aus Gründen der Staatsräson dürften die Bürger nicht die volle Wahrheit über die prekäre Lage der Staatsfinanzen und die sich entwickelnde Wirtschaftskrise erfahren. Die Medien sollten sich zurückhalten, lieber positive Nachrichten unters Volk bringen. Angela Merkel forderte die Journalisten dazu auf, distanziert über die tatsächliche Lage zu berichten. Sonst, so Merkel, gerate das Land möglicherweise außer Kontrolle. Es liege jetzt in der Macht der Journalisten, eine Panik zu vermeiden. Die Aufforderung zur Ablenkung von der Realität war eindeutig.

Im Mai 2010 gab es ein weiteres Treffen im Kanzleramt. Wieder wurden die führenden deutschen Journalisten dazu aufgefordert, die Realität schönzuschreiben. Seither werden die Jubelmeldungen zur Ablenkung von der Realität unkritisch von vielen deutschen Medien weiterverbreitet: Deutschland wird angeblich in wenigen Monaten Vollbeschäftigung haben, und die Wirtschaft kommt bei der Bewältigung der Aufträge kaum noch hinterher. Die Botschaft: Die Wirtschaft wächst, die Arbeitslosigkeit sinkt, Deutschland hat Gewicht in der Welt und in Europa sowieso.

Und wenn die Bürger aus diesen schönen Träumen durch Horrormeldungen über Euro-Milliarden gerissen werden, die sie nun für Irland, Portugal und andere bankrotte Länder werden zahlen müssen, dann werden sofort Terrorwarnungen zur Ablenkung verbreitet. Nur zu konkret dürfen sie nicht sein. Dafür wollen Politiker wie Kauder mit dem Ruf nach Einschränkung der Pressefreiheit auch auf diesem Gebiet sorgen. Der Bürger ist aus dieser Sicht ein unmündiges Wesen, eine Art potenzieller Staatsfeind, den man ständig beaufsichtigen muss. Es gab bis vor zwei Jahrzehnten einen ostdeutschen Staat, in dem man das auch so gesehen hat. Jetzt gibt es ihn nicht mehr.

Was aber soll vor den Bürgern möglichst lange geheim gehalten werden? Schauen wir uns an, wie die renommierte amerikanische Tageszeitung *New York Times* ihren Lesern zu erklären versucht, welcher GAU auf jene Steuerzahler zukommt, die die europäische Schuldenkrise bezahlen müssen. Die nachfolgend genannten Summen stellen den Stand vom 31. Dezember 2009 dar – und sind seither noch erheblich größer geworden. Danach waren griechische Banken zum Jahresende 2009 mit 177,1 Milliarden Euro bei anderen europäischen Banken verschuldet. Für die Griechen haben die Europäer ja einen Rettungspakt beschlossen, zudem einen Rettungsschirm in Höhe von 750 Milliarden Euro für andere vom Bankrott bedrohte EU-Staaten. Der aber ist nur ein Tropfen auf den heißen Stein, denn irische Banken schulden anderen europäischen Banken mindestens 651 Milliarden Euro, und die Portugiesen stehen gegenüber europäischen Banken mit rund 215 Milliarden Euro in der Kreide. Es kommt aber noch viel schlimmer: Spanische Banken schulden anderen europäischen Banken die gigantische Summe 826 Milliarden Euro, italienische Banken sogar 1,05 Billionen (!) Euro. Das summiert sich allein bei diesen fünf EU-Staaten auf satte 1,87 Billionen (!) Euro.

Nochmals: Der EU-Rettungsschirm, von dem die beteiligten Politiker bei seiner Schaffung behaupteten, dass er angeblich nie wirklich gebraucht werden würde, deckt nur einen Bruchteil der faulen Kredite ab, die in den Bilanzen der Banken der fünf EU-Staaten versteckt sind. Hinzu kommen noch die mindestens ebenso hohen faulen Kredite in den Portfolios der Franzosen, der Belgier, der Niederländer und der Österreicher (österreichische Banken haben für mehr als 200 Milliarden Euro Kredite an private Haushalte in neuen osteuropäischen EU-Staaten vergeben, die diese nun immer öfter nicht mehr zurückzahlen können).

Letztlich wird das mit derzeit 750 Milliarden Euro ausgestattete Rettungspaket wohl einen tatsächlichen Finanzierungsbedarf in Höhe von vier bis fünf Billionen (!) Euro haben. Und die deutschen Steuerzahler werden 28 Prozent davon bezahlen müssen. Das sind dann zwischen 1,12 und 1,40 Billionen (!) Euro. Zum Vergleich: Derzeit betragen die deutschen Staatsschulden 1,8 Billionen Euro.

Ausgehend von der Tatsache, dass alle vorgenannten Zahlen von Ende 2009 stammen und der Finanzierungsbedarf seither größer geworden ist, würden sich die deutschen Staatsschulden auf einen Schlag verdoppeln, wenn die Bundesregierung den Bürgern die Wahrheit über die tatsächliche Lage ganz offen mitteilen würde. Im Jahr 2010 sagte Bundesbankchef Axel Weber, das Volumen des Hilfstopfs reiche vielleicht nicht aus, um die Schuldenkrise zu meistern. Dann müssten die Mittel für den Euro-Rettungsschirm noch weiter aufgestockt werden: »Wenn diese Summe aufgebraucht ist, könnten wir sie erhöhen.« Im Klartext: Auf die Deutschen kommen wohl noch weitere gigantische finanzielle Belastungen zu.

Vor diesem Hintergrund warnte der Präsident der Familienunternehmer (ASU), Patrick Adenauer, die Bundesregierung vor immer neuen Hilfspaketen für überschuldete EU-Staaten: »Die Gläubiger haben kein Anrecht darauf, dass die solideren Euro-Länder und vor allem ihre Steuerzahler sie wieder und wieder retten – ohne einen Euro Selbstbeteiligung.«[352] In diesem Fall stelle sich die Frage, wofür die Deutschen überhaupt noch sparten. – Freilich: Die Bundesregierung würde die Veröffentlichung solcher Aussagen derzeit wohl am liebsten verbieten. Denn am Ende wird jeder Bundesregierung, gleich welcher politischen Richtung, nichts anderes übrigbleiben, als die Sparvermögen der Bundesbürger drastisch zu schröpfen. Das sind immerhin mindestens 4,8 Billionen Euro. Nur vor diesem Hintergrund kann jede Regierung so handeln, wie sie handelt – in der Gewissheit, dass einer am Ende ganz sicher dafür bezahlen wird: der Bürger.

Immer dreister werden wir belogen. Auch inmitten der schwersten Wirtschaftskrise seit drei Generationen verkündete die deutsche Bundeskanzlerin Angela Merkel (CDU) allen Ernstes – und das trotz drei Millionen Arbeitsloser und sieben Millionen Hartz-IV-Empfängern im November 2010 –, Deutschland sei auf dem »Weg in die Vollbeschäftigung«.[353] Wenige Wochen später warnte die Bundesregierung gar vor einem inneren »Notstand«, weil es schon bald keine Arbeitskräfte mehr in Deutschland geben werde.[354] Nicht nur die Reutlinger Diplominformatikerin Ute Hertzog, die eine jahrelange Berufserfahrung als EDV-Organisatorin, Systementwicklerin und in anderen IT-Funktionen hat, zwei Universitätsabschlüsse besitzt, viele Fremdsprachen beherrscht und dennoch vergeblich Arbeit in Deutschland sucht, bekommt da wohl die Wut. Ute Hertzog ist über 40 Jahre alt und gilt damit in Deutschland als nicht mehr vermittelbar.[355] Zu alt zum Arbeiten.

Da draußen vor unseren Haustüren gibt es Millionen Menschen, denen es wie Ute Hertzog ergeht. Das angebliche Jobwunder gilt nämlich längst nicht für alle.[356] Das belegt die weiterhin steigende Zahl der Hartz-IV-Empfänger in Deutschland. Und obwohl Menschen jenseits der 40 in Deutschland häufig keine Arbeit mehr finden, forderte die Bundesregierung, das Renteneintrittsalter ab 2011 auf 67 Jahre zu erhöhen.[357] Dabei hat sich bei den über 60-Jährigen die Zahl der Arbeitslosen seit 2007 vervierfacht.[358] Diese Menschen haften mit ihrer Arbeitslosigkeit für etwas, was sie ganz sicher nicht angerichtet haben. Wie aber sieht es aus mit der Haftung jener, die die Schäden tatsächlich mit verursacht haben?

Wer haftet eigentlich für falsche Politikerentscheidungen?

Günther Beckstein (CSU) war einmal bayerischer Ministerpräsident. Und er war Aufseher im Verwaltungsrat der Bayerischen Landesbank, die inzwischen eher als »Bayerische Schandesbank« bekannt ist.[359] Die BayernLB ist eine Skandalbank, die auf milliardenschwere Unterstützungen der deutschen Steuerzahler angewiesen ist.[360] Eine der renommiertesten deutschen Wirtschaftsprüfungskanzleien hat ein Gutachten zur Skandalbank BayernLB erstellt, das sage und schreibe 1300 Seiten Umfang hat. In ihm heißt es über Beckstein: »Es sprechen gute Gründe dafür, dass das Handeln grob fahrlässig war.« Wenn Beckstein also grob fahrlässig Bayerns prächtige Staatsbank in den Sand gesetzt und grob fahrlässig Milliarden bayerischer Steuergelder vernichtet hat, dann ist er nicht nur als Politiker, sondern auch als Herr Beckstein ruiniert. Denn die Satzung der Bank sieht für diesen Fall vor, dass er mit seinem Privatvermögen für den Schaden aufkommt.[361] Doch die neuen Bankchefs haben angekündigt, sie würden Beckstein und andere Verwaltungsratsmitglieder vor Schadensersatzklagen verschonen.[362] Politiker müssen eben für den Mist, den sie gemacht haben, nicht haften.

In Deutschland sind Staatsanwälte weisungsbefugt. Politiker können – wie in einer Bananenrepublik – Staatsanwälte anweisen, selbst bei Straftaten von politisch Verantwortlichen nicht zu ermitteln. Überall sitzen bei deutschen Skandalbanken Politiker in den Aufsichtsräten – von der maroden HSH Nordbank bis hin zu den kleinen kommunalen Sparkassen. Einige gehören der CDU an, andere der SPD, der FDP oder den Grünen. Alle politischen Parteienvertreter haben gern das Geld genommen, das ihnen für ihre Aufsichtstätigkeit geboten wurde. Doch wenn es jetzt um die Haftung für angerichtete Schäden geht, dann tauchen sie alle vereint ganz tief ab.

Nehmen wir nur einen, der es besonders toll getrieben hat – und sich keiner Schuld bewusst ist: Der frühere Bundesfinanzminister Hans Eichel (SPD) verbreitet im Fernsehen stets gute Laune. Dabei hat dieser Mann die Deutschen mit seinen abstrusen Entscheidungen einige Milliarden Euro gekostet. Die Folgen seines Handelns belaufen sich auf immerhin 22,3 Milliarden Euro – für die der deutsche Steuerzahler einstehen muss!

Der Sozialdemokrat Hans Eichel ist nicht unumstritten. Zwar taucht er heute nicht mehr täglich als Politiker in den Medien auf, aber wenn doch einmal, dann mit einem Donnerhall. Zuletzt klagte Eichel Ende 2009 auf 6345 Euro mehr Pension.[363] Und zwar monatlich. Hans Eichels Verhalten ist durchaus charakteristisch für den bundesdeutschen Politikbetrieb. Der Mann, der so gern über Finanzen redet, hatte eigentlich mit finanziellen Dingen von Haus aus nie etwas zu tun: Eichel ist Lehrer, vom Typ her Oberlehrer. Mit dem Eintritt in den Schuldienst 1970 übernahm der Sozialdemokrat auch den Fraktionsvorsitz seiner Partei im Kasseler Stadtrat.[364] Zehn Jahre später war er Oberbürgermeister der nordhessischen Metropole, 1989 hessischer SPD-Landesvorsitzender, 1991 Ministerpräsident, und 1999 wurde er Bundesfinanzminister. In dieser Funktion agierte der Hesse im Rückblick nur wenig überzeugend. Unter Eichel waren die Einnahmen des Staates stark rückläufig. Als Finanzminister war der Mann also alles andere als erfolgreich.

Seiner Popularität tat das trotzdem keinen Abbruch. Unter Hans Eichel gab es in der Bundesrepublik Deutschland im Jahr 2003 eine Rekordneuverschuldung in Höhe von 41,9 Milliarden Euro.[365] Aber Ende 2010 holte Eichel seine politische Vergangenheit ein. Der Vorwurf, der jetzt gegen ihn erhoben wurde, hatte es in sich. Es ging um das Jahr 2000, als Griechenland der Eurozone beitreten wollte. Dieser EU-Beitritt war politisch gewollt. Ökonomische Gesichtspunkte spielten vermutlich weniger eine Rolle. Für Griechenland lag der Vorteil einer Währungsunion zunächst auf der Hand. Doch es gab damals warnende Stimmen in Deutschland, die gegen den Beitritt Griechenlands zum europäischen Währungsverbund waren. Einer dieser Kritiker war der damalige hessische Landeszentralbankchef Hans Reckers. Er hatte öffentlich wegen der katastrophalen Wirtschaftsleistung Griechenlands für einen Aufschub des Athener Euro-Beitritts um mindestens ein Jahr geworben. Das aber schien nicht ins Konzept der damaligen Bundesregierung unter Kanzler Gerhard Schröder zu passen, wie sich vor Kurzem zeigte. Ende 2010 wurde nämlich ein Brief, den Hans Eichel an den damaligen Präsidenten der Deutschen Bundesbank geschrieben hatte, veröffentlicht.[366] Und darin verpasste Eichel den Kritikern des Athener Euro-Beitritts einen Maulkorb.

In dem Brief an den Bundesbankchef hieß es: »Ich bitte Sie dringend, Herrn Reckers darauf hinzuweisen, dass er als LZB-Präsident und Mitglied des Zentralbankrates der Deutschen Bundesbank in einer Pressekonferenz der LZB Hessen keine ›persönliche Meinung‹ äußern kann. Als Mitglied des Zentralbankrates ist er nicht befugt, ein Urteil darüber abzugeben, ob Griechenland die Kriterien für einen Beitritt zur Europäischen Währungsunion erfüllt. Ich wäre Ihnen dankbar, wenn Sie Herrn Reckers darauf aufmerksam machen, dass es ratsam ist, sich mit den Prozessen und Methoden der Entscheidungsfindung in Sachen Europäische Währungsunion nach dem Maastricht-Vertrag vertraut zu machen.«[367] Bei seinem griechischen Kollegen werde er sich entschuldigen, so Eichel.

Solch ein Vorgang ist in der jüngeren deutschen Geschichte wohl beispiellos. Darüber hinaus musste geklärt werden, so der CSU-Finanzexperte Hans Michelbach, »welche Vertuschungen und Versäumnisse der rot-grünen Regierung dafür gesorgt haben, dass Griechenland den Euro überhaupt bekommen konnte«.

Die CDU/CSU kann sich heute jedenfalls darauf berufen, dass man damals in der Opposition den Beitritt Griechenlands im Bundestag abgelehnt hatte.

Der damalige Sprecher der Unions-Parteien, Gerd Müller, kritisierte schon im Jahr 2000: »Herr Eichel, die Aufnahme Griechenlands in den Euro-Kreis zum jetzigen Zeitpunkt war ein schwerer Fehler. Die Staatsverschuldung betrug 104 Prozent. Bei der Inflationsbekämpfung wurde manipuliert. Sie haben die Kriterien einfach einmal mit links weggeschoben und das Vertrauen in den Euro beschädigt.«

Seither stellt sich neben der Frage der politischen Verantwortung vor allem auch die Frage nach der Haftung. Schließlich müssen die deutschen Steuerzahler wegen der Fehleinschätzung Eichels den Griechen seit 2010 mit 22,3 Milliarden Euro helfen. Letztlich hat der gelernte Lehrer Eichel die Warnungen der Finanzfachleute nicht nur in den Wind geschlagen – er hat sie arrogant vom Tisch gefegt.[368] Und wie es aussieht, werden die deutschen Steuerzahler von den vielen Milliarden Euro, die sie deshalb nun bezahlen müssen, nie auch nur einen Cent wiedersehen.

Der Bund der Steuerzahler fordert seit Jahren eine Haftung von Politikern. Das mag sinnvoll sein. In der Realität aber erscheint es kaum praktikabel, denn wie könnte Hans Eichel jetzt für 22,3 Milliarden Euro haften? Für seine Arbeit in der Bundesregierung steht Hans Eichel eine monatliche Pension in Höhe von mehr als 7100 Euro zu. Bei der Stadt Kassel hatte der langjährige Oberbürgermeister Eichel Ansprüche auf ein Ruhegehalt in Höhe von 6345 Euro und vom Land Hessen eine Pension in Höhe von 9646 Euro erworben. Und vor dem Bundesverwaltungsgericht in Leipzig war ein Verfahren anhängig, mit dem Eichel noch mehr Geld vom Steuerzahler haben wollte. Ein Mann, der den deutschen Steuerzahlern Milliardenschäden aufgebürdet hat, hat offenkundig jedes Maß verloren.

Und die Öffentlichkeit? Die applaudiert brav, wenn Eichel sich heute bei Veranstaltungen zeigt. Meistens, so heißt es, kassiert Eichel für solche Auftritte auch noch zusätzlich. Das müssen die Steuerzahler wohl hinnehmen.

Eines aber droht Eichel nun möglicherweise doch noch – ein Untersuchungsausschuss. Der kann sicherlich vieles feststellen, nur eines nicht: die Haftung des Hans Eichel für die von ihm angerichteten Schäden.

Unterdessen kann Eichel sich bei seinem Streben nach einem höheren Ruhestandsgehalt Orientierung bei einem anderen SPD-Genossen verschaffen: Der Oberhachinger SPD-Politiker Norbert Jennen (61) hat am 19. Oktober 2010 im Alb-Donau-Kreis eine Bank überfallen und mit einer Bombenattrappe mehrere tausend Euro erpresst.[369] Er flüchtete in einem Mietwagen mit gestohlenem Kennzeichen, wurde aber kurz darauf gefasst. Er sagte der Polizei nach seiner Verhaftung, er sei im Leben »stets zu kurz gekommen« und habe wegen der Wirtschaftskrise finanzielle Schwierigkeiten gehabt.[370]

Wir Bürger haben wahrlich merkwürdige Gestalten in die Führungspositionen gewählt. Und wir zahlen nicht nur im Inland dafür, wenn Politiker komplett versagen. Merkwürdigerweise schauen jene Politiker, die uns Bürgern immer mehr Steuern abpressen, aber seelenruhig zu, wie mitten in Europa ein abgeschottetes Steuerparadies gedeiht. Dort muss man viel Geld haben, um Geld anlegen zu dürfen, sehr viel Geld.

Die letzte europäische Steueroase

Reiche Familien horten ihr Geld angeblich in der Schweiz, in Liechtenstein oder in den anderen bekannten ehemaligen Steueroasen. Allerdings gibt es inmitten Europas ein Land, das kaum jemand kennt. Es zieht sehr diskret unvorstellbar große Vermögen magisch an, denn dort sind sie dem Zugriff der EU-Finanzminister garantiert entzogen. Dortzulande wird es garantiert ruhig bleiben, wenn überall in Europa Unruheherde ausbrechen. Dort ist das Geld der wirklich Reichen noch wirklich sicher.

Welches europäische Land ist 336 Quadratkilometer groß (also fast 170 Mal größer als Monaco), hat aber nur 2262 Einwohner, keine Polizei und als einziges Land der Welt kein Rechtssystem? Ein weißer Fleck auf der Staaten- und Rechtskarte. Wenn einmal Unruhen in dem Land ausbrechen, dann hätte niemand (selbst nicht die UNO) ein Mandat, um dort einzumarschieren und die Sicherheit wiederherzustellen. Der Tag beginnt in der kaum einem Europäer bekannten kleinen Hauptstadt Karyes[371] mit dem Sonnenuntergang (null Uhr). Und wer mit den Einwohnern einen Termin vereinbart, der muss wissen, dass der Kalender der Bürger inzwischen 13 Tage hinter dem unsrigen zurückgeblieben ist.

Wahrscheinlich haben Sie noch nie von diesem europäischen Land gehört. Dies hat möglicherweise einen einleuchtenden Grund: Es ist auch weiterhin das einzige EU-Land, in dem es weder Personenfreizügigkeit noch Pressefreiheit gibt. Und seit mehr als 1000 Jahren dürfen Frauen das Land nicht betreten. Sie sind in dem europäischen Land so verhasst, dass selbst Haustiere weiblichen Geschlechts verboten sind. Die wenigen Menschen, die Hühner halten, weil die Einwohner auch gern frische Eier essen wollen, brauchen dazu eine streng reglementierte Sondererlaubnis. An alledem hat seit 1981 auch die EU-Mitgliedschaft bislang nichts ändern können. Ohne gültige Einreiseerlaubnis darf selbst der EU-Kommissionspräsident das europäische Land nicht betreten.

Seit drei Jahrzehnten bemüht sich die Europäische Union vergeblich darum, die Sonderrechte der Mönchsrepublik Agion Oros (»Heiliger

Berg«) inmitten Europas abzuschaffen.[372] Das im Osten der griechischen Halbinsel Chalkidiki gelegene Gebiet ist politisch und rechtlich autonom. Und der Berg Athos – das Wahrzeichen der durch eine gut markierte Grenze von Griechenland abgetrennten Halbinsel – gehört steuerrechtlich eben nicht zum Gebiet der Europäischen Union. Nirgendwo sonst in Europa sind eingelagerte Vermögen vor dem Finanzamt so sicher wie in den auf den ersten Blick so »armen« Klöstern. Schließlich gilt den Mönchen am Berg Athos die Europäische Union als Verkörperung des Leibhaftigen, als Inbegriff der Versuchung des Teufels.

Die 20 autonomen Großklöster gehören völkerrechtlich zwar zu Griechenland, aber das Sagen haben die Mönche – zum Ärger der EU-Finanzminister. Denn seitdem die meisten der bekannten Steueroasen von der EU ausgetrocknet wurden, haben einige der Großklöster entdeckt, dass die steuerrechtliche und politische Autonomie ihnen unschätzbare Vorteile bietet. Man darf sich die Republik Agion Oros allerdings nicht als einen einheitlichen Kleinstaat vorstellen, in dem die Mönche des einen Klosters auch wissen, was im nächsten Kloster geschieht. Vielmehr ist es so, dass neben mehr als einem Dutzend untereinander zerstrittener griechisch-orthodoxer auch ein russisches, ein bulgarisches, ein rumänisches, ein serbisches und ein georgisches Großkloster existieren. Jedes Großkloster ist letztlich ein Staat im Staate. Jedes der Großklöster hat einen eigenen Mittelmeerhafen. Und jede der mönchischen Gemeinschaften befindet autonom darüber, wen man aus welchen Gründen ins Kloster lässt. Auch weiterhin dürfen täglich insgesamt nur 100 orthodoxe und zehn nicht orthodoxe Besucher die Mönchsrepublik betreten.

Als Erstes wurden nach der Jahrtausendwende die Yachten russischer Oligarchen an den Gestaden der Mönchsrepublik Agion Oros gesichtet. Der russische Oligarch Roman Abramowitsch[373], einer der reichsten Männer der Welt, legte bei seiner ersten Ankunft im russischen Kloster am Berg Athos noch Wert auf Diskretion. Heute ankert der Sohn jüdischer Eltern ganz offen vor der Küste, bezahlt pro Tag 1,5 Millionen Euro »Liegegebühr« und ließ eines der orthodox-christlichen Klöster auf seine Kosten renovieren.

Abramowitsch, das ist jener Mann, der etwa bei der deutschen Werft Blohm + Voss für 400 Millionen Euro eine Yacht (mit 163 Metern Länge fast schon ein Kreuzfahrtschiff) in Auftrag gab. Und als diese im Winter 2010/2011 fertig war, da forderte er einen Preisnachlass in Höhe von

80 Millionen Euro, weil unglaubliche Sonderwünsche, wie auf seinen Wunsch hin mit Krokoleder bezogene Tische, aus seiner Sicht keine Sonderausstattung, sondern natürlich im Kaufpreis enthalten seien.[374] Es sind diese Ungleichgewichte zwischen extremem Reichtum und der Armut von Werftarbeitern (bei Blohm + Voss gab es Kurzarbeit und Entlassungen[375]), die zu wachsendem Unmut in Europa führen. In der Mönchsrepublik Agion Oros ist davon allerdings nichts zu spüren. Nach Abramowitsch kamen zwielichtige russische Neureiche, die ihr schnelles Geld mit Geschäften gemacht hatten, über die man besser nicht offen spricht. Mit ihnen kamen Kisten voller Edelmetalle (Platin und Gold), Diamanten und vor allem der Antiquitätenschmuggel (wertvolle alte Ikonen).

Seit mehr als zwei Jahren wissen die griechische Regierung und auch die EU-Kommission, dass manche der auf den ersten Blick so armen und gottesfürchtigen Klöster der autonomen Mönchsrepublik Agion Oros in ähnlich schmutzige Geschäfte verwickelt sind, wie man sie in Zusammenhang mit den Durchsuchungen der Vatikanbank gerade aufzuklären versucht. Das römische *Istituto per le Opere di Religione* (IOR, deutsch: Institut für die religiösen Werke, Vatikanbank[376]) war zuletzt im September 2010 wegen Geldwäsche in zweistelliger Millionenhöhe in die Schlagzeilen geraten.[377]

Im Gegensatz dazu ist es um die Geldgeschäfte der Mönchsrepublik Agion Oros außerhalb Griechenlands seltsam still. Dabei geraten manche der Mönche mit ihren skrupellosen Geldtransaktionen seit Monaten immer mal wieder in die griechischen Schlagzeilen.[378]

Im Oktober 2010 wurde beispielsweise bekannt, dass die Mönche des Athos-Klosters Vatopedion einen nordgriechischen See, der ihnen gar nicht gehörte, gegen Bauland bei Athen eingetauscht und allein mittels dieses Geschäfts Gewinne in Höhe von mehr als 100 Millionen Euro erzielt hatten.[379] In einem anderen Fall hatten die angeblich so bettelarmen Athos-Mönche mithilfe der griechischen *Marfin Egnatia Bank* Anteile an der griechischen Telefongesellschaft OTE in Millionenhöhe erworben. Man muss nicht lange spekulieren, um den Sumpf zu erkennen, in dem sich manche – aber eben nicht alle – Mönche bewegen. In der über das griechische Staatsfernsehen 2009 ausgestrahlten Weihnachtsansprache verlas einer der Äbte eine Erklärung, in der es hieß: »Wir waren in der Vergangenheit der Habgier zu sehr verfallen.« Das ist offensichtlich. Doch geändert hat sich seither offenkundig rein gar nichts.

Die Voraussetzungen für schnelle Kapitalmehrung sind für manche der Äbte und Mönche eben geradezu paradiesisch. Niemand zahlt Einkommensteuer. Und bei der Einfuhr von Baustoffen, Öl, Lebensmitteln und Konsumgütern sowie der Ausfuhr etwa von Kunsthandwerk verzichtet der griechische Staat zudem auf Zölle oder Umsatzsteuern. Wen wundert es da, dass sich die Äbte nach dem um vier Uhr beginnenden morgendlichen Frühgebet auf die Jagd nach renditeträchtigen Anlagen begeben? Es waren griechische Banken, die in der Mönchshauptstadt Karyes[380] vor mehr als einem Jahrzehnt diskret die ersten Filialen eröffneten. Sie und die Mönchsrepublik Agion Oros haben sich unter den reichsten Menschen der Welt seither den Ruf eingehandelt, diskreter zu sein als jede andere Bank der Welt. Damit die Anreise nicht so beschwerlich ist, wurde sogar ein Hubschrauberlandeplatz im zweitgrößten Kloster eröffnet.

Einer der Ersten, die dort landeten, war der frühere amerikanische Präsident George Bush. Nach ihm kamen der russische Präsident Putin, dann EU-Politiker und russische Oligarchen. Weil die Mönchsrepublik zum Weltkulturerbe der UNESCO gehört, hat die EU Millionen für die Renovierung der byzantinischen Klöster überwiesen. Inzwischen ist klar, dass zumindest ein Teil der Gelder in spekulative Geldgeschäfte gesteckt wurde. Das sieht man im Übrigen auch bei der griechischen Denkmalschutzbehörde so. Aber man sollte besser nicht öffentlich darüber sprechen, denn unter den griechischen Christen grenzt das an Gotteslästerung.

Man weiß inzwischen, dass einige der Äbte an Bord von Yachten gewesen sind, auf denen russische Oligarchen bulgarische und rumänische Minderjährige als Gespielinnen mit sich führen. Zudem ist es ein offenes Geheimnis, dass Mönche, die in der Männerrepublik Armut gelobt haben, immer wieder einmal mit kleinen Köfferchen am Flughafen Thessaloniki Maschinen besteigen, die sie dann nach Amsterdam oder Antwerpen bringen. Einer dieser Mönche wurde am Zielort auf der Straße ausgeraubt. In seinem Koffer befanden sich Diamanten von unschätzbarem Wert. Man spricht auch darüber besser nicht. Auch jene EU-Finanzminister, die angeblich jede europäische Steueroase trockengelegt haben, verschließen im Falle der Mönchsrepublik Agion Oros fest die Augen. Dabei hätten sie Verbündete, die lieber heute als morgen alles Gold und Geld aus der Mönchsrepublik verbannen möchten: Das Kloster Esphigmenou[381] hat sich von den übrigen Klöstern auf dem Berg Athos isoliert. Es lehnt sich gegen die Annäherung der anderen

Klöster an die katholische Kirche auf – und gegen das viele Geld, das in den vergangenen Jahren ins Land gekommen ist. Den wenigen Besuchern werden diese Mönche heute als »rückständig« präsentiert.

Die Mönchsrepublik Agion Oros ist die letzte echte Steueroase in Europa. Solange die Hauptstadt Karyes auch für die meisten gebildeten Europäer unbekannt ist, wird sich daran wohl nichts ändern. Für Durchschnittsbürger wird die Mönchsrepublik Agion Oros ihre Pforten ohnehin schließen, wenn es irgendwann in Europa kracht.

Die Sicherheit weicht der Unsicherheit

Sicherheit ade: Aus dem Europäischen Haus wurde ein Kartenhaus

Völlig unabhängig davon, welche politische Partei Sie bevorzugen, ob Sie einer Religionsgemeinschaft angehören, arm oder reich sind: Denken Sie nur einmal einige Sekunden darüber nach, wie sehr sich Ihre ganz persönliche Lage als Europäer in einem Land wie beispielsweise Deutschland in den vergangenen Jahren rasend schnell verändert hat. All das, was vor wenigen Jahren noch als absolut »sicher« galt, ist heute der Unsicherheit gewichen. Selbst Lebensversicherungen, die beliebteste und angeblich »sicherste« Anlageform der Deutschen, sind keineswegs mehr »sicher«[382], denn von gut 700 Milliarden Euro Kapitalanlagen der Deutschen steckten die Versicherer 2009 fast ein Drittel in Staatsdarlehen und -anleihen. Die deutschen Lebensversicherer haben das Geld ihrer Kunden also in Staatsanleihen europäischer Staaten investiert. Und spätestens, seitdem die Ratingagenturen die Bonität solcher Staatsanleihen ständig weiter herabstufen, ist absehbar, dass die Lebensversicherer die Gelder in zunehmend unsicher werdende Anlageformen investiert haben.

Über die Folgen berichtete auch die renommierte *Wirtschaftswoche* 2010: »Kunden drohen Einbußen bei Sicherheit oder Rendite«.[383] Und in einem anderen Artikel der *Wirtschaftswoche* mit der Überschrift »Lebensversicherungen auf der Kippe« heißt es: »Niedrige Verzinsung, kaum Reserven, versteckte Risiken, Kundenflucht – Lebensversicherungen stehen unter Druck wie noch nie. [...] Angesichts der fast aufgebrauchten Reserven ist es sogar fraglich, ob die Kunden nach Abzug der Inflationsrate zum Ablauftag noch den Wert ihres Ersparten erhalten.«[384]

Im Klartext: Schon heute ist nicht einmal mehr sicher, dass Sie als Kunde einer Lebensversicherung zum Ablauftag noch das ausbezahlt bekommen, was Sie insgesamt einbezahlt haben – geschweige denn die versprochenen Zinsen, Überschussbeteiligungen und sonstigen Renditen. Sie glauben das immer noch nicht? Die *Wirtschaftswoche* schrieb in einem anderen Bericht mit dem Titel »Haben Lebensversicherer die Erträge der Kunden verzockt?«[385]: »Lebensversicherer sind stärker bei Schrottpapieren engagiert, als sie bisher eingeräumt haben. Die Gutschriften für die Kunden stehen deshalb auf dem Spiel.«

Es gibt Fachliteratur wie *Der Crash der Lebensversicherungen*, in denen Sie diese Thematik mit allen ihren Facetten studieren können.[386] Halten wir also fest: Die angeblich so sicheren Lebensversicherungen sind heute garantiert nicht mehr sicher.

Und wie sieht es mit der Rente aus? Noch 1986 ließ der damalige Arbeitsminister Norbert Blüm (CDU) plakatieren: »Denn eins ist sicher: die Rente«.[387] Merkwürdigerweise wollte die deutsche Bundesregierung 2010, geschichtlich betrachtet also nur wenige Jahre später, die Rente mit 67.[388] Und kaum hatten die Bürger den ersten Schock überwunden, da forderten die EU[389] und das Institut der Deutschen Wirtschaft in Köln schon die Rente mit 70.[390] Sicherheit beim Thema Rente? Fehlanzeige!

Und der Euro? Während die deutschen Steuerzahler den Euro-Krisenstaaten mit unvorstellbaren Milliardensummen helfen müssen, will kein Politiker mehr an seine früheren Prognosen über die angebliche Stabilität und Sicherheit des Euros erinnert werden. Der CDU-Politiker Wolfgang Schäuble war 1996 Unionsfraktionschef. Er versprach den Deutschen im Dezember 1996: »Ihr könnt darauf vertrauen, dass der Euro eine stabile Währung sein wird. Das funktioniert.«[391] Altbundeskanzler Helmut Kohl (CDU) sagte 2001 über den Euro: »Dieses Geld wird eine große Zukunft haben.«[392]

Inzwischen ist klar: Das gemeinsame Europäische Haus, das die Politiker uns versprochen haben, ist ein Krankenhaus. All jene, die beim Bau geholfen haben, liegen nun auf der Intensivstation und wissen nicht, ob sie die nächsten Jahre überleben werden. Halten wir also fest: Das, wofür Sie bislang im Vertrauen auf die Ihnen versprochene »Sicherheit« gearbeitet haben, ist auf dem Gebiet der Finanzen keinesfalls mehr sicher.

Und wie sieht es mit Ihrem Arbeitsplatz aus? Jede Regierung verspricht Ihnen auch hier künftige Sicherheit. Dummerweise leben allein in Deutschland derzeit mehr als sieben Millionen Menschen von Hartz IV und nicht drei Millionen – wie offiziell behauptet[393] –, sondern mindestens 4,5 Millionen Bundesbürger sind arbeitslos.[394] Die Zahl der

Arbeitslosen ab 60 hat sich seit Oktober 2007 sogar vervierfacht.[395]
Auch hier lautet die Bilanz: Die versprochene Sicherheit von Arbeits-
plätzen mag in den Köpfen von Politikern existieren, nicht jedoch in der
Realität.

Wie sieht es aus mit der ganz persönlichen Sicherheit? Ist es in den
vergangenen Jahren gefährlicher geworden, die eigene Wohnung zu
verlassen? Früher konnten Sie sich darauf verlassen, dass Ihnen im
Notfall die Polizei geholfen hat. Schließlich finanzieren Sie diese ja
auch mit Ihren Steuergeldern. Und heute? Heute haben Polizisten in
Deutschland selbst oftmals nur noch Angst.

Der Vorsitzende der Deutschen Polizeigewerkschaft, Rainer Wendt,
sagt, die Polizei werde heute »von allen Seiten im Stich gelassen«[396]. Er
ist der Meinung, die Politik ermuntere Kriminelle und Gewalttäter
geradezu.

In Städten wie Köln wächst die Zahl der Stadtteile, in die sich kein
Polizist mehr traut.[397] In Nordrhein-Westfalen dürfen deutsche Polizisten heute etwa zur Fußballweltmeisterschaft keine deutschen Symbole
mehr tragen – aus Angst davor, damit Zuwanderer zu »provozieren«.[398]
Schon bei der geringsten »Provokation« rotten sich heute Migranten
zusammen und versuchen, Polizeiwachen zu stürmen, wie etwa im Juni
2010 in Dortmund.[399] Auch in Berlin werden Polizisten von Zuwanderern gejagt. Entsprechende Berichte in kleinen Berliner Lokalzeitungen
lauten dann etwa: »Mit gezückten Schlagstöcken haben sich vor einem
Supermarkt in der Karl-Marx-Straße mehrere Polizisten gegen einen
aufgebrachten Mob verteidigt. Die Beamten hatten einen Ladendieb
festgenommen, als sie etwa 50 Menschen aggressiv bedrängten und die
Freilassung des Mannes forderten. Die Beamten forderten daraufhin
Verstärkung an. Schließlich waren rund 30 Polizisten am Ort des Ge-
schehens. […] Bei einer Rangelei im Görlitzer Park sind sechs Polizisten leicht verletzt worden. Beamte hatten am Freitag eine gewalttätige
Auseinandersetzung zwischen zwei Personen beenden wollen. Bei seiner Festnahme leistete einer der Streithähne energisch Widerstand.
Gleichzeitig bildete sich eine Zuschauermenge von etwa 30 Personen,
die die Beamten verbal angriffen und bedrängten. Zwei aus der Menge
versuchten, den Festgenommenen zu befreien. Die Polizisten mussten
sich mit Reizgas und Schlagstöcken wehren. Erst mit angeforderter
Unterstützung geriet die Lage wieder unter Kontrolle.«[400]

In der Bundeshauptstadt Berlin ist das Leben für die Polizei wie
auch die Bürger also alles andere als »sicher«. Nehmen wir nur einige

Tage im Juli 2010, um ein weiteres typisches Beispiel zu präsentieren. Eine Zeitung berichtete:

»Überfälle, Angriffe, Schlägereien. Die Gewalt in Berlin nimmt zu. Das Pflaster der Hauptstadt wird immer gefährlicher, selbst Freibäder sind nicht mehr sicher. Columbiabad, 10. Juli. 8000 Besucher sind im Neuköllner Bad, die Stimmung ist aggressiv. Es kommt zu Pöbeleien, Diebstählen und Schlägereien. Das Bad muss geschlossen werden, 60 Polizeibeamte räumen. Prinzenbad, 16. Juli. Bei einer Schlägerei zwischen Badegästen in Kreuzberg wird ein vierjähriges Mädchen verletzt. Es war zwischen die Fronten geraten, wurde durch einen Stoß in den Bauch verletzt. Das Bad wird geschlossen. Steglitzer Kreisel, 16. Juli. Zwei Zivilbeamte nehmen einen Schläger fest. Sie werden daraufhin von einem 50-köpfigen Mob umringt, beleidigt. Die Polizisten werden mit Tritten und Schlägen attackiert. Der Schläger kann flüchten. Lichtenberg, 17. Juli. Von seinem Balkon in der Archenholdstraße schießt ein Betrunkener (30) aufs Nachbarhaus. Als die Polizei kommt, bewirft der Mann die Beamten mit einer Glasflasche. In der Wohnung finden die Beamten zahlreiche Waffen und Munition. Bei der Festnahme wehrt sich der Waffennarr, verletzt zwei Polizisten. Vier Fälle von vielen, die Angst machen. Ist die Hauptstadt nicht mehr sicher genug?«[401]

Überall in Berlin greifen junge Migranten jeden Tag Polizisten und Bürger an.[402] Das ist ein Vorgeschmack auf eine Zukunft, die garantiert alles andere als »sicher« wird. Das alles gilt aber nicht nur in Städten wie Berlin und Köln. In Bremen sind wir inzwischen sogar so weit, dass Sicherheitsbeamte, die von Arabern bedroht werden, unter Polizeischutz gestellt werden. Sie haben richtig gelesen: In Bremen werden heute Sicherheitsbeamte vor der Aggressivität von Migranten durch die Polizei geschützt.[403]

Sollten Sie Kinder haben, dann ist die Umgebung des Nachwuchses heutzutage ebenfalls alles andere als »sicher«. In der Schule werden sie immer häufiger mit der Deutschenfeindlichkeit konfrontiert.[404] Der Berliner Polizeihauptkommissar Christian Horn, der im November 2010 beim Integrationsgipfel Klartext zum Thema Integration und Migration sprach, informierte sogar darüber, dass es in Deutschland inzwischen eine »Versklavung von Mitschülern« gebe.[405] Sieht so etwa »Sicherheit« aus? Schauen wir uns das doch einmal näher an.

Am 3. November 2010 gab es im Kanzleramt einen Integrationsgipfel. Was der Bundeskanzlerin dort hinter verschlossenen Türen von der Berliner Polizei mitgeteilt wurde, sollte in deutschen Medien nicht veröffentlicht werden. Der Neuköllner Polizeihauptkommissar Christian Horn hatte bei diesem Integrationsgipfel der Bundeskanzlerin Merkel über seine Arbeit in der Berliner Polizeidirektion 5 berichtet. Der Mann ist zuständig für die Migrantenbezirke Friedrichshain-Kreuzberg und Neukölln. Wer seinen Vortrag hörte, der vernahm schier Unglaubliches: Nach Angaben von Zuhörern der Kanzleramtsrunde werden deutsche Schüler von Migranten demnach an vielen mehrheitlich von Ausländerkindern besuchten Schulen inzwischen immer öfter zu Dienern abgerichtet. Die deutschen Schüler müssen diesen Angaben zufolge für Migrantenkinder die Schultaschen tragen, auch Sportbeutel und Bücher, sie erledigen Botengänge, besorgen für die Migranten Pausenbrote, Getränke und Zigaretten. Und wenn sie die Hausaufgaben ihrer zugewanderten Mitschüler nicht richtig machen, dann setzt es zur Strafe Prügel.

Der Berliner Polizist Horn ist mit 15 weiteren Mitarbeitern in der Arbeitsgruppe Integration und Migration (AGIM) beschäftigt. Er sagte im Kanzleramt laut Redeprotokoll: »Körperliche Gewalt, bis hin zur schweren und gefährlichen Körperverletzung, ganz zu schweigen von verbaler oder psychischer Gewalt, ist keine Seltenheit.«[406] Mehr als 120 Teilnehmer des Integrationsgipfels, die seine Ausführungen hörten, waren erschüttert, schweigen aber in der Öffentlichkeit über das Gehörte. »Auch Erpressungen und Nötigungen sind an Schulen nahezu an der Tagesordnung; selbst Fälle regelrechter Versklavung von Mitschülern sind uns bekannt geworden«, sagte Horn. Diese Gewalt richte sich gegen Mitschüler ebenso wie gegen Lehrer.

In deutschen Medien soll nicht über die schlimmen Zustände in Migrantenvierteln berichtet werden – das wäre aus der Sicht des Kanzleramtes »integrationsfeindlich«. Die Polizei gab Horns Rede im Übrigen erst nach mehrmaligen Nachfragen heraus. Der Polizeibeamte selbst darf heute nicht mehr mit Journalisten über das Thema sprechen. Auch betroffene Lehrer, die an der Kanzleramtsrunde teilnahmen, dürfen nicht über ihre massive Unterdrückung durch Migranten in den Schulen reden. Ja, man darf in der Öffentlichkeit nicht einmal sagen, um welche Schulen es sich handelt, in denen sich derartige Vorfälle ereigneten. Wer dennoch den Mund aufmacht, wird sofort entlassen.

Einer der von einem solchen Rauswurf Betroffenen ist der Berliner Sozialarbeiter Thomas Knorr (48). Er hatte bei einem Elternabend über die Deutschenfeindlichkeit an den Schulen gesprochen.[407] Weil er die

Wahrheit sagte, wurde er im November 2010 gefeuert. Knorr hatte bei dem Elternabend darüber berichtet, wie türkisch- und arabischstämmige Schüler ihre deutschen Klassenkameraden einschüchterten. Eine Woche später wurde er entlassen.[408]

Knorr blickt auf 20 Jahre Erfahrung als Erzieher und Sozialarbeiter zurück. Er arbeitete mit Behinderten, betreute eine Jugendwohngemeinschaft, kümmerte sich als Koordinator für den Ganztagsbetrieb an der Gustav-Langenscheidt-Schule in Berlin-Schöneberg um Grund- und Realschüler. Der Anteil der Schüler mit Migrationshintergrund beträgt dort 70 Prozent. Die türkisch- und arabischstämmigen Eltern forderten seine Entlassung, weil er offen über die Probleme gesprochen hatte. Das sei »integrationsfeindlich«. Deutsche Kinder wachsen in Deutschland inzwischen immer öfter in einer Umgebung auf, die alles ist – nur nicht sicher. Und sprechen darf man auch nicht mehr darüber.

Sind das alles »Einzelfälle«? Nein, sie sind es nicht, die Tatsachen sehen wir flächendeckend in Europa. Schauen wir nur einmal nach Österreich, nach Wien-Floridsdorf in die Großfeldsiedlung. Im November 2010 berichtete eine Wiener Zeitung: »So sieht der traurige Alltag in der Großfeldsiedlung in Wien-Floridsdorf aus: Immer mehr Eltern können ihre Kinder nicht mehr zum Herumtollen auf den Spielplatz schicken, weil eine Jugendbande die Buben und Mädchen terrorisiert. Damit die Kleinen auch die Geräte benützen dürfen, müssen sie Schutzgeld in Höhe von fünf Euro zahlen.«[409]

Die Täter? Türkische Jugendliche. Auch darüber berichtete die Zeitung ganz offen: »Zu der Bande gehören vorwiegend türkischstämmige Jugendliche, die glauben, sie sind die Herren am Spielplatz«, ärgerte sich etwa eine junge Mutter. Karin H. ist schockiert von der Dreistigkeit: »Meine kleine Tochter erklärte mir, jetzt brauche sie immer fünf Euro fürs Rutschen!« Viele Eltern haben Angst und wollen ihre Schützlinge nicht mehr allein zum Spielen schicken. »Älteren Kindern, wie meinem Neffen, drohen Prügel, wenn sie nicht zahlen«, berichtet Evelin H. bestürzt.

In Wien sind auch Schutzgelderpresser wie die Serben Arben B. (21) und seine Gesinnungsgenossen aktiv und erpressen von Schülern bis zu 350 Euro. Wer nicht zahlt, wird mit Fäusten traktiert. Und dann drohen sie: »Beim nächsten Mal schneiden wir Dir einen Finger ab«.[410]

Schutzgelderpressung – das kannten wir bis vor wenigen Jahren nur aus Italien, vom Balkan oder aus anderen weit entfernten Gebieten. Inzwischen kennen auch wir Nordeuropäer das Problem. Im Schwarzwald greifen Schutzgelderpresser heute schon mal zur Maschinenpistole.[411] Im niederländischen Gouda zahlt die Stadt heute ganz offiziell Schutzgeld an zugewanderte muslimische Jugendliche, damit diese an Feiertagen keine Einheimischen überfallen und ausrauben. Eine Zeitung berichtete 2010:

»Das pittoreske Städtchen Gouda greift zu einem umstrittenen Mittel, um Gewalt zu vermeiden: Potenzielle Randalierer werden finanziell belohnt, wenn sie nicht randalieren. Gewaltbereite Jugendliche erhalten vorbeugend Geld, damit sie keine Fensterscheiben einwerfen, Fahrräder in Grachten werfen, Passanten anpöbeln oder bestehlen. Seit Langem terrorisieren in Gouda Banden die Bürger. Um das abzustellen, zückt die Gemeinde das Scheckbuch: Beginnend mit Silvester erhielt eine Gruppe von jungen Einwanderern aus Marokko 2250 Euro. Damit sollten sie ein Fest organisieren und mussten geloben, nicht pöbelnd durch Gouda zu ziehen. Das Geld wurde bar ausbezahlt.«[412]

Heute zahlen selbst christliche Kirchen in Aarhus, der zweitgrößten dänischen Stadt, Schutzgeld an Muslime, damit Kirchgänger auf dem Weg zur Kirche nicht mehr angegriffen oder ihre Fahrzeuge während der Messe beschädigt werden. Seit dem Sommer 2008 hat man sogar zwei muslimische Mitbürger als »Bodyguards« eingestellt, die die Kirche vor Vandalismus und die Kirchgänger auf dem Weg zu den Fahrzeugen schützen sollen.[413] Und man freut sich: Seitdem man die Muslime für den Schutz bezahlt, wurden weder die Fahrzeuge von Kirchgängern traktiert, noch gab es Vandalismus in der Kirche oder Übergriffe auf Christen in der Umgebung der Kirche. Das ist aus der Sicht der Kirchenzuständigen ein multikultureller Integrationserfolg. Die aus Palästina stammenden Schutzgeldempfänger der Kirche von Arhus sind, wie schon dargestellt, offiziell als »Bodyguards« der Einrichtung angestellt.[414] Sie haben nach eigenen Angaben »gute Kontakte« zu den Jugendlichen der Region und sorgen nun dafür, dass es keine Übergriffe mehr gibt.

In Deutschland sind es vorwiegend Türken und Libanesen, die in immer mehr Städten und Gemeinden Schutzgeld von ganz normalen Mitbürgern erpressen, etwa in Essen: Der 27 Jahre alte Libanese Eiddine S. findet es völlig »normal«, Schutzgelder in seinem Wohnbezirk einzutreiben.[415] Wenn die Anwohner nicht ständig die Scheiben erneuern wollen, dann müssen sie eben zahlen.

Die erste deutsche Stadt, in der Migranten sogar von Polizisten und Journalisten Schutzgeld eintreiben wollen, ist Bremen. Ja, in Bremen ist der Rechtsstaat am Ende. Dort zahlen inzwischen sogar Polizisten und Journalisten Schutzgeld an Kriminelle. Sie alle haben, ebenso wie viele Bürger, Angst vor der kriminellen türkisch-libanesischen Großfamilie Miri.[416] Denn die bestimmt inzwischen in Bremen über Leben und Tod.

Die Bremerin Diana B. (38) hat Todesangst. In Gegenwart zweier Polizisten hat ihr Mitte Juli 2009 in Bremen ein Mitglied der libanesischen Großfamilie Miri mit der Faust ins Gesicht geschlagen. Mehr noch: Herr Miri bedrohte die Frau lautstark mit dem Tod. Und er kündigte an, ihre Boutique in Brand zu setzen. Die Polizisten taten so, als sei das alles völlig normal. Sie schauten lieber weg.[417] Denn vor den Miris hat man in Bremen als Deutscher untertänigst auf den Boden zu schauen. In immer mehr Bremer Stadtteilen bestimmen Mitglieder der Großfamilie Miri – und nicht länger die Polizei –, was in Ordnung ist und was nicht. Und im vorliegenden Fall hatten die Miris entschieden, dass die Polizei wegzuschauen habe.[418] So einfach ist das.

Die Polizisten waren von Diana B. und ihrem Mann Peter zu Hilfe gerufen worden, weil etwa 20 Frauen einer Hochzeitsgesellschaft in einem türkischen Bremer Kulturverein Designer-Ballkleider und Diademe trugen, die wenige Tage zuvor in der Boutique von Diana und Peter B. bei einem Einbruch gestohlen worden waren. Das ist unstreitig. Doch die herbeigerufene Polizei half nicht etwa den rechtmäßigen Eigentümern der wertvollen Kleidungsstücke – sie half der libanesischen Großfamilie. Sie fragte sogar in Gegenwart der Miris die Personalien der Boutiquenbesitzer ab – und die Miris bedankten sich und kündigten lautstark an, die beiden Deutschen dort demnächst zu ermorden. Unglaublich, aber wahr: Die Polizisten zwangen die Boutiquenbesitzer noch am Tatort, jene Beweisaufnahmen von der Kamera zu löschen, mit denen diese ihre geraubten Kleider auf dem Türkenfest dokumentiert hatten.

In Bremen stellt sich heute niemand mehr den Miris entgegen. Der Bremer Innensenator Ulrich Mäurer (58) geriet deshalb unter erheblichen Druck.[419] Da sich die Bremer Polizei sogar weigerte, eine gegen die Miris gerichtete Strafanzeige von Diana und Peter B. aufzunehmen, gingen die beiden an die Öffentlichkeit. Sie wollten nicht, dass ihre Stadt vor der organisierten Kriminalität kapituliert. Immerhin hatten die Miris in Bremen-Weyhe in einem anderen Fall bei einer brutalen Auseinandersetzung mit einem Iraner sogar in Gegenwart von Polizisten angekündigt, sich »nicht einmal von der Bundeswehr« von ihren Taten abhalten zu lassen. Das hatte die Polizei offenkundig beeindruckt.

Ja, es ist die ungeschminkte Wirklichkeit: Es ist bekannt, dass immer mehr Polizisten und auch Journalisten Schutzgeld an Mitglieder krimineller Großfamilien zahlen. Die Großfamilien beeindrucken durch ihre schiere Größe: So besteht allein die Miri-Sippe aus mehreren tausend Mitgliedern, die eigentlich aus dem Libanon stammen, aber türkische Pässe besitzen.[420] Sie wird behördlich nachweislich als »Hochrisikofamilie« eingestuft. Die Miris, über die im Bremer Senat und in den Unterlagen als die »M.« gesprochen wird, sind im Raum Bremen und Bremerhaven tief in die organisierte Kriminalität verstrickt. Viele von ihnen sind Intensivstraftäter. Zieht man die Kinder und die Alten ab, dann bleiben nur noch wenige »M.« übrig, die noch nicht als Intensivstraftäter registriert sind. Fast die gesamte Familie bezieht Hartz IV. Im Jahre 2008 versuchte sich die Sippe an einer Gefangenenbefreiung. Die Behörden haben seither eine Nachrichtensperre über die Aktivitäten der Familie verhängt, weil Berichte über deren Machenschaften und die weitgehende Untätigkeit der Sicherheitsbehörden zu Unmut in der Bevölkerung führen könnten. Das nutzt die Familie nun aus und erpresst »Schutzgeld« von norddeutschen Journalisten und Polizisten. Und stolz verkündeten einige »M.«, als Nächstes müssten in mehreren Bremer Stadtteilen die Einwohner Schutzgeld zahlen, so etwa in Gröpelingen. Den Behörden soll das alles schon länger bekannt sein. Es gibt jedenfalls viele Aktenvermerke über die Aktivitäten der »M.«. Allerdings ist es politisch nicht korrekt, darüber zu sprechen. Und wenn Journalisten über die »M.« berichten müssen, weil es einfach nicht anders geht, dann schreibt man keinesfalls den Namen Miri. Denn das könnte die Großfamilie in Wallung bringen. Man nennt sie lieber Müller oder Meyer. Das ist dann auch politisch korrekt. Und die »M.« können in aller Ruhe weitermachen.

Die Miris sind angeblich eine sehr religiöse Familie. Einer von ihnen, All Miri, hat es gar zum Vorbeter der Bremer Abu-Bakr-Moschee gebracht. Der mehrfach vorbestrafte All Miri hat für den Islam viel geleistet: Er hat sogar den Deutschen Murat K. zum militanten Islam bekehrt. Murat K. ist heute besser bekannt als der »Bremer Taliban«. Die Familie Miri fühlt sich im multikulturellen Deutschland sichtlich wohl. Und sie würde es sich wünschen, künftig weniger von den Deutschen diskriminiert zu werden.

Die Bremer Justiz richtet sich offenkundig danach und kuscht inzwischen ebenso wie die Polizei vor den Miris: Im Oktober 2010 standen die Diebe aus der oben genannten Boutique von Diana B. vor Gericht –

die Täter waren Herr Ibrahim Miri (19 Vorstrafen) und seine Lebensgefährtin Hiyam O. (sechs Vorstrafen). Richterin Jana M. kapitulierte vor den kriminellen Miris. Sie verurteilte Ibrahim M. zu 1200 Euro, Hiyam O. zu 320 Euro Geldstrafe. In ihrer Begründung sagte die Richterin:»Ich habe lange darüber nachgedacht, Freiheitsstrafen zu verhängen. Herr Miri ist wegen gefährlicher Körperverletzung, schweren Diebstahls, Hehlerei, Unterschlagung, Drogenhandels und erpresserischen Menschenraubes vorbestraft. Hatte mit 14 bereits drei Verurteilungen und dann einige Bewährungsstrafen. Aber aus Gründen, die in seiner Person liegen, halte ich eine Freiheitsstrafe nicht für zwingend erforderlich.«[421]

Die Angeklagten quittierten das Urteil mit siegessicherem Lachen. Deutsche Gerichte können übrigens auch ganz anders: Ein Deutscher, der in einem Baumarkt einen Steckschlüssel im Wert von 4,50 Euro gestohlen hatte, musste fast zeitgleich für drei Monate ins Gefängnis, und zwar ohne Bewährung.[422] Der Mann war sieben Mal wegen Diebstahls vorbestraft, hatte also weniger Vorstrafen als der »nette« Herr Miri, der weiterhin frei in Bremen herumläuft.

Ein weiterer Fall: Drei junge Miris hatten in Bremen einem 43 Jahre alten Familienvater einfach so einen Zahn ausgeschlagen. Als ein anderer Mann das Opfer schützen wollte, traten die Migranten diesem 30 bis 40 Mal vor den Kopf. Zwei von einem Zeugen per Notruf herbeitelefonierte Polizisten unternahmen … nichts. Eine Zeitung berichtete: »Eine besondere Dimension bekommt der Vorfall dadurch, dass zwei Polizeibeamte sich nicht getraut hatten, in das Geschehen einzugreifen. Die Beamten hätten einfach ›nur daneben‹ gestanden und sich den Übergriff angesehen. Durch ein Missverständnis bei der Alarmierung seien nur zwei Polizisten losgeschickt worden, sodass diese letztlich einer ›Übermacht‹ gegenüberstanden.«[423]

Die beiden deutschen Opfer der kriminellen Miris haben aus Angst keine Anzeige erstattet. Die Angreifer seien zu gefährlich, Kollegen hätten das ältere Opfer gewarnt:»Du hast Frau und Kinder, vergiss das einfach.«

In einem Internetforum beschrieb jemand, wie sehr sich die Polizei in den Bremer Stadtteilen Achim und Weyhe (dort wohnen die Miris) darum bemüht, bei diesen bloß nicht aufzufallen und sie nicht zu verärgern:»Wer sich über den Stand des Eingliederungsbemühen dieser Herrschaften ein Bild machen möchte, ist gerne eingeladen, Achim zu besichtigen. Unsere Polizei ist – wie die Weyher Polizei auch – sehr bemüht, den Integrationswillen zu stärken – und ihnen das Leben hier leichter zu machen, indem gerne beide Augen zugedrückt werden. Falls die Polizisten hier den Eindruck haben, dass die das manchmal nicht ganz begreifen, wird ihnen das anhand von Verwarnungen von harmlos erscheinenden Pkw-Fahrer(innen) gezeigt. Wenn bei denen zum Beispiel ein Rücklicht defekt ist, während die schwarzen 3er, 5er und A8ter mit überstehenden Reifen bei Besprechungsterminen die Straße weiter vorne blockieren, und die Polizisten warten müssen, um da weiterfahren zu können.«[424]

Die Sicherheit, die wir aus früheren Jahrzehnten mitten in Europa gekannt haben, die gibt es heute nicht mehr. Dank Migration fragt man sich inzwischen unweigerlich, ob man mittlerweile nicht in einer Art Gesindelschutzrepublik lebt. Straftäter haben heute jedenfalls kaum etwas zu befürchten, solange sie nur einen Migrationshintergrund haben. Es sind die vielen kleinen Erfahrungen von ethnischen Europäern auf diesem Gebiet, die immer mehr Wut aufsteigen lassen. Straftaten, über die man nichts in den Zeitungen liest, weil sie einfach totgeschwiegen und von einer willfährigen Migranten-Schutz-Justiz eingestellt werden, tragen vor allem dazu bei, dass der Druck im System weiter zunimmt.

Ein Beispiel vom November 2010: »Meine Frau arbeitet als Floristin in einem Laden in der Fußgängerzone. Im Sommer wurde sie dabei Opfer eines Trickbetrügers. Dessen Masche war folgende: Er gab vor, eine Kleinigkeit zu kaufen – in dem Fall eine Ansichtskarte. An der Kasse behauptete er dann, ihr 50 Euro gegeben zu haben, und verwickelte die Verkäuferin so in ein irritierendes Gespräch, dass er sie überrumpelte und ihm dann auf 50 Euro Wechselgeld zurückgegeben wurde. Da meiner Frau die Angelegenheit spanisch vorkam, machte sie einen Kassensturz, und siehe da – es fehlten 50 Euro. Sechs Wochen später erschien der sympathische, junge, südländische Herr wieder mit der gleichen Masche vor meiner Frau. Sie roch sofort Lunte, gab einer Kollegin ein Zeichen, die sofort die Polizei alarmierte. Meine Frau verwickelte nun den Herrn in ein Gespräch, um Zeit bis zum Eintreffen der Polizei zu gewinnen. Nun war dem Betrüger das Pflaster zu heiß, und er ergriff die Flucht. Meine Frau ging ihm unbemerkt nach, sodass die Polizei ihn schließlich ergreifen konnte. Selbst die Lokalzeitung berichtete am nächsten Tag über den Vorfall. Es stellte sich heraus, dass es sich um eine Bande junger, türkischer Männer handelte, die im Rheinland und Ruhrgebiet auf die beschriebene Art und Weise Ladenlokale in den Fußgängerzonen heimsuchten. Mit der gestrigen Post vom Staatsanwalt dachte ich, dass meine Frau nun zur Zeugenaussage geladen wurde. Doch ich war geschockt, als ich den Inhalt las. Das Verfahren gegen Mustafa L. wird eingestellt. Wörtlich: ›*Es handelt sich dabei um ein jugendtypisches Fehlverhalten. Es besteht kein weiteres öffentliches Interesse an der Verfolgung dieser Angelegenheit.*‹«[425]

Ist das die erwünschte Sicherheit, von der heute in Europa die Rede ist?

Falls Sie eine Tochter haben, dann müssen Sie diese heute über die durch »Loverboys« drohenden Gefahren aufklären – zugewanderte Jugendliche meist orientalischer Herkunft, die zu Tausenden junge europäische Mädchen erst umgarnen und dann brutal zur Zwangsprostitution zwingen.[426]

Und wenn selbst die Bundesfamilienministerin Kristina Schröder (CDU) von Migranten auf der Straße nach eigenen Angaben als »deutsche Schlampe«[427] beschimpft wird – wie sicher ist dieses Land dann heute noch für Frauen?

Selbst das Warten auf einem Bahnsteig kann für ein junges Mädchen heutzutage zum Horror werden. Die Polizei Rüsselsheim berichtete über einen unglaublichen Angriff eines Migranten im November 2010 Folgendes: »Kaum zu glauben ist ein Vorgang, der sich am 19.11.2010 gegen 21.50 Uhr auf dem Bahnsteig 1 im Rüsselsheimer Bahnhof ereignete. Dort saßen zwei 16-jährige Mädchen und warteten auf den Zug, als sich ein junger Mann näherte und dem einen Mädchen gegen das Bein urinierte. Als sich die Geschädigte das verbat, trat der Täter dem Mädchen in den Bauch und ohrfeigte sie, bis es zu Boden ging. Dabei fielen ihr zwei Handys aus der Jackentasche, von denen eines vom Täter mitgenommen wurde. Der Täter wird wie folgt beschrieben: ca. 20 Jahre alt, ca. 185 cm groß, Südländer, auffallend schlank, schmales Gesicht, schwarze Haare, Irokesenschnitt, er trug eine blaue Jeans und eine schwarze Trainingsjacke.«[428]

In einem anderen Fall wurde ein deutsches Mädchen von Migranten einfach so als »Schlampe« und »Nutte« beschimpft und bewusstlos geschlagen. Eine Heilbronner Zeitung berichtet 2011: »Nicht unerhebliche Verletzungen im Gesicht erlitt laut Polizei eine 22-Jährige […]. Als sie das Lokal verließen, sahen sie ein Taxi stehen und gingen davon aus, es sei das von ihnen gerufene Fahrzeug. Zwei Männer im Alter zwischen 25 und 30 Jahren machten allerdings deutlich, dass dies ›ihr Taxi‹ sei, und beleidigten die Frauen laut deren Aussagen als ›Schlampen und Nutten‹. Einer der beiden, bei denen es sich offensichtlich um Türken handelte, habe der 22-Jährigen plötzlich so heftig ins Gesicht geschlagen, dass sie kurzzeitig bewusstlos geworden sei. Sie musste ärztlich behandelt werden. Alles geschah dabei so schnell, dass der Frau niemand helfen konnte, obwohl etwa 20 Personen zugeschaut hatten.«[429]

Wir haben also vieles vor unseren Haustüren – nur keine Sicherheit. Weder in finanzieller Hinsicht noch beim Thema Arbeitsplatz. Und auch nicht auf den Straßen oder für unsere Kinder. Die Geschichte lehrt jedoch, dass es unausweichlich zu Unruhen kommt, wenn drei Faktoren zusammentreffen: wachsende wirtschaftliche Unsicherheit, ethnische Spannungen und Zerfall der staatlichen Ordnung. Alle drei Faktoren brauen sich da draußen vor unseren Haustüren gerade zusammen. Jedes mögliche Szenario wird all diejenigen völlig unvorbereitet treffen, die bis dahin den Verheißungen unserer Politiker von angeblicher »Sicherheit« blauäugig Glauben geschenkt haben. Man muss über die Probleme sprechen, auch wenn es politisch nicht korrekt ist. In diesem Kontext gibt es noch ein weiteres Problem, das uns unendlich viel Geld kostet, aber totgeschwiegen wird: Deutschland und Österreich verblöden durch den Import von Menschen aus rückständigen Ländern. Wir schauen lieber vereint weg, wenn wir uns eine neue Generation doof heranzüchten.

Generation doof – wir importieren den Niedergang

Die folgenden Seiten, die Sie nun lesen werden, könnten Sie ein wenig schockieren. Doch es gibt einen wichtigen Grund, genau diese Seiten in ein Sachbuch über Wirtschafts- und Finanzcrash, zunehmende Unruhe und Krisenvorsorge zu stellen, zeigen sie doch auf, weshalb sich die Lage vor unseren Haustüren auch dann nicht verbessern wird, wenn die Wirtschafts- und Finanzkrise überwunden sein dürfte.

Die *University of California* (Los Angeles) hat 2005 eine Studie zu den Zusammenhängen zwischen dem durchschnittlichen Intelligenzquotienten der Völker eines Landes und dem Wohlstand in diesem Siedlungsgebiet (»exponential correlation of IQ and the wealth of nations«[430]) erstellt. Ebenso wie Wissenschaftler der Universität Tampere (Finnland) und Ulster (Nordirland) weisen die Amerikaner in ihrer politisch nicht korrekten Studie nach, dass Völker mit einem niedrigen

Intelligenzquotienten auch ein niedrigeres Bruttosozialprodukt und eine langsamere wirtschaftliche Entwicklung aufweisen als Völker mit einem durchschnittlich hohen Intelligenzquotienten. Zudem besitzen Völker, in deren Kulturkreis Inzucht weit verbreitet ist, einen durchschnittlich niedrigeren IQ als jene, in denen Inzucht als Tabu gilt. Während Chinesen, Österreicher, Deutsche, Dänen, Briten, Australier, Schweden und Schweizer in der Spitzenklasse beim durchschnittlichen Intelligenzquotienten und eben auch bei der Wirtschaftsleistung liegen, stellen beispielsweise Türken, Marokkaner, Iraker, Sudanesen, Nigerianer, Libanesen, Saudis ebenso wie Kenianer, Äthiopier, Zimbabwer, Ghanaer, Kongolesen und Ugander die – höflich formuliert – weniger intelligenten und weniger leistungsorientierten Völker der Erde. Natürlich sind diese wissenschaftlichen Aussagen bei Gutmenschen »umstritten«.[431] Merkwürdigerweise importieren wir in Massen genau jene Menschen, die nach diesen Erkenntnissen offenkundig vor allem ein Hemmschuh für unser wirtschaftliches Fortkommen sind. Wir behaupten, dass diese Menschen einmal unsere Renten und Sozialsysteme finanzieren werden – dabei finden wir sie an vorderster Front als dauerhafte Empfänger von Sozialleistungen, nicht jedoch beim Einzahlen in unsere Sozialsysteme.[432]

Die Migrationsindustrie sorgt mit ihren politischen und medialen Unterstützern Tag für Tag ohne Unterlass dafür, dass diese horrenden Kosten mit dem unproduktiven Import von Menschen aus rückständigen Kulturkreisen beständig weiter ansteigen – bis zum großen Knall. Der Wutstau in Deutschland, Österreich und der Schweiz hat nämlich noch eine weitere totgeschwiegene Facette: Seit der von Thilo Sarrazin angestoßenen Debatte um Zuwanderer aus dem islamischen Kulturkreis wird viel über die angebliche Bereicherung durch Zuwanderung gesprochen. Nur ein Thema klammert man dabei aus: die verniedlichend »Verwandtenheiraten« genannten Hochzeiten von Menschen aus dem islamischen Kulturkreis, die schon vor der Heirat eng miteinander verwandt sind, sowie den geringen IQ vieler »Bereicherer«. Für die Folgen zahlen wir alle einen hohen Preis. Wenn Sie dieses Kapitel gelesen haben, dann wissen Sie, warum der Niedergang mit allen bisherigen Lösungsansätzen nicht aufzuhalten ist.

Haben Sie auch nur eine ungefähre Vorstellung davon, was wir Steuerzahler für die aus verharmlosend »Verwandtenheiraten« genannten Inzuchtverbindungen hervorgehenden Kinder bezahlen müssen? Wie wir auf den nachfolgenden Seiten (mit zahlreichen wissenschaftlichen Quellen) sehen werden, sind ein häufig geringer IQ und schwere geistige Störungen eine der vielen Folgen solcher Inzuchtehen.[433]

Eine der unbequemsten Wahrheiten, die durch mehrere Studien wissenschaftlich belegt ist, lautet, dass Selbstmordattentäter aus dem islamischen Kulturkreis unter schweren psychischen Störungen leiden. Sie bringen sich und zugleich auch häufig viele unschuldige Menschen um, weil Selbstmord an sich im Islam eine der schwersten Sünden ist, die nur dann gemildert werden kann, wenn andere dabei mit über die Klinge springen müssen. Die psychisch gestörten Selbstmörder, die eigentlich nur sich selbst töten wollen, müssen also vor dem Hintergrund ihrer religiösen Erziehung andere mit in den Tod reißen, damit es kein verpönter »Selbstmord« ist.[434] Immer mehr unter uns lebende Muslime sind schwer psychisch gestört. Der verschwiegene Grund für ihre Depressionen und Psychosen: Sie sind die Abkömmlinge von »Verwandtenheiraten«. Solange wir uns diesem Thema nicht ausführlich und offen widmen, wird (unabhängig von der Finanzkrise) die Terrorgefahr in Europa ständig zu- und nicht etwa abnehmen.

Es gibt in Deutschland viele Tabuthemen im Zusammenhang mit dem islamischen Kulturkreis. Niemals würden deutsche Zeitungen darüber berichten, dass führende europäische Muslime in den Moslemverbänden in diesen Tagen zu mehr gesellschaftlicher Akzeptanz für Vergewaltigungen in der Ehe aufrufen.[435] Denn aus islamischer Sicht gibt es keine Vergewaltigung in der Ehe. Das hat 2010 auch der Präsident des britischen Islamrates einer staunenden Öffentlichkeit mitgeteilt. Die Briten, bei denen Vergewaltigungen in der Ehe seit 1991 verboten sind, sollten es einfach hinnehmen, dass den Muslimen das eben gestattet sei. Muslimische Frauen dürften Vergewaltigungen in der Ehe nicht anzeigen.

Die Vergewaltigung ist ein typisches Tabuthema, bei dem wir gern politisch korrekt wegschauen. In Deutschland gibt es viele solche Tabus.

Brechen wir ein anderes solches Tabu. In deutschen Städten wie Duisburg wird in den türkischen Gemeinschaften jede fünfte Ehe zwischen Cousin und Cousine geschlossen.[436] Nach Angaben des Essener Zentrums für Türkeistudien (ZfT) machen sie sogar ein Viertel der Heiraten von Türkischstämmigen in Deutschland aus. Das ist riskant[437]: Zeugen Cousin und Cousine ersten Grades ein Kind, ist die Wahrscheinlichkeit schwerster Anomalien und Krankheiten beim Kind doppelt so hoch wie bei einer gewöhnlichen Ehe. Türken haben diese systematische Inzucht nicht nur in Städten wie Duisburg durch ihre von uns beklatschten »Verwandtenheiraten« inzwischen unter bestimmten Migrantengruppen zum Normalfall gemacht. Wer aber zahlt für die daraus resultierenden Folgen? Wir Steuerzahler!

In Nordrhein-Westfalen hat der frühere CDU-Integrationsminister Armin Laschet Projektanträge zum Thema Inzestaufklärung unter Migranten abgelehnt. Man will über das brisante Thema der durch bestimmte Migrantenkulturen importierten Verwandtenehen mit ihren dramatischen Folgen in Deutschland nicht sprechen. Man zahlt lieber aus der Steuerkasse für die Folgekosten und schaut weiterhin lächelnd zu beim Import von Verwandtenbräuten aus Anatolien und anderen Weltgegenden. Wir werden jedoch auch in Deutschland über diese »ungenutzten Potenziale« unserer zugewanderten Mitbürger und über das Versagen der Politiker auf diesem Gebiet sprechen müssen. Im Berliner *Tagesspiegel*[438] heißt es zum Wegsehen jedenfalls: »Weder die psychischen Folgen der Zwangsehen noch die gesundheitlichen Folgen der Verwandtenehen scheinen bundesdeutsche oder Berliner Institutionen zu interessieren. In der Bundeszentrale für gesundheitliche Aufklärung ist das Thema überhaupt nicht bekannt: Man verweist auf das Bundesgesundheitsministerium, das ebenfalls überfragt ist. Ähnliches gilt für das Bundesfamilienministerium. Und bei der Berliner Gesundheitssenatorin Heidi Knake-Werner (PDS) ist die Sprecherin schon über die Frage nach dem türkischen Heiratsverhalten pikiert: ›Das ist Angelegenheit der Türken.‹«[439]

Das ist sie aber ganz sicher nicht. Denn es sind die europäischen Steuerzahler, die den so gezeugten, häufig psychisch gestörten Nachwuchs mit all seinen Krankheiten (etwa Schizophrenie, körperliche Missbildungen) aus diesen rückständigen Verbindungen alimentieren müssen. Wer schon immer einmal wissen wollte[440], warum in europäischen Kinderkliniken so viele Kinder türkischen oder arabischen Ursprungs liegen, der kann die Ursachen dafür leicht finden, wenn er für die Wahrheit bereit ist.[441] Sie lautet schlicht: »Da gerade in der Türkei und arabischen Ländern Ehen zwischen Blutsverwandten verbreitet sind, gibt es unter ihnen auffällig oft geistige Behinderungen und Stoffwechselkrankheiten sowie Erkrankungen des zentralen Nervensystems durch Störung einzelner Gene.«

Wir züchten heute systematisch eine zugewanderte Generation doof, ein wachsendes aggressives, debiles Heer von Zurückgebliebenen, das nicht nur Deutschland innerhalb Europas zum Land der Hilfsarbeiter machen wird. Wir finanzieren eben lieber Schmuseprojekte der Integrationsindustrie, die politisch korrekt erscheinen. Aber es geht nicht nur um die direkten medizinischen Behandlungskosten. Immer öfter avanciert der bei Verwandtenhochzeiten gezeugte Nachwuchs zum Schwerbehinderten oder gleich zum Frührentner.

Etwa jeder zweite Ägypter, Iraker, Libyer, Jordanier, Omani, Saudi, Emirati oder Palästinenser entstammt einer »Verwandtenehe«.[442] Das Risiko, einen niedrigeren IQ als 70 zu haben, steigt bei solchen Beziehungen um etwa 400 Prozent. Seit 1978 sind diese wissenschaftlichen Forschungsergebnisse frei zugänglich.[443] Auch arabische Wissenschaftler haben inzwischen bestätigt[444], dass die geistige Zurückgebliebenheit eine der vielen Folgen von »Verwandtenehen« ist, die im islamischen Kulturkreis verbreitet anzutreffen sind. Überall auf der Welt sind die Untersuchungsergebnisse bei jungen Muslimen aus Verwandtenehen gleich; es gibt dazu sogar eine Studie aus Indien[445].

Die Folge? Überall in Europa fallen immer mehr Kinder von Migranten aus dem islamischen Kulturkreis dadurch auf, dass sie selbst einfachste Schulabschlüsse nicht schaffen. Sie sind geistig dazu nicht in der Lage. Wir wollen das nicht wahrhaben. Und deshalb suchen wir die Ursachen in der angeblichen schlechten sozialen Lage der Familien. Wir verdrängen, dass in europäischen Ballungsgebieten mit hoher Zuwanderung aus islamischen Staaten inzwischen – wie etwa in Kopenhagen[446] – bis zu 70 Prozent der Kinder in Einrichtungen für geistig Behinderte aus »Verwandtenhochzeiten« stammen. Die begrenzte Fähigkeit, Wissen zu verstehen, wertzuschätzen und hervorzubringen, ist bei vielen Mitbürgern aus dem islamischen Kulturkreis[447] offenkundig die Folge eines häufig eher begrenzten IQs.

Die Deutschen und Österreicher weisen in Europa mit 107 einen hohen IQ auf.[448] Volkmar Weiss, bis zu seiner Pensionierung im Jahr 2008 Leiter der Deutschen Zentralstelle für Genealogie in Leipzig, forscht auf dem Gebiet des »Verfalls der nationalen Begabung«. Schuld daran, so Weiss, seien in Deutschland jetzt vor allem türkische Migranten, denn deren Intelligenzquotient liege im Durchschnitt nur bei 85 (nach anderen Angaben 90). Man verdächtigt Weiss wegen solcher Angaben, ein Rechtsextremist zu sein.[449] Man darf hierzulande aus Gründen der politischen Korrektheit (noch) nicht offen sagen, dass Deutschland durch Zuwanderung aus islamischen Regionen verblödet.

In unserem westlich-abendländischen Kulturkreis existieren bestimmte Verhaltensregeln, die uns bei unserer Entwicklung sowie unserem wirtschaftlichen und kulturellen Fortkommen hilfreich gewesen sind. Dazu zählte in der Vergangenheit etwa die Sanktionierung von Heiraten unter Verwandten, denn die Inzucht im engsten Familienkreis (»Blutschande«) hat schwerwiegende Folgen, die wissenschaftlich belegt sind. Weil gerade in der Türkei und in arabischen Ländern Ehen zwischen Blutsverwandten verbreitet sind, gibt es unter ihnen auffällig oft geistige Behinderungen und Stoffwechselkrankheiten sowie Erkrankungen des Zentralen Nervensystems durch Störung einzelner Gene. Eine Berliner Zeitung berichtete: »Immer mehr Kinder im Berliner Stadtteil Neukölln kommen mit angeborenen Behinderungen zur Welt. Als Grund wird Inzest vermutet. Die Ehe zwischen Verwandten unter türkischen und arabischen Migranten ist weit verbreitet und ein Tabuthema.«

In Städten wie Berlin ist es offenkundig. »Da es sich bei den Berliner Türken überwiegend um Migranten aus ländlichen Gebieten und der sozialen Unterschicht handelt, könnte der Anteil an Verwandtenehen hier sogar noch größer sein«, vermutet Ali Ucar vom schulpsychologischen Dienst in Kreuzberg.[450] Als er 1997 mehr als 60 türkische Familien von Vorschulkindern befragte, stellte sich heraus, dass fast alle Ehepartner miteinander verwandt waren. Für ganz Berlin geht Ucar davon aus, dass rund 40 Prozent der Türken zweiter Generation »ihren Ehegatten unter Verwandten ausgesucht haben«.

Rein »zufälligerweise« schaffen genau die Kinder aus solchen Ehen meistens nicht einmal den einfachsten Schulabschluss. Wer darüber spricht, der ist ein »Rechtsextremist«. Solche »Bereicherer« werden uns allerdings keinesfalls dabei helfen, die Folgen der Wirtschafts- und Finanzkrise zu meistern. Im Gegenteil: Sie fallen uns zusätzlich zur Last. Und zwar ein Leben lang.

In anderen europäischen Ländern spricht man ganz offen über das Thema: Die Äußerungen der *Labour*-Abgeordneten Ann Cryers und des ehemaligen *Labour*-Umweltministers Phil Woolas sorgten im Jahr 2008 keineswegs für Unruhe auf der britischen Insel. Beide sind aus deutscher Sicht »Rechtsextremisten« – obwohl sie der sozialistischen *Labour*-Partei angehören. Beide warnen öffentlich vor der »Inzucht« unter den Zuwanderern[451] und ihren schlimmen Folgen, die für die Gesellschaft extrem kostspielig sind. Sie bestanden darauf, dass die »Inzucht« etwa unter pakistanischen Mitbürgern endlich ohne Vorbehalte öffentlich diskutiert werden musse. Auch unter Indern ist Inzest weit verbreitet, wie die BBC berichtete. Die Briten sprechen ganz offen darüber. Von deutschen Politikern, wie etwa dem indischstämmigen

SPD-Migrationsexperten Sebastian Edathy, hört man freilich zu diesem Thema beinahe nie etwas.

Da solche Verwandtenheiraten zur Stärkung der Familienbande im islamischen Kulturkreis oftmals ausdrücklich erwünscht sind, hatte der damalige britische Umweltminister Phil Woolas – immerhin ein Sozialist – 2008 mit ungewohnt offenen Worten die unter Orientalen verbreitete Verwandtenhochzeit angegriffen und auf die daraus resultierenden genetischen Schäden hingewiesen. Obwohl pakistanischstämmige Briten nur drei Prozent der Neugeborenen stellten, seien sie für ein Drittel aller genetisch bedingten Missbildungen bei Neugeborenen in Großbritannien verantwortlich. Woolas wurde bei seinen Aussagen von der *Labour*-Abgeordneten Ann Cryers unterstützt, die ausdrücklich von »Inzucht« sprach. Woolers erklärte, das Thema dürfe nicht länger tabuisiert werden. Undenkbar, dass man so etwas in Deutschland seitens verantwortlicher Stellen aussprechen würde.

Für die Folgen des Wegschauens zahlen wir in Ländern wie Deutschland lieber mit unvorstellbaren Summen: für die körperlichen Missbildungen und die geistigen Störungen ebenso wie für die immer häufigeren brutalen Angriffe der psychisch Gestörten. Zunächst ein typischer »Einzelfall«, der die schlimmen Folgen der psychischen Störungen bestimmter Migranten und unseren Umgang damit dokumentiert: In einem Wahnanfall hatte Mitte Juni 2010 die 25 Jahre alte Palästinenserin Shahad Q. in Düsseldorf-Flingern ihrem drei Jahre alten Kind den Kopf abgeschnitten. Sie ließ ihr Kind nach einem Schnitt in die Halsschlagader ausbluten, trennte ihm dann den Kopf ab und gab die Tötung auch sofort zu. Sie wähnte sich und ihr Kind von Geheimdiensten verfolgt. Eine Lokalzeitung berichtete: »Laut einer psychiatrischen Sachverständigen leidet sie bereits seit Langem unter einer schweren Psychose mit schizophrenen Formen.« Die mit einem Palästinenser verheiratete Frau war im achten Monat schwanger, wurde wegen ihrer psychischen Störung, die zur Kindestötung führte, nicht strafrechtlich verfolgt. Stattdessen erfuhr sie eine Betreuung in einer Klinik – und wir alle zahlen für die Folgekosten.

Die Zeitungen berichten über solche Fälle klein und verschämt als »Familientragödien«. Sie hinterfragen die weitverbreitete Schizophrenie unserer Zuwanderer niemals. Das wäre politisch nicht korrekt. Im Gegenteil. Der zuständige Staatsanwalt Andreas Stüve sagte verständnisvoll über die irre Migrantin, die ihrem Kind den Kopf abgeschnitten hatte: »Aus ihrer Sicht war die Tat erforderlich.« Shahad Q. wird jetzt auf unsere Kosten liebevoll in einer psychiatrischen Fachklinik betreut. Wenn die Produkte von »Verwandtenheiraten« in Deutschland morden, vergewaltigen, Rentner ausrauben, U-Bahn-Fahrgäste zusammenschlagen, von Mitschülern Geld erpressen oder ihre eigenen Kinder töten, dann werden sie dafür häufig nicht wie ethnische Europäer bestraft. Da, wo ethnische Europäer mit der vollen Härte des Gesetzes zur Verantwortung gezogen werden, da mildern Richter bei Migranten sofort die Urteile ab, weil diese ja extrem häufig »psychisch gestört« und nicht voll zurechnungsfähig sind.

Egal, ob in Stuttgart gegen die zugewanderten türkischen Mörder von Yvan Schneider verhandelt wird oder in Kassel ein Türke einen Priester mit dem Messer zu ermorden versucht, die Täter erhalten stets sofort mildernde Umstände, weil sie ja häufig aus Verwandtenheiraten stammen, schizophren, depressiv oder geistig so debil sind, dass wir sie für ihre Taten nicht wirklich bestrafen dürfen. Das geht schon seit vielen Jahren so.

Als vor zehn Jahren in Wiesbaden eine Polizeistreife einen 25 Jahre alten Türken kontrollierte, schoss dieser dem einem Polizisten in die Leber, dem anderen in den Kopf. Der 32 Jahre alte Polizist starb, sein junger Kollege war für den Rest seines Lebens berufsunfähig. Der Türke? Der kam natürlich nur in eine psychiatrische Abteilung – wie üblich in solchen Fällen.

Seither hat sich nichts geändert. Am 18. Juni 2010 schnitt der 27 Jahre alte Moslem Server I. auf einem Kinderspielplatz im Sandkasten einem fünf Jahre alten Jungen einfach so den Kopf ab. Der Täter kam sofort in die geschlossene Psychiatrie, schließlich hatte er bei der Tat laut »Allahu Akhbar« gerufen und behauptet, innere Stimmen hätten ihn zu dem Verbrechen gezwungen. Das reichte, um den Mitbürger sofort von seiner Schuld zu befreien.

Ein weiteres Beispiel: Mehmet Ö. (46) – er hatte seine 15 Jahre alte Tochter Büsra nahe Schweinfurt erstochen. Bei der Verhandlung vor Gericht ging es im Jahr 2010 beinahe nur noch um den Geisteszustand von Mehmet Ö., alles andere war nebensächlich. Ein Auszug aus einem Gerichtsreport: »Die Verteidigung will so beweisen, dass der Türke zum Tatzeitpunkt psychisch-depressiv erkrankt war und seine Tochter Büsra (15) steuerungsunfähig im Affekt getötet hat. Der psychiatrische Gutachter der Uni Würzburg blieb demgegenüber dabei, dass Ö. nur mittelschwer depressiv war und der gezielte Griff zum Messer eine tief greifende Bewusstseinsstörung zum Tatzeitpunkt eher ausschließt.«

Sofern ein Türke der »Ehre« halber seine Frau erdrosselt, ihr die Kehle durchschneidet oder sie mit der Axt erschlägt, dann lockt ein Aufenthalt in einer europäischen Nervenklinik mit Betreuern, die viel Verständnis für die psychischen Probleme der zugewanderten Kriminellen aufbringen. Die orientalischen Inzuchthochzeiten (verharmlosend »Verwandtenheiraten« genannt) bieten somit Vorteile in der zugewanderten Halb- und Schattenwelt der Kriminellen, die ethnische Europäer garantiert nicht genießen. Ein Türke, der in Hamburg seiner Frau den Kopf abgeschlagen und diesen an einer Tankstelle abgelegt hatte, ging nicht etwa ins Gefängnis. Nein, er wird nun psychotherapeutisch betreut. Wir zahlen doch gern dafür. Aber wie lange können wir uns das eigentlich noch leisten?

Der dänische Psychologe Nicolai Sennels wird von den renommierten dänischen Tageszeitungen häufig zitiert.[452] Sennels ist ganz sicher kein »Rechtsextremist«. Dank Sennels sprechen die Dänen heute ganz offen über die katastrophalen Folgen[453] der häufig anzutreffende Inzucht von Muslimen in Dänemark – vor allem über die finanziellen.

Muslimische Jugendliche fallen immer häufiger (negativ) auf. Wir suchen in Ländern wie Deutschland und Österreich ständig weiter nach den Gründen dafür[454] – nur die Wahrheit, die wollen wir lieber (noch) nicht hören. Die Verhaltensauffälligkeiten und der häufig verminderte IQ haben eben auch mit der Inzucht in diesem Kulturkreis zu tun. Es gibt Länder, in denen Politiker die Bevölkerung vor der Inzucht warnen. Dazu gehört Großbritannien. Die britische Zeitung *Daily Mail* hatte im August 2010 einen großen Bericht über einen erstaunlichen Film des Senders *Channel 4* veröffentlicht, der über die verbreitete Inzucht unter pakistanischen Muslimen in Großbritannien berichtete. Die Pakistani Tazeem Ahmad brach darin ihr Schweigen, schrieb über die Folgen der Inzucht in ihrer eigenen Familie und führte auf, welche Folgen diese verniedlichend »Verwandtenheiraten« genannte Inzucht unter Pakistanis in Großbritannien hat: Mehr als 70 wissenschaftliche Studien belegen derzeit allein in Großbritannien, dass die Inzucht zu Elend und Leid in den Familien führt. Die Kinder sind psychisch gestört, häufig missgebildet und müssen ihr ganzes Leben betreut werden. In Großbritannien sind 50 Prozent aller Pakistanis mit nahen Verwandten verheiratet, in der Stadt Bradford sind es sogar 75 Prozent. Im islamischen Kulturkreis hat man keine Ahnung von den genetischen Folgeschäden der Inzucht. Pakistanis stellen 1,5 Prozent der britischen Bevölkerung, aber ein Drittel der in Großbritannien geborenen Kinder mit schweren genetischen Schäden. Die Betreuung eines solchen Inzuchtkindes in einer britischen Kinderklinik kostet die dortigen Steuerzahler pro Jahr 75 000 Pfund (91 000 Euro).[455] Die staatlichen britischen Krankenkassen müssen immer mehr Geld für die lebenslange Betreuung der pakistanischen Inzuchtkinder ausgeben.

In Deutschland oder Österreich würde man solche Berichte nie veröffentlichen, die horrenden Kosten für die Gesellschaft lieber verschweigen. Wir fragen uns stattdessen, warum bestimmte Migrantengruppen rückständig und arm sind. Doch sind sie wirklich so arm?

Arme Deutsche – wie Zuwanderer das Maximum herausholen

»Armut trifft Migranten« – so lautet eine der Schlagzeilen, die uns immer öfter begegnen und uns irgendwie die Sinne vernebeln. Regelmäßig finden wir dazu passend Meldungen, denen zufolge unsere Migranten aus bildungsfernen Ländern immer häufiger von Armut betroffen sein sollen. Wir wollen für diese Armutsberichte der Migrationsindustrie und ihrer Unterstützer hier keine weitere Werbung machen. Sie sind oftmals das Papier nicht wert, auf dem sie gedruckt wurden. Denn zugleich schaffen Migranten aus genau den Herkunftsländern, über die die Zeitungen im Zusammenhang mit den armen Zuwanderern berichten, nach Angaben der europäischen Statistikbehörde EUROSTAT immer mehr Milliarden ins Ausland. Wie macht man das? Wie schafft man als angeblich verarmender und sozial schwacher, mittelloser Zuwanderer von Jahr zu Jahr immer mehr Geld außer Landes? Das alles ist ganz einfach. Schließlich sind Länder wie Deutschland und Österreich ein Dorado für zugewanderte Sozialbetrüger. Sie haben bei uns nichts zu befürchten, schließlich gibt es am Ende doch immer den Migrantenbonus. Eigentlich sollten wir wissen, wie das alles funktioniert. Denn schon 2003 – also vor vielen Jahren – klärte uns der *Focus* in dankenswerter Weise über einen der vielen miesen Tricks auf. Da hieß es nämlich:

»Das *Gönlübol* im westtürkischen Izmir ist eine gute Adresse. Auch unter deutschen Touristen hat das Spezialitätenrestaurant für Truthahngerichte einen guten Ruf. ›Da hat sich Süleyman Önkul eine kleine Geldmaschine hingesetzt‹, raunt respektvoll ein Wettbewerber an der belebten Einkaufsstraße Anafartaler Caddesi. Bezahlt hat die ›kleine

Geldmaschine‹ mit hoher Wahrscheinlichkeit der deutsche Steuerzahler. Wie auch zwei Apartmenthäuser im Norden der Küstenstadt. Die insgesamt zehn Wohneinheiten, das bestätigt ein Auszug des Grundbuchs von Izmir, gehören ebenfalls dem heute 68-jährigen Önkul. Was einen Mitarbeiter im Ausländeramt im 2000 Kilometer entfernten Soest in Westfalen ›daran richtig ärgert‹, ist der Name dieses Restaurants. *Gönlübol* heißt auf Deutsch: großzügig, freigiebig. Das habe doch ›etwas Zynisches‹. Denn: Großzügig und freigiebig unterstützte das deutsche Sozialsystem Süleyman Önkuls Aufstieg vom Asylbewerber zum Immobilienbesitzer – mit 1,77 Millionen Euro. Diese Summe kassierten der Kurde und seine 70-köpfige Großfamilie, die er nach seinem Asylantrag im Oktober 1989 nach Deutschland holte. Abgeschoben wurde Süleyman Önkul – als einer der Letzten seiner Familie – erst im Januar dieses Jahres. Er war kein politisch Verfolgter und hatte demnach auch keinen Anspruch auf Asyl. Kleinlaut zeigt sich Süleyman Önkuls früherer Anwalt Stephan Facilides aus Soest: ›Dem sind wir alle auf den Leim gegangen.‹«[456]

In Deutschland hat man seither nichts gelernt. Im Gegenteil, die Liste der Tricks zugewanderter Sozialschmarotzer wird immer länger. In Essen stand 2010 ein Türke vor Gericht[457], weil er mithilfe eines Farbkopierers Geburtsbescheinigungen für mehrere in Wahrheit nicht geborene Kinder erstellt und damit Sozialhilfe und Kindergeld abkassiert hatte. Die Türkenfamilie bekam eine größere Wohnung und noch mehr Sozialhilfe. Und man produzierte neue Geburtsbescheinigungen – es war ja so einfach. Bis einem Standesbeamten irgendwann beim nächsten »Kind« auffiel, dass die angegebene Entbindungsstation des Krankenhauses längst geschlossen worden war.

Wohin man auch schaut, die Abkassierer zocken gnadenlos ab – und kommen damit durch: Im Zuge der »Liechtensteinaffäre« war das Nürnberger Hauptzollamt in den Besitz von Datenträgern gelangt, aus denen sich Geldflüsse zwischen in Deutschland lebenden Ausländern und Banken in ihren Heimatländern ergaben. Ein Datenabgleich führte die Ermittler zu 73 »Stütze-Empfängern« in Mittelfranken, gegen die auch die Staatsanwaltschaft wegen Betruges ermittelte. Die meisten von ihnen waren Türken.

Ein konkretes Beispiel: Sechs Jahre lang zahlte eine in Nürnberg wohnende Türkin, die von 1998 bis 2004 von Arbeitslosengeld und -hilfe lebte, 49 000 Euro an ihre Verwandten in der Türkei. Als die Bundesagentur für Arbeit dahinterkam, verlangte die Behörde Teile des

Geldes – 31 000 Euro – von der früheren Grundig-Mitarbeiterin zurück. Doch diese Rückforderung wollte die Mutter zweier Kinder nicht hinnehmen. Sie zog vor das Sozialgericht und bekam dort recht. (Andere Türken verschoben bis zu 160 000 Euro, und zwar als Sozialhilfeempfänger!) Das Gericht entschied: Das sei als »kulturelle Besonderheit« der Türken zu »respektieren« und voll in Ordnung. Sozialhilfebetrug richterlich abgesegnet – das gibt es nur in der Bananenrepublik Deutschland.

Vor allem Moslems haben es als Sozialbetrüger in Europa wahrlich gut, denn sie können jeden Betrug unserer Sozialsysteme eiskalt mit dem Islam begründen. Wer dagegen etwas einzuwenden wagt, der ist natürlich »islamfeindlich« und ein böser »Rassist«.

Ein Beispiel aus dem Jahr 2010: Da saß eine fünffache Moslemmutter (26) mit ihrem Mann (28) auf der Anklagebank im Solinger Schöffengericht. Innerhalb eines Zeitraumes von viereinhalb Jahren hatte das aus dem Libanon stammende Asylbewerberpaar zu Unrecht mindestens 75 000 Euro aus dem Asylbewerberleistungsgesetz bezogen. Bei einer Wohnungsdurchsuchung fand die Polizei 26 000 Euro Bargeld und Schmuck im Wert von rund 64 000 Euro. Die Moslems erklärten das mit dem »kulturellen Brauchtum« und begründeten es mit ihrer Islamideologie. Bei dem Schmuck handele es sich, so die Angeklagten, um Familiengeschenke zu familiären und religiösen Anlässen. In ihrem muslimischen Kulturkreis seien solche Geschenke zu respektieren, dürften nicht verkauft werden, seien deshalb nicht anzurechnen – egal ob Bargeld oder Schmuck. Die Staatsanwältin forderte wegen schweren Betruges eine dreijährige Freiheitsstrafe. Die Richterin verhängte mit Rücksicht auf die Islamideologie und den Kulturkreis der Zuwanderer nur eine Bewährungsstrafe. Die Mitbürger lachten darüber. Zudem klagten die Libanesen im Sommer 2010 sofort auf Kosten der Steuerzahler gegen den Rückforderungsbescheid in Höhe von 75 000 Euro, forderten darüber hinaus weiterhin Sozialhilfe ein. Immerhin hatte die Richterin ihnen allen Ernstes während der Verhandlung gütig gesagt: »Bestimmt hatten Sie Anspruch auf Leistungen – aber auf weniger.« Sozialschmarotzer dürften sich somit aufgrund des Urteils in ihren Handlungsweisen bestätigt fühlen.

Wenn Sie die zu Unrecht gezahlten 75 000 Euro, die Prozesskosten, die Durchsuchung und die Ermittlungen sowie die laufenden weiteren Zahlungen und die Klagen der Zuwanderer gegen die Rückzahlungspflicht zusammenrechnen, dann hat allein diese eine Familie nachweislich einen Schaden in Höhe von 100 000 Euro verursacht. Wie viele Steuerzahler müssen dafür arbeiten, um allein die von dieser einen Migrantenfamilie angerichteten Schäden wieder auszugleichen?

Versicherungsbetrug zählt auch zu den durchaus ertragreichen Einkünften unserer Zuwanderer. Multikulti-Banden haben erreicht, was die Politik vom Bürger verlangt: Sie arbeiten über alle ethnischen Grenzen hinweg friedlich und glücklich zusammen. Beispiel Villingen: Da stand 2010 eine Bande von zugewanderten Versicherungsbetrügern vor Gericht. Die Täter stammten aus der Türkei, dem Libanon und aus Russland. Dazu ein Auszug aus dem *Schwarzwälder Boten*: »»Du kannst auf mein Auto fahren und dann machen wir ein wenig Geld damit.‹ So ungefähr soll es unter den sechs Männern zwischen 29 und 42 Jahren gelaufen sein, die sich jetzt in Villingen vor dem Schöffengericht wiederfanden. Mit ihren Tricksereien versuchten sie, an Versicherungsprämien in fünfstelliger Höhe zu kommen. Der Vorwurf lautete aber am ersten Verhandlungstag nicht nur ›versuchter Versicherungsbetrug‹. Der Staatsanwalt legte den Männern, zwei Türken, drei Deutschrussen und einem Libanesen, auch gefährlichen Eingriff in den Straßenverkehr und Beihilfe zur Sachbeschädigung zur Last.«[458]

Immer beliebter wird es auch, Rettungswagen und Krankenhäuser auszuplündern. Die *Hamburger Morgenpost* berichtete: »Offenbar gibt es einen Markt für gestohlene Medizingeräte: Ende Juni verhaftete die Polizei drei Männer, die im Auftrag eines tunesischen Arztes und eines Hehlers aus Schleswig-Holstein teure Geräte aus Hamburger Krankenhäusern gestohlen hatten.«[459]

Beliebt sind auch Rettungswagen, die im Einsatz sind. Man fährt einfach bei einem Rettungseinsatz hinterher, wartet, bis die Sanitäter in einem Haus verschwunden sind, und raubt dann die teuren medizinischen Geräte aus dem Fahrzeug. Das ist ein einträgliches Geschäft.

Zugewanderte Kopftuchmädchen, die dank Thilo Sarrazin in die Schlagzeilen geraten sind, produzieren in Deutschland nicht nur Kinder. Der *Kölner Express* stellte uns ein solches Kopftuchmädchen vor[460], das an einem Geldautomaten 7000 Euro abgehoben hatte – mit der Kreditkarte eines Rentnerehepaares, das gerade ermordet worden war.

Es gibt mehr als tausend Wege, wie man als armer Migrant in Deutschland oder Österreich wahrlich reich wird. Es ist politisch nicht korrekt, die Zahlen zu addieren, denn Politiker und Medien sprechen bei Migranten aus der Türkei und anderen fernen Ländern gern von angeblicher »Bereicherung«. Die Wahrheit lautet: Bestimmte Migrantengruppen kosten uns pro Jahr weitaus mehr als die Wirtschaftskrise. Über eine Billion (!) Euro Schaden haben Migranten allein in unseren Sozialsystemen in Deutschland bislang verursacht.

Kostenfalle Migrationsindustrie

Die schwere Wirtschafts- und Finanzkrise hat Deutschland den Studien großer Banken (etwa der Commerzbank) zufolge an real zu zahlenden oder tatsächlich verlorenen Summen insgesamt weniger als 200 Milliarden Euro gekostet.[461] Deutsche Finanzpolitiker sprachen 2010 von etwa 100 Milliarden Euro an tatsächlich bisher in Zusammenhang mit der Finanzkrise entstandenen Kosten für die Deutschen.[462] Wenn wir diese Summen und die zusätzlichen Kosten der Euro-Rettungsschirme ins Verhältnis zu den mindestens eine Billion Euro setzen, die uns Migranten allein bis Ende 2007 effektiv gekostet haben[463], dann wird schnell ersichtlich, wo weitere verborgene schlimme Schadensverursacher unserer Krise zu suchen sind. Und auch dem dümmsten Europäer dürfte schnell klar werden, wie unsere Zukunft aussieht, wenn sich nichts ändert. Dann heißt es nämlich: Armut ist für alle da. Sowohl hinsichtlich der Finanz- und Wirtschaftskrise als auch bei der Migration kommen nun ständig weitere Kosten auf die Steuerzahler zu. Bei der von den Heuschrecken der Finanzmärkte verursachten Wirtschaftskrise ist trotz neuer milliardenschwerer Rettungsschirme jedoch irgendwann ein Ende abschbar. Bei den von der Migrationsindustrie verursachten Finanzschäden ist genau das Gegenteil der Fall: Die Kosten werden immer horrender!

Was also haben wir nur falsch gemacht? Die Antwort ist einfach: Wir haben dort finanzielle Unterstützung gewährt, wo sie kontraproduktiv war. Millionen Einwanderer, die im 19. Jahrhundert von Europa aus den Atlantik überquerten, um in der Neuen Welt auf dem amerikanischen Kontinent ihr Glück zu suchen, erhielten dort weder Sozialunterstützung noch Sprach- oder Integrationskurse. Sie wurden auch nicht zu Konferenzen beim Innenminister eingeladen, um über ihre religiösen Gefühle zu diskutieren. Und sie erhielten keine Beraterverträge bei Regierungen, die Angst davor hatten, die in Massen ins Land strömenden Neuankömmlinge zu »diskriminieren«. Integration erfolgte eher nebenbei während der Suche nach Arbeit und dem mühevollen Unterfangen, das tägliche Überleben zu sichern. Der Motor der Integration war der Wille der Einwanderer, den sozialen Aufstieg zu erreichen. Sie wollten den Einwanderergettos entfliehen, ein normales Leben führen. Dafür waren sie bereit, Tag und Nacht zu arbeiten, wenn es sein musste. Der europäische Sozialstaat ging allerdings den gegenteiligen Weg. Die Migranten strömten in die Gettos – und verblieben dort, nicht zuletzt auf eigenen Wunsch. Der europäische Sozialstaat forderte keine Leistungsbereitschaft ein, sondern hängte viele der Zuwanderer an den finanziellen Tropf – unabhängig davon, was und wie viel der Einzelne für das Gemeinwesen hätte leisten können. Dass der Tropf irgendwann völlig leer sein musste, war nur eine Frage der Zeit.

Wo früher Wohlstand zu verteilen war, da verwalten wir heute Armut. Schuld daran sind eben auch Menschengruppen, die von der Migrationsindustrie dazu angehalten wurden, immer dreister zuzugreifen. Zugegeben: Es wurde ihnen leicht gemacht, schließlich hatten die führenden Fachleute der Welt im Jahr 2000 Deutschland noch prophezeit, dass ohne Einwanderung der baldige Zusammenbruch der Sozialsysteme bevorstehe.[464] Das Gegenteil der Prognose ist dann allerdings eingetreten: Je mehr Migranten aus rückständigen Ländern hierher kamen , desto schneller erfolgte der Zusammenbruch der Sozialsysteme.

Der Spiegel veröffentlichte 1973 die Titelgeschichte »Die Türken kommen – Rette sich, wer kann«, die heute politisch unkorrekt wäre.[465] Darin hat ein Vorgänger von Thilo Sarrazin, ein damaliger Berliner Finanzsenator, die Kosten für die Integration eines zugewanderten Gastarbeiters damals mit 200 000 D-Mark beziffert. An den Kosten hat sich bis heute – inflationsbereinigt – nichts geändert. Heute kostet die Integration auch nur eines zuwandernden Türken statistisch gesehen etwa 350 000 Euro.[466] Diese Summe bekommt nicht etwa ein türkischer Zuwanderer. Nein, es ist der Betrag, den wir inzwischen in der Migrations- und Integrationsindustrie etwa für die Betreuung eines Türken (statistisch gesehen) ausgeben. Wer das als »Bereicherung« verkauft, der belügt und betrügt die Steuerzahler. Und wenn die Bürger merken, wie sie von der Politik betrogen wurden, dann knallt es irgendwann.

In Deutschland gab es in der Vergangenheit mit Steuergeldern finanzierte Initiativen wie »Lass dich einbürgern!« Sie haben uns mit dem massenhaften Import von Menschen aus rückständigen Kulturkreisen letztlich an den Rand des Abgrunds geführt. Um nicht noch den entscheidenden Schritt über diesen Abgrund hinaus zu tun, muss die neue Initiative jetzt lauten: »Lass dich ausbürgern!« Diese Initiative richtet sich vor allem an unsere Mitbürger aus dem islamischen Kulturkreis, denn alle anderen – seien es Polen, Italiener, Spanier oder Griechen – waren zu keiner Zeit willens, irgendeinen Stadtteil in einen sozialen Brennpunkt zu verwandeln und damit für andere Menschen unbewohnbar zu machen. Die Besonderheiten im Verhalten der islamischen Migranten resultieren aus ihren geistigen Leitlinien und haben nichts mit mangelnder finanzieller Förderung zu tun. Schuld sind die islamisch geprägte Leitkultur und ihr uns Europäern fernes Denken, das mit den Werten unserer Gesellschaft und unseren Leistungsansprüchen nicht zu vereinbaren ist. Wir dürfen diese Migranten nicht länger mit horrenden Summen fördern. Sie gehören nicht zu uns. Für sie heißt es künftig: Wer hier nur durch Abkassieren aufgefallen ist, der wird vor den Bollwerken des Abendlands abgesetzt – und zwar ohne »Rückführungsprämie«.

Sofern realitätsresistente Politiker uns die enormen Kosten hinsichtlich der zugewanderten Vernichtungspotenziale weiterhin gegen unseren Willen aufzwingen wollen und dabei auch noch dreist von einer »Bereicherung« für uns alle sprechen, dann ist wohl überall in Europa die Zeit absehbar, in der möglicherweise nicht nur die Wahlplakate von Politikern an Bäumen und Straßenlaternen hängen werden. Dann, so hat es die Historie über Jahrhunderte hinweg immer wieder gezeigt, kann die Lage sehr schnell eine unfriedliche werden.

Die einst renommierte Bundeshauptstadt Berlin ist dank der vielen gescheiterten Integrationsbemühungen inzwischen so heruntergekommen, dass es sogar einen eigenen Berlin Führer mit der Auflistung der vielen »No-Go-Areas« gibt. Er heißt *The Rough Guide to Berlin* und warnt Fremde in englischer Sprache davor, welche Stadtviertel besser nicht betreten werden sollten. Es handelt sich um die Schauplätze multikrimineller Kämpfe, bei denen sich verfeindete Gruppen – Rechte gegen Linke, Arme gegen Reiche, verschiedene religiöse Fanatiker oder Ausländer gegen Inländer – gegenüberstehen. Die aufgestaute Wut über Perspektivlosigkeit, Finanzcrash, Massenarbeitslosigkeit, Werteverfall, wachsende Kriminalität, Islamisierung und die vielen anderen Probleme machen es dort nicht ratsam, als Fremder aufzutauchen. Derartige No-Go-Areas gibt es überall in Deutschland. Sie stellen inmitten der schweren Wirtschaftskrise viele lodernde Brandherde dar. Niemand in den Reihen der »Eliten« bewegt seinen Hintern aus dem bequemen Sessel, um diese Brände vor der Explosion rechtzeitig zu löschen. So knallt also irgendwann mit Gewalt auseinander, was offenkundig ohnehin nicht zusammengehört.

Polizei in Migrantenvierteln am Ende

Die deutsche Polizeigewerkschaft hat mehrfach schon öffentlich mitgeteilt, dass sie die Sicherheit der Menschen in deutschen Migrantenvierteln auf Dauer nicht mehr ohne ausländische Hilfe gewährleisten könne. Und deshalb diskutiert man in Nordrhein-Westfalen seit 2010 darüber, Polizisten aus der Türkei zu holen, die in Deutschland in türkischen Uniformen das Recht durchsetzen sollen. Ein Staat, der die Sicherheit seiner Staatsbürger nicht mehr aus eigener Kraft garantieren kann, ist allerdings am Ende.

Die Deutsche Polizeigewerkschaft hat im Januar 2011 nach der Silvesternacht in Berlin folgende Pressemitteilung herausgegeben: »In der Schönwalder Straße im Gesundbrunnen wurden Polizisten, die zufällig ein Feuer entdeckt hatten und Menschen retten wollten, von etwa zehn Personen mit Migrationshintergrund beschimpft und angegriffen. Sie flüchteten, nachdem Verstärkung angefordert worden war. Auch Feuerwehrleute wurden beschimpft und angepöbelt. In unzähligen Einsätzen rund um die Silvesterfeierlichkeiten waren Polizisten zudem das Ziel von Angriffen mit Feuerwerkskörpern. Bodo Pfalzgraf, Vorsitzender der DPolG Berlin: ›Respektlosigkeit und Parallelgesellschaft führen zu Gewalt gegen Helfer. Die Parteien werden im Wahljahr 2011 an Handlungskonzepten gemessen. Wir wollen nicht die Prügelknaben Berlins sein.‹«

Seit mehreren Jahren schon erfreut sich in Europa eine neue »Sportart« wachsender Beliebtheit: Polizisten angreifen und zusammenschlagen. Was es in früheren Jahren nur zum 1. Mai als Spezialität einer kleinen Gruppe vorwiegend asozialen Gesindels in einigen wenigen Großstädten gab, ist längst zum Volkssport bestimmter Bevölkerungsgruppen geworden.[467] Die Gründe hierfür sind leicht zu finden, denn der deutsche »Rechtsstaat« ermuntert die Täter. Zumindest haben sie harte Strafen schon lange nicht mehr zu befürchten. Jeden Tag lassen Richter »im Namen des Volkes« in Deutschland Menschen wieder laufen, die versucht haben, Polizisten totzuschlagen. Zumindest dann, wenn es sich um Zuwanderer handelt.

Ein Beispiel aus Berlin: Mitbürger Yassin G. (19) hatte Lust, einen Polizisten zu töten. Ihm war gerade danach. Grund: weil der Berliner Polizist »so geguckt« hatte. Das Opfer: Zivilfahnder Alexander W. (33). Der Polizist zog seine Waffe, nachdem er von dem Mitbürger einfach so zu Boden geschlagen wurde, gab einen Warnschuss ab. Doch Brutalo

Yassin G. machte weiter, trat dem Beamten in Tötungsabsicht vor den Kopf, würgte ihn. Die Berliner Richter hatten (wie üblich) viel Verständnis für den aggressiven Migranten: Es gab für ihn als Urteil 14 Monate Haft auf Bewährung und 500 Euro Schmerzensgeld. So viel ist ein deutscher Polizist heute nur noch wert, wenn ein Mitbürger sich an ihm auslässt. Der Polizist ist übrigens seit 6. Dezember 2009 arbeitsunfähig.

Seit vielen Monaten schon beklagen sich deutsche Polizisten darüber, dass sie auf den Straßen zunehmend auf Respektlosigkeit stoßen und ohne Vorwarnung angegriffen werden. Und bei immer mehr Zuwandererfamilien werden schon die jüngsten Kinder zu Verbrechern abgerichtet.[468] Das ist allerdings kein deutsches Phänomen.

Ohne das systematische Wegschauen von Medien und Politik hätten sich die Zustände in Europa niemals so entwickeln können. Überall in Europa haben die Polizeigewerkschaften immer wieder auf diese Entwicklung aufmerksam gemacht. Sie haben davor gewarnt, dass sie irgendwann die Sicherheit der Bürger nicht mehr gewährleisten können und dass es viele Gebiete geben wird, in denen der deutsche Staat dann nichts mehr zu sagen hat. Schließlich schlug der NRW-Vorsitzende der Deutschen Polizeigewerkschaft, Erich Rettinghaus, im Sommer 2010 vor, dass türkische Polizisten in Zuwanderergettos in Nordrhein-Westfalen auf Streife gehen sollten, um sich dort um türkischstämmige Jugendliche zu kümmern. »So geht es nicht weiter«, sagte der Gewerkschaftsvorsitzende in Duisburg. »Vielleicht ist das ein probates Mittel. Man sollte es ausprobieren.« Die Türken sollten in ihren eigenen Uniformen auf Streife gehen. Rettinghaus sagt zur unfassbaren Gewalt der Migranten in den Problemvierteln: »In letzter Zeit gibt es dazu vermehrt Medienmeldungen unterschiedlichster Art und Anlässe. Zu einem Großteil handelt es sich um türkischstämmige Menschen, begründet in der geschichtlichen Zuwanderung. Es nutzt nichts, dazu die Augen zu verschließen und das schönzureden oder bei der polizeilichen Kriminalstatistik erst gar nicht den Migrationshintergrund zu erfassen.« Und deshalb fordert er türkische Polizisten in den Türkengettos.

Die Gewährleistung der Sicherheit des Bürgers vor inneren und äußeren Feinden ist der Hauptgrund dafür, dass Menschen sich in Staaten zusammenschließen und den Staat als Ordnungsmacht (»Staatsmacht«) akzeptieren. Kann ein Staat den inneren Frieden nicht mehr so gewährleisten, dass Bürger sich ohne Angst auf die Straßen trauen können, dann verliert er seine Existenzberechtigung. Nicht nur in Nordrhein-Westfalen ist das absehbar. Wirklich schlimm wird die Lage auch für Durchschnittsbürger erst werden, wenn wir den Migranten die von ihnen gewohnten Sozialleistungen einfach nicht mehr bezahlen können. Dann knallt es. Und dann wird es keine Hilfe geben – auch nicht von der Polizei.

Survival Scout – der bestbezahlte Beruf der Zukunft

In einer Zeit, in der Millionen Menschen arbeitslos werden, soziale Brennpunkte zu explosiven Herden mutieren, da entstehen völlig neue Berufe. Es gibt keine Berufsbeschreibung, ja kaum Treffer für sie in den Internet-Suchmaschinen. Dabei werden sie bald schon zu den gefragtesten und am besten bezahlten Berufen der industrialisierten Welt zählen. Einer von ihnen ist der »Survival Scout«.

Sucht man im Internet nach dem Begriff »Survival Scout«, dann findet man vor allem Pfadfinder- und Outdoor-Begeisterte. Aber kaum ein Artikel beschreibt den derzeit neu entstehenden Survival Scout, der wohlhabenden Menschen in den sich abzeichnenden künftigen Unruhegebieten westlicher Industriestaaten das Überleben inmitten sich rapide verschlechternder Sicherheitsbedingungen ermöglicht. Es wird wohl nicht mehr lange dauern, bis sich erste Survival Scouts auch im deutschsprachigen Raum präsentieren. Denn kein Geringerer als Gerald Celente, der bekannteste seriöse Zukunftsforscher der Welt, hat den Survival Scout in seinem Informationsbrief *The Trends Journal* (Ausgabe Herbst 2009[469]) zum absoluten Zukunftsberuf erkoren. Celente ist jener Mann, der mit der Treffsicherheit eines Scharfschützen als Erster den Zerfall der früheren Sowjetunion voraussagte. Er prognostizierte auf dem absoluten Tiefstand des Preises einer Feinunze Gold deren baldigen Rekord jenseits von 1000 Dollar (und behielt wieder einmal recht). Er sagte den Crash an der Wall Street voraus. Und inmitten einer Atmosphäre, in der alle Politiker und Medien derzeit einhellig »Die Krise ist bald vorbei« schreien, prognostiziert er nun mittelfristig ein Horrorszenario des Untergangs einst wohlhabender westlicher Staaten, das mit schweren Unruhen (zum Teil sogar Bürgerkrieg) an Zustände erinnert, die wir nur noch aus den Geschichtsbüchern kennen.

Gerald Celente und sein Team haben sich in der Vergangenheit niemals wirklich geirrt – daher sind Medien und Politik ob seiner brutalen Aussagen zutiefst verunsichert. Während deutsche Trendforscher wie der hochbezahlte Matthias Horx uns über trendige Zukunftsfarben oder über die großen Chancen der Krise berichten und beständig vorwiegend politisch willkommenen Optimismus verbreiten, zeichnet Celente ein komplett anderes Bild, das völlig neue Berufe entstehen lässt. Nach seiner Auffassung werden in westlichen Staaten die »Sicherheits«-kräfte bald schon den Schutz der Bürger nicht mehr garantieren können. Marodierende Gangs werden die Macht in vielen Ballungsgebieten übernehmen. Die europäischen Staaten sind eben finanziell am Ende. Das Gesetz der Straße, das Recht des Stärkeren, werde wieder für einen Großteil der in »wohlhabenden« Staaten lebenden Menschen zum traurigen Alltag werden. Die Politik, die darin geübt sei, die Bevölkerung zu betrügen und zu belügen, werde nur noch mit brutalster Unterdrückung reagieren können, so Celente. Und es werde viele wohlhabende Menschen geben, die nach sicheren Zufluchtsorten für sich und für ihre Kinder suchen werden. Dabei behilflich werde der Survival Scout sein – ein neuer Berufsstand, der doppelte Staatsbürgerschaften vermitteln werde, sichere Reiserouten in Unruhegebieten organisieren könne, saubere Lebensmittel besorge und vor allem Kapital oder Wertgegenstände sicher an jeden gewünschten Ort der Welt schaffen könne.

Über die Sicherung des materiellen Wohlstandes hinaus werden die Survival Scouts auch für das psychische Überleben sorgen müssen. Menschen, die heute noch an die Hilfe von in Wahrheit zutiefst niederträchtigen politischen »Eliten« glauben, würden schon bald erkennen, dass ihnen durch unsere politischen Versager alles genommen worden sei. Sie würden verzweifeln und inmitten einer zunehmend unruhigeren Umgebung dringend auch psychischer Stabilisierung bedürfen.

Celente schreibt zu dem, was auf die Europäer binnen drei Jahren zukommt: »Despite differences between the 1930's Great Depression and today's ›Great Depression‹, unsettling similariters conjure up memories of pre World War II. From the United Kingdom to Russia, war drums eerily beat …« Die Kriegstrommeln klopfen also wieder überall einmal an die Türen der Europäer. Und das alles schon in nicht einmal drei Jahren.

Denken Sie nun einmal an den Anfang dieses Buchteils zurück. Das Gleiche hat der Schweizer Armeechef Andre Blattmann gesagt – man hat ihn ausgelacht. EU-Kommissionspräsident Barroso äußerte sich noch drastischer – man hat ihn ausgelacht. Und ein durchschnittlicher

Leser dieser Zeilen wird nun wahrscheinlich immer noch herzhaft lachen. Das haben durchschnittliche Leser auch vor allen anderen Prognosen des Forschungsinstituts von Gerald Celente getan. Celente bekommt heute für einen Vortrag viele hunderttausend Dollar, weil intelligente, wohlhabende Menschen wissen, dass sie aus seinen Prognosen Hinweise auf die tatsächliche Entwicklung dieser Welt erhalten. Menschen, die auf der Gewinnerseite des Lebens stehen, denken zumindest über die Aussagen dieses Mannes nach. Alle anderen glauben an die Schaffenskraft von Politikern, verschlingen begierig die weichgespülten Kommentare politisch korrekter »Qualitätsjournalisten« und zappen in ihrer Freizeit zwischen den dümmlichen Reality-TV-Geschichten der Fernsehsender hin und her.

Vielleicht denken auch Sie einfach einmal nach – und bereiten sich auf eine möglicherweise eher unschöne Entwicklung vor. Revolten, soziale Unruhen und bürgerkriegsähnliche Zustände – das alles verbinden wir bislang nur mit Staaten der Dritten Welt. In Europa gibt es dafür angeblich seit mehr als zwei Generationen keinen Platz mehr. Unsere Konsumgesellschaft sieht die Geschichte vor unseren Haustüren inzwischen als etwas statisch Positives an: Veränderungen in unserem direkten Lebensumfeld können in unserer Spaßgesellschaft angeblich nur positiv sein. Das bestätigen uns doch Trend- und Zukunftsforscher Monat für Monat. Unsere Automotoren werden noch sauberer, der Anblick weißer Wäsche führt irgendwann dank ständig verbesserter Waschmittel wahrscheinlich fast zur Erblindung, und für jedes Wehwehchen hat die Pharmaindustrie bald schon eine neue Wunderpille parat. Alles wird nur immer besser, schöner und bunter. Für Revolten, Unruhen und die Vorboten des Niedergangs ist da kein Platz. Bis es irgendwann knallt.

Wer im August 2008 den direkt bevorstehenden Zusammenbruch der amerikanischen Investmentbank *Lehman Brothers* und den folgenden Kollaps der Weltwirtschaft voraussagte, der wurde für völlig verrückt erklärt – gaga, hirnrissig, reif für die Klapsmühle. Noch am 14. September 2008 veröffentlichte die renommierte amerikanische Tageszeitung *Washington Post* einen Bericht, in dem dargelegt wurde, warum es keine wirtschaftliche Rezession in den Vereinigten Staaten und keine Bankenzusammenbrüche geben könne und geben werde. Nur einen Tag später meldete die Bank *Lehman Brothers* Insolvenz an. Der Rest ist Geschichte. Die schlimmste Rezession der Historie fegt seither über die globalisierte Welt hinweg. Man tut gut daran, die Scheuklappen abzulegen und sich auf die Realität vorzubereiten. Mit Krisenvorsorge. Unsere Eltern und Großeltern wissen noch, was damit gemeint ist. Denn hätten unsere Eliten bei der Schöpfung assistiert, wir wären heute wahrscheinlich noch bei den Einzellern.

GERHARD SPANNBAUER

DIE UMFASSENDE
KRISENVORSORGE

Wie können Sie dem kommenden Sturm trotzen?

Angesichts der kommenden Umwälzungen und weitreichenden Gefährdung unseres Geldes – und somit unserer Lebensgrundlage – stellt sich natürlich die Frage, wie sich der Einzelne dagegen wirkungsvoll schützen kann. Eine rein auf das Finanzielle bezogene Vorsorge reicht bei Weitem nicht aus. Sicher wäre es fatal, wenn Sie Ihre Ersparnisse oder Ihre Altersvorsorge verlieren würden, und selbstverständlich muss man auch hierfür eine entsprechende Vorsorge treffen. Jedoch drohen umfassende Gefahren.

Wir leben in einem sehr dicht besiedelten Land, das in vielfacher Weise von Importen abhängig ist. Unser heutiges, auf Just-in-time aufgebautes System kennt keine nennenswerte Lagerhaltung mehr. So schlägt ein gewöhnlicher Lebensmittelmarkt sein Sortiment binnen zwei Tagen um. Aufgefüllt werden die Regale durch die täglichen Lieferungen. Fallen diese aus, sind die Geschäfte nach 48 Stunden leer.

In der Industrie ist es so, dass auch hier die Produktion häufig von Komponenten aus anderen Ländern abhängt. So kamen beispielsweise die Bänder bei Audi im Frühjahr 2010 nach dem Vulkanausbruch in Island zum Stehen. Was hat das Werk in Ingolstadt mit dem Vulkan in Island zu tun?

Aufgrund des damals verhängten Flugverbots konnten verschiedene Komponenten nicht eingeflogen werden, und sofort kam die Produktion ins Stocken. Dabei handelte es sich »nur« um ein zirka zehntägiges Flugverbot und keine länderübergreifende Finanzkatastrophe.

Nun stellen Sie sich einmal vor, was passiert, wenn die Währungen kollabieren und infolgedessen die Wirtschaft für eine gewisse Zeit zusammenbricht. Es gibt dann vorübergehend keinen Im- und Export sowie keinen Handel mehr. Selbst auf lokaler Ebene kommt der Warenaustausch ins Stocken. Solche Ausfälle kann man nicht innerhalb weniger Tage neu organisieren, dies dauert Monate. Zunächst werden Mangel und pure Not herrschen. – Wie wird die überraschte und unvorbereitete Bevölkerung darauf reagieren?

Die meisten Menschen sind auf das Funktionieren des jetzigen Systems angewiesen und haben sich mit den Vorzügen unserer modernen Gesellschaft arrangiert. Im Prinzip kann man fast alles jederzeit bekommen. Sie denken, es ist nicht wichtig, Geld oder Lebensmittel vorrätig zu haben. Wozu auch, wo es doch an jeder Ecke Geldautomaten gibt und man zur Not mit dem Plastikgeld überall bequem zahlen kann. Lebensmittel bekommt man, wenn es sein muss, bis tief in die Nacht an der Tankstelle. Ein längerer Strom-, Gas- oder Wasserausfall? Einfach undenkbar.

Wir haben uns in der Annahme eingerichtet, dass ständig alles wie gehabt funktioniert. Dabei zeigt uns das Leben immer wieder, wie anfällig unser modernes System ist. Ein Wintereinbruch führt regelmäßig zu langen Staus, unzähligen Unfällen mit Toten und Verletzten, verzögerten Lieferungen und Versorgungsengpässen. Kommt es zu lokalen Überschwemmungen, sind die Menschen sofort darauf angewiesen, mit dem Lebensnotwendigsten versehen zu werden.

Ich möchte Ihnen auf den nachfolgenden Seiten ein umfassendes Vorsorgekonzept erläutern, das Ihnen hilft, sich auf bevorstehende Notfälle bestmöglich vorzubereiten. Allen, die bereits eine Vorsorge getroffen haben, soll dieser Teil des Buches helfen, vorhandene Lücken zu schließen.

Die Finanzkrise bestimmt unser Leben seit knapp zwei Jahren und weitet sich entgegen den Aussagen unserer Politiker immer weiter aus. Schaut man in eine Buchhandlung, wird man von einer Unmenge an Büchern zu diesem Thema regelrecht erschlagen. Man findet dort zahllose Ratgeber, die die Ursachen erläutern, verschiedene Thesen aufstellen und vielfältige Ratschläge zum Schutz des Vermögens geben. Erstaunlicherweise beschreiben mittlerweile zwar viele Autoren, dass das heutige Geldsystem keinen Bestand haben wird, doch weisen sie nicht auf das Spektrum der Folgen hin. Trauen Sie sich nicht, dieses brisante Thema konsequent bis zum Ende zu denken? Der bekannte Buchautor und Krisenexperte Prof. Max Otte geht da schon weiter und gibt zu, den Jagdschein gemacht und Ackerland gekauft zu haben.

Unzählige Internetseiten befassen sich mit der Finanzkrise und versuchen, ihre Leser entsprechend zu sensibilisieren und vorzubereiten. Zu oft wird ausschließlich auf den Kauf von Gold und Silber hingewiesen und der Anschein erweckt, dass dies das allein Seligmachende ist.

Ich bin selbst von den Edelmetallen sehr überzeugt. Jedoch helfen sie Ihnen wenig, wenn Sie Ihren Arbeitsplatz verlieren oder die Wohnung kalt bleibt. Würde ein anderer Familienvater im Krisenfall seinen Petroleumofen gegen Gold tauschen, das ihm in diesem Moment wenig bringt, wenn er weiß, dass seine Familie dann friert?

Somit wäre es perfekt, Sie hätten im Rahmen der Vorsorge selbstverständlich Gold und Silber, aber auch einen separaten Ofen und verschiedene andere Bedarfsartikel. Ich weise über das Finanzielle hinaus auf vier weitere konkrete Präventivmaßnahmen hin, die Ihre volle Aufmerksamkeit verdienen. Um möglichst sicher zu sein, sollten Sie diese fünf Bereiche absichern:

1. Sicherung des Einkommens
2. Sicherstellen der Zahlungsfähigkeit, Rettung der Ersparnisse und eine gute finanzielle Grundversorgung
3. Persönliche Vorräte, die für eine gewisse Zeit ein autarkes Leben ermöglichen
4. Maßnahmen für die eigene Sicherheit
5. Verbesserung der persönlichen Fähigkeiten

Ich erkläre Ihnen nachfolgend, worauf Sie achten sollten, und lege dar, wie Sie in jedem Bereich eine solide Vorsorge treffen, die Sie beruhigt schlafen lässt und der Krise den Schrecken nimmt. Wichtig ist, dass Sie rechtzeitig agieren und nicht warten, bis Sie in Zugzwang sind. Sie haben die Möglichkeiten, einerseits ein Krisengewinner zu werden oder andererseits viel bzw. alles zu verlieren.

Noch ein Hinweis: Beschaffen Sie das Nötige jetzt, denn wenn eine breitere Masse »aufwacht«, bekommen Sie das Erforderliche nicht mehr. Ich sehe dies immer wieder in unserem Internetshop: Sobald es zu einem gewissen Thema Schlagzeilen gibt und die Nachfrage spürbar anzieht, können die Hersteller bzw. der Handel nicht mehr liefern. Unsere Just-in-time-Logistik kennt keine umfangreiche Vorratshaltung mehr, auch die Produktionskapazitäten sind begrenzt, und viele Komponenten werden von externen Zulieferern teilweise über weite Strecken angeliefert. Auf einen sprunghaften Anstieg der Nachfrage ist kaum jemand vorbereitet. In diesem Fall helfen weder Geld noch Edelmetalle. So war es beispielsweise beim Hurrikan in New Orleans. Dort stürmten die in Not geratenen Bürger die Geschäfte, die völlig überfüllt und in kurzer Zeit ausverkauft waren.

Solche Situationen möchte ich Ihnen ersparen und erläutere Ihnen daher mein umfassendes Vorsorgekonzept, das Sie in jedem Bereich wirkungsvoll schützt.

Beginnen wir mit der ersten wichtigen Maßnahme, von der Sie leider selten lesen. Jedoch steht und fällt mit ihr sehr viel, da ein regelmäßiges Einkommen unsere Lebensgrundlage darstellt, und die gilt es zu schützen, um einen Absturz zu vermeiden.

Sicherung des Einkommens

Als ersten Schritt sollten Sie sofort und gründlich prüfen, wie sicher Ihre Einkommensgrundlage ist. Wie verdienen Sie Ihr Geld, und wie solide und krisensicher sind die einzelnen Geldquellen?

Die laufenden Einnahmen stellen die Grundlage Ihres Lebens dar. Brechen sie ein, hat dies weitreichende und unangenehme Folgen bis hin zum sozialen Abstieg. Eine Zeit lang mag das deutsche, recht dicht gewobene soziale Netz einen gewissen Schutz bieten. Jedoch sollte man sich darauf nicht verlassen, da in absehbarer Zeit mit Kürzungen zu rechnen ist. Angesichts der Tatsache, dass die meisten Menschen mit ihrem Geld gerade eben auskommen und anstelle solider Reserven eher Darlehen laufen haben, verwundert es, dass diesem Punkt so wenig Beachtung geschenkt wird.

In Deutschland gelten zirka zehn Prozent aller Haushalte bereits jetzt als überschuldet, und die Quote derjenigen, die insolvenzgefährdet sind, dürfte recht hoch sein. Hier reicht es, wenn der Partner den Job verliert oder Extrazahlungen seitens des Arbeitsgebers gestrichen werden, um das Budget zu sprengen. Bei solch einer knappen Planung müsste die jetzige Wirtschaftsentwicklung diesen Menschen eigentlich den Schlaf rauben.

Deshalb sollten Sie diesem Bereich frühzeitig und vorrangig Ihre volle Aufmerksamkeit schenken. Egal, womit Sie Ihr Geld verdienen – in nächster Zeit ist die Gefahr von Verlusten für jeden sehr hoch. Selbst wenn bei oberflächlicher Betrachtung noch keine besonders bedrohliche Lage besteht, sollten Sie Ihre Einkommenssituation gründlich prüfen. Was könnte unter der Annahme des ungünstigsten Verlaufs passieren?

Das Gute ist, dass es für die Aktiven und Fähigen immer Jobs gibt und sie diese finden und letztendlich auch bekommen. Selbst wenn die Arbeitslosigkeit in der Krise auf 20 bis 40 Prozent steigt, bedeutet das, dass immer noch 60 bis 80 Prozent in Lohn und Brot stehen. Ihr Bestreben muss sein, sich in einem schwierigen Umfeld zu behaupten.

Es liegt an Ihnen, ob Sie sich in das scheinbar vorgezeichnete Schicksal ergeben oder Ihren Weg suchen und das angestrebte Ziel erreichen. Oft ist der pure Wille, der dringende Wunsch, eben diese Stelle zu bekommen, das entscheidende Kriterium gegenüber guten Zeugnissen oder irgendwelchen Qualifikationen.

Dabei dürfen Sie sich auch nicht von positiven Aufschwungsmeldungen der offensichtlich politisch gelenkten Medien aufs Glatteis führen lassen. Tatsache ist, dass die meisten Branchen unter der rückläufigen Wirtschaft leiden und eher Arbeitskräfte entlassen, als neue Jobs zu schaffen. Daher ist die Sicherung des Einkommens die derzeit wichtigste Krisenvorsorgemaßnahme für jeden. Ob Sie Ihr Geld als Arbeiter oder Angestellter, Selbstständiger, Unternehmer oder Freiberufler, Rentner, Pensionär, Anleger, Investor, Schüler, Student, Auszubildender oder als Bezieher von Zuwendungen aller Art (Sozialhilfe, Hartz IV, Unterhalt etc.) verdienen, Sie werden sich weitaus mehr als bisher um Ihre Einnahmen bemühen müssen.

Was immer Sie tun, Sie müssen in Ihrem Bereich besser, am besten unersetzlich werden. Arbeiten Sie sorgfältiger, motivierter, kreativer, bleiben Sie länger und setzen Sie sich mehr denn je ein. Auch wenn dies schlussendlich vielleicht nicht reicht, um Ihre jetzige Stellung zu behalten, so steigert es Ihre Fähigkeiten und Ihr Selbstvertrauen, sodass Sie für neue Aufgaben besser gewappnet sind.

Sie sollten die nötigen Maßnahmen frühzeitig ergreifen, denn wenn Sie Ihren Arbeitsplatz erst einmal verloren haben, die Erlöse versiegt sind oder Ihre eigene Firma zahlungsunfähig ist, ist es definitiv zu spät. Als ich mich vor Jahren mit den finanziellen Fakten beschäftigt habe, war mir rasch klar, dass der kommende wirtschaftliche Rückgang auch mein Einkommen tangieren würde. So begann ich mir zu überlegen, wie ich am besten darauf reagieren sollte, und konnte eine neue wirtschaftliche Grundlage schaffen.

Nachfolgend gebe ich grundlegende Tipps für verschiedene Einkommensarten; Sie können die Gruppen, die für Sie nicht infrage kommen, selbstverständlich überspringen.

Wenn Sie angestellt sind

Prüfen Sie möglichst sofort, wie gut Ihr Arbeitgeber am Markt aufgestellt ist, wie hoch er verschuldet ist, ob er genug Eigenkapital hat und ob seine Produkte auch in der Krise gebraucht werden. Prüfen Sie auch seine Rentabilität. Falls Sie von Berufs wegen keinen Einblick in die Zahlen haben: Mit ziemlicher Wahrscheinlichkeit ist Ihr Arbeitgeber beim elektronischen Bundesanzeiger gelistet (*www.ebundesanzeiger.de*). Sie können dort seine (oft auch aktuellen) Bilanzen einsehen.

Selbstverständlich sollten Sie dieses Verfahren auch auf Ihre potenziellen künftigen Arbeitgeber anwenden. Wenn Sie dabei schon jetzt alarmierende Anzeichen erkennen, können Sie mit Sicherheit davon ausgehen, dass Ihr Arbeitgeber in der kommenden Deflation aufgrund der Auftragsrückgänge – ungeachtet aller derzeitigen Lippenbekenntnisse – Stellen abbauen wird (nachdem zuvor schon die Urlaubs- und Weihnachtsgelder zusammengestrichen wurden).

Zu den gefährdeten Firmen gehören hierbei nicht nur Hersteller von Luxusgütern, sondern auch Firmen mit hohem Energieverbrauch und/oder langen und unsicheren Lieferwegen. Eventuell sind aber auch nur bestimmte Bereiche/Abteilungen Ihres Unternehmens gefährdet, sodass Sie sich vielleicht besser intern nach einer neuen Stelle umsehen sollten, statt einen neuen Arbeitgeber zu suchen.

Wenn Ihr Arbeitgeber Arbeitsplätze abbaut, sträuben Sie sich nicht unnötig gegen die Annahme eines Abfindungsangebots. Besser ist es, Sie gehen jetzt mit einem goldenen Handschlag als später ohne ihn. Das gilt natürlich erst recht, wenn Sie ohnehin schon das Gefühl haben, dass Ihre derzeitige Position noch nicht »das Gelbe vom Ei ist«. Längerfristig betrachtet ist Unzufriedenheit mit dem Arbeitsplatz ohnehin ungesund.

Falls Sie Ihren Arbeitsplatz halten wollen, aber nicht können, werden recht schnell eine Reihe von Fragen auftauchen: Haben Sie sich rechtzeitig nach Alternativen umgesehen und damit begonnen, ein zweites Standbein aufzubauen? Verfügen Sie über anderweitige Grundkenntnisse, die eine neue Basis bieten könnten? Haben Sie Ansprüche auf staatliche Überbrückungsgelder (sofern diese noch ausgezahlt werden)?

Rechtzeitig Vorkehrungen zu treffen – wie Weiterbildungen – macht sich dann besonders bezahlt. Sie bieten auch in scheinbar sicheren Zeiten eine gute Gelegenheit zur beruflichen Verbesserung und Aufstockung des Einkommens und ermöglichen Ihnen im Falle eines Falles vielleicht den Ausstieg aus einer Krisenbranche.

Jobsuche vorbereiten

Zum Einstieg erst einmal die gute Nachricht: Schlechte Zeiten für die Wirtschaft müssen nicht unbedingt schlechte Zeiten für Sie bedeuten, besonders nicht, wenn Sie sich gut verkaufen können. Nutzen Sie das vermeintliche Schicksal als die Chance, sich über eine neue Herausforderung beruflich und gegebenenfalls auch finanziell zu verbessern.

Die Suche nach dem krisenfesten Job oder der sattelfesten Gründungsidee braucht ihre Zeit, weshalb Sie besser heute als morgen damit anfangen sollten. Auch soll hier nicht verschwiegen werden, dass die Anzahl offener Stellen zu Beginn der »echten« Krise im Jahr 2009 um bis zu 25 Prozent zurückgegangen ist. Das bedeutet für Sie auch jetzt noch weniger Auswahl, mehr Konkurrenz und eine längere und genauere Suche. Massenhafte Streubewerbungen nutzen da noch weniger als zuvor. Suchen Sie lieber länger nach Angeboten, die möglichst genau zu Ihrem Profil passen, und investieren Sie Ihre Energie in weniger, aber dafür umso bessere Bewerbungen.

Denken Sie nicht nur an Ihren jetzigen und den nächsten Job, sondern weiter darüber hinaus. Legen Sie eventuelle kleinliche Ängste über »Brüche in der Biografie« schnell beiseite: Geradlinige »Schornsteinkarrieren« interessieren schon heute kaum jemanden mehr. Im Nachhinein können sich erzwungene Umstrukturierungen durch Entlassung oder Ähnliches sogar als Glücksfall erweisen, da sie zu Veränderungen zwingen, die man sonst vielleicht nie gewagt hätte und die womöglich sogar einen späteren Totalabsturz abwenden.

Bevor Sie loslegen und in Aktionismus verfallen, sollten Sie nun zuerst einen Moment innehalten. Wissen Sie überhaupt, was Sie wirklich können und was Sie wollen? Wenn ja, handeln Sie danach, oder tun Sie trotzdem nichts in dieser Richtung? Falls Ihre Antworten jetzt nicht so positiv ausfallen: Keine Sorge, damit sind Sie nicht allein. Viel mehr Zeitgenossen, als man gemeinhin annimmt, treiben auch in fortgeschrittenem Alter nur planlos durchs Leben, geleitet von Zufällen und den Meinungen anderer.

Um dies zu ändern und hier weiterzukommen, sollten Sie sich etwas Zeit für eine berufliche und persönliche Bilanz nehmen und außerdem eine ehrliche Bestandsaufnahme Ihrer Stärken und Schwächen sowie Ihrer Lebensumstände und Rahmenbedingungen (zum Beispiel Mobilität, Finanzen, Gesundheit, Verpflichtungen) machen. Das Ganze sollten Sie, wenn möglich, als Selbstbild und als Fremdbild – der Wahrnehmung, wie andere Sie sehen – vorliegen haben. Die dafür erforderliche Selbstbeobachtung und vor allem das Nachfragen bei Freunden oder Angehörigen erfordert häufig etwas Mut, da die Antworten wahrscheinlich nicht nur schmeichelhaft ausfallen.

Es lohnt sich aber in jedem Falle: Wer hier Antworten hat, weiß, was ihn unverwechselbar macht. Außerdem finden Sie so heraus, was Sie brauchen, um Freude an einer Arbeit und dadurch Erfolg zu haben. Das ist nicht zuletzt auch in jedem Bewerbungsgespräch eine gute Chance, sich wirkungsvoll zu positionieren.

Befragen Sie sich dann als Nächstes selbst, welche Rahmenbedingungen Sie brauchen, um gut arbeiten zu können. Dann haben Sie wesentlich größere Chancen, eine wirklich passende Stelle oder Geschäftsidee nicht nur zu finden, sondern sie auch in schwierigeren Zeiten zu behalten. Was gehört zu diesen Rahmenbedingungen? Nun, Sie sollten beispielsweise wissen, ob Sie eher schnell oder langsam arbeiten, ob Sie eher kurzfristige Probleme zügig anpacken oder lieber langfristig die Vermeidung dieser Probleme planen. Sind Sie also eher ein Mann der Tat oder der Analytiker und Planer? Bekommen Sie lieber Aufgaben oder stellen Sie sich selbst welche? Bevorzugen Sie Routine oder ständig wechselnde Projekte? Sind Sie lieber fest an einem Ort oder lieber unterwegs? Interessieren Sie sich eher für Detailfragen oder für übergreifende Zusammenhänge? Treffen Sie Entscheidungen lieber selbst oder delegieren Sie diese an andere? Arbeiten Sie lieber allein, in einem kleinen Team oder in einer großen Gruppe? Fühlen Sie sich wohler in einem konservativen oder in einem trendorientierten Umfeld? Bevorzugen Sie Stabilität oder häufige Umstrukturierungen?

Bei manchen Fragen antworten Sie vielleicht mit einem Sowohl-als-auch, was sicherlich kein schlechtes Zeichen ist. Fokussieren Sie sich nicht einseitig auf Ihre Schwächen und deren Beseitigung. Das lohnt sich nur, wenn Ihnen für einen bestimmten Berufswunsch Qualifikationen fehlen. Ansonsten sollten Sie sich vor allem über Ihre Fähigkeiten im Klaren sein und diese langfristig ausbauen.

Nach all den Erkenntnissen folgt die Schwelle zum Handeln. Sie wird umso höher, je länger Sie zögern und zaudern, bis Sie die ersten Schritte in die Wege leiten. Das »Auf-der-Stelle-Treten« kostet mental mindestens genau soviel Energie, wie die ersten Schritte zu tun. Sind Sie erst einmal losgegangen, entsteht eine Eigendynamik, die Sie nach und nach immer mehr trägt, nie völlig planbar ist und gerade deshalb niemals langweilig wird.

Sie brauchen für diesen Weg Entschlossenheit und klare Entscheidungen, naiv-positives Denken allein genügt dafür nicht. Sie müssen die Entschlossenheit am Leben halten, indem Sie sich einerseits einen gewissen Druck schaffen (Termine setzen, Pläne verkünden, Elend der stagnierenden Situation ausmalen) und sich andererseits Belohnungen in Aussicht stellen. Suchen Sie Unterstützung bei Freunden, Gleichgesinnten, einem Mentor oder professionellem Coach und in Büchern.

Fehlschläge werden sicherlich trotzdem nicht ausbleiben. Sie sollten als Hinweise gesehen werden, dass ein anderer Weg beim weiteren Probieren eingeschlagen werden sollte.

Fahren Sie nicht eingleisig, machen Sie sich Gedanken über Ausweichmöglichkeiten und Tätigkeiten, die Sie als »Zweitfavorit« anstreben, falls es mit Ihrer Erststrategie partout nicht klappen will.

Gute Quellen, Chancen zu sondieren und sinnvoll zu planen, sind verschiedene Merkblätter des Arbeitsamts, wie beispielsweise »Förderung der beruflichen Weiterbildung« und die umfangreiche Datenbank KURSNET (*http://kursnet-finden.arbeitsagentur.de/kurs/index.jsp*).

Wer sich in seinen derzeitigen beruflichen Verhältnissen schon jetzt nicht mehr sicher fühlt und grenznah wohnt, sollte bei der Suche nach Alternativen und Verbesserungen auf jeden Fall den Blick auf das (benachbarte) Ausland werfen (siehe hierzu den nachfolgenden Abschnitt).

Wenn Sie selbstständig sind

Als Selbstständiger müssen Sie sich darüber klar werden, dass die eigene Firma einen wesentlichen Vermögensbestandteil – und meist die Altersvorsorge – darstellt. Sie müssen daher alles tun, um Ihre Firma am Leben zu halten. Vor allem stehen Sie im Falle eines Scheiterns vor einem Schuldenberg und werden kurzfristig kaum eine Arbeitsstelle finden, die es Ihnen erlaubt, Ihren finanziellen Verpflichtungen nachzukommen.

Grundsätzlich ist eine gründliche Firmenanalyse erforderlich, um zu sehen, wie tragfähig Ihr Unternehmen angesichts der Veränderungen durch die Krise ist. Der wirtschaftliche Niedergang führt zwangsläufig zu einem geänderten Konsumverhalten der Menschen. Die potenziellen Kunden haben weniger Geld in der Tasche und werden von Zukunftsängsten geplagt. Sie streichen Luxusanschaffungen und reduzieren ihre

Ausgaben. Doch nicht nur das, auch sinnvolle Investitionen werden aufgeschoben.

Die Banken sind bei der Darlehensvergabe restriktiver, was ebenfalls Käufe und Investitionen verhindert. Seitens des Staates ist mit Eingriffen in die Wirtschaft zu rechnen, die bestehende Marktverhältnisse plötzlich durcheinanderbringen kann. Das haben wir bei der Einführung der Kfz-Abwrackprämie gesehen, die zahlreiche Gebrauchtwagen-, Ersatzteil- und Schrotthändler in den Ruin getrieben hat, weil das vom Staat verursachte Überangebot an günstigen Gebrauchten und Ersatzteilen die Preise in den Keller purzeln ließ.

Ihre Konkurrenz leidet ebenfalls unter der allgemeinen Lage und dreht dann häufig an der Preisschraube, um in der Not mit Dumpingpreisen Kunden zu gewinnen. Das drückt auf die Marge und höhlt Ihre Gewinne aus.

Können Sie in einem solchen Umfeld weiterhin das nötige Geld verdienen? Wie hoch sind Ihre Fixkosten, und was passiert, wenn Ihr Umsatz beispielsweise um 20 Prozent einbricht? Können Sie solche Einbrüche finanziell verkraften und die Kosten rasch entsprechend drosseln? Können Sie Ihre Produktionskapazitäten, die Bürofläche und die Personalkosten schnell an die geänderte Situation anpassen?

Ein Unternehmer sollte sein Tätigkeitsfeld sowie die weitere Entwicklung immer im Blick haben und frühzeitig einschätzen können, wie sich die Lage verändert. Dies ist speziell in der jetzigen Zeit von herausragender Bedeutung. Im Leben fährt man am besten, wenn man seine Aufmerksamkeit ständig einige Monate in die Zukunft richtet und sich überlegt, welche Probleme dann anstehen könnten. So kann man die Weichen rechtzeitig stellen und vieles im Vorfeld lösen.

Die Krise führt nicht zwangsläufig für alle zu einer Stagnation und Verschlechterung. Es gibt zu jeder Zeit Gewinner, die es verstehen, die Gunst der Stunde zu nutzen. Als Selbstständiger muss man am Puls der Zeit frühzeitig Veränderungen in seinem Marktumfeld wahrnehmen und dann bereit und fähig sein, alte Zöpfe abzuschneiden und sich den Gegebenheiten anzupassen.

Wenn Sie erkennen, dass sich der Wind in Ihrer Branche dreht, müssen Sie konsequent reagieren. Entweder indem Sie Ihre Produkte oder Dienste dem neuen Bedarf anpassen oder sich Ihren Möglichkeiten entsprechend neu ausrichten. Dabei ist es nicht empfehlenswert, etwas gänzlich Neues zu machen, da es dort zu viele Unwägbarkeiten gibt und die Durststrecke in der jetzigen wirtschaftlich schwierigen Zeit zu lang ist, um wieder Fuß zu fassen. Ideal ist es, wenn Sie in die Neuausrichtung bisherige Kenntnisse, Kontakte, Geschäftserfahrungen etc. einfließen lassen können.

Und hören Sie auf, Ihr Potenzial zu verschenken! Grundsätzlich verfügen Einzelunternehmer und inhabergeführte Unternehmen über ein enormes Potenzial zur Effizienzsteigerung. Die wertvollste Ressource ist der Inhaber, der über die besten Kontakte und das umfangreichste Wissen in der Firma verfügt. Sein Know-how und seine Durchsetzungskraft entscheiden über das Wohl und Wehe des Betriebs. Doch sehr häufig werden diese Kompetenzen einfach verschwendet, weil viele Chefs zu viel Zeit mit unnötigem Kleinkram verschwenden, anstatt sich auf das wirklich Wichtige und Wesentliche zu konzentrieren. Aus Sicht des Geschäftsführers sind all die Aktionen vorrangig, die unmittelbar zu einem höheren Umsatz und Gewinn beitragen. Dazu gehören die Weiterentwicklung der Firma, eine genaue Marktuntersuchung und bessere Anpassung an die tatsächlichen Bedürfnisse der Kunden, ebenso die Pflege der wichtigsten Kontakte und die Sicherstellung von stabilen Finanzierungslinien.

Das Manko der meisten Selbstständigen besteht darin, dass sie ihre Zeit stattdessen mit zu vielen unwesentlichen Dingen vergeuden. Sie kümmern sich um alle möglichen Bagatellaufgaben wie Büromaterial besorgen, Post wegbringen, ans Telefon gehen, Angebote prüfen, Briefe und Faxe selbst schreiben, die Ablage erledigen, und etliche machen sogar die Buchhaltung selbst. Das nimmt Zeit in Anspruch, die sie sinnvoller für die Optimierung ihrer geschäftlichen Aktivitäten nutzen sollten.

Wenn Sie sich selbstständig machen möchten

Der Schritt in eine selbstständige Tätigkeit wird für viele nicht aus freien Stücken erfolgen, sondern aus Mangel an Alternativen. Einige werden sich dazu gezwungen sehen, weil Jobs abgebaut werden und kaum neue entstehen und sie daher keine Anstellung mehr bekommen oder weil sie aufgrund ihres Alters keinen Arbeitsplatz mehr finden.

Für viele stellt der Start einer eigenen Firma jedoch auch die Erfüllung eines lang gehegten Wunsches dar. Eine selbstständige Tätigkeit bietet allen fähigen, kreativen und motivierten Menschen sehr gute finanzielle Perspektiven und persönliche Entwicklungsmöglichkeiten.

In der jetzigen Zeit muss man allerdings allen, die diesen Schritt wagen, empfehlen, dies mit Bedacht und äußerster Vorsicht anzugehen. Es ist schon in »normalen« Zeiten keine einfache Aufgabe, mit einer eigenen Firma im Wirtschaftsleben zu bestehen. In der Wirtschaftskrise ist dies noch schwerer, da sich der Kampf um Marktanteile und Kunden verschärft hat. Teilweise wird mit harten Bandagen gekämpft, und viele schrecken auch nicht vor unlauteren Methoden zurück.

Sich selbstständig zu machen erfordert deutlich mehr, als »nur« einen Businessplan zu erstellen. Häufig wird dabei die Aufgabe unterschätzt, den Markt zu sondieren und schon frühzeitig auf künftige potenzielle Kunden zuzugehen.

Eine Existenzgründung im klassischen Sinne sollten Sie im Moment nur erwägen, wenn Sie das Gefühl haben, dass der Markt für Ihr Produkt krisenfest ist, dass Sie »der Typ für so was« sind und Sie gut vorbereitet an die Sache herangehen können.

Für viele bietet das Internet die Möglichkeit, sich mit wenig Kosten und geringem Risiko ein Zusatzeinkommen oder eine neue Existenz aufzubauen. Seit Jahren verändert das Internet die Geschäftswelt und das Kaufverhalten nahezu aller Menschen rund um den Globus. Jeder, der auf einem speziellen Gebiet über besondere Kenntnisse verfügt oder eine geniale Idee hat, kann eine Internetseite erstellen. Mit etwas Knowhow, wie das Internet und die Suchmaschinen funktionieren, kann er dann eine Aktivität starten und entweder über Werbeanzeigen oder durch den Verkauf verschiedener Produkte Geld verdienen. Dies kann von zu Hause und jedem Ort der Welt aus erfolgen, sodass man jederzeit handlungsfähig ist.

Nehmen wir an, jemand beschäftigt sich seit Jahren mit Wanderungen in Deutschland. Das ist sein Steckenpferd, und er weiß »alles« darüber. Er kennt die besten Wanderstrecken, die schönsten Ruheplätze, die ideale Ausrüstung, die richtige Jahreszeit, zu der man bestimmte Strecken begehen sollte, und was man nicht verpassen sollte. Er könnte nun eine entsprechende Internetseite erstellen, seinen Lesern einzigartige Tipps geben und mit detaillierte Angaben zu den Wanderwegen eine interessante Seite bieten, die die Nutzer animiert, sie öfters zu besuchen. Er könnte dann entweder ein E-Book und verschiedene Ratgeber verkaufen oder über Werbeanzeigen für Hotels und Ausrüstungsgegenstände eine Provision verdienen.

Das Gute daran ist, dass man dafür seine vorhandenen speziellen Kenntnisse, Hobbys oder persönlichen Fähigkeiten einsetzen kann. Ich traf beispielsweise auf den Malediven beim Tauchen einen Österreicher, der mit der Seite *Malediven.at* sein Leben bestreitet. Er verbringt traumhafte Urlaube, macht Bilder, beschreibt Inseln und verdient damit sein Geld. Eine geniale Idee und eine brillante Nutzung einer Marktlücke. Mit einer Internetseite ist man räumlich unabhängig, sie kostet kaum Geld, man kann seine zur Verfügung stehende Zeit und vorhandenen Begabungen einsetzen. Mit der richtigen Idee und dem entsprechenden Einsatz bringt sie bereits nach kurzer Zeit die ersten Erlöse.

Ich möchte für den Start in eine Selbstständigkeit folgende Tipps aussprechen:

- Testen Sie den Markt und Ihre Fähigkeiten möglichst gründlich, bevor Sie starten und Geld investieren oder gar Fremdmittel aufnehmen. Versuchen Sie, durch eine möglichst gründliche Analyse genau herauszufinden, ob Ihre Markteinschätzung tatsächlich stimmt, ob Sie das Produkt oder die Dienstleistung rentabel und in guter Qualität anbieten und an den Mann bringen können. Stellen Sie einen Prototyp her, geben Sie eine Testanzeige auf, sprechen Sie mit Kunden etc.
- Idealerweise starten Sie eine Selbstständigkeit in einem Tätigkeitsgebiet, das Ihnen schon lange vertraut ist. Perfekt wäre es, wenn Sie berufliche Erfahrungen, ein seit Langem ausgeübtes Hobby oder sonstiges Wissen einbringen können.
- Falls Sie nicht bereits nebenberuflich (erfolgreich) aktiv sind, empfehle ich dringend einen Mentor. Suchen Sie sich einen erfolgreichen Selbstständigen, der Ihnen mit praktischen und wegweisenden Tipps zur Seite steht.
- Starten Sie die Selbstständigkeit mit möglichst wenig Kosten. Verzichten Sie auf alles, was nicht unmittelbar zur Arbeit nötig ist. Visitenkarten, ein Firmenwagen, ein repräsentatives Büro usw. sind am Beginn nicht erforderlich und entscheiden nicht über den Erfolg Ihrer Aktivität.

Wenn Sie Rentner/Pensionär sind

Rentner oder auch ältere Berufstätige stehen heute auch ohne explizite Krise vor der Herausforderung, im fortgeschrittenen Alter noch ständige Umbrüche im beruflichen wie privaten Umfeld zu bewältigen. Weder

Alter noch Status sind heutzutage Garanten für absoluten Schutz. Dabei hilft die viel gerühmte Erfahrung manchmal wenig, denn die Fragen, die heute auftauchen, sind zum Teil noch nie da gewesen und stellen eher Anforderungen an die Zukunftstauglichkeit als an die Erfahrung des Einzelnen.

Nicht wenige sind durch die krisenbedingten Auftragseinbrüche in Kurzarbeit und Altersteilzeit abgeschoben worden. Die beitragsfreien Zeiten mindern dann die ohnehin knappe Rente weiter.

Sehr viele Rentner sind dennoch nach wie vor fähig und willens, selbst für sich zu sorgen und ihre Erfahrung, Qualifikation und hohe zeitliche Flexibilität einzusetzen. Bei vielen Stellenanzeigen werden Ältere bevorzugt gesucht, nicht zuletzt, weil Arbeitgeber dann keine Beiträge zur Renten- und Krankenversicherung einzahlen müssen. Auch für den Rentner selbst fallen als Arbeitnehmer nur noch die Steuern an. Die Höhe der (Voll-)Rente ist dabei von den Zusatzverdiensten nicht betroffen, es sind quasi unbegrenzte Einnahmen möglich. Für Frührentner gelten allerdings Einkommensgrenzen, die schon bei mehr als 400 Euro überschritten sein können.

Für Rentner und Ältere sind vor allem Minijobs (*http://www.minijobzentrale.de*) sowie Teilzeitstellen zur Aufstockung der Bezüge interessant. Letztere finden sich vor allem in kleinen Unternehmen mit bis zu 50 Beschäftigten und im Bereich der Dienstleistungen.

Wenn Sie sich im fortgeschrittenen Alter auf »richtige Stellen« bewerben, müssen Sie Ihre »Erfahrung« konkretisieren und den Nutzen für den Arbeitgeber leicht erkennbar machen. Denn Erfahrung allein besagt noch nichts, schließlich kann man eine Sache auch 30 Jahre lang immer wieder falsch machen. Forschen Sie systematisch nach, was Sie in Ihrer Laufbahn erreicht und an konkreten Ergebnissen erzielt haben. Welchen Nutzen hatte Ihr ehemaliger Arbeitgeber, und was haben Sie dabei gelernt? Können Sie Nachweise/Dokumente vorlegen? Je mehr Sie hier herausfinden, desto mehr wird auch Ihr Selbstbewusstsein profitieren.

Neben der eher abstrakten Erfahrung haben Sie als älterer Bewerber eine Reihe weiterer Qualitäten, die einen Vorsprung gegenüber der Jugend darstellen: Ältere gelten als gelassener, toleranter, ökonomischer, und ihnen wird nicht nur ein Sinn fürs Machbare und die Möglichkeiten, sondern auch für die Grenzen nachgesagt. Die negative Seite dessen ist das Image als Sachstandverwalter, der keine künftigen Probleme löst. Viele Ältere sind jedoch nach wie vor voll entwicklungsfähig, da sie in ihrem (Berufs-)Leben schon so manche Veränderung bewältigt haben.

Ältere sollten trotz mancher Vorsprünge nicht nach den gleichen Spielregeln wie die Jüngeren vorgehen und auch nicht direkt mit ihnen konkurrieren. Sie sollten stattdessen verstärkt auf Netzwerke und Bekanntschaften zurückgreifen, die bei Älteren in der Regel umfangreicher, stabiler und zuverlässiger sind als bei jungen Berufsanfängern. Ältere können zudem auf wesentlich mehr Arbeitsproben aus ihrem langen Berufsleben zurückgreifen und mit mehr Souveränität und Selbstsicherheit auf künftige Vorgesetzte und andere Schlüsselpersonen zugehen.

Viele Strategien gleichen dennoch denen aller anderen Bewerbergruppen: So sollten auch Ältere selbstverständlich mehrgleisig unterwegs sein, das heißt nicht bloß Stellenangebote aus Tageszeitungen ausschneiden und Standardbewerbungen dorthin schicken. Auch als reiferes Semester sollten Sie zusätzlich in Fachzeitschriften, Online-Jobbörsen, Branchenverzeichnissen und direkt bei Unternehmen suchen sowie gegebenenfalls Messen besuchen. Auch sollten Sie Initiativbewerbungen dort abgeben, wo Ihr Profil mit den Alleinstellungsmerkmalen auf eine (noch) nicht ausgeschriebene Stelle passt. Durch Ihre Berufserfahrung können Sie vielleicht in einem Anschreiben einen Vorschlag zu einer aktuellen Problemlage des Unternehmens machen und so aus der Masse der Bewerber hervortreten.

Sie können das Risiko für das Unternehmen, Sie einzustellen, mindern, indem Sie anbieten, zunächst eine Probewoche zu absolvieren oder erst einmal nur als freier Mitarbeiter tätig zu werden.

Gerade für Ältere empfiehlt es sich, den schon etwas längeren Lebenslauf nicht chronologisch vor-, sondern rückwärts, also vom gegenwärtigen Zeitpunkt an aufzulisten. Daten wie Grundschule/Volksschule oder Praktika können Sie getrost weglassen, stattdessen sollten Sie erzielte Erfolge in Ihrer Laufbahn betonen.

Wenn Sie sich nicht mehr unbegrenzt mobil fühlen, können Sie die Stellensuche auf Internetseiten wie *www.meinestadt.de* auch lokal eingrenzen. Achten Sie bei Online-Anzeigen auf das Datum – oft werden längst abgelaufene Inserate in den Listen weitergeführt.

Wenn Sie Anleger / Investor sind

Falls Sie ganz oder teilweise von Erträgen aus Kapitalanlagen leben, sollten Sie größten Wert darauf legen, dass diese Einnahmen krisensicher und auf mehrere Standbeine verteilt sind.

Der Sicherheit und Stabilität sollten Sie in der jetzigen Zeit einen höheren Rang als der Maximierung der Einnahmen einräumen. Verzichten Sie lieber auf den einen oder anderen Euro, und achten Sie dafür eher auf die Sicherheit der Anlage oder bei Immobilien auf einen zuverlässigen Mieter. Die Erfahrung zeigt, dass Anlagen mit einem höheren Ertrag eben auch ein höheres Risiko beinhalten. Das wurde mit den Zertifikaten bei der mittlerweile insolventen und vom Markt verschwundenen Investmentbank *Lehman Brothers* ebenso deutlich wie bei Anleihen wackeliger Staaten.

Sollten Sie nicht zu den ganz Reichen gehören, wäre es sehr wichtig, frühzeitig zu schauen, inwiefern Sie wieder beruflich tätig sein können, um Ausfälle bei den Geldanlagen aufzufangen.

Wenn Sie Schüler, Student oder Auszubildender sind

Jedem Schüler, Studenten oder Auszubildendem sei angeraten, durch eigene Jobs das Taschengeld oder die Ausbildungsbeihilfe bzw. -vergütung aufzubessern und das Familienbudget zu entlasten. In der Krise ist jeder zusätzliche Euro wortwörtlich Gold wert. Es könnte sein, dass die Eltern in den kommenden Krisenzeiten in finanzielle Engpässe geraten und daher die Zuwendungen für ihre Kinder kürzen müssen. Junge Menschen eignen sich beim Hineinschnuppern in die Berufswelt wertvolle Kenntnisse und Einblicke an, die sich im weiteren Berufsleben als höchst wertvoll erweisen. Zudem knüpfen sie dadurch Kontakte und erschließen sich Wege, die ebenfalls von großem Nutzen sein können.

Schüler dürfen ab dem 13. Lebensjahr jobben, wobei die Tätigkeiten und Arbeitszeiten strikten Einschränkungen unterliegen. So darf beispielsweise die Wochenarbeitszeit zehn Stunden nicht überschreiten, und die Arbeitszeiten müssen zwischen acht und 18 Uhr liegen. Ab dem 16. Lebensjahr dürfen Jugendliche maximal acht Stunden pro Tag bzw. 40 Stunden pro Woche arbeiten. Ab dem 18. Lebensjahr sind bei der

Ausübung beruflicher Tätigkeiten BAföG- und Kindergeldregelungen zu beachten.

Für Hauptschüler hat das Arbeitsamt ein eigenes Berufseinstiegsportal im Internet (*http://planet-beruf.de/*) eingerichtet. Dort sind nicht nur Tipps für die Jobsuche, sondern auch für den Schulabschluss aufgeführt. Außerdem gibt es unter anderem Hinweise, wie man herausfindet, wo die eigenen Stärken und Interessen liegen und für welchen Beruf man daher besonders gute Voraussetzungen mitbringt.

Jobideen für Schüler

Interessierte Schüler finden zahlreiche Tätigkeiten oft in unmittelbarer Nachbarschaft: beispielsweise Autos waschen, sich um einen Hund kümmern, älteren Menschen helfen, Hof und Straßen fegen, Gartenarbeit erledigen, den Rasen mähen, im Reitstall aushelfen und vieles andere mehr. Unter der Internetadresse *www.schuelerjobs.de* ist eine Liste hinterlegt.

Schüler und Studenten sollten am Schwarzen Brett von Supermärkten, Unis, Behörden, Betrieben und Cafés Ausschau halten. Gerade auf der Suche nach kleineren Jobs und Nebeneinkünften kann man problemlos persönlich, telefonisch oder per E-Mail »auf Verdacht« bei Auftraggebern nach attraktiv erscheinenden Tätigkeiten fragen.

Für Studenten kommt eigentlich nur der Niedriglohnsektor infrage, denn alles, was zeitlich und verdienstmäßig darüber hinausgeht, führt in die Abgabenpflicht und zum Verlust des Studentenstatus. Neben Minijobs können auch Gelegenheitsarbeiten angenommen werden, sofern sie nicht die Dauer von zwei Monaten bzw. 50 Arbeitstagen im Jahr überschreiten. Es können neben dem Studium bis zu 10 000 Euro pro Jahr weitgehend steuer- und abgabenfrei hinzuverdient werden (bzw. nicht mehr als ca. 7200 Euro netto, wenn der elterliche Anspruch auf Kindergeld nicht verloren gehen soll). Für BAföG-Empfänger sind nur etwa 4800 Euro im Jahr (400 Euro pro Monat) zulässig, andernfalls werden die Einkünfte aufs BAföG angerechnet. Studentenjobs sind unter anderem auf der Internetseite *www.studenten-vermittlung.com* zu finden.

Wer Schule, Ausbildung oder Studium abgebrochen hat, sollte möglichst schnell versuchen, an sozialversicherungspflichtige Teilzeitjobs mit mehr als 18 Wochenstunden oder an Vollzeitjobs zu gelangen, da mit dem Abbruch sowohl die Krankenversicherung über die Eltern als auch der elterliche Anspruch auf Kindergeld wegfällt.

Wenn Sie ALG II/Hartz IV beziehen

Bezieher von Hartz IV und anderen Sozialleistungen sind gesellschaftlich ganz unten und verständlicherweise mit ihrem Los sehr unzufrieden. Was auch immer dazu geführt hat und in welchem Maße die Betreffenden dafür verantwortlich sind, spielt zunächst keine große Rolle. Wichtig ist, dass der Entschluss gefasst wird, sich aus dieser unbefriedigenden Situation zu befreien und wieder ein aktives Mitglied der Gesellschaft zu werden.

Es geht hierbei um die generelle Verantwortung: Für die eigenen Eltern ist es schmerzlich, wenn die Kinder es nicht schaffen, ein selbstbestimmtes Leben zu führen und für ihren Lebensunterhalt zu sorgen. Ist man als Hartz-IV-Empfänger selbst in der Elternrolle, gibt man seinem Nachwuchs ein völlig falsches Vorbild und sorgt damit nicht selten dafür, dass die Kinder denselben Weg einschlagen.

Auch wenn viele über ihre Arbeit mäkeln und sich über jede freie Stunde oder jeden Urlaubstag freuen, so stellt doch die Arbeit unseren Lebensmittelpunkt dar. Nimmt man jemandem seine Arbeit, sinken unweigerlich seine Moral und die Lebensfreude. So geht es auch allen Menschen, die vorlaut rufen: »Ich möchte ab heute nicht mehr arbeiten«, oder allen Ruheständlern, die sich nach dem Berufsleben keine sinnvolle Beschäftigung suchen. Deren Lebenserwartung ist nicht sonderlich hoch.

Das vorrangige Ziel eines jeden Erwerbslosen oder Beziehers von Zuwendungen muss es sein, wieder mit einer regelmäßigen Arbeit Struktur ins Leben zu bringen. Dabei spielt die Bezahlung zunächst keine große Rolle. Wichtig ist, dass man sein Selbstwertgefühl und seine eigene Achtung wiedererlangt. Zudem lässt die Leistungsfähigkeit nach, wenn man nichts Produktives tut.

Somit muss sich derjenige entschlossen um eine Tätigkeit bemühen und dies in aller Konsequenz verfolgen. Da die Voraussetzungen weder ideal noch förderlich sind, muss dies durch hohen eigenen Einsatz und mit Bestimmtheit ausgeglichen werden. Notfalls muss man seine Qualitäten auch für einen geringen Lohn oder einige Tage unbezahlter Probearbeit unter Beweis stellen.

Am unteren Ende der Kette wird man schlecht behandelt, ausgenutzt und herumgeschubst. Es ist daher die vordringliche Aufgabe jedes Erwerbslosen, aktiv zu werden und sein Los zu verbessern. Hierfür muss er seine Zeit effektiv nutzen und sich neue Kenntnisse aneignen. Zeit ist ein sehr kostbares Gut, und jeder, der sie nutzt und im Internet oder in Büchern liest, Vorträge und Lesungen besucht, wird daraus wertvolles Wissen mitnehmen. Qualifikation ist der sicherste Weg, um sein Schicksal zum Besseren zu wenden. Erhebungen zufolge verbringen in der Bundesrepublik Deutschland Erwachsene im Schnitt knapp vier Stunden täglich vor dem Fernseher, in anderen europäischen Ländern sogar noch mehr. Das ist eine Zeitverschwendung, die sich angesichts der kommenden Krisenzeiten von selbst verbieten sollte.

Die Arbeitslosenzahlen erscheinen oft nur als statische Größe. Tatsächlich verbirgt sich hinter ihnen jedoch eine hohe Fluktuation. Die Zahl offener Stellen liegt auch heute in Deutschland im Millionenbereich. Und es handelt sich dabei keineswegs nur um Billigstjobs.

Als Qualifikation für den Arbeitsmarkt kann Ihnen fast alles dienen. Sogar, wenn Sie von Mobbing betroffen waren, können Sie daraus eine Aufgabe generieren und, anstatt Opfer zu sein, anderen als Berater zur Seite stehen. Oder Sie werden als ehemaliger Pleitier zum Krisenberater für Unternehmen. Möglicherweise entwickeln Sie als Rollstuhlfahrer behindertengerechte Arbeitsplätze und Hotels. Oder …

Schaffen Sie sich Ihren eigenen Arbeitsmarkt, bevor Sie zu lange erfolglos nach einer vorhandenen Stelle suchen. Bleiben Sie umtriebig, sonst wird sich nicht allzu viel zum Guten wenden. Überprüfen Sie, welche Art von Arbeit Sie anbieten können, unabhängig von der Form (freier Mitarbeiter, selbstständiger Berater, …).

Der Staat stellt bei der Zuteilung seiner Gelder offiziell die Vermeidung von Dauerarbeitslosigkeit und die Wiedereingliederung in den Arbeitsmarkt in den Vordergrund. Deshalb ist der Bezug mit vielen Vorschriften und Einschränkungen für Empfänger verbunden. Gerade im Hinblick auf Sicherung und Ausbau der Einkommen werden dem Empfänger staatlicher Hilfen zahlreiche Hindernisse in den Weg gelegt, die eine Krisenvorsorge behindern. So steht für ALG-II-Empfänger beispielsweise kein freies Kapital für Investitionen in die berufliche Selbstständigkeit mehr zur Verfügung. Und natürlich auch nicht für eine angemessene Krisenvorsorge. Alles, was über den »normalen Standard« zur Haushaltsführung hinausgeht, gilt als anzurechnendes Vermögen, das verkauft und für den laufenden Unterhalt verwertet werden muss.

Dazu gehören Barvermögen, Girokonten, Tagesgeld, Festgeldkonten, Depots, (Bau-)Sparguthaben, Sparbriefe, Aktien, Fondsanteile, Kapitallebensversicherungen sowie Haus- und Grundeigentum.

In dieser Situation bleibt Ihnen nur, sich durch Schulung Ihrer physischen und psychischen Fähigkeiten sowie durch Selbstanalyse und Bestandsaufnahme in eine handlungsfähige Position zurückzuversetzen und daraus folgend Strategien zu entwerfen, um wieder in die Erfolgsspur zu gelangen.

Nutzen Sie dafür die öffentlichen Strukturen der Arbeits- und Finanzämter, um sich beraten und fördern zu lassen – gerade jetzt, wo diese Strukturen noch einigermaßen gut funktionieren. Sobald Sie glaubwürdig versuchen, Ihre Geschicke selbst in die Hand zu nehmen, werden Ihnen diese Institutionen in den meisten Fällen weiterhelfen. Je mehr eigenes Engagement Sie zeigen, desto weniger werden Sie diese Behörden als Unterdrücker, die Sie am Gängelband halten, wahrnehmen. Wahrscheinlich haben Sie stattdessen sogar einen hilfreichen Partner an Ihrer Seite. Sie können beispielsweise Eingliederungshilfen während der Jobsuche in Anspruch nehmen (Erstattung von Bewerbungs- und Reisekosten, Trainingsmaßnahmen, …). Ihre potenziellen Arbeitgeber können bei Ihrer Einstellung Eingliederungshilfen ausgezahlt bekommen. Informieren Sie sie darüber!

Des Weiteren können Sie in den Bewerbercentern des Arbeitsamts Ihre Unterlagen auf Verbesserungsmöglichkeiten prüfen lassen und Bewerbertrainings absolvieren.

Manche Ratgeber vertreten zwar die Behauptung, die eigene Jobsuche lohne die Mühe nicht, dennoch kann es sicherlich nicht schaden, ein eigenes Bewerberprofil bei der Jobbörse der Arbeitsagentur zu erstellen (*http://jobboerse.arbeitsagentur.de/*). Einmal vorhanden, lässt sich die Bewerbungsmappe problemlos verwalten, und zahlreiche Zusatzfunktionen können die Chancen auf Vermittlung erhöhen.

Wenn Sie Ihre Unterlagen in einer Online-Bewerbung verschicken, sollten Sie alle Anlagen (Lebenslauf, Zeugnisse …) in ein PDF-Dokument packen, damit Ihr potenzieller Arbeitgeber nur einen Mail-Anhang öffnen muss.

Ziehen Sie bei der Arbeitssuche ruhig auch seriöse (!) Zeitarbeitsfirmen in Betracht. Diese behalten zwar einen Teil Ihres Lohns als Gewinn ein, sind aber nach Abschluss eines Arbeitsvertrags verpflichtet, Sie dauerhaft zu beschäftigen, was Ihnen eine gewisse Sicherheit hinsichtlich der Konstanz Ihrer Einnahmen verschaffen kann. Die Seriosität und Qualität der Firmen ist nicht immer leicht einzuschätzen. Sofern sie jedoch unter *www.bza.de* (Bundesverband Zeitarbeit) gelistet und Mitglied in der Schutzgemeinschaft Zeitarbeit sind, können Sie dahingehend relativ sicher sein. Unseriös, wenn auch durchaus legal, sind Vorgänge wie Gehaltsabzüge für Leistungen wie den Fahrdienst zur Arbeitsstelle.

Ein wichtiger Hinweis, wenn Sie händeringend auf Arbeitssuche sind: Vermeiden Sie weitere Verluste von Zeit, Geld und Nerven durch sogenannte **Jobfallen**, die Ihnen in den meisten Anzeigenblättern tagtäglich zuhauf entgegenquellen. Abzockangebote dieser Art versprechen abenteuerlich hohe Monatsverdienste mit nicht näher bezeichneten, bequemen Tätigkeiten von zu Hause aus oder Tätigkeiten mit erstaunlich geringem Zeitaufwand. Die »Firmen« machen außer einem Postfach oder einer (Auslands-)Telefonnummer keine Angaben über sich. Sie werden mit solchen Angeboten nicht nur kein Geld verdienen, sondern wahrscheinlich auch auf Ihren Auslagen sitzen bleiben.

Zu den üblichen Verdächtigen gehören Bastelarbeiten wie Kugelschreiber zusammenstecken, Jobs, über die Sie sich durch kostenpflichtige Telefonnummern erkundigen oder für die Sie kostenpflichtige Materialien bestellen und Schulungskurse belegen sollen, Traumjobs im Ausland wie »Mallorca-Immobilien vermitteln«, Zeitschriftenwerbung, »Telefonmarketing von zu Hause aus«, Schlepperjobs im Vertrieb (Immobilienvermittler, »Anlageberater«, …) usw.

Auch bei den meisten Arten von Strukturvertrieb und »Multi-Level-Marketing« sollten Sie vorsichtig sein bzw. besser gleich die Finger davon lassen. Bevor Sie auf Franchise-Angebote eingehen, sollten Sie prüfen, ob der Anbieter auf *franchise-net.de* registriert ist. Falls Sie sich hinsichtlich der Seriosität nicht sicher sind, erkundigen Sie sich beim Gewerbeaufsichtsamt und bei der Verbraucherzentrale nach der Firma. Und wenn bereits ein finanzieller Schaden entstanden ist, können Sie bei der Verbraucherberatung (*www.vzbv. de/go/*) kostenlose Rechtsberatung in Anspruch nehmen. Bei der Verbraucherzentrale Hamburg (*www.vzhh.de*) finden Sie eine Liste mit einer Vielzahl dubioser Firmen.

Nie war ein zusätzliches Standbein wichtiger als jetzt

In nächster Zeit wird sich einiges in unserem Lande ändern. Viele werden ihre Arbeitsstelle verlieren, das Lohnniveau wird sinken, Selbstständige werden Umsatzverluste verkraften müssen, und auch staatliche Leistungen werden im bisherigen Umfang nicht aufrechterhalten werden können. Daher ist jeder aufgefordert, frühzeitig entsprechende Maßnahmen zu treffen. Viele werden trotz einer Vollzeitbeschäftigung mit ihrem Gehalt nicht mehr auskommen, so wie es in den Vereinigten Staaten von Amerika schon lange der Fall ist.

»Aus vielen Töpfen ist gut essen« – diese scheinbare Binsenweisheit wird in naher Zukunft stark an Bedeutung gewinnen. Sie sollten darum nicht zögern, darüber nachzudenken, welche Möglichkeiten Ihnen offenstehen. Was können Sie tun, um ein zusätzliches Einkommen zu erzielen? Haben Sie besondere Fähigkeiten und Talente, oder ist es erforderlich, dass Sie sich neue Kenntnisse aneignen?

Ich rate zwar grundsätzlich dazu, dass man sein Lebensglück im angestammten Gebiet sucht, doch angesichts der kommenden Strukturveränderungen kann es erforderlich werden, dass man völlig neue Wege geht. Das wird sicher an vielen Standorten passieren, an denen eine große Fabrik schließt und viele Industriearbeitsplätze wegfallen. Den Arbeitnehmern bleibt nichts anderes übrig, als sich dieser Entwicklung anzupassen und neue Betätigungsfelder zu finden. Sich dem zu verweigern bringt nicht viel – als Dinosaurier stirbt man aus. Ein Wechsel ist machbar, und Sie sollten hiervor nicht allzu viel Angst haben. Wie Sie nachfolgend noch lesen werden, können Sie weitaus mehr, als Sie denken.

Die heutige Zeit bietet aufgeweckten Zeitgenossen immer noch erstaunliche Möglichkeiten. So können Sie beispielsweise lernen, wie man im Internet etwas verkauft (bzw. etwas kauft und wieder verkauft) oder wie Sie bei Entrümpelungen an Gegenstände kommen, für die andere etwas bezahlen. Oder Sie geben Nachhilfe, beraten andere, bieten verschiedene Dienstleistungen an, betätigen sich handwerklich oder tun, was auch immer Ihren Fähigkeiten und Neigungen entspricht. Alle, die nun sagen: »Das geht nicht, das kann ich nicht und das ist nichts für mich«, werden keine neue Perspektive finden und im Elend versinken. Die kommenden Zeiten werden gnadenlos hart und verlangen von jedem Einsatz und Kreativität.

Natürlich sind wir verwöhnt und »haben es nicht nötig«. Allerdings wird sich der gegenwärtige Zustand für viele leider rasch und nachhaltig verändern, sodass die bisherige Einstellung verändert werden muss. Es ist besser, Sie stellen sich bereits jetzt darauf ein.

FINANZIELLE VORSORGE – ZAHLUNGSFÄHIG BLEIBEN UND ERSPARNISSE SICHERN

Aufgrund der weltweiten Krisensituation sind Ihre Ersparnisse in akuter Gefahr. Die gebräuchlichen, uns zur Verfügung stehenden Geldanlagen sind bei Weitem nicht so sicher, wie wir es bisher angenommen haben. Wir dachten, es reicht, wenn wir das Geld zur Bank tragen und es vertrauensvoll dem freundlichen Berater anvertrauen. Wir gingen davon aus, dass es dort sicher liegt und sich von allein vermehrt und somit unser Wohlstand steigt.

Das ist jedoch eine fatale und riskante Fehleinschätzung, wie durch die Finanzkrise offenbar wurde. Es gibt und gab nie eine 100-prozentige Sicherheit für unsere Ersparnisse.

Die Realität öffnet uns nach und nach die Augen: Aktienkurse brechen ein, Immobilienblasen platzen, Zertifikate werden wertlos, verlockende (steuerbegünstigte) Kapitalanlagen entpuppen sich als Luftnummern usw. Seit geraumer Zeit drängt sich die Frage auf, ob Staatsanleihen wirklich sicher sind. Lebensversicherungsunternehmen, Banken und Pensionsfonds haben unsere Ersparnisse und einen großen Teil unserer Altersvorsorge dort investiert. Bekommen wir unser Geld je wieder heraus, und wenn ja, wie viel?

Die *Süddeutsche Zeitung* hat in ihrem Leitkommentar am 1. Oktober 2008 den Finger in die Wunde gelegt: »Keine Währung ist heute mehr voll durch Goldbarren abgesichert. Kein Sparkonto ist durch reale Werte wie Autos oder Wohnungen abgedeckt, welche einem die Bank im Notfall übergeben würde. Das ganze System basiert auf dem Zutrauen, dass all die virtuellen Billionensummen tatsächlich zur Verfügung stehen. Wenn aber Sparer das Vertrauen verlieren, bricht das System zusammen. Dann verlieren nicht einfach Banker und Aktionäre ihre Dividenden. Dann bekommen Firmen keinen Kredit mehr und Maschinen stehen still. Weil die Menschen derzeit in rasantem Tempo unsicher werden, steht die Weltwirtschaft vor dem Abgrund.«

Deutlicher kann man es kaum zu Papier bringen, und man fragt sich, warum dies so still und regungslos zur Kenntnis genommen wurde. Offensichtlich sind die Menschen so sehr systemgläubig und mit sich selbst beschäftigt, dass sie erst dann agieren, wenn es zu spät ist.

Somit muss jeder seine Art zu sparen auf den Prüfstein stellen und fragen, wie krisensicher sie ist. Alle Papierwerte stehen vor großen Einbrüchen bis hin zum Totalverlust. Hierunter fallen insbesondere:

- Kapitallebensversicherungen, Rentenversicherungen
- Bausparverträge
- Festgelder und Sparbücher
- Staatsanleihen, Firmenanleihen und Schuldverschreibungen
- Sonstige Finanzprodukte wie Zertifikate

Im Verlauf der Euro-Krise im Jahr 2010 wurde offensichtlich, dass hinter den Rettungsaktionen für Irland, Island und Griechenland primär die Rettung von Finanzinstituten wie Banken und Versicherungen stand. So war Großbritannien bei der Irland-Rettung federführend, und die Franzosen drängten auf den Rettungsschirm für Griechenland. Warum? Deren Banken haben sehr viele Kredite in diese Länder vergeben, und eine Pleite hätte das englische und französische Bankensystem in den Abgrund gerissen.

Lebensversicherungsunternehmen, Pensionsfonds etc. investieren in »sichere« Anlagen, maßgeblich in Staatsanleihen. Mittlerweile wird klar, dass viele Länder – dazu gehört durchaus auch die BRD – die immensen Schulden nicht zurückzahlen können. Dies führt künftig zu massiven Abschreibungen und enormen Verlusten für diese Gesellschaften und damit letztendlich für die Sparer. Millionen von Menschen stehen in Europa vor einer ungewissen Zukunft. Von den versprochenen bzw. erhofften Werten wird nicht viel übrig bleiben, und ihnen droht die Altersarmut.

Wenn die Staatenkrise in die nächste Phase übergeht und diese Tatsache immer mehr Menschen bewusst wird und sie entsprechend reagieren, kann es zu erdrutschartigen Einbrüchen kommen. Die BaFin verfügt bereits jetzt über die rechtliche Handhabe, in einem solchen Fall Kündigungs- und Auszahlungsstopps bei Lebensversicherungsverträgen zu verhängen.

Ich empfehle, rechtzeitig aus diesen Verträgen auszusteigen und beispielsweise Lebensversicherungs-, Renten-, Bausparverträge etc. auf-

zulösen und das Geld gemäß der nachfolgenden Vorgehensweise ander-
weitig zu sichern.

Einlagensicherungsfonds – Absicherung
zu Alibizwecken?

Viele denken, dass die Ersparnisse bei Banken sicher sind, weil wir
doch den Einlagensicherungsfonds haben. Darauf sollte sich jedoch
kein Sparer verlassen. Erstens wurde dessen Guthaben in Höhe von
knapp 4,5 Milliarden Euro von der *Lehman-Brothers*-Pleite nahezu
aufgezehrt, und zweitens zeigt der untenstehende Hinweis auf die Satzung, dass er im Rahmen einer »allgemeinen Krise« nicht greifen
würde. Und diese haben wir außer Frage stehend seit knapp zwei
Jahren.

Daher lehnt man sich nicht zu weit aus dem Fenster, wenn man sagt:
»Das Anlegergeld bei deutschen Banken ist nicht sicher!« Es steht allein
die »Merkel-Garantie« unserer Kanzlerin im Raum, die jedoch keinerlei
Gesetzeskraft hat. Der Ex-Finanzminister Peer Steinbrück bestätigte
dies in verschiedenen Interviews im Zusammenhang mit seiner Buch-
veröffentlichung. Diese Aussage hilft Ihnen also genauso wenig wie
Norbert Blüms Versprechen »Die Rente ist sicher«. Man kann und muss

Schaut man sich die Satzung vom Bundesverband Öffentlicher
Banken Deutschlands e. V. (Stand 4. Mai 2007) an, erkennt man,
dass dieser Fonds keineswegs eine Absicherung für uns Sparer
darstellt. So heißt es dort in § 13 »Ausschluss von Rechtsansprü-
chen« zum Beispiel: »Auf das Eingreifen oder auf Sicherungs-
leistungen des Fonds besteht kein Rechtsanspruch. Das gilt sowohl für die Mitglieder als auch für deren Kunden oder sonstige
Personen.« Oder weiter in § 15 »Sicherungsfall« (auszugswei-
se): »… Eine allgemeine Krise der Kreditwirtschaft kann keinen
Sicherungsfall begründen …« Betrachtet man die derzeitige
Wirtschafts-lage, wird einem schnell klar, dass der Fonds im
Rahmen der aktuellen Finanzkrise nicht eingreifen würde. (Sie
können die komplette Satzung von unserer Seite *www.krisenvor
sorge.com* herunterladen.)

dazu raten: Nehmen Sie Ihr Schicksal selbst in die Hand, und treffen Sie jetzt sofort klare Maßnahmen, die ich nachfolgend näher beleuchte.

Im November 2010 verlor eine Fondsgesellschaft vor dem Landgericht Berlin einen Prozess, als sie Leistungen aus dem Einlagensicherungsfonds einklagen wollte. Das Fazit aus dem Urteil lautet, so traurig es ist, dass es keinen Rechtsanspruch gibt, sondern der Fonds selbst entscheidet, wem er hilft und wem nicht.

Ich kann Ihnen nur nachdrücklich ans Herz legen, den kindlichen Glauben an das Papiergeld aufzugeben und alle Geldanlagen gründlich zu prüfen und umzuschichten.

Und was ist mit Immobilienfonds?

Nicht wenige empfehlen Immobilien als Kriseninvestment. Das mag auf den ersten Blick sinnvoll sein, weil ein Haus ein solider Sachwert ist. Wir haben jedoch in den USA, in Spanien und auch bereits bei uns in Deutschland gesehen, wie sehr die Immobilienpreise nachgeben, wenn die Kaufkraft einbricht und Menschen wegziehen. In verschiedenen Städten in den USA kann man mittlerweile Häuser für einen Dollar kaufen. In Spanien oder Irland sind derzeit auch absolute Schnäppchen möglich. Das ist eine Katastrophe für die Immobilienbesitzer.

Ein schönes Haus – aber auch ein »sicherer« Wert?

Betrachtet man Immobilien näher, erkennt man die weiteren Gefahren. Die Risiken sind:

- Die Immobilienpreise sind abhängig von der Wirtschaftskraft der Menschen, und die bricht in Kürze auf breiter Ebene deutlich ein.

– Bei Finanzierungen droht die Gefahr von Nachschussforderungen der Bank bei einem Verfall des Immobilienwertes. Die Bank kann jederzeit unter Bezugnahme auf ein neues Gutachten den Wert der Immobilie niedriger festsetzen und weitere Sicherheiten bzw. eine Sondertilgung fordern. Ebenso könnte Ihre wirtschaftliche Situation schlechter bewertet werden, wenn beispielsweise Ihre Firma nicht mehr gut läuft oder in einer Branche tätig ist, die als unsicher eingestuft wird. Ebenso, wenn Ihr Ehepartner den Job verliert oder Ähnliches.

– Bei Mehrfamilienhausanlagen können einige Miteigentümer insolvent werden und unfähig sein, die laufenden Nebenkosten zu bezahlen. Diese müssen aber bestritten werden, um den routinemäßigen Betrieb aufrechtzuerhalten. So muss unter anderem der Verwalter bezahlt werden, der Hausmeister, die Grundsteuer, laufende Reparaturen etc. In einem solchen Fall bleibt dem Verwalter nichts anderes übrig, als sich vorerst an die verbleibenden zahlungsfähigen Miteigentümer zu wenden. In der Folge drohen Sonderzahlungen und ein Verfall der Immobilie, da der Geldmangel zum Hinausschieben nötiger Instandhaltungs- und Verbesserungsmaßnahmen führt.

– Mietausfälle oder Mietnomaden führen zur Unterdeckung. Das aktuelle Mietrecht unterstützt und deckt schlecht zahlende Mieter, und es ist anzunehmen, dass die mieterfreundlichen Gesetze im Krisenfall eher zunehmen, da der Gesetzgeber vorsieht, dass niemand obdachlos ist. Es könnte also schwieriger werden, auf säumige Mieter Druck auszuüben, um zu Ihrem Recht und an Ihr Geld kommen. Sollten Sie Ihre Immobilie fremdfinanziert haben, wird die Bank bei ausbleibenden Mieteinnahmen skeptisch und könnte deshalb neue Forderungen stellen.

– Im Krisenfall drohen Zwangsabgaben seitens der Kommunen und des Staates. Um ihre leeren Kassen zu füllen, erhöhen Gemeinden die Grundsteuer und die Gebühren für Wasser, Müllabfuhr, Kinderbetreuung etc. Ebenso werden Anliegerbeiträge für Erschließungsmaßnahmen erhoben. Sollte der Staat in akute finanzielle Probleme geraten, droht wie nach dem Krieg eine Sicherungshypothek. Dies bedeutet, dass auf jedes Haus und jedes Grundstück zugunsten des Staates eine Hypothek eingetragen wird, die man in Raten oder beim Verkauf der Immobilie abbezahlen muss.

Wie der Name schon sagt, ist eine Immobilie nicht mobil und daher den Zugriffen des Staats ungeschützt ausgeliefert. Sollten Sie persönlich in Not geraten oder zwingt Sie eine lokale Veränderung – beispielsweise die Insolvenz eines großen Arbeitsgebers – zum Verkauf, stehen Sie vor einer schweren Aufgabe. Denn der Verkauf eines Hauses oder einer Wohnung dauert schon in »normalen« Zeiten gut und gern ein halbes bis ein ganzes Jahr. In Krisenzeiten, in denen Skepsis und Zukunftsangst herrschen und das Geld, besonders auch Darlehen, rar ist, ist es noch viel schwerer und langwieriger, eine Immobilie an den Mann zu bringen. Zudem ist es fraglich, ob man den erhofften Preis erzielen wird. Oft werden nur etwa 70 Prozent oder sogar noch weniger erreicht. Wenn dann noch eine hohe Restschuld besteht, bekommt man unmittelbar Probleme mit der Bank. Sie wird das Objekt nur freigeben, wenn Sie die fehlenden Mittel sofort zur Verfügung stellen.

Sehr gefährlich sind alle Immobilien, die mit einem Fremdwährungsdarlehen finanziert wurden. Das war vor allem in Österreich und im Ostblock sehr beliebt. Dort haben Immobilienkäufer ihre Darlehen oft in Schweizer Franken aufgenommen, weil die Zinsen in der kleinen Alpenrepublik deutlich günstiger sind. Aufgrund der Euro-Probleme steigt nun die Fremdwährung im Wert, und das Darlehen nebst den laufenden Raten erhöht sich entsprechend. In Ungarn stehen deshalb Hunderttausende vor dem Bankrott. Österreichischen Schuldnern droht die gleiche Katastrophe. Daher muss man jedem mit einem Fremdwährungsdarlehen zum sofortigen Ausstieg raten.

Meine Empfehlung:

- Verkaufen Sie die Immobilien jetzt – notfalls auch mit Verlust! Dies gilt auf jeden Fall für vermietete und fremdfinanzierte Immobilien. Alarmstufe Rot besteht bei Fremdwährungsdarlehen.
- Auf jeden Fall sollten Sie zurzeit keine Immobilien kaufen. In einigen Monaten werden sie deutlich günstiger sein, da aufgrund der wirschaftlichen Probleme immer mehr Menschen ihre Objekte verkaufen und Banken weniger Darlehen ausgeben. Man könnte gegebenenfalls folgende Ausnahmen akzeptieren: 1. Objekte, die man mit Eigenmitteln zum Selbstbezug bzw. zur Selbstversorgung erwirbt, und 2. Immobilien als Sachwertanlage, die im Falle eines Crashs werthaltiger ist als reine Papiergeldanlagen. Jeder, der über hohe Ersparnisse verfügt, könnte dies in seine Überlegungen mit einbeziehen.

Reduzieren Sie Ihren Lebensstandard!

Einen wichtigen Tipp muss man jedem geben: Leben Sie sparsam und senken Sie Ihren Lebensstandard. Das eigene Einkommen hat man nicht immer selbst in der Hand. Externe Faktoren wie der Arbeitgeber, die Kunden, die allgemeine Wirtschaftslage, politische Entscheidungen etc. können darauf Einfluss nehmen. Über die eigenen Ausgaben kann man jedoch selbst bestimmen. Leben Sie jetzt sparsam und geben Sie weniger aus. Im weiteren Verlauf der Krise ist jeder auf die hohe Kante gelegte Euro buchstäblich Gold wert.

Wie Sie Ihre Finanzen neu ausrichten und absichern, erfahren Sie in den nun folgenden Abschnitten.

Die Zahlungsfähigkeit aufrechterhalten

Zunächst sollte jeder Haushalt einen Bargeldvorrat für ein bis drei Monatsausgaben beiseitelegen. Es könnte nämlich überraschend passieren, dass die eigene Bank insolvent wird und somit geschlossen bleibt oder die Bankenaufsicht bzw. Regierung aufgrund von starken Verwerfungen auf den Finanzmärkten sogenannte Bankfeiertage ausruft. Unter Bankfeiertagen versteht man von der Bankenaufsicht oder Regierung verhängte Bankschließungen für einen bestimmten Zeitraum, um den Markt zu stabilisieren bzw. irgendwelche Rettungsaktionen vorzunehmen, ohne dass die Marktteilnehmer eingreifen können. Diese Bankfeiertage können sich über wenige Tage, aber auch über einen längeren Zeitraum erstrecken. Wir haben im vergangenen Jahr gesehen, dass große Rettungsaktionen immer am Wochenende oder an Feiertagen stattgefunden haben, an denen die Marktteilnehmer keine Handlungsmöglichkeiten hatten.

In diesem Fall kommt der bargeldlose Zahlungsverkehr mit EC- und Kreditkarten, Onlinebanking, Überweisungen etc. sofort zum Erliegen. Der gesamte Giralgeldverkehr existiert dann nicht mehr. Selbst wenn die Finanzinstitute nur eine Woche geschlossen werden, dauert es anschließend rund vier Wochen, bis der Zahlungsverkehr wieder normal funktioniert. Wie wollen Sie in einem solchen Fall Ihre Zahlungsverpflichtungen erfüllen? Über wie viel Bargeld verfügen Sie in diesem Moment?

Bei einer Umfrage vor knapp einem Jahr kam heraus, dass die Deutschen im Schnitt über 65 Euro Bargeld verfügen. Wie wollen Sie mit einem so bescheidenen Betrag Ihre Miete, das Benzin, Telefongebühren, Darlehensraten, Kleidung usw. bezahlen? Bei der Insolvenz der Weserbank im Herbst 2008 mussten die Menschen knapp sechs Wochen ausharren, bis sie wieder an ihr Geld kamen. Ich habe von Menschen gelesen, die bei ihren Verwandten und Freunden betteln mussten, um das Lebensnotwendige beschaffen zu können.

Daher empfehle ich Ihnen als erste Vorsorgemaßnahme einen Bargeldvorrat von ein bis drei Monatsausgaben anzulegen. Rechnen Sie zunächst aus, wie viel Geld Sie im Monat für alle Ausgaben benötigen. Beziehen Sie alle laufenden Kosten mit ein. Auf welchen Betrag kommen Sie dann? 2000 Euro? 4000 Euro? Oder mehr? Bitte heben Sie diesen Betrag ab und deponieren Sie das Geld zu Hause. Es ist dafür gedacht, Ihnen als Nothilfe zur Verfügung zu stehen, wenn der Ernstfall eintritt. Diese eiserne Reserve nutzt natürlich nichts, wenn sie im Schließfach der geschlossenen Bank deponiert ist.

Ein idealer Bargeldvorrat, bestehend aus kleinen Euro-Scheinen, Zehn-Euro-Silbermünzen, Schweizer Franken sowie Norwegischen Kronen und sonstiger Fremdwährung

Diesen Bargeldvorrat sollten Sie wie folgt aufteilen:
Die Grundlage, *das erste Drittel*, sollten die Zehn-Euro-Gedenkmünzen der Deutschen Bundesbank bilden, sofern Sie sich damit in der Vergangenheit eindecken konnten. Diese Münzen sind quasi Bargeld mit innerem Wert, da sie bis zum Februar 2011 zu wesentlichen Teilen aus Silber bestanden. Alle Ausgaben – von der Euro-Einführung im Jahr 2002 bis zum Ende des Jahres 2010; insgesamt 50 an der Zahl mit

unterschiedlichen Motiven – wurden in 925 Sterlingsilber emittiert. Bei einem Gewicht von 18 Gramm enthält jede Münze somit 16 Gramm Silber. Aufgrund des gestiegenen Silberpreises beschloss die Deutsche Bundesbank im Herbst 2010, das Gewicht der Münzen ab der ersten Ausgabe des Jahres 2011, die das Motiv »200. Geburtstag Franz Liszt« tragen sollte, auf 16 Gramm und den Silbergehalt auf 625 Teile (und 375 Teile Kupfer) zu reduzieren. Zunächst war geplant, alle weiteren Münzen mit diesem Silbergehalt auszugeben. Allerdings zog der Silberpreis weiter deutlich an und erreichte im Frühjahr neue Höchststände. Dies führte dazu, dass das Ministerium für Finanzen und weitere zuständige Gremien übereinkamen, eine erneute Änderung der Zusammensetzung der Münze vorzunehmen. Sie wollten nicht Gefahr laufen, eine Silbermünze auszugeben, deren Materialwert den Nennwert übersteigt. Dies war zwar noch nicht der Fall, aber der Preisdruck beim Silber hätte dazu geführt, dass die Diskussion bei jeder weiteren Ausgabe erneut aufgekommen wäre.

So wurde gemäß der auf der nächsten Seite folgenden Pressemitteilung vom Bundesministerium der Finanzen beschlossen, dass die weiteren (regulären) Zehn-Euro-Münzen als reine Kupfer-Nickel-Legierungen – also ohne Silber! – ausgegeben werden. Diese sind für die Krisenvorsorge natürlich uninteressant, da ihnen der innere Wert fehlt und sie genauso substanzlose Versprechen wie die bedruckten Papierscheine sind. Es wird zwar parallel für die Münzsammler weiterhin eine Münze in 625er-Silber ausgegeben, für diese muss allerdings ein Aufschlag in Höhe von zehn Euro auf den jeweiligen Silberpreis plus die gesetzliche Mehrwertsteuer entrichtet werden. Ich halte diesen Aufpreis für einen klaren Affront in Bezug auf die Bürger, deren Krisenvorsorge dadurch untergraben wird. Diese Münzen sind ein bekanntes Zahlungsmittel und vereinfachen im Krisenfall die Tauschgeschäfte.

Die Münzverschlechterung ist zudem ein Zeichen dafür, dass die Obrigkeit gegen die individuelle Krisenvorsorge ihrer Bürger arbeitet. Angesichts der enormen Aufwendungen für die Rettungsaktionen zugunsten maroder Banken oder insolventer Staaten erscheinen die vorgebrachten Argumente wie purer Hohn. Anstatt die Menschen zu motivieren, ihre Werte zu sichern und sie mit tauglichen Tauschmünzen auszustatten, wird die einzige Silbermünze, die man hierzulande offiziell herausgibt, für die Allgemeinheit wertlos.

Leider wurde auch die Prägung vergleichbarer Silbermünzen in unseren deutschsprachigen Nachbarländern eingestellt. Die Münze

Bundesministerium
der Finanzen

Presse   Pressemitteilungen   Briefmarken und Sammlermünzen

Pressemitteilungen   13.04.2011

Nr.: 15/2011

10-Euro-Gedenkmünzen künftig in zwei verschiedenen Legierungen

Die Bundesregierung beschloss heute vor dem Hintergrund des stark gestiegenen Silberpreises, die deutschen 10-Euro [GLOSSAR]-Gedenkmünzen künftig in zwei verschiedenen Legierungen auszugeben.

Hierzu erklärt das **Bundesministerium der Finanzen**:

1. Beginnend mit der 10-Euro-Gedenkmünze „125 Jahre Automobil" werden die Münzen in der **Prägequalität „Normalprägung"**, die zum Nennwert (10 Euro) in den Verkehr gebracht werden, aus einer **Kupfer-Nickel-Legierung** hergestellt.

2. Die Münzen in der höherwertigen **Sammlerqualität "Spiegelglanz"** werden auch künftig aus **Silber (625 Silber/375 Kupfer)** geprägt. Diese Münzen, die zur Unterscheidung mit der Aufprägung "Silber 625" gekennzeichnet sind, werden zu einem über dem Nennwert liegenden Preis veräußert. Dieser wird gebildet durch den Materialwert des Silbers zum Zeitpunkt der Ausgabe (Londoner Fixing) zuzüglich eines Aufschlages von 10 Euro sowie der Mehrwertsteuer [GLOSSAR]. Der Mindestpreis wird 15 € betragen.

Die Änderung erfolgt aus Anlass des stark gestiegenen Silberpreises, der die Emission einer Münze mit dem bisherigen Silbergehalt (10 g) zum Nennwert von 10 € nicht mehr zulässt. Einerseits wäre die aus haushaltsrechtlichen Gründen zwingend erforderliche kostendeckende Ausgabe der Münze nicht möglich. Andererseits könnte eine solche Münze zum Spekulationsobjekt auf die Silberpreisentwicklung werden.

Im Ergebnis der beschlossenen Anpassungen wird der Ausgabetermin für die 10-Euro-Gedenkmünze „125 Jahre Automobil" vom 5. Mai 2011 auf den 9. Juni 2011 verschoben. Die Ausgabetermine für die übrigen, noch ausstehenden 10-Euro-Gedenkmünzen des Jahres 2011 bleiben unverändert.

Wegen der für die Herstellung der Münzen erforderlichen Vorlaufzeiten sind zu den jeweiligen Ausgabeterminen zunächst nur die Silbermünzen in der höherwertigen Sammlerqualität „Spiegelglanz" erhältlich, die über die Verkaufsstelle für Sammlermünzen der Bundesrepublik Deutschland (VfS) bezogen werden können. Die Münzen aus Kupfer-Nickel werden erst zu einem späteren Zeitpunkt, über den das Bundesministerium der Finanzen gesondert informieren wird, bei der Deutschen Bundesbank verfügbar sein.

Österreich hat die Ausgabe der dortigen Fünf- bzw. Zehn-Euro-Münzen bereits mit der Jahreswende 2010 eingestellt. In der Schweiz werden die Silbermünzen mit einem Nennwert von 20 Franken derzeit für 30 Franken ausgegeben. Damit sind sie bei einem Silberanteil von 16,7 Gramm pro Stück ebenfalls zu teuer.

Das alles bedeutet, dass uns diese wertvollen Münzen im deutschsprachigen Raum weggenommen wurden, und wir daher beim Bargeldvorrat anders disponieren müssen.

Somit kann man nur den **Euro-Bargeld-Anteil** aufstocken:
Falls Sie in der Vergangenheit nicht ausreichend Silber-Zehner besorgen konnten, sollte *das zweite Drittel* aus gewöhnlichen Euro-Banknoten bestehen. Legen Sie hierfür Bargeld in kleineren Scheinen, also Fünfer, Zehner, Zwanziger und Fünfziger auf die Seite. Auf größere Scheine sollten Sie verzichten, da sie in einem Notfall als Zahlungsmittel unpraktisch sind und Sie damit den Eindruck erwecken, »reich« zu sein. Zudem ist die Gefahr groß, dass Sie bei einem Raub zu viel verlieren oder beim Herausgeben betrogen werden.

Achten Sie bei diesen Scheinen auf die Seriennummern. Im Euroraum werden die Banknoten von den nationalen Notenbanken herausgegeben. Vor jeder Seriennummer steht ein Buchstabe. Das »X« steht für Deutschland. Im Falle eines Scheiterns des Euros – was viele Fachleute und auch ich für sehr wahrscheinlich halten –, kann es zu Abwertungen der Euro-Scheine von schwachen Ländern wie Griechenland, Portugal, Irland, Spanien, Italien etc. kommen. Denkbar ist, dass beispielsweise die deutschen Euro-Scheine mit dem »X« in einer Übergangszeit zu einem höheren Wert getauscht oder die Scheine der schwachen Länder erst gar nicht angenommen werden. Daher halte ich die Berücksichtigung dieses Sachverhalts für sehr wichtig.

50-Euro-Scheine mit unterschiedlichen Seriennummern

Zusätzlich zu den Scheinen sollten Sie natürlich auch eine Grundausstattung an Ein- und Zwei-Euro-Münzen parat halten. Je nach Haushaltsgröße sollte dies ein Betrag von mindestens 200 Euro sein.

Für das *letzte Drittel* empfiehlt sich eine **Fremdwährung**:
Eine umsichtige Vorsorge zeichnet sich durch mehrere Standbeine aus. Kein Mensch weiß, was in welcher Form tatsächlich auf uns zukommt. Daher sollte man die gleiche Strategie wie ein Eichhörnchen verfolgen, das im Spätsommer an vielen Stellen Nahrungsdepots anlegt, damit es einen Teil wiederfindet und so durch den Winter kommt. Bei einem globalen Crash werden natürlich alle Währungen einbrechen und die meisten verschwinden. Vielleicht gibt es dennoch die eine oder andere, die fortbestehen wird. Diese könnte sich zu einem begehrten Zahlungsmittel entwickeln. Im nordeuropäischen Raum könnte das eben Geschriebene vor allem auf den Schweizer Franken und die Norwegische Krone zutreffen.

Die Schweiz ist seit etwa einem Jahrhundert Zufluchtsort für Vermögende aus aller Welt, und man kann nur schätzen, wie viele Billionen dort liegen. Es wird gemunkelt, dass die Schweiz trotz diverser Kriege allein deshalb in Ruhe gelassen wurde, weil Schwerreiche ihren Einfluss geltend gemacht haben. Es könnte durchaus erneut dazu kommen, dass weltweites Kapital in die Schweiz transferiert und der Franken entsprechend aufgewertet wird. Dies ist im Verlauf der Finanzkrise bereits geschehen, und der Franken erreicht ständig neue Höchstwerte im Vergleich zu Dollar und Euro. Dennoch würde ich keine größeren Vermögenswerte in Schweizer Franken tauschen, da es sich dabei auch nur um Papiergeld handelt. Durch den Eintritt in den Internationalen Währungsfonds (IWF) wurde die Schweiz gemäß dessen Satzung gezwungen, die Golddeckung des Franken aufzugeben.

Zur Norwegischen Krone: Norwegen verfügt über sehr umfangreiche Bodenschätze, ist nicht verschuldet und kann daher mit Fug und Recht als reiches Land bezeichnet werden. Daher ist davon auszugehen, dass die Norwegische Krone länger als andere Währungen bestehen wird.

Mit diesem Bargeldvorrat sichern Sie Ihre Zahlungsfähigkeit für den Fall, dass Ihre Bank Bankrott macht oder Bankfeiertage anberaumt werden und der elektronische Zahlungsverkehr zum Erliegen kommt.

Silber – das Zahlungsmittel
in der Krise

Gehen wir einen Schritt weiter und überlegen, was passiert, wenn der Euro gänzlich scheitert und als Tauschmittel nicht mehr akzeptiert wird. Das Leben geht selbstverständlich weiter – wir alle müssen miteinander tauschen und handeln. Wir sind in der heutigen arbeitsteiligen Welt zwingend darauf angewiesen, Dienste und Produkte von anderen zu bekommen und unsere Arbeitsleistung einzubringen.

Wie könnte es nun ablaufen? Sie gehen zum Bäcker, weil Ihre Familie Hunger hat. Der Bäcker steht in seinem Geschäft, und die Regale sind voll mit (verderblicher) Ware. Er will und muss seine Backwaren an den Mann bringen, und Sie brauchen etwas zum Essen. Er fragt, was Sie ihm für sein Brot geben, und Sie zeigen ihm die bedruckten Geldscheine. Er lacht und lehnt sie rundheraus ab. Sie sagen, Sie können ihm fünf Kilo Kohlen geben. Er benutzt allerdings einen Holzofen und verfügt außerdem über einen Kohlevorrat als Tauschmittel, das ihm andere bereits für seine Waren gegeben haben. Sie zeigen ihm Ihre Uhr, und er antwortet, dass er auch davon schon genügend hat. Da zücken Sie eine Unze Silber, und seine Augen strahlen. Er schlägt vor, dass er Ihnen für diese Unze zwei Wochen lang Brot gibt. – Das ist natürlich fiktiv, dennoch könnte es sich so zutragen.

Gold wird für solche Tauschvorgänge sicher zu teuer sein, da schon heute der kleine Ein-Gramm-Goldbarren etwa 45 Euro kostet. Eine Anekdote eines meiner Leser verdeutlicht dies: Sein Großvater hatte während der letzten Weltwirtschaftskrise eine Bäckerei. Es kamen Menschen mit Goldbarren, die natürlich weitaus mehr wert waren als jedes Gebäck, in sein Geschäft. Der Bäcker sagte: »Ich kann nicht rausgeben, entweder Sie sind einverstanden oder gehen wieder.« So zwang die blanke Not die Menschen dazu, das wertvolle Gold gegen etwas Brot abzugeben. Sicher wird im Falle eines Crashs auch Silber im Wert deutlich ansteigen, jedoch werden Sie damit keine so großen Verluste wie bei Gold erleiden.

Es erscheint also wahrscheinlicher, dass Silber das Tauschmittel für die alltäglichen Geschäfte im Krisenfall sein wird. Nun stellt sich freilich die Frage, wie lange so ein Zustand dauern könnte. Das kann natürlich kein Mensch verlässlich vorhersagen, und wir hoffen alle, dass er nicht zu lange andauert. Angesichts der weltweiten Erschütterung und des enormen Aufwands, viele Strukturen neu zu schaffen, dürfte man nicht zu pessimistisch sein, wenn man von starken Spannungen mit einer Dauer von sechs bis zwölf Monaten ausgeht.

In früheren Zeiten konnte man mit einer Unze Silber eine Familie ungefähr eine Woche lang ernähren. Dies dürfte heutzutage nicht mehr reichen, da die Preise gestiegen sind. Drei bis fünf Unzen pro Woche werden vermutlich notwendig sein, um den Bedarf zu decken. Um für wenigstens sechs Monate liquide zu sein, sollte man also mindestens 120 Unzen Silber in Form von Ein-Unzen-Münzen als Notzahlungsmittel bereithalten. Mit einem entsprechenden Sicherheitspuffer würde ich dies als die unterste Grenze erachten und eher 120 bis 500 Stück empfehlen. Hierfür kommen unter anderem folgende Silbermünzen infrage: Philharmoniker (Österreich), Maple Leaf (Kanada), American Eagle (USA) und andere.

Man sollte hier die weltweit bekannten Münzen vorziehen, um den Tauschvorgang zu erleichtern. Da in Krisenzeiten die Verunsicherung groß ist und allem Fremden besonders viel Misstrauen entgegengebracht wird, ist die Akzeptanz der Philharmoniker aus Österreich mit Sicherheit größer, besonders bei konservativ Denkenden.

Der American Eagle (links) und der österreichische Philharmoniker

Für diesen Zweck sind außerdem die bundesdeutschen Zehn-Euro-Silbermünzen sehr interessant, da sie mit einer halben Unze Silber eine kleinere Tauscheinheit darstellen.

Viele Leser fragen sich: »Und wie stellt man in einer solchen Situation fest, wie viel eine Silbermünze wert ist?« Machen Sie sich darüber keine großen Gedanken. Die Menschen wollen und müssen tauschen, und es findet sich schnell ein Wert, der dann über Medien, Verbraucherschützer, Internetseiten und Aushänge bekannt gemacht wird. Bei der Euro-Einführung haben wir dies (in geordneten Bahnen) schon erlebt.

Bargeldreserve

In deflationären Zeiten – so wie wir sie jetzt erleben – fallen die Preise, weil die Menschen weniger Geld besitzen und folglich die Zahl der Kunden geringer wird. Um die Waren dennoch loszuschlagen, sind die Geschäfte gezwungen, die Preise zu reduzieren. Im Besonderen werden alle Luxusartikel (Autos, Immobilien, Kunst, Möbel etc.) günstiger. Das heißt, dass das Geld an Kaufkraft gewinnt und man nichts verliert, wenn man sein Geld zu Niedrigzinsen auf Tagesgeldkonten legt oder es in bar zu Hause aufbewahrt.

Es ist anzunehmen, dass sich diese Phase noch eine Weile hinziehen wird. Japan durchschreitet sogar schon das zweite deflationäre Jahrzehnt. *In der jetzigen Zeit sind Sicherheit und Flexibilität deutlich wichtiger als die Rendite.* In einer Zeit, in der das Geld überall fehlt, ist Bargeld König. Als Barzahler sind Sie überall willkommen, bekommen Rabatte und haben eine ideale Ausgangsposition für Verhandlungen. Daher sollten Sie selbst frühzeitig Ihre Ausgaben reduzieren, Ihr Geld horten und es dann gegebenenfalls gezielt einsetzen.

Grundausstattung an Edelmetallen

Für Ihre unmittelbare Vermögenssicherung sollten Sie sich einen Grundstock an Edelmetallen besorgen. Mittlerweile sind sich fast alle Fachleute darin einig, dass Gold und Silber besonders in diesen Zeiten in jedem Portfolio enthalten sein sollten. Es geht für Sie darum, das Ersparte vor dem Verfall zu retten und über Werte zu verfügen, die auch im Falle größerer Krisen ihre Kaufkraft bewahren.

Wie bereits ausgeführt, sind alle Papiergeldanlagen in akuter Gefahr, und zwar weitaus mehr, als Sie es vermuten. Die meisten Sparformen und damit der überwiegende Teil der Ersparnisse sind in Wirklichkeit eine Illusion, die jederzeit durch eine große Pleite, einen Crash, staatliche Maßnahmen etc. wie ein Luftballon zerplatzen kann. Sie müssen also auch diesbezüglich eine konkrete Vorsorge treffen. Die meisten unserer Mitmenschen haben ihr Geld bereits verkonsumiert und somit den Nutzen daraus bereits bezogen. Nun wäre es mehr als ungerecht, wenn Sie als redlicher und vorausschauender Sparer um Ihre verdiente Gegenleistung gebracht werden würden. In der heutigen Zeit ist es allerdings fraglich, auf welche Weise man seine Ersparnisse krisensicher für den Fall der Fälle retten kann. Ohne Verluste wird kaum jemand davonkommen, machen Sie sich da keine großen Hoffnungen. Ihr Bestreben sollte es sein, möglichst ungeschoren durchzukommen und so viel wie möglich zu retten.

Hierfür eignen sich insbesondere Gold und Silber. Im Gegensatz zum Papiergeld besitzen sie einen materiellen Wert und gelten seit Jahrtausenden als Sicherheit und Ausdruck des Wohlstands. Kommt es zu einem Kollaps der Papierwährungen, wird eine Flucht in sichere Edelmetalle einsetzen, und die Preise hierfür werden entsprechend steigen. Für Ihre Absicherung empfehle ich nur die beiden »Geldmetalle« Gold und Silber.

Hierfür kommen beispielsweise folgende Münzen oder Barren infrage:

Goldmünze zu einer Unze (oben links), Silbermünze zu einer Unze (oben rechts) sowie Goldbarren zu 50 Gramm (links)

Ich empfehle eine Aufteilung in *ein Drittel Gold* und *zwei Drittel Silber*. Grundsätzlich sollte man jegliche Vorsorge auf verschiedene Beine stellen, da kein Mensch weiß, was und wie es tatsächlich kommen wird. So könnte es beispielsweise erneut zu einem Goldverbot oder zu starken Manipulationen bei einem der beiden Edelmetalle kommen. Dann gibt es triftige Gründe für das unterschätzte Edelmetall Silber.

Für Gold spricht:
- Die Menschen vertrauen Gold seit knapp 6000 Jahren.
- Es wird weltweit jederzeit wie Geld betrachtet, und man kann es immer gegen die lokale Währung oder Produkte und Dienstleistungen tauschen.
- Es ist wertvoll, man kann bei geringem Volumen große Werte bewegen (siehe Abbildung).
- Es ist im Gegensatz zu Immobilien mobil und flexibel. Man kann diese Werte recht gut vor den Zugriffen des Staates schützen.
- Es kann nicht wie Papiergeld endlos vermehrt werden.

Ein Kilogramm Gold im Wert von knapp 32 000 Euro in der Hosentasche

Für Silber – das unterschätzte Edelmetall – spricht:
- Es gibt auf der Welt deutlich weniger physisch vorhandenes Silber als Gold. Die Bestände des vorhandenen Silbers machen nur ein Siebtel des Volumens des geförderten Goldes aus. Der

Grund ist, dass Silber in den meisten Anwendungen unwiderruflich verbraucht und damit vernichtet wird.
- Silber ist in vielen Anwendungsbereichen, wie zum Beispiel in der Elektro- und Medizintechnik, in der Wasseraufbereitung oder Industrie unersetzlich.
- Silber wird bei zahlreichen Anwendungen unwiederbringlich verbraucht, und aufgrund des niedrigen Preises lohnt sich Recycling in diesem Bereich nicht. So enthalten jeder Lichtschalter, jedes Handy, Auto, jeder Kühlschrank, jede Waschmaschine etc. einige Gramm Silber, die nach Gebrauch einfach auf der Müllhalde landen und vernichtet werden.

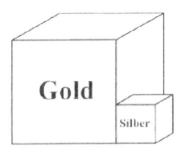

Mengenverhältnis des weltweit verfügbaren Goldes und Silbers

Die bekannten abbaubaren Silberressourcen belaufen sich laut heutigem Kenntnisstand auf noch etwa 25 Jahre. Deshalb ist davon auszugehen, dass der Silberpreis aufgrund des zurückgehenden Angebots und einer gleichzeitig hohen Nachfrage steigen wird.

Dies ist das wichtigste Argument für Silber als Sparform für die Altersvorsorge. Es gibt nicht viele Möglichkeiten, seine Ersparnisse langfristig zu sichern. Ich halte physisches Silber für die ideale Sparform. Es ist selten und in vielen Anwendungsgebieten unersetzlich. Somit sollte der langfristige Werterhalt absolut gegeben sein.

Schulden tilgen

Viele denken, dass die Krise ihre Schulden durch eine starke Inflation oder eine Hyperinflation quasi von allein tilgt. Diese Möglichkeit besteht durchaus, wie es durch zahlreiche Beispiele nach dem Krieg bewiesen wurde. Allerdings sind hierfür ein langer Atem erforderlich und eine gute finanzielle Ausstattung nötig, über die die meisten nicht verfügen. Oft kommt vor einer starken Geldentwertung eine deflationäre Phase, die die Einkommen drückt, Anlagewerte sinken lässt, Arbeitsplätze kostet etc. Die meisten Schuldner kommen in dieser dürren Zeit in finanzielle Schwierigkeiten, weil ihr Einkommen einbricht, die Verpflichtungen für die Darlehen aber weiter unverändert bestehen bleiben. Wenn sie dann die laufenden Raten nicht mehr bedienen können, greifen die Gläubiger auf die hinterlegten Sicherheiten zu. Kommt es anschließend zu Zwangsvollstreckungsmaßnahmen, bricht oft das gesamte Finanzkonzept zusammen, da andere Darlehensgeber kalte Füße bekommen und die Darlehen ebenfalls kündigen.

Verfügt man jedoch über eine solide Finanzierung, ein stabiles Einkommen und finanzielle Reserven, sodass man seine Raten auch im schlechtesten Fall immer noch regelmäßig bedienen kann, steht man diese Phase durch und kann durch eine Geldentwertung tatsächlich gewinnen. Dies sollte jedoch nur jemand in Erwägung ziehen, der über umfangreiche finanzielle Kenntnisse und über den besagten Hintergrund verfügt. Es ist zu einem gewissen Maße eine Spekulation, die natürlich auch scheitern kann.

Was sind die Gefahren von Darlehen in der Krise?

- Das Einkommen sinkt, das Darlehen sowie die laufenden Raten bleiben unverändert hoch, das heißt, sie steigen nominell.
- Im Krisenfall schmerzt jeder abfließende Euro. Das Geld ist in solchen Situationen meist knapp, und dann sind abfließende Gelder für Darlehensraten umso schmerzhafter.
- Die Sicherungsobjekte (Immobilien, Aktien, Wertpapiere etc.) fallen unter den Beleihungswert, es folgen Nachschussforderungen seitens der Gläubiger.
- Der Darlehensgeber kann mit der Begründung, dass sich die wirtschaftliche Situation verschlechtert hat, Druck ausüben oder gar die Darlehen kündigen (siehe die mit Wirkung vom 31. Oktober 2009 eingeführten neuen Allgemeinen Geschäftsbedingungen, AGB, der Banken).

Darum lautet die eindeutige Empfehlung, in der jetzigen Zeit keine neuen Schulden aufzunehmen und die bestehenden möglichst rasch zu tilgen.

Tipp: Falls man nicht alle Darlehen tilgen kann, sollte man eine Reserve anlegen, sodass man auch in wirtschaftlich schwierigen Zeiten die Raten vereinbarungsgemäß bedienen kann. In Krisenzeiten werden Darlehensnehmer, die ihre Raten bezahlen, sehr geschätzt.

Zusätzlicher Edelmetallkauf als Option

Aufgrund der unsicheren Lage kann man die Empfehlung aussprechen, bis zu 50 Prozent des verfügbaren Vermögens in Gold und Silber zu investieren. Diesbezüglich würde ich wiederum zu einem Drittel Gold und zwei Dritteln Silber raten. Nachdem gemäß meinen Empfehlungen ein Bargeldvorrat mit den Zehn-Euro-Silbermünzen besteht, eine Grundausstattung an Edelmetallen mit eher kleinen Einheiten vorhanden ist, kann dieser Betrag nun in größeren Einheiten erfolgen. Beim Kauf von größeren Einheiten bekommt man mehr Gold und Silber für sein Geld, und die Lagerung und der Transport sind einfacher. Hierfür eignen sich

Ein-Kilogramm-Silbermünze (oben links), Ein-Kilogramm-Silberbarren (oben rechts) und 50-Gramm-Goldbarren (links)

beim Gold 50-, 100- oder 250-Gramm-Goldbarren und beim Silber Ein-Kilogramm-Münzen (Kookaburra) bzw. Ein-, Zweieinhalb- oder Fünf-Kilogramm-Silberbarren.

Wichtiger Hinweis zur Lagerung
der Edelmetalle

Einen Grundstock an Gold und Silber mit einem Wert von bis maximal 30 000 Euro sollten Sie im unmittelbaren Zugriff aufbewahren. Dieser kann zu Hause und an externen Orten, wie beispielsweise einem sicheren Keller, untergebracht werden. Externe Versteckplätze sollten aber nur so weit entfernt sein, dass Sie diese zu Fuß oder per Fahrrad ohne größere Probleme erreichen können. Für diese spricht folgendes Szenario: Es könnte sein, dass Sie überfallen werden und jemand hält Ihrem Partner oder Ihren Kindern ein Messer an den Kopf. In solch einem Fall wäre es angebracht, das im Haus vorhandene Edelmetall herauszugeben. Wenn Sie dann sagen »Das ist alles, was ich da habe«, so ist der Rest Ihres Vermögens, der einige Kilometer entfernt liegt, fürs Erste gesichert.

Sollten Sie über diesen Betrag hinaus Edelmetalle besitzen, so würde ich dafür ein Schließfach bei einer Bank in der Schweiz oder Liechtenstein empfehlen. Dies ist denkbar einfach und günstig zu haben. Diese Banken sind interessiert und sehr kundenorientiert. Sie sollten sich idealerweise eine kleine Bank aussuchen, die für Sie verkehrsgünstig liegt. Sie finden das übers Internet rasch heraus. Sie rufen dann dort an und fragen, ob diese Bank ein Schließfach frei hat (das ist in der Regel der Fall) und was es kostet.

Sie können anschließend einen Termin vereinbaren und gleich einen Teil Ihrer Edelmetalle mitnehmen (bitte die Wertgrenzen beachten, die derzeit bei 10 000 Euro pro Fahrzeug liegen). Sie unterschreiben dann den Schließfachvertrag und eröffnen gleichzeitig ein Girokonto, damit die Bank die jährliche Schließfachmiete abbuchen kann. Ihnen werden die beiden Schlüssel ausgehändigt, und Sie können Ihre Edelmetalle sofort sicher einlagern. Danach können Sie bei weiteren Auslandsbesuchen jeweils die erlaubte und deklarierungsfreie Menge mitnehmen und so Ihre Werte in Sicherheit bringen.

Sollten Sie dort einen größeren Betrag in Edelmetallen deponieren wollen und das Gold und Silber noch nicht gekauft haben, können Sie das Geld auf Ihr Girokonto überweisen und die Edelmetalle in der Schweiz erwerben.

Ein Schließfach in Deutschland oder anderen EU-Ländern würde ich nicht empfehlen, da hier die Gefahr einer Beschlagnahmung seitens der Behörden nicht ausgeschlossen werden kann.

Wichtiger Hinweis zum Kauf von Gold und Silber

Sie sollten das Gold und Silber auf jeden Fall physisch – das heißt als Münzen oder Barren – kaufen, und Sie sollten es unter eigener Obhut aufbewahren. Kaufen Sie keine Zertifikate wie ETFs oder Ähnliches. In solchen Fällen ist es fraglich, ob dann tatsächlich physisches Edelmetall für Sie eingelagert wird und ob Sie im Fall »X« darüber verfügen können.

Weiterhin ist es sehr wichtig, die Edelmetalle möglichst anonym zu erwerben, sodass keine Bank oder staatliche Stelle weiß, dass Sie Edelmetalle besitzen. Das heißt, Sie sollten auf jeden Fall Gold, wenn möglich aber auch Silber, bei vertrauenswürdigen Edelmetallhändlern in bar ohne Registrierung Ihrer Personalien erwerben. Dies ist in Deutschland pro Kaufvorgang bis zu einem Betrag von 15 000 Euro machbar. Allerdings sind die Gelegenheiten rückläufig, da immer mehr Banken den Edelmetallverkauf entweder ganz einstellen oder mittlerweile sogar bei Beträgen von ca. 2500 Euro die Vorlage des Ausweises verlangen.

Persönliche Vorsorge (Vorräte)

Wesentlicher Eckpfeiler der persönlichen Vorsorge ist es, für einen Zeitraum von ein bis drei Monaten in der Lage zu sein, sich und die Familie unabhängig von einer Neubeschaffung zu ernähren und mit dem Lebensnotwendigen zu versorgen. Hierzu gehören unter anderem folgende Hauptgruppen von grundlegenden Vorsorgegütern, die primär in ausreichender Menge bevorratet werden müssen:

- Grundnahrungsmittel und Nahrungsergänzungen
- Trinkwasser und Getränke
- Medikamente und Hygieneartikel sowie Reinigungsmittel
- Tauschgegenstände für die unmittelbare Krise
- Technische Hilfsmittel

Ist solch ein Überfluss für immer garantiert?

Diese Zusammenstellung ließe sich noch fortsetzen und stellt nur die absolut notwendige Basisversorgung dar. Beispielsweise wäre die Brenn- und Werkstoffversorgung auch in Krisenzeiten zu gewährleisten. Wir wollen uns hier jedoch auf die absolut notwendigen Bestandteile der Vorsorge beschränken, um eine Basis fürs Überleben zu legen. Wenn Sie sich mit dem Thema auseinandersetzen und Ihre Vorräte zusammenstellen, werden Sie im Zuge Ihrer Analyse schnell feststellen, welche weiteren Vorsorgemaßnahmen zu ergreifen sind. Es wird Ihnen so vielleicht schnell auffallen, dass Sie für Ihre Haustiere Futter auf Lager haben müssen oder Saatgut für Ihren Garten benötigen. Entsprechende Ergänzungen Ihrer Lagerhaltung sind auf dieser individuellen Basis vorzunehmen.

Was essen Sie, wenn die Geschäfte geschlossen bleiben bzw. die Regale leer sind?

Sie sollten über Vorräte für einen Zeitraum von mindestens sechs Wochen verfügen. Sicherer wäre es, wenn Sie bis zu einem halben Jahr weitestgehend autark leben könnten.

Beachten Sie dabei die Ernährungsregel Nummer eins und lagern Sie nur solche Lebensmittel ein, die Sie auch jetzt zu sich nehmen. Eine Umstellung der Ernährung in Krisenzeiten, wenn man schon physisch und psychisch unter Druck steht, verkraftet man nicht leicht. Erfassen Sie über einen Zeitraum von einigen Wochen Ihre Ernährungsgewohnheiten und rechnen Sie dies auf den entsprechenden Bevorratungszeitraum hoch. Ideal zum Einlagern sind Nudeln, Konserven, Reis, getrocknetes und eingelegtes Gemüse, aber auch Bohnen, Linsen, Dosenfisch usw. Denken Sie auch an Gewürze, Zutaten, Saucen, Essig, Salatöl, Hefe, Zucker, Salz etc.

Die nachfolgende Checkliste gibt als Leitlinie den Bedarf für eine vierköpfige Familie über einen Zeitraum von etwa drei Monaten hinweg an:

- Getreidemühle (um das Getreide zu mahlen)
- Weizen, Gerste, Roggen, Dinkel, Hafer: 120 Kilogramm
- Hefe und Backzubehör
- Nudeln, Reis: 60 Kilogramm
- Zucker: zwölf Kilogramm; Honig 20 Kilogramm
- Salz: zwei Kilogramm
- Magermilchpulver: 48 Kilogramm
- Konservennahrung wie Gulaschsuppe, Ravioli, Erbsen und Bohnen in Dosen: 30 Stück
- Eingelegtes Gemüse (Bohnen, Kraut, Karotten, Pilze) in Dosen: 30 Stück
- Eingelegte Früchte (Aprikosen, Ananas) in Dosen: 30 Stück

- Getrocknetes Obst (Aprikosen, Mangos, Rosinen, Datteln etc.): 50 Packungen
- Linsen, Bohnen, Erbsen: 20 Kilogramm
- Dosenfisch (Thunfisch, Sardinen, Bismarckheringe): 50 Stück
- Essig, Salatöl: zehn Liter
- Marmelade, Konfitüre, Nusscreme: 30 Gläser
- Andere Brotaufstriche: 20 Gläser
- Kaffee, Tee, Kakao, Instantkaffee: sechs Kilogramm
- Haltbare Milch: 50 Liter
- Fleisch und Wurst in Dosen: 30 Stück
- Nüsse, Mandeln, Sonnenblumenkerne, Pistazien: 40 Packungen
- Fertigsuppen: 40 Packungen
- Knäckebrot: 40 Packungen
- Hustenbonbons, Kaugummi, Lutschbonbons
- Optional: Babynahrung/Nahrung für Haustiere

Trinkwasser:
- Osmosewasserfilter (um aus Leitungswasser reines Trinkwasser zu erzeugen.)
- Katadynwasserfilter (um aus Regenwasser Trinkwasser zu erzeugen und sich längerfristig selbst zu versorgen)

Vorrat für etwa einen Monat:
- 40 Liter gefiltertes Trinkwasser pro Person in Kanistern
- Alternativ Mineralwasser: 16 Kästen
- Alkoholische Getränke, Säfte, Limonade

Die optimale Ernährung – nicht erst in der kommenden Krise

Ich empfehle eine frühzeitige Ernährungsumstellung auf einer Basis mit frischem Getreide. Schaut man sich die Geschichte unserer Vorfahren an, so erweist es sich, dass alle Hochkulturen vor allem naturbelassene Getreidekost zu sich nahmen, denn im Getreide sind grundsätzlich alle lebensnotwendigen Grundstoffe enthalten. Neben den hochwertigen Kohlenhydraten und Eiweißen enthält das Getreidekorn auch die notwendigen Vitamine, Spurenelemente, Öle und Fermente. Da diese Inhaltsstoffe sehr ausgewogen und im idealen Mischungsverhältnis enthalten sind, können die im Korn enthaltenen Nährstoffe vollständig verdaut werden und stehen dem Organismus zur Verfügung. Diese positiven Eigenschaften gehen verloren, wenn das Getreide gemahlen und dann wochenlang gelagert wird, so wie es heutzutage üblich ist. Deshalb ist ein Frischverzehr unmittelbar nach dem Mahlen sinnvoll.

Entwicklungsgeschichtlich ist das Getreide die Urnahrung des Menschen. Und so hat sich im Laufe der Jahrtausende der menschliche Organismus auf seine ursprüngliche Getreidekost eingestellt.

Nun werden Sie natürlich einwenden, dass Sie doch auch heute noch Brot, Brötchen, Nudeln und weitere Getreideprodukte zu sich nehmen. Leider haben diese heutigen, in großem Stil und vor allem möglichst billig hergestellten Lebensmittel einen Großteil der im Getreidekorn enthaltenen Vitalstoffe verloren. Dies gilt leider auch für die meisten Vollkornprodukte, die Sie beim Bäcker kaufen können. Denn längst bedeutet die Bezeichnung »Vollkorn« nicht mehr, dass auch wirklich frisches Vollkorn enthalten ist. Bei den allermeisten Vollkornprodukten erinnert nur noch die dunkle Farbe, die durch Beigabe von Malz billig erzeugt wird, an Produkte aus vollem und vor allem frischem Korn.

Bereits im 19. Jahrhundert begann die Nahrungsmittelindustrie, das Getreide auf Vorrat zu mahlen und einzulagern. Nur so ließen sich die Kosten senken und die Erträge erhöhen. Dies ist mit frischem und wirklich hochwertigem Getreidemehl jedoch nicht möglich, da die enthaltenen Keimöle im Zuge des Mahlprozesses der Luft ausgesetzt werden und verderben. Beim ungemahlenen Getreidekorn geschieht dies nicht, da die Öle haltbar sein müssen, um die Keimfähigkeit des Getreides auf Jahre hin zu gewährleisten. Im Prinzip ist das Getreidekorn eine Idealkonserve, in der die lebensspendenden Inhaltsstoffe lange erhalten bleiben. Lagert man wirklich hochwertiges Mahlgut aus vollem Korn ein, so wird das darin enthaltene natürliche Keimöl schon nach wenigen Tagen ranzig. Das Vollkornmehl beginnt zu stinken und wird ungenießbar.

Aus diesem Grund werden die heutigen Mehle von den »störenden« Keimölen befreit und durch technische und chemische Prozesse »gereinigt«. Im Zuge dieser Reinigung werden im Prinzip 80 bis 90 Prozent der Minerale, sämtliche Keimöle und Fermente sowie die enthaltenen Vitamine aus dem Mehl entfernt. Übrig bleibt ein zwar lange haltbares und leicht zu verarbeitendes, für die vollwertige Ernährung jedoch unbrauchbares Nahrungsmittel, das die Grundlage für alle weiteren aus ihm hergestellten Produkte darstellt. Demzufolge sind die heutigen Speisen zwar energiehaltig, liefern jedoch dem Körper nicht die notwendigen Vitalstoffe, die er für ein langes und gesundes Leben benötigt. Folgen dieser Fehl- bzw. Mangelernährung sind die uns seit Beginn des Industriezeitalters immer stärker heimsuchenden Zivilisationskrankheiten, die unseren Vorfahren überwiegend unbekannt waren.

Essen Sie also ganz einfach frische Getreideprodukte, die Sie selbst herstellen! Und zwar nicht erst in den kommenden Krisenzeiten. Beginnen Sie sofort damit, um Ihre Ernährung bald auf eine gesunde und dauerhaft überlebenssichernde Basis zu stellen und auf Dauer von der Nahrungsmittelindustrie unabhängig zu werden.

Das wirkt auf den ersten Blick unpraktisch und kaum umsetzbar. Es ist jedoch einfacher, als Sie vielleicht meinen, und die Gruppe der Menschen, die bereits zu dieser Lebensweise übergegangen ist, wird – weitgehend unbeachtet von den Medien – beständig größer.

Alles, was Sie benötigen, sind eine Getreidemühle, gegebenenfalls ein Brotbackautomat und einige Rezepte, die allesamt für wenig Geld erhältlich sind. Das benötigte Getreide bekommen Sie mittlerweile sogar bei den Discountern in Bioqualität zum fairen Preis. Der notwendige Zeitaufwand für die Zubereitung ist in jedem Fall äußerst gering.

Das frische Getreide wird mit einer Haushaltsgetreidemühle frisch zu Mehl oder auch zu Schrot und Flocken gemahlen und dann ganz nach Ihrem Geschmack weiterverarbeitet oder auch in frisch gemahlener Form ohne weitere Bearbeitung verzehrt.

Ohne großen Aufwand können Sie das grob geschrotete Getreide als Frühstücksmüsli verwenden. Sie reiben zum Beispiel einen Apfel hinein, geben nach Geschmack Joghurt, Honig und Nüsse hinzu und beginnen den Tag mit einem Kraftfutter, mit dem Sie die Welt aus den Angeln heben können. Es ist darüber hinaus ein Hochgenuss, wenn Sie erst Freude am Aroma des vollen Korns gewonnen haben.

Schrote aus den verschiedenen Getreidesorten eignen sich zudem bestens als Zugabe für Salate. In unbearbeiteter Form bleiben fast alle lebenswichtigen Vitalstoffe des Korns erhalten.

Wenn Sie das Getreide fein vermahlen, lassen sich aus dem frischen und gesunden Vollkornmehl Pfannkuchen zubereiten oder Brote, Brötchen und Kuchen backen. Ebenso schnell haben Sie einen Pizzateig gezaubert, den Sie nach Herzenslust belegen können. Oder Sie fabrizieren Ihre eigenen Nudeln und erleben, wie köstlich gesundes Essen sein kann.

Die Teigzubereitung ist längst keine schwierige Aufgabe mehr, denn die modernen Brotbackautomaten bieten spezielle Teigprogramme, die ständig für beste Ergebnisse sorgen.

Besonders als Krisenvorsorge eignet sich Getreide hervorragend, denn es ist auch in Bioqualität kostengünstig anzuschaffen, ohne Wertstoffverlust lange lagerfähig und stellt eine hervorragende Grundlage für diverse Zubereitungen dar, die mit geringem Aufwand hergestellt werden können.

Klare Vorteile Ihrer eigenen Getreideversorgung sind auf einen Blick:

- Kosteneffizienz, da das Getreide noch unbearbeitet und damit billig ist;
- Genuss durch wohlschmeckende eigene Rezepte;
- Gesundheit und Vitalität, weil alle Nährstoffe noch enthalten sind;
- Unabhängigkeit, weil Sie selber herstellen und nur das Getreide beschaffen und lagern müssen;
- Krisenvorsorge leicht gemacht durch Bevorratung mit haltbarem und gesundem Getreide aller Art.

Sind zu viele Kohlenhydrate aus frischem Getreide nicht ungesund? Bei der Analyse unserer Ernährung haben wir festgestellt, dass zu viele Kohlenhydrate eine Übersäuerung des Körpers nach sich ziehen. Interessanterweise trifft dies bei der Ernährung mit frischen Getreideprodukten, die unmittelbar nach dem Mahlen verarbeitet oder weitgehend naturbelassen verspeist werden, nicht zu. Da im Getreidekorn neben den energieliefernden Kohlenhydraten auch die vollständigen und vor allem physiologisch unschädlichen, verdauungsnotwendigen Fermente, Vitamine und Ölverbindungen im richtigen Verhältnis enthalten sind, führt der Verzehr von frischen Getreideprodukten nicht zur Übersäuerung des Organismus. Aus diesem Grund stellt Getreide einen wichtigen Grundbaustein zur gesunden Dauerernährung dar.

Getreidemühlen
Zur Zubereitung des Getreides benötigen Sie eine Getreidemühle. Angesichts der Tatsache, dass es im Krisenfall zu Stromausfällen kommen kann, sollte man für den normalen Betrieb eine elektrische und alternativ dazu eine mechanische Mühle besitzen. Ich empfehle eine kombinierte Mühle, die im Normalfall elektrisch und bei Stromausfall mit einer Handkurbel betrieben wird.

Wollen Sie für eine vielköpfige Familie oder eine größere Gruppe von Menschen backen, empfiehlt sich die Anschaffung einer leistungsfähigeren Mühle, mit der die entsprechend benötigten Mengen schneller hergestellt werden können.

Brotbackautomat

Die Herstellung von Backwaren ist zu einer aussterbenden Fertigkeit geworden. Wenn heute gebacken wird, dann meist nur noch mit Fertigmischungen, die bereits so zusammengestellt sind, dass sich Kuchen oder Brot praktisch von selbst herstellen. Darum wirkt die Idee, selbst Teig herzustellen und zu backen, im ersten Augenblick abenteuerlich und beunruhigend. Doch keine Sorge, denn ein Vollkornbrot lässt sich schnell und mit wenig Zeitaufwand und Geld in den eigenen vier Wänden backen.

Will man sich nicht auf konventionellem Wege mit der Herstellung von Teig befassen, erwirbt man einfach einen Brotbackautomaten, den es heute schon sehr preiswert im Handel gibt. Mit einem Brotbackautomaten ist nicht nur die eigene Produktion von Brot möglich. Auch Pizza- oder Kuchenteig sind mit speziellen Programmen herstellbar. Egal ob Brot oder Teig, der Automat wird nach Rezept mit frischem Mehl in gewünschter Menge, Wasser, Hefe und den zur Veredelung vorgesehenen Zutaten befüllt und eingeschaltet.

Je nach Programm arbeitet er unbeaufsichtigt für einige Minuten bis Stunden und meldet sich nach Abschluss des Backvorgangs. Endprodukt ist entweder ein hervorragender Teig, der sofort weiterverarbeitet werden kann, oder ein frisches und stets gelungenes Brot. Auf Wunsch und je nach Modell kann der Automat auch zeitverzögert mit seiner Arbeit beginnen (Zeitvorwahl), sodass Sie vom Duft frischen Brotes geweckt oder nach der Arbeit daheim begrüßt werden.

Einmal vom Brot aus Eigenproduktion verwöhnt, ist das Bäckerbrot nur noch leidlich erträglich. Die bei Backmischungen häufig auftretenden missglückten Versuche kommen bei der Verwendung von frisch gemahlenem Mehl kaum vor.

Der ideale Krisenvorrat – empfohlene Getreidesorten

Allgemein ist festzuhalten, dass das Getreidekorn von der Natur so aufgebaut ist, dass es seine lebenswichtigen Eigenschaften auch bei längerer Lagerung nicht verliert. Indikator ist hier die Keimfähigkeit des Getreidekorns, denn da es sich um einen Samen handelt, der alle nötigen Anlagen enthält, um eine neue Pflanze hervorzubringen, ist dessen Funktions- und damit Keimfähigkeit Gradmesser für die Güte der enthaltenen Vitalstoffe. Durch die ideale »Verpackung« seiner Inhaltsstoffe im Korn kann Getreide ohne Qualitätsverluste jahrelang gelagert werden.

Weizen eignet sich hervorragend für die Herstellung von Backwaren. Teig aus Weizenmehl geht sehr zuverlässig und leicht auf, sodass lockere, weiche Brote garantiert sind. Er ist zudem sehr kalorien- und mineralstoffreich. Weizen enthält neben Kohlenhydraten kostbares pflanzliches Eiweiß sowie ungesättigte Fettsäuren und lebensnotwendige Fermente und Vitalstoffe. Bei richtiger Lagerung mit einer Luftfeuchte unter zwölf Prozent ist Weizen beinahe ewig lager- und keimfähig. Hauptaugenmerk muss auf dem Schutz vor Feuchtigkeit und Wärme liegen, denn dann kann Weizen über Zeiträume von über 15 bis 20 Jahre eingelagert werden und ist damit auch angesichts der günstigen Anschaffungskosten das Vorsorgegut schlechthin. Beachten Sie, dass im Fall von Weizenkleberallergien auf Dinkel ausgewichen werden sollte.

Dinkel, so wusste die heilkundige Heilige Hildegard von Bingen (1098–1179) bereits zu berichten, sei das beste Korn, denn es »macht seinem Esser rechtes Fleisch und rechtes Blut, frohen Sinn und freudig menschliches Denken«. Als naher Verwandter des Weizens besticht der Dinkel durch einen höheren Gehalt an Vitaminen und Mineralstoffen. Dinkel eignet sich hervorragend als Backgetreide und ist gerade dem Backanfänger äußerst zu empfehlen. Durch den hohen Kleberanteil (Glutengehalt) geht der Dinkelteig hervorragend auf. Durch Beimischung von Dinkel lassen sich darum auch bei Verwendung von schwerem Roggenmehl sehr gute Backresultate erzielen. Jedoch ist darauf zu achten, den Teig nicht zu überkneten.

Erwähnenswert ist auch die Tatsache, dass Dinkel für Weizenallergiker zumeist kein Problem darstellt und daher eine ideale Alternative ist. Mit einem Eiweißgehalt von etwa 11,6 Prozent und allen essenziellen Aminosäuren ist Dinkel außerdem ein hervorragender Proteinlieferant

Grünkern, bei dem es sich um unreife und getrocknete Dinkelkörner handelt, ist für die Zwecke der langfristigen Einlagerung und damit zur Krisenbevorratung weniger geeignet. Hinsichtlich seiner Lagerfähigkeit gelten in etwa dieselben Ansätze wie auch für Weizen.

Gerste wird zu Unrecht heute fast ausschließlich als Futtergetreide eingesetzt. Mit einem Eiweißgehalt zwischen zwölf und 15 Prozent ist sie auch für den menschlichen Organismus ein wertvoller Lieferant von Aminosäuren. Als Zugabe zu selbst gemachten Mischbroten sorgt sie mit ihrem malzigen Aroma für sehr gute Resultate. Wegen des niedrigen Glutengehalts eignet sie sich beim Backen jedoch nur als Zugabe in geringen Mengen. Gerste lässt sich in Form von Graupen sehr gut in Suppen verarbeiten. Zusätzlich stellt sie die Basis für die Bierherstellung dar, wobei hier Gerstensorten mit niedrigerem Eiweißgehalt eingesetzt werden.

Bemerkenswert ist die Tatsache, dass sich aus Gerste das sogenannte Gerstenwasser herstellen lässt. Hierfür wird das Gerstenkorn ungemahlen ausgekocht. Das Gerstenwasser ist reich an Eiweißen, Mineralien und Vitaminen und wurde in früheren Zeiten als Diätnahrung für Kranke, aber auch als Babynahrung verwendet. Gerste ist bei richtiger Lagerung problemlos über zehn Jahre verwendbar.

Hafer eignet sich hervorragend für die Herstellung eines gesunden Frühstücks in Form von Frischmüsli oder Frischmehlbrei oder auch zum Backen von Keksen. Hafer sollte als Nackthafer eingelagert werden. Nackthafer hat einen im Vergleich zu anderen Sorten höheren Gehalt an hochwertigen Ölen und Fermentstoffen. Mit einem Eiweißgehalt von 14 bis 20 Prozent ist er ebenso ein hervorragender Lieferant von Aminosäuren. Das Korn des Nackthafers ist sehr weich und leicht verdaulich. Es lässt sich leicht mahlen oder flocken. Hafer ist drei bis fünf Jahre lagerfähig und eignet sich damit gut zur Krisenvorsorge.

Roggen bildet die Grundlage für die Herstellung der wirklich guten Wodka-Sorten. Aber auch als Beimischung zu Vollkornbroten ist Roggen unverzichtbar.

Weitere lagerfähige Getreidesorten sind *Mais*, *Kamut* und *Hirse*. Da die Verbreitung jedoch hierzulande gering ist, wird auf eine ausführliche Vorstellung verzichtet. Unsere Basis zur Krisenprävention wird durch die oben genannten Getreidearten gebildet, von denen sich vor allem Dinkel, Weizen, Roggen und Hafer zur Einlagerung geradezu zwingend anbieten.

Wie viel Getreide einlagern?

Sie sollten als Näherungswert berechnen, dass Sie je Person mindestens 30 Kilogramm Getreide für ein halbes Jahr benötigen. Hierbei sollten Sie entsprechend den oben beschriebenen Sorten aufteilen. So wäre eine Anschaffung von fünf Kilogramm Hafer, 15 Kilogramm Weizen oder Dinkel, fünf Kilogramm Roggen und fünf Kilogramm Gerste sinnvoll. Zusätzlich sollten Sie pro Person 20 Kilogramm Reis und Nudeln vorrätig haben, die bei langer Haltbarkeit zusätzliche Sicherheit vor Hungersnot bieten und zusätzlich als Tauschmittel verwendet werden können.

Bei der Einlagerung von Getreide ist zu beachten, dass trockenes Getreide dazu neigt, die Feuchtigkeit der Umgebung aufzunehmen. Deshalb muss es geeignet verpackt sein – beispielsweise in einem innen mit Folie beschichteten Papiersack. Es lassen sich aber auch Weithalstonnen oder große Kunststoffkanister zur Lagerung verwenden. Vor dem Befüllen mithilfe eines Trichters ist nur darauf zu achten, dass die Kanister absolut trocken sind. Die Entnahme aus dem Kanister ist einfach, denn Getreide lässt sich leicht schütten und verhält sich ähnlich wie eine Flüssigkeit. Die Abfüllung in Kanister bietet den weiteren großen Vorteil, dass sie leichter in Regalen zu stapeln sind als Säcke. Solange die Lagergefäße fest verschlossen sind, kann keine Luftfeuchtigkeit eintreten, und das Getreide ist sicher vor Aufquellen, Schimmeln und Keimen. Getreide ist im Handel zumeist routinemäßig entsprechend verpackt. Wenn Sie direkt vom Bauern kaufen, sollten Sie besonders dem Wassergehalt und der geeigneten Verpackung Aufmerksamkeit widmen. Nach der Ernte beträgt der Wassergehalt im Frischkorn um die 15 Prozent. Zusätzlich sollte Getreide stets in trockenen Räumen gelagert werden. Schimmel, der sich auf Getreide bildet, kann hochgiftige Substanzen ausscheiden, sodass der Verzehr in diesem Fall nicht zu empfehlen ist.

Die Versorgung mit frischen Lebensmitteln wird im Krisenfall ebenfalls stark beeinträchtigt sein, und daher sollte sich jeder möglichst rasch Gartenkenntnisse aneignen. Nutzen Sie einen Teil Ihres Gartens, pachten Sie eine Parzelle oder einen Schrebergarten und beginnen Sie mit dem Anbau. Pflanzen Sie Ihre eigenen frischen und gesunden Lebensmittel an.

Trinkwasser

Ohne die Aufnahme von fester Nahrung vermag der Mensch bis zu zwei Wochen zu überleben. Ohne Trinkwasser ist er jedoch kaum in der Lage, länger als zwei bis drei Tage zu überstehen. Hieraus ersehen wir den unglaublichen Stellenwert der Wasserversorgung. Umso unverständlicher ist die Tatsache, dass kaum jemand der individuellen

Versorgungssicherheit mit Wasser im Krisenfall Aufmerksamkeit schenkt. Denn die dauernde und zuverlässige Wasserversorgung ist für uns so selbstverständlich geworden, dass wir das kostbare Nass nach Belieben verschwenden und uns keinerlei Gedanken über einen möglichen Wassermangel machen. Der Gedanke, Hunger leiden zu müssen, leuchtet leicht ein, sodass Nahrungsmittelvorräte schnell angelegt werden. Doch Vorräte an scheinbar wertlosem und jederzeit verfügbarem Trinkwasser legen die wenigsten Menschen an. Auch wenn es bei uns oft regnet, kann es durch Sabotage, technische Defekte, Stromausfall, streikende Mitarbeiter etc. leicht zu Störungen in der Wasserversorgung kommen. Deshalb sollten Sie über dieses wichtige Lebensmittel ständig und überall verfügen können. So ist beispielsweise Wasser aus Flüssen, Seen und Bächen oft mit Bakterien und Viren belastet und muss aufbereitet werden. Es könnte auch erforderlich sein, dass Sie unterwegs Trinkwasser gewinnen müssen.

Aus diesen Gründen wird die Trinkwasserversorgung zu einem äußerst sensiblen Punkt bei der Krisenvorsorge. Sie müssen ihr unbedingt die gebotene Aufmerksamkeit schenken!

Grundsätzlich ist es nicht nötig, Tafelwasser (Mineralwasser) zu kaufen, da unser Leitungswasser eine sehr hohe Qualität aufweist. Allerdings sollte das Leitungswasser an der Abnahmestelle gefiltert werden. Denn trotz unserer guten öffentlichen Wasserreinigungsanlagen enthält das Trinkwasser Verunreinigungen wie Medikamentenrückstände, Pestizide, Chemikalien etc. Die Wasserwerke verfügen bei Weitem nicht über die finanziellen Möglichkeiten, die Kläranlagen so auszurüsten, dass all diese Rückstände entfernt werden. Die gesetzlichen Vorgaben zur Wasserreinigung geben für etwa 50 Fremdstoffe Grenzwerte vor. Es gibt allerdings knapp 2500 weitere, die nicht enthalten sind. Zudem gelangen auf dem Weg durch die Leitungen verschiedene Verunreinigungen ins Trinkwasser.

Gegen diese Verunreinigungen ist ein Osmosefilter die ideale Filteranlage. Das so gereinigte Wasser kann monatelang vorgehalten werden, weil sämtliche Verunreinigungen und Schwebstoffe entfernt worden sind. Eine Osmoseanlage kann auch in einer Mietwohnung installiert und beim Auszug in die nächste Wohnung problemlos mitgenommen werden.

Ihre Trinkwasserversorgung stellen Sie folgendermaßen sicher:

Bevorraten Sie sich ständig mit einigen Kästen Mineralwasser, Säften und Limonaden. Kaufen Sie sich Wasserkanister und halten Sie immer einen Vorrat von mindestens 40 Liter pro Person auf Lager. Sollten Sie nicht so viel Platz haben, empfehlen sich faltbare Wasserkanister, die Sie im Notfall noch schnell auffüllen können. Verwenden Sie hierfür am besten das mit einem Osmosefilter aufbereitete Leitungswasser.

Kaufen Sie sich darüber hinaus Micropur-Wasseraufbereitungstabletten und einen mobilen Wasserfilter, mit dem Sie aus Flüssen, Bächen sowie aufgefangenem Regen Trinkwasser erzeugen können. Somit können Sie die Trinkwasserversorgung jederzeit und an jedem Ort sicherstellen.

Gesundheit und Hygieneartikel

Seien Sie bereit: Sie sollten die Zeit bis zum Eintritt der Krise nutzen, um sich körperlich in den bestmöglichen Zustand zu bringen. Eine schwere Krankheit oder körperliche Schwächen sind im Krisenfall eine echte Gefahr für Sie, Ihre nächsten Angehörigen und Mitstreiter. Wer möchte schon anderen zur Last fallen? Gewöhnen Sie sich jetzt schon eine gesunde Lebensweise an, stärken Sie Ihren Körper und das Immunsystem. Achten Sie auf eine ausgewogene und gesunde Ernährung. Verzichten Sie auf allzu viel Fleisch, Alkohol, Zigaretten, Süßigkeiten und sonstiges Naschzeug. Treiben Sie Sport und bewegen Sie sich an der frischen Luft. Schlafen Sie bei offenem Fenster, wandern oder joggen Sie regelmäßig. Härten Sie sich ab und sorgen Sie dafür, dass Ihre Widerstandskräfte in Ordnung sind.

Bevorraten Sie sich mit Medikamenten. Welche Medikamente benötigen Sie regelmäßig oder in nächster Zukunft? Ermitteln Sie die entsprechenden Mengen, überprüfen Sie die Haltbarkeitsdaten, reden Sie mit Ihrem Arzt über dieses Thema und bezahlen Sie die entstehenden Kosten lieber aus eigener Tasche, als im Notfall unversorgt zu bleiben. Schauen Sie auch nach Generika, die besonders bei teuren Medikamenten zumeist deutlich günstiger unter anderem Namen, jedoch mit demselben Wirkstoff zu haben sind.

Legen Sie sich darüber hinaus eine Hausapotheke zu, deren Inhalt alle möglichen Szenarien wie Schnittwunden, Quetschungen, Erkältungen etc. abdeckt. Sie sollte Schmerzmittel, Verbandszeug in ausreichenden Mengen, Therapeutika zur Linderung von Erkältungskrankheiten und Entzündungen enthalten.

Beschaffen Sie sich vorbeugend einen Vorrat von 22,4-prozentiger Natriumchloridlösung, die bei Aktivierung durch Zitronensäure Chlordioxid bildet. Dieses Chlordioxid gilt als Bakterienkiller. Entdeckt und beschrieben hat diese Wirkung der Amerikaner Jim Humble, der Natriumchlorit auch als »MMS« – Miracle Mineral Supplement – bezeichnet hat.

Gerade in Krisenzeiten ist zu befürchten, dass die Versorgung mit Antibiotika abreißen könnte. Dann ist es schlau, einen Bakterienkiller im Haus zu haben. Zusätzlich eignet sich die Natriumchloridlösung hervorragend als Wasserentkeimungsmittel. Nur wenige Tropfen davon reinigen in aktivierter Form binnen Stunden zwölf Liter Wasser von jedwedem Bakterienbefall.

Vorbeugende Eingriffe, Operationen oder Zahnsanierungen, deren Notwendigkeit schon jetzt absehbar ist, lassen Sie bitte bald durchführen. Heute können Sie noch auf ein funktionierendes Versorgungssystem zurückgreifen.

Sehhilfen wie Brillen und Kontaktlinsen mitsamt einem Vorrat an Aufbewahrungs- und Reinigungsflüssigkeit sollten Sie in Reserve haben. Reine Brillenträger müssen sich eine Ersatzbrille zulegen.

Grundlegendes medizinisches Wissen in Form eines Erste-Hilfe-Buchs sollte in keinem Notfallkoffer fehlen. Wenn Sie die Zeit haben, sollten Sie mal wieder einen Ersthelferkurs besuchen, um Ihr Wissen aufzufrischen und zu vertiefen.

Empfindlichkeiten: Leiden Sie unter körperlichen Beschwerden wie Schlaf-, Verdauungs- oder Magenproblemen, Kopfweh, Allergien, Durchfall etc.? Unternehmen Sie alles Menschenmögliche, um diese Probleme in den Griff zu bekommen. Kopfweh könnte beispielsweise auf falsche Ernährung, eine allergische Reaktion auf Nahrungsmittel (Schweinefleisch wird dabei oft genannt), aber auch auf Flüssigkeitsmangel, nicht ausreichenden Schlaf oder auf eine Kombination dieser Dinge zurückzuführen sein. Finden Sie es heraus! Hierzu empfiehlt sich ein Allergietest. Wir haben den Test gemacht, und erstaunlicherweise hat sich gezeigt, dass die allergischen Reaktionen ausgerechnet bei den am häufigsten und liebsten genossenen Speisen auftraten.

Süchte/Abhängigkeiten: Sollten Sie von Zigaretten, Kaffee, Alkohol, Süßigkeiten etc. abhängig sein, bekommen Sie im Krisenfall ernste Probleme, denn die Beschaffung könnte erschwert und extrem teuer sein. Sie sollten daher sofort alles unternehmen, solche Laster abzustellen. Befreien Sie sich davon. In harten Zeiten leiden Sie sonst unnötig darunter. Natürlich verlangt kein Mensch von Ihnen, dass Sie auf jeden Genuss verzichten. Hier geht es ausschließlich um die Zwangsvorstellung, etwas haben zu müssen.

Hygieneartikel sollten in Ihrem Vorrat auf keinen Fall fehlen. Stellen Sie sich vor, Ihnen geht das weiche Toilettenpapier aus und Sie müssen beispielsweise auf Zeitungspapier zurückgreifen. Eine überaus unangenehme Vorstellung!

Achten Sie auf Artikel der persönlichen Körperpflege wie Seifen, Cremes, Rasierklingen, Ersatzzahnbürsten, Zahnpflegemittel etc. Falls nicht vorhanden, legen Sie sich Waschlappen zu, denn in Krisenzeiten wird das Duschen gegebenenfalls eingeschränkt sein und der Waschlappen ein Comeback erleben. Sollten Sie Kleinkinder haben, denken Sie an einen Vorrat an Windeln, Reinigungstüchern und all den anderen spezifischen Pflegeartikeln.

Sehr wichtig sind Putzmittel, Waschpulver, Reinigungsmittel, Glasreiniger, Schwämme, Lappen, Bürsten etc. Denn Hygiene wird in Krisenzeiten immer zum Problem. Die Rolle der Hygiene wird leicht unterschätzt, dabei bildet sie die Grundlage für Gesundheit und Überleben. Ermitteln Sie also genau, was benötigt wird, um ihr Umfeld sauber und gesundheitsgemäß halten zu können.

Verbrauchsartikel

Wir alle sind auf eine Reihe von Gegenständen und Verbrauchsartikeln angewiesen, deren Fehlen uns möglicherweise erst im Notfall bewusst wird. Unscheinbare Kleinigkeiten wie Glühlampen, Schrauben, Dübel, Nägel, Dichtungen, Batterien (auch Knopfzellen), Klebeband etc. müssen vorrätig sein, wenn Sie nicht riskieren möchten, auf viele nützliche Geräte verzichten zu müssen. Jetzt kann man all die Kleinigkeiten in ausreichendem Maße nahezu jederzeit besorgen. Im Krisenfall wird das nicht so einfach sein sein, und dann muss man entweder auf verschiedene Geräte und Funktionen verzichten oder wertvolle Tauschgegenstände dafür opfern.

Erfassen Sie eine Liste all der Artikel, die Sie in den vergangenen Monaten benötigt haben. Nutzen Sie diese Gelegenheit, um sich intensiver mit diesem Thema auseinanderzusetzen und weitere Dinge zu finden, die Sie in Reserve haben sollten.

Technische Hilfsmittel

Es gibt eine Reihe technischer Hilfsmittel, die im Notfall wichtig sein werden. Wie sind Sie vorbereitet, wenn der Strom ausfällt? Die Heizung kalt bleibt? Das Telefon und das Handy nicht mehr funktionieren? Das sind Fragen, die wir uns aus Bequemlichkeit schon lange nicht mehr stellen. Jedoch könnten wir diese Fahrlässigkeit bald bereuen, wenn die Finanzkrise zu Ausfällen und Störungen führt.

Wichtige Ausrüstungsgegenstände sind unter anderem:

Petroleumofen als autarke Heizung: Bei einem Stromausfall bleibt die Heizung kalt, da der Brenner Strom für die Pumpe und den Zündfunken benötigt. Der Petroleumofen ist ideal als alternative Heizmöglichkeit und einfach zu bedienen, speziell für Stadtwohnungen sehr gut geeignet. Er ist mobil, und es ist kein Kaminanschluss erforderlich. Die Sicherheit ist durch einen Sensor gewährleistet, der den Ofen automatisch abschaltet, wenn zu wenig Sauerstoff in der Luft ist. Als Brennstoff ist normales Petroleum geeignet. Wir empfehlen aber reines Paraffinöl, da dies sauber verbrennt und kaum riecht. Es ist von hoher Qualität und nahezu unbegrenzt lagerfähig.

Petromax® für Licht und Kochen: Mit der Petromax®-Starklichtlampe können Sie Stromausfälle überbrücken. Sie deckt die drei wesentlichen Bedürfnisse nach Licht, Wärme und Kochen ab. Die Petromax® gehörte bei uns über Jahrzehnte zum Erscheinungsbild der Märkte und Straßenhändler, noch heute ist sie in der Dritten Welt Ersatz für Gas oder Strom.

Kurbellampe: Anders als eine Taschenlampe kann man eine Tisch-Kurbellampe aufstellen, und sie wirft Licht in den Raum – auch wenn es sich dabei eher um eine bescheidene Ausleuchtung handelt. Dennoch ist sie eine praktische Hilfe, wenn der Strom ausfällt und man im Dunkeln sitzt. Im Gegensatz zur althergebrachten Kerze besteht keine Brandgefahr, und auch ein Durchzug bläst sie nicht aus.

Nachtsichtgerät: Mit einem Nachtsichtgerät sehen Sie andere, ohne selbst gesehen zu werden. Mit einem solchen Gerät kann man auch bei absoluter Dunkelheit einige hundert Meter weit sehen.

Kurbelweltempfänger: Im Notfall sollte man auch bei Stromausfall und dem Versagen der gewohnten Medien in der Lage sein, Nachrichten, Meldungen und Hinweise der Behörden zu empfangen.

Campingtoilette: Wenn die Wasserversorgung zusammenbricht, bekommt man rasch hygienische Probleme, und deshalb gehört eine Campingtoilette zur Krisengrundausstattung.

Funksprechgerät: Im Notfall muss man sich oft trennen, um Besorgungen erledigen. Mit Funksprechgeräten kann man unabhängig von anderen Möglichkeiten auf eine gewisse Distanz in Kontakt bleiben.

Fahrrad mit Fahrradanhänger: Im Krisenfall wird es oft keinen Treibstoff geben, oder er wird sehr teuer sein. Für diesen Fall ist ein Fahrrad mit Anhänger ein unersetzliches Transportmittel für die alltäglichen Erledigungen.

Umfangreiches Werkzeug: In unsicheren Zeiten ist es nicht mehr möglich, bei technischen Problemen einen Handwerker herbeizuholen oder defekte Geräte sofort durch neue zu ersetzen. In diesem Fall ist es erforderlich, selbst Hand anzulegen. Legen Sie sich daher ein umfangreiches Werkzeugsortiment zu, damit Sie verschiedene Reparaturen selbst durchführen können. Für die meisten Arbeiten ist ein Werkzeugkoffer mit zirka 100 Teilen, den man in guter Qualität für knapp 100 Euro bekommt, ausreichend.

Eine gute Bohrmaschine, ein Akkuschrauber, ein Lötkolben, eine Stichsäge, eine klappbare Werkbank – besser noch eine richtige Arbeitsbank mit Schraubstock – runden die heimische Werkstatt ab. Je nach Ausbildung, Hobbys oder Neigung sind Feinmechanikerwerkzeug, eine Schleifausrüstung, Holz- oder Metallbearbeitungswerkzeuge empfehlenswert. Eine entsprechende Ausstattung und Ausbildung vorausgesetzt, können Sie dann anderen Ihre Reparaturdienste anbieten. Weitere technische Hilfsmittel und alles, was Sie außerdem zur Krisenvorsorge benötigen, finden Sie neben aktuellen Informationen auf meiner Internetseite *www.krisenvorsorge.com.*

Massnahmen für die eigene Sicherheit

Jeder, der denkt oder erwartet, dass die kommende Krise friedlich ablaufen wird, irrt. Wenn Menschen in Not sind, erwachen die Urinstinkte, und jeder kämpft um sein eigenes Wohl. Dies trifft ganz besonders auf unsere schlecht vorbereiteten Mitmenschen zu. Erschwerend kommt hinzu, dass dann unsere Ordnungskräfte überfordert sein werden und wir, auf uns alleine gestellt, für die eigene Sicherheit sorgen müssen. Daher muss eine mehrstufige Vorsorge getroffen werden:

1. Netzwerke knüpfen – gemeinsam ist man stärker.
2. Das eigene Zuhause sichern.
3. Die eigene Selbstverteidigungsfähigkeit herstellen.

Gemeinsam ist man stärker – Gleichgesinnte suchen und mit ihnen kooperieren

Suchen und finden Sie Gleichgesinnte. Gemeinsam sind wir stärker und können viele Herausforderungen besser bewältigen. Für die Krisenvorsorge wäre es ideal, man tut sich mit vielen Gleichdenkenden zusammen und bündelt so Kompetenzen, über die eine Einzelperson verständlicherweise nicht verfügen kann. So ist es oprtimal, wenn man eine Gruppe hinter sich weiß, die im Notfall wie eine Großfamilie funktioniert.

Wie die Not Menschen zusammenschweißt, konnte ich Anfang 2010 selbst hautnah erleben. Ich war im Urlaub und wurde wie viele andere von dem Flugverbot aufgrund des Vulkanausbruchs in Island überrascht. Es war interessant zu sehen, wie die meisten Urlauber, die sich bis dahin nur vom Vorbeigehen kannten, plötzlich miteinander sprachen und sich austauschten.

Gingen sie bis dahin meist gruß- und wortlos aneinander vorbei, so tauschten sie ab da ihre Kenntnisse und Tipps aus. Aus Fremden wurden durch das von außen herangetragene Problem plötzlich Gleichgesinnte, die erkannten, dass sie nun ihre Mitreisenden brauchten, um die Probleme, die die unerwünschte Urlaubsverlängerung mit sich brachte, besser bewältigen zu können.

Es ging schnell über das pure Eigeninteresse hinaus, rasch fielen die üblichen sozialen Barrieren, man fand sich sympathisch, und es entstanden teilweise sogar freundschaftliche Bindungen. Folglich können Sie davon ausgehen, dass Sie in Ihrer Nachbarschaft, im Kollegenkreis, mit Ihren entfernten Freunden eine weitaus engere Bindung eingehen und daraus eine Menge Hilfe erhalten werden.

- Pflegen Sie ein gutes Verhältnis mit Ihren Nachbarn, Mitbewohnern und Anwohnern. Suchen Sie den Kontakt zu ihnen, tauschen Sie sich mit Ihren Mitmenschen aus und bauen Sie stabile und vertrauensvolle Verbindungen auf.
- Suchen Sie in Ihrer Umgebung ähnlich denkende Menschen. Sie werden überrascht sein, dass Sie nicht alleine und andere ebenfalls froh sind, Anschluss zu finden.
- Gründen Sie ein Netzwerk, einen Stammtisch oder Ähnliches und motivieren Sie andere Menschen, ebenfalls aktiv zu werden und vorzusorgen.

Sicherheit der Wohnstätte prüfen

Prüfen Sie, wie sicher Sie wohnen. Zunächst sollten Sie Ihren Wohnort analysieren. Leben Sie in einer Nachbarschaft mit vernünftigen und verlässlichen Personen, die Probleme sachlich und konstruktiv lösen? Oder ist es so, dass die Emotionen schon bei kleineren Problemen hochkochen? Sind Ihre Mitbewohner berechenbar? Oder trifft eher das Gegenteil zu? Wechseln die Nachbarn bzw. Mitbewohner häufig?

Wenn Sie diesbezüglich Zweifel haben, sollten Sie einen Umzug in eine bessere Gegend unbedingt ins Auge fassen. Noch haben Sie die Möglichkeit und sollten sie auch nutzen.

Falls Sie zu dem Entschluss kommen, dass Ihr Zuhause so weit passt, sollten Sie die passive Sicherheit prüfen. Selbst wenn Ihre Nachbarschaft in Ordnung ist, sind Sie vor Übergriffen Fremder nicht gefeit.

Überprüfen Sie Ihre Wohnung/Ihr Haus auf jegliche Einbruchsmöglichkeiten. Hilfreich ist hierfür die Seite *www.polizei-beratung.de.*

Dort sehen Sie, wie Einbrecher vorgehen und welche Schwachstellen ein Haus hat. Und Sie finden hilfreiche Tipps, wie man sich davor am besten schützt.

- Besorgen Sie sogenannte Rollladensicherungen gegen unbefugtes Hochschieben.
- Bringen Sie Gitter an Fenstern im Erdgeschoss oder auf der straßenabgewandten Seite des Hauses an.
- Sichern Sie Lichtschächte, erneuern Sie Schlösser, verhindern Sie Einstiegsmöglichkeiten über die Garage, den Balkon, Bäume usw.
- Installieren Sie unauffällige Kameras, sodass Sie trotz unübersichtlicher Ecken jederzeit den Überblick behalten.

Rollladenschutz (oben links),
Fenstergitter (oben rechts),
Videokamera (links)

Im Krisenfall muss man insbesondere unterwegs auf eine erhöhte Sicherheit achten

Die Krise erhöht die finanzielle Not vieler Menschen, von denen einige dann den Pfad der Tugend verlassen. Dies führt dazu, dass die

Beschaffungskriminalität deutlich steigt und sich die Gefahr von Überfällen und Taschendiebstählen erhöht. Davor sollten Sie sich folgendermaßen schützen:

Führen Sie nicht mehr Geld und Wertgegenstände mit sich als unbedingt nötig. Sollten Sie tatsächlich überfallen werden, können Sie rasch und ohne Verzögerungen sofort das »wenige« Geld, die Uhr und das Handy dem Räuber übergeben, bevor die Situation eskaliert und er die Herausgabe durch Gewaltanwendung erzwingt. Dies sollten Sie jedes Mal überlegen, bevor Sie mit öffentlichen Verkehrsmitteln zu einem Freund fahren, mit dem Hund Gassi gehen oder einen Spaziergang machen. Lassen Sie alles Unnötige zu Hause, dort ist es sicherer. Falls Ihnen Ihre Geldbörse gestohlen wird, können Sie EC-, Kreditkarten etc. unter der Rufnummer 116116 sperren lassen.

Schützen Sie die mitgeführten Wertsachen durch systematisches Vorgehen. Tragen Sie die Geldbörse, Ausweise, das Handy, die Kamera und Ähnliches am Körper. Kaufen Sie dafür eine Bauchtasche, einen Geldgürtel oder etwas Entsprechendes. Gewöhnen Sie sich an, die Geldbörse immer am gleichen Platz zu tragen – beispielsweise in der Innentasche des Sakkos –, dann spüren Sie es nach einer Weile automatisch sofort, wenn der Druck fehlt. Meiden Sie Menschenansammlungen, in denen dichtes Gedränge herrscht.

Entnehmen Sie Ihre Geldbörse und die Wertsachen, bevor Sie die Jacke, Handtasche etc. in öffentlichen Gebäuden an die Garderobe hängen. Legen Sie Ihre Geldbörse oder die Handtasche nicht einfach auf den Tisch, da andere so in einem unbeobachteten Augenblick leichten Zugriff darauf haben. Bleiben Sie speziell in hektischen Situationen ruhig und gelassen. Nervosität, Durcheinander und Stress sind Hauptursachen für Unachtsamkeit, die für jeden Langfinger ein gefundenes Fressen ist. Achten Sie beim Kauf von Kleidung, speziell Jacken, Hosen und Taschen, darauf, dass sie zweckmäßig für das Verstauen Ihrer Wertsachen sind und Sie unterwegs nicht kontrollieren müssen, ob noch alles da ist. Im Handel gibt es von der Firma *Pacsafe* eine innovative Produktreihe von Hand-, Computer- und Sporttaschen sowie Rucksäcken, die speziell für die Sicherheit unterwegs konzipiert sind. Sie sind aus einem besonders schnittfesten Material, bei dem die am stärksten gefährdeten Stellen zusätzlich mit einem Edelstahlnetz geschützt sind. Zudem kann man alle Reißverschlüsse mit intelligenten Haken vor unbefugtem Zugriff schützen. Man sieht diesen Produkten den hohen Schutz nicht an. Damit kann man seine Wertsachen wie Bargeld, EC- und

Kreditkarten, Pässe, Kamera etc. sicher mit sich tragen oder im Auto sowie an anderen Orten an festen Gegenständen sichern.

Rucksack (Sicherheitssystem schematisch sichtbar gemacht) (oben links), Mobiler Safe, mit dem Sie Ihre Wertsachen im Auto, Hotel oder beim Zelten sichern können (oben rechts), Edelstahlnetz zur Sicherung von normalen Taschen oder zum Beispiel Motorradkleidung unterwegs (links)

Maßnahmen für die eigene Sicherheit (Selbstschutz)

Viele Kriminelle schrecken leider auch vor körperlichen Angriffen nicht zurück. Wir lesen regelmäßig von brutalen Attacken und schweren Verletzungen. Sie sollten sehr darauf bedacht sein, nicht Opfer eines solchen Verbrechens zu werden. Es gibt eine Reihe von Schutzmöglichkeiten, um diese Gefahr wirksam zu verringern. Dies wird auch nötig sein, da die Polizei im Krisenfall aufgrund ihrer erhöhten Belastung nicht im gewohnten Maße für den Schutz der Bürger sorgen kann. Am sichersten ist es, alles dafür zu tun, erst gar nicht in eine solche Situation zu geraten. Denn sollten wir mit kaltblütigen Kriminellen konfrontiert werden, stehen für uns Normalbürger die Chancen äußerst schlecht. Falls ein brutaler Räuber vor Ihnen steht und sofort losschlägt, ein Messer zückt oder gar von seiner Schusswaffe Gebrauch macht, haben Sie kaum Chancen.

Daher ist es wichtig, von vornherein unauffällig zu leben und jegliche Nähe und vor allem jeden Kontakt, soweit es irgendwie möglich ist, mit solchen Personen zu meiden. Sie können für Ihren eigenen Schutz sehr viel tun, wenn Sie einige grundlegende Ratschläge beachten. Selbstverteidigungsexperten weisen darauf hin, dass die Vermeidung von Übergriffen das Wichtigste ist und man zirka 80 Prozent aller Übergriffe von vornherein ausschließen kann, indem man:

1. gefährliche Umgebungen und Situationen meidet;
2. aufmerksam ist und seine Umgebung stets gut beobachtet;
3. wehrhaft ist und einen entsprechenden Eindruck vermittelt.

Ich möchte die Punkte gerne näher erläutern:

Meiden Sie Orte, an denen sich gewalttätige und potenziell gefährliche Personen aufhalten. Gehen Sie nicht nachts allein durch dunkle (Seiten-)Straßen, steigen Sie nicht in einen U-, S- oder Bahnwagen, in dem Sie allein mit zweifelhaften Personen sind; meiden Sie Menschenansammlungen, insbesondere wenn Alkohol, Drogen und Sex im Spiel sind.

Beziehen Sie diese wichtige Überlegung in Ihre Freizeitplanung unbedingt mit ein. Müssen Sie zu dieser Party gehen? Diesen Weg nehmen? Dieses Fortbewegungsmittel nutzen? Jene Menschen treffen? Sie werden erkennen, dass Sie weitaus mehr Einfluss auf Ihr Schicksal und Ihre Unversehrtheit haben, als Sie denken. Schauen Sie sich einmal die Sendung *Aktenzeichen XY* an. Dort finden Sie Beispiele von Menschen, die sich unbedacht in schwierige Situationen gebracht und dies teuer bezahlt haben.

Halten Sie Ihre Umgebung aufmerksam im Blick. Laufen Sie nicht blindlings ins Verderben, nur weil Sie introvertiert und gedankenverloren sind. Kriminelle lieben geistesabwesende Opfer, sie sind auf der Lauer nach unaufmerksamen Personen. Das ist wie in der Natur: Ein Löwe sucht sich als Beute keinen großen, starken Büffel, sondern ein schwaches, wehrloses, krankes Tier, das nicht aufpasst. So kann er die Beute unter Ausnutzung des Überraschungseffekts reißen, bevor diese die Gefahr erkennt und fliehen kann.

Ein Taschendieb geht genauso vor. Er sondiert die Situation und sucht Personen, bei denen er eine reiche Beute vermutet und die gedankenverloren oder abgelenkt sind. Er beobachtet sein potenzielles Opfer, erstellt eine Strategie und schlägt dann in dem für ihn günstigsten Moment zu. Das Opfer, das von einem Räuber »urplötzlich« überfallen wird, denkt, er sei aus heiterem Himmel gekommen. Das stimmt aber nicht. Der Kriminelle hat sich mit dem Opfer schon ausgiebig beschäftigt und sich bereits eine Weile in seiner Nähe aufgehalten. Nach einer ausgiebigen Prüfung und der Feststellung, dass es sich um ein perfektes Opfer handelt, erfolgte der Überfall. Er suchte sich diese Person gezielt aus, weil sie eine leichte Beute zu sein versprach. Hätte unser Opfer den Räuber wahrgenommen, hätte er sein Vorhaben mit größter Wahrscheinlichkeit abgebrochen.

Wie unschuldig war dieser Betroffene, und hat man sein Schicksal selbst in der Hand? Wenn Sie die obigen drei Hinweise beachten, können Sie mit größter Sicherheit solche Situationen umgehen.

Eine weitere Gefährdung können Sie vermeiden, wenn Sie auf öffentlichen Plätzen nicht den Helden spielen. Sie müssen andere, ganz besonders halbstarke, alkoholisierte oder sonstige auffällige Personen nicht auf deren Fehlverhalten hinweisen.

So wurde in München ein Rentner von zwei Jugendlichen beinahe zu Tode geprügelt, weil er sie darauf hingewiesen hat, dass sie im Bahnhof nicht rauchen dürfen. Sicher ist es eine Bürgerpflicht, sich für Recht, Ordnung und korrektes Verhalten einzusetzen, aber bitte nicht um jeden Preis.

Wenn Sie allein, älter, nicht besonders stark oder weiblich sind, sollten Sie dies trotz aller guten Absichten auf jeden Fall unterlassen. Insbesondere dann, wenn die anderen unberechenbar, gefährlich, angetrunken etc. erscheinen und Sie in einer unbekannten Umgebung ohne Begleitung sind. Sind Sie von anderen Menschen umgeben, die schon allein durch ihre Anwesenheit einen möglichen Übergriff verhindern oder einschreiten könnten, können Sie dies tun.

Die dritte Vorsorgemaßnahme ist, einen wehrhaften Eindruck zu erwecken. Wie oben angedeutet, suchen sich die Übeltäter eine leichte Beute. Ein Straßenräuber würde wohl niemals Wladimir Klitschko, den amtierenden Boxweltmeister im Schwergewicht, angreifen. Er würde eher eine ältere Frau oder einen schmächtigen Burschen überfallen, eben Personen, die sich nicht wehren können. Denn er will von vornherein jede Gegenwehr vermeiden, seinen Übergriff rasch ohne Aufsehen und Gefahr einer eigenen Verletzung erledigen. Deshalb besteht ein wichtiger erster Schutz darin, körperlich fit und trainiert zu sein. Gehen Sie ins Fitnessstudio, stählen Sie Ihre Muskeln, treiben Sie regelmäßig Sport. Vielleicht finden Sie ja Gefallen an einem Kampfsport wie Wing Chun, Karate, Judo, Boxen etc.

Legen Sie sich erlaubte Hilfsmittel zu, die Sie im Notfall befähigen, sich wirksam zur Wehr zu setzen. Hierbei spielt es zunächst nur eine untergeordnete Rolle, ob Sie mit den Hilfsmitteln im Notfall richtig umgehen könnten. Allein schon das Wissen, in diesem Fall nicht »nackt« dazustehen, sondern auf Ihre Ausrüstung zurückgreifen zu können, gibt Ihnen Selbstsicherheit und lässt Sie wehrhafter erscheinen. So fallen Sie durch das Raster des typischen Opfers.

Allzu viele Hilfsmittel gewährt das deutsche Waffenrecht dem besorgten Bürger leider nicht. So ist der Besitz von Elektroschockgeräten und Teleskop-Abwehrstöcken zwar erlaubt, aber das Mitführen außerhalb von befriedeten Grundstücken verboten. Unter der Internetadresse *http://www.berlin.de/polizei/service/waffen_verboten.html* finden Sie die Vorschriften für verbotene Waffen.

Dennoch gibt es sinnvolle Selbstverteidigungsmittel, die zu Ihrem Schutz nicht fehlen sollten. Hierfür eignen sich das Pfefferspray, eine Pfefferspraypistole, der Selbstverteidigungsschirm und eine Gewehrarmbrust.

Fachleute empfehlen an erster Stelle das **Pfefferspray**, weil es sehr wirksam und auch von Ungeübten in Stresssituation anwendbar ist. Man braucht dafür keine besonderen Kenntnisse und muss keine (Kampf-)Techniken erlernen, die man im Ernstfall sowieso nicht zustande bringt. Im Gegensatz zu CS-Gas wirkt Pfefferspray auch bei alkoholisierten oder unter Drogen stehenden Personen.

Es gibt das Pfefferspray als Nebel – »Fog« –, als Schaum oder als »Jet«. Ich empfehle das Letztere. Dabei handelt es sich um eine Flüssigkeit und keinen Sprühnebel, den man bei Gegenwind oder in geschlossenen Räumen leicht selbst abbekommt. Es tritt dabei eine gelbe Flüssigkeit aus, mit der man auf drei bis fünf Meter genau zielen kann. Eine 40-Milliliter-Dose sprüht zirka fünf Sekunden und ist dann leer. Man kann das Sprühen wie bei jeder gewöhnlichen Spraydose natürlich unterbrechen. Sobald man aber eine Spraydose einmal benutzt hat, sollte man sie entsorgen, da sie keinen zuverlässigen Schutz mehr bietet.

Das Pfefferspray hat für gewöhnlich eine Haltbarkeit von etwas über drei Jahren. Danach sollte man es nicht mehr verwenden. Nicht weil das

Pfefferspray dann unwirksam würde, sondern weil es sein kann, dass das Treibgas entweicht.

Im Rahmen der Krisenausstattung sollte sich ein Haushalt mit etwa zehn Pfeffersprays bevorraten. Schließlich hilft es einem nicht, wenn man es im Notfall nicht zur Hand hat, da es sich in der anderen Jacke befindet oder der Partner es bei sich trägt. Man sollte je eines in der Handtasche, zu Hause, im Rucksack usw. haben.

Unbedingt empfehlenswert ist es, das Pfefferspray einmal an einer Stelle, wo sich niemand sonst aufhält, auszuprobieren. So sieht man, wie es funktioniert, und ist im Ernstfall sicherer.

Bei einem Vortrag über Selbstverteidigung im Rahmen unseres Krisenstammtischs in Planegg sagte der sehr erfahrene Referent: »Wer heutzutage in der Stadt unterwegs ist bzw. öffentliche Verkehrsmittel nutzt und kein Pfefferspray dabei hat, ist leichtsinnig.« Dem ist nichts hinzuzufügen. Die Übergriffe in deutschen Städten, besonders im Jahr 2010 in München, mit dem traurigen Höhepunkt Dominik Brunner, zeigen, dass es leider nötig ist.

Alle Pfeffersprayprodukte wie das Pfefferspray und die nachfolgend erklärte Pfefferspraypistole sind in Deutschland ausschließlich zur Tierabwehr zugelassen und dürfen zu diesem Zweck auch bei sich getragen werden.

Die Pfefferspraypistole JPX ist aus meiner Sicht auf eine Entfernung von etwa fünf Metern das beste erlaubte Abwehrmittel. Sie enthält ein Magazin mit zwei Schuss hochwirksamen Pfeffersprays. Dieses wird durch Platzpatronen mit enormer Geschwindigkeit abgeschossen. Die Patronen lösen ausschließlich das Pfefferspray aus, es entweicht kein Projektil, das den Angreifer ernsthaft verletzen könnte. Mit dieser Pfefferspraypistole kann man sich Angreifer in einer Entfernung von knapp fünf bis sieben Metern vom Leib halten. Eine Distanz, die das gewöhnliche Pfefferspray nicht erreicht. Man kann ohne Verzögerung sofort zwei Schuss abgeben und muss dann das Magazin wechseln, was mit zwei einfachen Handgriffen im Nu funktioniert. Die Tatsache, dass es sich um eine Pistole handelt, erhöht die Treffgenauigkeit von Anfängern ganz erheblich. Die Pfefferspraypistole stellt unterwegs und zur Verteidigung Ihres Zuhauses eine höchst effektive Waffe dar.

Bis vor ungefähr einem Jahr konnte man den **Teleskop-Abwehr-stock** noch zur Selbstverteidigung empfehlen. Doch seit der letzten Verschärfung des Waffengesetzes darf man ihn nicht mehr bei sich tragen. Er ist natürlich weiterhin ein exzellentes Hilfsmittel auf dem eigenen Grundstück oder in der eigenen Wohnung. Außerhalb davon kommt er allerdings nicht mehr infrage.

Beim Teleskop-Abwehrstock handelt es sich um einen dreiteiligen, zusammengeschobenen Stahlstock von zirka 25 Zentimetern Länge. Er wird durch eine schwungvolle Handbewegung ausgefahren. Dabei arretieren die einzelnen Glieder, und man hat einen etwa 50 Zentimeter langen Metallstock in der Hand, mit dem man sich verteidigen kann. Das Zusammenschieben geschieht so, dass man den Abwehrstock mit den Fingerspitzen hält und mit einem leichten Schwung auf den Boden aufschlägt. Dabei wird die Arretierung gelöst, und die einzelnen Elemente schieben sich ineinander.

Aufgrund der Tatsache, dass man den genannten Teleskop-Abwehrstock nicht mehr bei sich führen darf und andere Hilfsmittel wie Baseballschläger oder Stöcke unterwegs sehr auffällig und provozierend wären, kommt dafür eigentlich nur der unzerstörbare **Selbstverteidigungsschirm** infrage.

Dabei handelt es sich um ein innovatives Selbstverteidigungshilfsmittel aus den USA – ein eleganter, formschöner Regenschirm aus hochfestem Material, der optisch von einem gewöhnlichen Schirm nicht zu unterscheiden ist. Jedoch kann man mit dem Schirm so hart wie mit einem Stahlrohr zuschlagen, obwohl er bei einer gewöhnlichen Länge von 80 Zentimetern nur 750 Gramm wiegt.

Der Selbstverteidigungsschirm – hoch belastbar und ein effektives Mittel zur Abwehr von Angreifern

Er eignet sich hervorragend zur Selbstverteidigung, da man vom Überraschungseffekt profitiert. Sollte der Schirmträger angegriffen werden, so ahnt der Gegner nicht, dass das vermeintliche Opfer gar nicht so wehrlos ist wie angenommen.

Entsprechendes Training vorausgesetzt, kann man sich damit auch gegen mehrere Angreifer verteidigen.

Manch einer mag nun denken, dass solch ein Schirm nicht erlaubt sei und als Tarnwaffe unter ein Waffenverbot fiele. Dem ist aber nicht so, da der Schirm ja keinen falschen Anschein erweckt. Eine verbotene getarnte Waffe wäre beispielsweise ein Schirm wie aus einem James-Bond-Film, bei dem man einen Degen oder ein Messer aus dem Griff ziehen könnte.

Der Schirm wird aufgrund seiner Unauffälligkeit und Effektivität von Personenschützern, Polizisten und Selbstverteidigungstrainern weltweit eingesetzt.

Natürlich benötigt der ungeübte Bürger eine fachkundige Unterweisung und sollte sich zumindest einige Stunden von Selbstverteidigungsexperten unterweisen lassen. Grundsätzlich können Ihnen dabei jeder Selbstverteidigungstrainer oder Kampfsportschulen wie Kung Fu, Wing Chun, Eskrima, Arnis, Bata etc. helfen. Für Schüler der vorgenannten Kampfsportarten ist der Schirm ein ideales Hilfsmittel, da sie damit üben können, die erlernten Techniken in der Praxis anzuwenden. Sie können ja nicht mit zwei Meter langen Stöcken durch die Stadt laufen.

Das nächste Abwehrmittel ist die **Gewehrarmbrust**. Sie ist hauptsächlich für den stationären Gebrauch zu sehen, obwohl das Gesetz in Deutschland nicht verbietet, sie mitzuführen. Jedoch wird seitens der Behörden bereits an Vorschriften gearbeitet, um das Schießen mit der Armbrust auf Privatgrundstücke zu beschränken. Dies hat durchaus seine Berechtigung, da eine Gewehrarmbrust eine potenziell tödliche Waffe ist. Selbst die Pfeile einer durchschnittlich starken Armbrust verfügen über eine enorme Energie und würden schwerste Verletzungen verursachen. Es ist eine erstaunliche Ausnahme des strengen Waffengesetzes, dass jeder ab 18 Jahren eine Armbrust erwerben und nutzen darf. Es wäre durchaus vorstellbar, dass hier in absehbarer Zeit eine Verschärfung beschlossen wird.

Nimmt man eine eher günstige Armbrust ab einer Preislage von rund 200 Euro, hat sie eine Zugkraft von knapp 70 Pfund und eignet sich für präzise Schüsse auf eine Entfernung von 20 bis 25 Metern. Ein durchschnittlich kräftiger Mann kann sie ohne Probleme spannen, für eine

Frau wird es ohne Hilfsmittel schwer. Eine Spannhilfe, das ist eine Schnur mit Griffen an den Enden, die nach dem Flaschenzugprinzip die Anstrengung reduziert, ist dabei ein sehr geeignetes Hilfsmittel. Damit kann jeder eine Gewehrarmbrust ohne großen Kraftaufwand nutzen.

Die Gewehrarmbrust hat gegenüber Pfeil und Bogen den enormen Vorteil, dass man nicht während des gesamten Ziel- und Schussvorgangs die Kraft für den gespannten Bogen aufrechterhalten muss. Zudem ist sie von den Abmessungen her gesehen deutlich kleiner.

Wir sollten alle dafür beten, dass wir niemals gezwungen sind, mit einer solchen Waffe andere Menschen zu bedrohen. Die Armbrust dient primär dazu, wehrhaft zu sein und im Notfall einen präzisen Warnschuss abzugeben. Damit sollte man erreichen, dass der gewöhnliche Rumtreiber sein Vorhaben abbricht und das Weite sucht.

Sie können sich natürlich auch darum bemühen, eine richtige Waffe zu bekommen. Hierfür gibt es drei Möglichkeiten:

1. Sie gehen in einen Schießsportverein und schießen dort regelmäßig, das ist dann meist einmal pro Monat. Alle Schießtermine werden sorgfältig in einem Logbuch eingetragen, und wenn Sie den Behörden Ihr »Bedürfnis« durch das regelmäßige Schießen nachweisen können, Sie keinen negativen Eintrag im Polizeiregister haben, erhalten Sie nach einem Sachkundelehrgang und einer Empfehlung Ihres Vereinsvorsitzenden die Berechtigung, sich scharfe Waffen zuzulegen.
2. Jagdschein: Um den Jagdschein zu erwerben, müssen Sie einen knapp dreiwöchigen Lehrgang besuchen und erhalten dann ebenfalls die Berechtigung, eine Waffe zu besitzen.
3. Schwarzpulverschießen. Unter der Internetadresse *www.schwarzpulverzunft.de* finden Sie im gesamten Bundesgebiet Niederlassungen, in denen Sie mit Schwarzpulverwaffen schießen lernen. Nach sechs Monaten bekommen Sie den Pulverschein und verfügen dann über eine scharfe Waffe.

PERSÖNLICHE FÄHIGKEITEN – DAS A UND O DER VORSORGE

Kommen wir nun zur wahrscheinlich wichtigsten Vorsorgemaßnahme, den persönlichen Fähigkeiten. Das bisher beschriebene Vorsorgekonzept ist sehr wichtig und eine unverzichtbare Vorbereitung für Ihre weitere Zukunft. Nur wenn Sie umfassend vorgesorgt haben, können Sie äußerst unangenehme persönliche Notlagen verhindern. Sie sollten aber noch einen Schritt weiter denken und den letzten großen Bereich nicht außer Acht lassen: den der persönlichen Fähigkeiten.

In der näheren Zukunft werden Sie mit Aufgaben konfrontiert werden, die weit über die monentanen Anforderungen hinausgehen. Viele der jetzigen Strukturen und Abläufe werden zusammenbrechen, staatliche Hilfe wird aufgrund der leeren Kassen und der vielen Bittsteller im bisherigen Umfang nicht mehr möglich sein. Somit wird jeder von uns seine grundlegenden Probleme auf sich selbst gestellt lösen müssen. Und dies in einem äußerst schwierigen Umfeld mit negativen Nachrichten, schlechten Perspektiven, grassierender Arbeitslosigkeit, Geldnot, Frustration, Armut usw.

Angesichts dieser Umstände stellt sich die Frage, inwieweit Sie mental in der Lage sind, mit den auf Sie zukommenden Aufgaben fertig zu werden. Oder werden Sie an sich zweifeln, den Lebensmut verlieren, depressiv werden, Zukunftsängste bekommen usw.? Sollte dies geschehen, so werden Sie rasch ein Verlierer, und die bisher getätigte Vorsorge allein wird Sie nicht retten.

Betrachtet man den weiteren Verlauf der Krise, so erkennt man, dass wir seit geraumer Zeit in eine deflationäre Phase eingetreten sind, in der das Leben für alle schwerer wird. Eine Deflation ist gekennzeichnet von fallenden Preise, sinkenden Unternehmensgewinnen, sinkenden Löhnen, einer höheren Arbeitslosigkeit etc. Zugleich fehlt dem Staat und den Kommunen Geld, und das ziehen sie uns über höhere Steuern und Abgaben aus der Tasche. Das heißt, der Einzelne gerät mehr und mehr unter Druck, indem seine Einnahmen sinken und die Ausgaben gleichzeitig steigen. Japan leidet bereits seit zwei Jahrzehnten unter einer Deflation.

Konkret bedeutet dies für den Einzelnen entweder, dass er den Gürtel enger schnallt und sich mit weniger zufriedengibt. Was aber sehr gefährlich ist, da er fortlaufend auszehrt und bei einem weiteren Einbruch ein katastrophaler Absturz droht. Die andere Möglichkeit besteht darin, sich dieser Herausforderung zu stellen und die nötigen Fähigkeiten zu entwickeln, um diesem Niedergang zu trotzen und sogar daran zu wachsen. Jede Krise bietet auch Chancen, und solange Sie über ein stabiles Einkommen verfügen und fähig sind, auf Veränderungen zu reagieren, brauchen Sie sich keine großen Sorgen zu machen. Ich empfehle Ihnen natürlich, sich früh damit auseinanderzusetzen und insbesondere mental fit zu werden.

Es wird allgemein stark unterschätzt, über welche enormen persönlichen Fähigkeiten jeder von uns verfügt und wie sehr sich jeder mit überschaubarem Aufwand verbessern kann. Im Grunde braucht sich keiner ernsthafte Zukunftssorgen zu machen, wenn er bereit ist, sich den Gegebenheiten zu stellen und aktiv zu werden.

Sie sollten diesbezüglich drei grundlegende Fakten zur Kenntnis nehmen:

- Sie sind fähig, jedes auf Sie einströmende Problem in Ihrem Sinne erfolgreich zu lösen.
- Grundsätzlich neigt der Mensch dazu, unangenehmen Dingen aus dem Weg zu gehen und Probleme eher vor sich her zu schieben.
- Die Fähigkeit zur Problemlösung entwickeln wir erst in dem Moment, wenn wir diesen Aufgaben unmittelbar gegenüber stehen (und es keinen anderen Ausweg mehr gibt).

In diesen drei Sätzen steckt ein erstaunliches Geheimnis, das uns den Weg zu innerer Selbsterfüllung und Unabhängigkeit weist. Die meisten Menschen entdecken diese großartige Tatsache leider nicht, weil sie den entscheidenden Schritt niemals tun. Der Hauptgrund ist eindeutig, dass sie zu faul und zu bequem sind! Die meisten kommen bedauerlicherweise über ihre innewohnende Lethargie nicht hinaus. Weitere Gründe sind: Sie trauen sich nicht, sind zu vorsichtig, zaudern und verharren in der Passivität. Würden sie einen Schritt aus sich herausgehen und die anstehenden Herausforderungen gezielt angehen bzw. sich neue und schwere Aufgaben erschaffen, so würden sie diese scheinbar magischen Fähigkeiten in sich erkennen und sich weiterentwickeln. Dies würde einerseits viele Zukunftsängste und Sorgen überflüssig machen und andererseits dem Leben Farbe, Freude und Perspektive geben. Ich hoffe, ich kann Ihnen dies in diesem Kapitel so erläutern, dass Sie es erfolgreich umsetzen und Sie Ihre Welt damit wunschgemäß in die erforderliche Richtung verändern können.

Wie Sie Ihre Fähigkeiten endlich umsetzen

Zunächst ist es wichtig, eine markante Ursache unzähliger Probleme zu erkennen. Sie haben die Möglichkeit, mit allem zurechtzukommen, wenn Sie Ihre entscheidenden Schwachpunkte erkennen und beseitigen.

Es ist nämlich so, dass jeder Mensch neben seinen Stärken auch einige sehr empfindliche Bereiche hat, die verhindern, dass er seine Fähigkeiten umsetzen kann. Man kann es mit der Kette vergleichen, die bekanntermaßen am schwächsten Glied reißt. Dies führt dazu, dass jeder weit unter seinen Möglichkeiten bleibt.

Angesichts der kommenden Krisenzeit dürfen Sie sich dies aber nicht leisten. Es geht hier um die sehr grundlegende persönliche Fähigkeit, wie gut man auf Dinge zugehen bzw. Verschiedenes tun kann, ohne sich durch andere oder durch die eigenen Reaktionen beeinflussen zu lassen. Und/oder wie man auf einströmende Einflüsse reagiert.

Alle Abläufe im Leben haben grundlegend mit folgenden zwei Faktoren zu tun: Entweder Sie tun von sich aus etwas, oder es kommen Dinge auf Sie zu, mit denen Sie sich auseinandersetzen müssen. Das ist das Leben.

Die hierfür erforderliche Fähigkeit nennt man »Konfrontieren«. Das Wort »Konfrontieren« wird hierbei anders verwendet, als man es allgemein gewohnt ist. Wir fügen nämlich den Faktor der Eigenverursachung hinzu. Leider gibt es in der deutschen Sprache keinen anderen Ausdruck, der diese beiden Fähigkeiten treffend beschreibt.

Üblich ist ja, dass man dieses Wort dann verwendet, wenn jemandem etwas gegenübersteht. Man wird also mit etwas konfrontiert. Wir gebrauchen es hier jedoch auch, wenn man von sich aus aktiv werden muss und beispielsweise »konfrontieren« muss, beim Finanzamt anzurufen. Hier zwei Beispiele für die Anwendung:

– Eine Mutter kann das Geschrei ihrer Kinder leicht konfrontieren. Das heißt, der Lärm geht ihr nicht auf die Nerven, was beim Vater beispielsweise völlig anders sein kann.
– Oder: Der Geschäftsführer konfrontiert es leicht, einen bestimmten Kunden anzurufen, der immerzu meckert. Er hat also die Fähigkeit, Unangenehmes zu tun.

Ihr Vorankommen hängt nun sehr stark davon ab, wie gut Sie diese Fähigkeiten beherrschen. Im Normalfall nimmt bzw. akzeptiert man die meisten Dinge, die auf einen einströmen, wie sie kommen, und macht sich nichts daraus. Ebenso kann man die wesentlichen Dinge, die erledigt werden müssen, ohne größeres Aufhebens durchführen. So weit, so gut. Würde das komplette Leben so ablaufen, wäre alles bestens.

Es gibt da aber leider auch »kleine« Probleme mit einer enormen Auswirkung: In Ihrem Leben gibt es nämlich einige Dinge, die Sie entweder nicht leicht erleben können, oder einige, die Sie nur ungern tun. Allein schon der Gedanke daran dreht Ihnen mehr oder weniger den Magen um. Das sind all die Dinge, die Ihnen das Leben schwer machen und Ihr Vorankommen blockieren. Deshalb schieben Sie manches endlos vor sich her. Das ist der Grund, warum Sie manche Probleme nicht angehen, Ihrem Chef nie die Meinung sagen und vieles nicht erreichen, was im Grunde so naheliegt.

Ich möchte die Problematik mit einem recht alltäglichen Beispiel illustrieren:

Zwei 20-jährige Burschen pilgern in eine Diskothek, um ihren Spaß zu haben. Der eine ist dick und nicht hübsch, der andere durchtrainiert und gut aussehend. Der Dicke kommt in die Disko, schaut sich um und spricht gleich die erste Frau an. Sie sagt Nein, er hört Nein und akzeptiert den »Korb«. Er spricht die Nächste an, holt sich wieder eine Absage, aber es macht ihm erneut nichts aus. Wieder und wieder wird er abgewiesen, aber siehe da, die siebte schließlich sagt Ja, und er hat einen schönen Abend.

Der andere, unser fescher Bursche, tut sich dagegen deutlich schwerer. Zuerst braucht er eine Bacardi-Cola, dann blickt er sich vorsichtig um und erblickt hinten in der Ecke ein Mädchen. Sie ist eher etwas dick und schüchtern, eigentlich nicht sein Typ, aber sie sieht nach einer leichten Beute aus. Er beobachtet sie lange und länger, überwindet sich endlich, flaniert zu ihr und spricht sie an. Aber oh Pech! Das Mädel sagt entgegen seiner Erwartung Nein. Das trifft ihn wie ein Hammerschlag.

Sie tut ihm nichts Böses an, sondern sagt nur Nein, weil sie wahrscheinlich noch gehemmter ist als er.

Aber für unseren feschen Burschen ist es so, als ob ihn ein Hammerschlag trifft. Seine Welt stürzt zusammen, er geht frustriert an die Bar, trinkt weitere drei Bacardi-Cola, denkt zwei Stunden über einen neuen Angriff nach und geht schließlich um Mitternacht unverrichteter Dinge nach Hause.

Er wird es nächste Woche nicht mehr probieren und eine Weile frustriert sein. Wahrscheinlich bewundert er seinen Kumpel, weil er das mit den Frauen »so gut kann«, weil er »es einfach draufhat« und »ein Aufreißertyp« ist. Weit gefehlt! Der Kumpel kann lediglich Absagen von Mädchen leicht »konfrontieren». Denn was tun die Mädels? Sie sagen nur »Nein«, physikalisch gesehen schicken sie kaum spürbare Schallwellen zu ihm. Sie haben nichts gegen ihn, die Absage bedeutet auch nicht, dass sie ihn unsympathisch finden oder Ähnliches. Solche Interpretationen entstammen nur dem Kopf desjenigen, der nicht gut »konfrontieren» kann.

So macht den feschen Burschen in meinem Beispiel das »Nein« eines Mädchens fertig. Davor hat er eine panische – aber völlig unbegründete – Angst. Dies dominiert einerseits sein Leben und stellt das größte Problem für ihn dar. Andererseits ist er sehr aktiv und kann sich viel leisten, weil er immer gut bezahlte Jobs findet. Denn er kann grundsätzlich mit anderen Menschen gut umgehen. Sie können sich vielleicht vorstellen, was passieren würde, wenn man ihm helfen würde, seine Konfrontierfähigkeit bezüglich des »Neins« von Frauen zu verbessern.

Sein Hauptproblem wäre gelöst, und er würde nicht länger endlose Stunden darüber grübeln. Er wäre frei und könnte seine Energien nutzen, um seine wirklichen Ziele zu erreichen.

Sie verstehen bestimmt, was ich Ihnen sagen will. Überlegen Sie bitte kurz, welche Dinge Sie in Ihrem Leben nicht leicht »konfrontieren« können. Oft sind es scheinbare Kleinigkeiten. So könnte es sein, dass es Ihnen beispielsweise schwerfällt, Ihren Lebenspartner auf Fehler hinzuweisen; oder Sie können sich nicht überwinden, den Chef um die verdiente Lohnerhöhung zu bitten. Es könnte auch sein, dass Sie Briefe vom Finanzamt, Ihrer Bank, dem Vermieter etc. nicht leicht »konfrontieren« können. Oder die Unordnung in der Wohnung, im Büro, in der Werkstatt. Oft sind es kleine Teilaspekte, die man nicht ertragen oder tun kann. Im Hinblick auf die Krise werden Sie jedoch oft in Situationen kommen, in denen Sie mit unangenehmen oder komplizierten Dingen »konfrontiert« werden.

So kann es zum Beispiel sein, dass Sie Ihre Arbeit verlieren und Sie nun Bewerbungen, Vorstellungsgespräche und diesbezügliche Absagen »konfrontieren«müssen. Dass sich in der Vergangenheit abgeschlossene Verträge und Investitionen jetzt als falsch erweisen und Sie entsprechende Korrekturen durchführen müssen. Oder dass Sie weniger verdienen, somit in Zahlungsverzug kommen, mit Ihren Gläubigern reden müssen und als Selbstständiger einigen Mitarbeiten kündigen müssen. Oder was auch immer kommen mag. Ich denke, Sie wissen, was Ihnen bevorsteht.

Der Kniff bei diesem Thema ist nun, dass Sie alle anstehenden Probleme im Grunde gut bewältigen könnten, gäbe es da nicht einige Teilaspekte, die Sie einfach nicht ertragen wollen, obwohl diese eigentlich nicht dramatisch sind.

Was ist das Problem, wenn Sie Ihren Banker anrufen? Dass er Ihnen vorhält, dass das Konto überzogen ist? Oder er Sie anmahnt, weniger auszugeben? Dass er Druck auf Sie ausübt? Schauen Sie sich den Sachverhalt einmal genau an. Das meiste ist kein wirkliches Problem, es tut nicht weh, und es passiert auch nichts. Alles, was geschieht, ist, dass in Ihrem Kopf quasi eine Sicherung heiß wird.

Bitte führen Sie die in den nachfolgenden Kapiteln genannten praktischen Aufgaben aus und erkennen Sie die Wände Ihres selbst gebauten Gefängnisses. Dazu sollten Sie vorab Folgendes verstehen:

Diese Mauern gibt es nur in Ihrem Kopf. In der Realität existieren sie jedoch nicht, dennoch blockieren diese Mauern Sie mehr als alles andere auf der Welt. Jedes Problem, vor dem Sie davonlaufen, bzw. alle Tätigkeiten, die Sie nicht »konfrontieren«, die Sie aufschieben und nicht angehen, schwächen Sie fortwährend, und Sie mauern sich mehr und mehr ein. *Das ist Ihr Problem Nummer eins!*

Die Lösung dafür lautet: Ihr Leben ist ziemlich problemfrei und angenehm, wenn Sie fähig sind, alles, was in Ihrem Leben auf Sie einströmt, sowie alles, was Sie von sich aus erledigen oder tun müssen, leicht und ohne beklemmende Gefühle zu erledigen. Beide Fähigkeiten können Sie deutlich verbessern, indem Sie im Leben mit guter Disziplin genau diese Schwachpunkte angehen.

Wann also ist alles im Leben ein Kinderspiel? Die einfache Antwort darauf lautet: Es ist dann ein Kinderspiel, wenn Sie alle Aspekte des Lebens leicht »konfrontieren« können!

Sie müssen fähig sein, alles, was im Leben geschieht, in dessen gesamter Bandbreite leicht zu erleben. Sie müssen mit Leichtigkeit auf alles reagieren können, ohne dabei negative Gefühle zu empfinden oder davor zurückzuweichen. Sicher haben Sie bei sich oder anderen Folgendes schon oft beobachtet:

In verschiedenen Gebieten, in denen Sie erfolgreich sind, erledigen Sie alle Tätigkeiten ohne Verzögerung und ohne jegliches merkwürdige Gefühl. Denken Sie an eine einfache Tätigkeit, bei der Sie alles vollkommen beherrschen. Ist Ihnen etwas eingefallen? Ich möchte zur Verdeutlichung »Auto fahren« vorschlagen.

Dies dürften die meisten können. Beim Autofahren können Sie jeden einzelnen Handgriff ohne jegliche Überlegung ausführen, und nichts verursacht irgendein Problem oder eigenartige Gefühle. Sie können alle damit verbundenen Aspekte leicht »konfrontieren«, und deshalb tun Sie es gern und erfolgreich. Sie steigen ohne jegliche Bedenken ins Auto und streben Ihren Zielen zu. So klar und einfach wie das Fahren eines Autos kann Ihr ganzes Leben sein, wenn Sie es schaffen, Ihre Aufgaben in allen Teilbereichen ohne jegliche Aversionen zu erledigen.

Hören Sie auf, sich Sorgen zu machen – Ihre Möglichkeiten sind unbegrenzt

Haben Sie angesichts der weiteren Entwicklung Angst um Ihren Arbeitsplatz, Ihre Ersparnisse, Ihren Status und ähnliche Dinge? Warum beschränken Sie sich auf diese knappen Ressourcen, anstatt auf die unermessliche Anzahl an Gütern und Möglichkeiten der Welt zuzugreifen? Das Festhalten an der Gegenwart ist ein eindeutiges Zeichen dafür, dass Sie sich nicht sehr viel zutrauen, um etwas Neues zu erschaffen. Daher sollten wir zunächst klären, was alles möglich sein kann.

Was sind Sie zu leisten imstande? Welche Ziele können Sie erreichen?

Dies zu klären ist sehr wichtig, weil es vieles im weiteren Krisenverlauf in ein anderes Licht rückt und völlig neue Perspektiven eröffnet.

Ihre Möglichkeiten sind deutlich umfangreicher, als Sie bisher gedacht haben. Die richtige Antwort, die Sie sich dringend und gründlich merken sollten, lautet: Sie sind jederzeit und immer zu allem fähig! Sie können ohne jegliche Einschränkung alles, was Sie sich wirklich vornehmen, erreichen! Auch oder besonders in den jetzigen und kommenden Krisenzeiten.

Wir sind leider darauf »konditioniert« und »dressiert«, in engen Schranken zu denken. Wir denken und sagen zu schnell: »Das geht«, »Das ist möglich«, »Das kann ich« oder »Das kann ich nicht«, »Das geht nicht«, »Das macht man doch nicht« oder so ähnlich, ohne diese fixen Meinungen zu hinterfragen oder daran zu rütteln.

So leben wir in engen Bahnen, man könnte auch von einer Art Gefängnis sprechen, dessen Mauern ausschließlich aus unseren Ideen bestehen. Dennoch haben sie die gleiche Wirkung wie Betonwände, und wir bewegen uns wie Sträflinge darin.

Das führt dazu, dass sich die meisten Menschen mit dem abfinden, was sie haben, bzw. denken, was für sie möglich ist. Dabei wird übersehen, dass sich die Mehrheit der Individuen damit selbst von den unzähligen Möglichkeiten der Welt abschneidet. Dies zu erkennen, ist meines Erachtens eine sehr wichtige Lektion für die kommende Krisenzeit.

Sie werden oft in Situationen geraten, in denen Sie mit der bisherigen Vorgehensweise nicht weiterkommen, und erkennen, dass Ihre Fähigkeiten, Ihre Ausbildung, Ihre Kenntnisse, aber auch die bestehenden Möglichkeiten nicht reichen, um das vor Ihnen liegende Problem zu lösen. Hier haben Sie dann nur die Möglichkeit, Ihre geistigen Einschränkungen über Bord zu werfen und neue Wege zu beschreiten.

Sie müssen dann eine Fähigkeit kultivieren, die Ihre Fixierungen hinterfragt und diese überwindet. Wer sagt denn,

- dass Sie nicht verkaufen können?
- dass Sie nichts dazuverdienen können?
- dass es keine Jobs gibt?
- dass Sie kein Finanzexperte sind?
- dass Sie keine Vorträge halten können?
- dass Sie kein Vorarbeiter oder keine Führungskraft sein können?
- dass Sie keine anderen Tätigkeiten ausüben können als Ihre gewohnten?
- dass Sie den richtigen Lebenspartner nicht finden können?

Unser Problem ist, dass wir leider sehr limitiert denken und von unserer Umgebung diesbezüglich eher bestärkt werden, weil die meisten Menschen eben selbst angepasst sind und sich eine andere Einstellung nicht richtig vorstellen können. Man bekommt dann schnell Zuspruch in der Art: »Das ist dein Schicksal, da kann man nichts machen« oder: »Die Krise ist schuld, anderen geht es auch nicht besser« oder so ähnlich.

Dadurch wird man eingelullt und stimmt zu. Das aber ist falsch. Wenn Sie sich die von mir beschriebene Einstellung zu Herzen nehmen, verlieren die Zukunft und die weitere Krisenentwicklung ihren Schrecken, denn Sie können mit allem, was auch immer auf Sie zukommt, zurechtkommen und das Beste daraus machen!

Abgekoppeltes Denken

Hierzu habe ich mir schon sehr früh eine interessante und äußerst hilfreiche Denkart angewöhnt: Ich nenne sie »abgekoppeltes Denken«. Das sind Gedanken und Überlegungen, denen ich völlig unabhängig von der wirklichen Welt nachgehe. Ich stelle mir dabei Dinge und Ziele vor, die teilweise völlig unmöglich scheinen.

So ersann ich mir vor 25 Jahren als arbeitsloser Schreiner das unmögliche Ziel eines Monatseinkommens von damals 50 000 DM. Ich habe dies mit einer normalen Tätigkeit und nur wenigen Stunden Arbeit pro Tag erreicht, obwohl ich weder eine spezielle Ausbildung, eine geerbte Firma oder sonst etwas als Voraussetzung hatte.

Nicht einmal ein Startkapital stand mir zur Verfügung. Später – als ich erkannte, dass die Krise das wirtschaftliche Leben sehr stark beeinflussen würde – entwickelte ich den starken Drang, eine neue wirtschaftliche Grundlage zu schaffen. Auch dafür gab es zuerst keinen Anhaltspunkt, dennoch hat auch dies auf schier magische Weise perfekt funktioniert.

Das abgekoppelte Denken eröffnet Ihnen alle Möglichkeiten der Welt und erweitert Ihren Horizont erheblich. Die meisten von uns – ich behaupte eigentlich alle – sitzen wie eingangs beschrieben in einem selbst gesponnenen Kokon und wundern sich, warum sie nicht mehr können oder tun. Das liegt zum Großteil daran, dass man sich gedanklich einschränkt und sich auf diese Weise selbst zurückhält.

Das Erstaunliche an der Sache ist, dass man selbst mit den unmöglichsten Ideen wertvolle Samen legen kann und sich immer etwas daraus entwickelt, auch wenn das ursprüngliche Ziel nicht vollkommen realisiert wird.

Das abgekoppelte Denken hilft mir, meine Kreativität von den Einschränkungen der harten »Wirklichkeit« zu trennen. Das heißt, neben meinem normalen Denken gewöhne ich mir an, auf einer völlig anderen Schiene zu denken. Da denke ich mir meine sehr hohen Ziele aus, finde

Lösungen für große Probleme und erschaffe ohne Limitierung. Und gerade das Letztgenannte erscheint mir sehr wichtig.

Denken Sie einfach ohne jegliche Einschränkung, ohne Abwägung, ob es geht oder nicht und andere es glauben oder nicht. Dabei ist es wichtig, dass Sie bei dieser Art zu denken die Vorgehensweise zunächst außer Acht lassen. Sie überlegen in dieser Phase nicht, was Sie genau tun müssen oder wie Sie vorgehen werden. Das ist hier nicht wichtig und würde Ihre Denkprozesse stören oder gar gänzlich zunichtemachen. Vielleicht war es gut, dass ich mir seinerzeit keine Gedanken gemacht habe, wie ich denn mein Ziel, einen Monatsverdienst von 50 000 DM, jemals realisieren könnte, denn ansonsten hätte ich wahrscheinlich sofort den Mut verloren. Ich hatte ja keinen einzigen realen Ansatz, keine einzige brauchbare Hoffnung, keine Aus- oder Vorbildung, einfach nichts, was ich hätte nutzen können. So habe ich mich einfach in das große Spiel gestürzt, es hat einige Jährchen gedauert, aber im Nachhinein gesehen hat es doch relativ gut geklappt.

Die Einstellung, mit der Sie alle Probleme lösen

Was auch immer in der nächsten Zukunft passiert und womit auch immer Sie konfrontiert werden, Sie werden es schaffen, solange Sie sich folgenden Satz vor Augen führen: Es gibt für jedes Problem immer eine Lösung! Wenn Sie eine Lösung suchen und finden wollen, gibt es diese auch. Immer und überall, für jedes Problem und jede Herausforderung. Sobald Sie jedoch aufgeben, verschwindet jede Lösungsmöglichkeit.

Daher ist dies der grundlegendste Ratschlag, den man für jegliche Situation empfehlen kann: Geben Sie niemals auf und suchen Sie immer weiter nach einer Lösung – egal, wie schwer und unlösbar die Situation zuerst auch erscheinen mag.

Ein Beispiel: Sie wissen, Ihnen droht demnächst die Kündigung Ihres Arbeitsplatzes. Sie haben rechtzeitig begonnen, Bewerbungen zu schreiben, allerdings ohne jeglichen Erfolg. Sie können dann frustriert sagen: »Es gibt keine Stelle für mich, und nun werde ich eben arbeitslos.« Selbst wenn Sie 100 Bewerbungen geschrieben und nur Absagen oder auch keinerlei Rückmeldung erhalten hätten, bestünde weiterhin die Möglichkeit, eine Stelle zu finden, solange Sie es wollen. Gegebenenfalls müssten Sie vorübergehend Abstriche bei Ihren Gehaltsvorstellungen oder auch Kompromisse in Sachen des Tätigkeitsortes hinnehmen. Möglicherweise müssten Sie auch etwas flexibler in der Art der Tätigkeit sein. In dem Maße, wie Sie weiterhin hartnäckig an einen neuen Job glauben und ihn unbedingt wollen, werden Sie daran arbeiten und genau das unternehmen, das Ihnen letztendlich die neue Arbeitsstelle bringt.

Wenn Sie sämtliche Möglichkeiten kennen und auch nutzen, wie Arbeitsagentur, Stellenanzeigen, diverse Internetportale etc., wird sich etwas ergeben. Ihnen würde ferner einfallen, dass Sie in Ihrem Sportverein einen Unternehmer kennen und dass Sie ihn fragen könnten, ob er in seiner Firma jemanden braucht. Oder Sie würden bei einer Feier »zufällig« genau die Person treffen, die Ihnen weiterhilft. Es gibt viele derartige Möglichkeiten und Kontakte. Wir leben in einem hoch entwickelten Land mit einer sehr gut funktionierenden Wirtschaft und Infrastruktur. In unserer Gesellschaft gibt es an vielen Orten erstklassige Möglichkeiten für agile und aufgeweckte Personen.

Gehören Sie dazu, indem Sie niemals aufgeben. Ich schildere Ihnen ein Beispiel aus meiner Vergangenheit: Am Beginn meines Weges war ich als Garagenmakler selbstständig. Irgendwann hatte ich keine Aufträge mehr, kein Geld, alle Angebote und Inserate waren bearbeitet und auch all meine Kontakte bereits abgegrast. Ich stand vor dem Nichts, der Monatswechsel unmittelbar bevor, und ich war einfach am Ende. Ich saß deprimiert da und sah zunächst keine Lösung. Der blanke Druck zwang mich, weiter in Richtung einer Lösung zu denken. So kam ich auf die Idee, zu den Zeitungsverlagen zu fahren, um die Inserate der vergangenen Monate nach Garagenangeboten zu durchforsten.

Gesagt, getan, ich fuhr also hin, durchstöberte die Inserate und fand prompt genügend Angebote, um meine Aktivität wieder zum Laufen zu bringen. Ich denke, das war die Geburtsstunde dieser Einstellung, und ab diesem Zeitpunkt hat mir genau dieses Motto in vielen sehr schwierigen Situationen geholfen.

Sie haben sicher schon öfter von Unternehmern gehört oder gelesen, die pleitegingen, aber postwendend wieder eine neue Firma eröffneten und damit erneut auf die Beine kamen. Wie erklärt sich das? Diese Menschen verfügen über eine große Portion Hartnäckigkeit, das richtige Wissen und die richtige Einstellung: Sie lassen sich niemals unterkriegen. Sie glauben an ihre Chance und suchen die entsprechenden Lösungen. Hinfallen ist keine Schande, solange man sofort wieder aufsteht.

Das hier beschriebene Prinzip gilt natürlich auch in jedem anderen Lebensbereich, ob Sie nun einen Lebenspartner, die richtigen Freunde, die passende Schule für die Kinder, eine neue Wohnung und was auch immer finden möchten, Sie können mit dieser Vorgehensweise jeden Bereich tief greifend durchdringen und in vielfältiger Weise erreichen, was immer Sie anstreben. Dies funktioniert auch in absoluten Notfällen und bei Schicksalsschlägen: Wenn Sie so vorgehen, werden Sie Rettung erfahren und selbst in scheinbar ausweglosen Situationen die Antwort finden können.

Wichtig ist, dass Sie dies bereits jetzt im täglichen Leben üben und stärker darin werden. Beobachten Sie dazu die täglichen Begebenheiten und erkennen Sie Situationen, wo es nicht so läuft wie geplant oder Sie irgendwo scheitern. Greifen Sie das Problem dann auf und lernen Sie daraus. Bleiben Sie an der Sache dran und verfolgen Sie sie hartnäckig nach dem Motto: »Es gibt immer eine Lösung«, bis Sie das Gewünschte erreicht haben. Sie werden sehen, es klappt ziemlich schnell und Sie verbessern sich rasch. So wird diese Einstellung Teil Ihres Charakters.

Sie können das mit Ihren Kindern oder mit Mitarbeitern praktisch üben und dabei tolle Erkenntnisse gewinnen: Wenn diese ein Problem haben, dann unterstützen und helfen Sie ihnen. Geben Sie ihnen Hilfestellung, fragen Sie: »Was ist die Lösung für dieses Problem?« Sie werden Spaß dabei haben und erkennen, wie machtvoll diese Vorgehensweise ist. Zudem wird Sie die erfolgreiche Anwendung bestärken, selbst auch so zu denken.

Probieren Sie es anhand einer konkreten Situation aus und nehmen Sie sich jetzt ein konkretes Problem aus Ihrem Leben vor. Bitte aber ein schwieriges, das Sie aktuell wirklich beschäftigt oder beunruhigt. Zwingen Sie sich, dafür jetzt eine Lösung zu finden. Setzen Sie sich hin und sagen Sie sich: »Ich stehe nicht eher auf, bis ich eine Lösung dafür gefunden habe.« Fragen Sie sich fortwährend: »Welche Lösungen gibt es?« und gehen Sie eine Variante nach der anderen durch, bis Sie die richtige und passende gefunden haben. Schreiben Sie diese samt der genauen Vorgehensweise auf und erledigen Sie das Problem sofort. So können Sie eine Sache aus der Welt schaffen, Ihr Leben verbessern und Ihre Gewissheit erhöhen.

Ihr weiteres Schicksal entscheidet sich in Ihrem Kopf

Betrachten Sie jedes auf Sie zukommende Problem als Herausforderung und nicht als weiteren Tiefschlag in einer schweren Zeit. Sie werden demnächst mit deutlich mehr Rückschlägen, Verlusten, Gemeinheiten, Härten usw. als bisher fertig werden müssen.

Sie können das jeweilige Problem wie ein bereits angeschlagener Boxer als weitere schmerzhafte Hiebe auf dem Weg zum K. o. (engl. für Niederschlag) betrachten oder es sportlich als Aufgabe aufgreifen, die Sie aktiv angehen und lösen werden.

Das Bewusstsein, so zu denken, hat für mich die Welt verändert, und egal, was passiert, es gibt nichts, was mich so schnell aus der Ruhe bringt. Im Gegenteil, seitdem ich mir dies angewöhnt habe, schaltet mein Denken bei jedem Problem sofort um und beginnt eine Antwort für die aufgeworfene Frage zu suchen. »Es gibt immer eine Lösung«, sollte Ihre grundsätzliche Lebenseinstellung werden. Sie sehen dann tatsächlich alles mit anderen Augen, und die Resultate werden entsprechend ausfallen.

Nie wird eine positive Einstellung so wichtig sein wie in den kommenden Krisenzeiten. Was auch immer passiert, denken und bleiben Sie positiv! Denn nur solange Sie optimistisch bleiben, können Sie die anstehenden Probleme wirklich lösen. Sie beeinflussen Ihre eigene Gemütsverfassung selbstverständlich völlig unabhängig von den Vorkommnissen der Welt.

Ihr weiteres Schicksal entscheidet sich definitiv in Ihrem Kopf!

Es liegt an Ihnen, ob Sie sich von externen Einflüssen emotional herunterdrücken lassen oder ob Sie dennoch positiv bleiben. Jeder erschafft seine eigene Stimmung!

Daher lautet der erste wichtige Ratschlag: Lassen Sie sich Ihre positive Einstellung und Ihre Laune niemals trüben. Besonders in der künftigen, von negativen Nachrichten und schlechten Ereignissen gespickten Zeit müssen Sie sehr diszipliniert sein, um trotz allem eine optimistische Grundhaltung zu bewahren. Eine positive Einstellung ist immer wichtig, aber gerade in der uns bevorstehenden Zeit ist dies von außerordentlicher Bedeutung und macht den Unterschied aus. Nehmen Sie sich dies zu Herzen und sagen Sie sich in jeder Situation: Ich lasse mir meine positive Grundstimmung durch nichts und niemanden erschüttern! Egal was kommt. Allein mit diesem Vorsatz sind Sie deutlich stabiler und widerstandsfähiger gegenüber allem, was auch immer passieren wird. Und dies funktioniert.

Probieren Sie es in der nächsten sich bietenden Situation aus. Wenn Sie mit etwas konfrontiert werden, das für gewöhnlich verursacht, dass Sie wütend, frustriert, sauer oder was auch immer sind, zwingen Sie sich, positiv zu bleiben, und Sie werden sehen, es geht! Sie erschaffen mit Ihrem Denken und Ihren Visionen die Zukunft. Dabei haben Sie einen enormen Einfluss im positiven, aber auch im negativen Sinne. Ich nenne das berühmte Beispiel mit dem Wasserglas: Ist es nun halb voll oder halb leer? Hier macht Ihre Betrachtung den entscheidenden Unterschied aus. Der Jammerer, der hier das halbleere Glas sieht und sofort das Negative hervorhebt, wird sich bestätigt fühlen. Der positiv aufgeschlossene Mensch hingegen nimmt die Sache konstruktiv auf und blickt dementsprechend optimistisch nach vorne.

Sie haben in Ihrem Leben schon vielfach erlebt, wie stark die Unterschiede und die Auswirkungen sind. In dem Maße, wie Sie positiv gestimmt sind, spüren Sie einen Antrieb, arbeiten aktiv an der Verbesserung vieler Umstände und finden die nötigen Lösungen. Schlägt die Stimmung jedoch ins Negative um, verfällt man leicht in Passivität, Depression und Inaktivität.

Ich bin kein Mensch, der verschiedene nicht ideale Zustände zwanghaft ignoriert und sagt: »Ich denke positiv und sehe alles rosarot.« Dennoch ist es so, dass die eigene Einstellung eine enorme Tragweite hat und eine positive bzw. negative Stimmung den Unterschied darstellt, wie man sein Leben angeht.

Machen wir uns nichts vor: Die nahe Zukunft wird Probleme und Herausforderungen aufwerfen, die wir uns heute nicht vorzustellen vermögen. Viele werden aus der jetzigen »heilen« Welt gnadenlos herausgerissen werden und müssen sich dann mit ganz anderen, unbekannten Dingen auseinandersetzen. Vielleicht sind es Konfrontationen mit anderen Menschen beim Bemühen um die knappen Jobs, vielleicht Rangeleien um zu wenig Waren oder Lebensmittel. Böse Enttäuschungen, Gemeinheiten, Betrügereien, Bedrohungen finanzieller Art oder durch Kriminalität, Angst vor einem sozialen Absturz, Verlust von Eigentum, das Platzen lang gehegter Ziele oder was auch immer.

Das sind Dinge, die uns bisher eher fremd sind. In diesen Situationen sind Sie gefordert: Sie müssen dabei stets konstruktiv bleiben und dürfen sich auf keinen Fall entmutigen lassen. Was auch immer geschieht, mit einer positiven Einstellung sieht alles deutlich anders aus, und man geht die anstehenden Probleme auch entsprechend an. Eine aufgeschlossene und konstruktive Haltung enthält bereits den ersten Impuls für die Handhabung.

Versinkt man hingegen in einer schwermütigen, negativen Haltung, erscheinen alle Probleme deutlich größer und sind dementsprechend schwerer zu lösen. Daher ist es extrem wichtig, dass Sie immer eine möglichst positive Haltung bewahren. Das mag nicht immer leicht sein. Dennoch ist es sehr wichtig, sich hierzu durchzuringen.

Was kann man tun, um trotz widriger Umstände positiv zu bleiben? Sehr grundlegend ist zunächst, dass Sie Ihr Leben jetzt in einen guten Zustand bringen und umfassend vorsorgen. Denn wenn Sie stabil dastehen, gut ausgerüstet sind und Reserven haben, bringen Probleme Sie nicht gleich aus dem seelischen Gleichgewicht. Dieser Umstand wird Ihr Selbstvertrauen in härteren Zeiten enorm steigern, weil Sie Intelligenz und Weitsicht bewiesen haben. Das ist die erste wichtige Überlegung.

Die zweite ist die Zuhilfenahme jeglicher Maßnahmen, die Sie dabei unterstützen, Ihre positive Einstellung wiederzufinden bzw. zu festigen. Finden Sie das, was Ihnen in schweren Situationen hilft. Egal ob es Musik, Sport, Gespräche, Religion, Spaziergänge oder was auch immer ist. Es muss für Sie funktionieren und Ihnen helfen, Kraft und Hoffnung zu schöpfen.

Wichtig: Sobald Sie merken, dass etwas passiert ist, was Ihre Stimmung nach unten drückt, müssen Sie aktiv werden und die Maßnahme(n) ergreifen, die dieses Abfallen stoppen und Sie emotional wieder nach oben bringen. Meist ist es das direkte Auseinandersetzen mit der Sache. Denn Sie werden sich kaum besser fühlen, wenn Sie ein Finanzproblem haben und sich daraufhin in die Sonne legen. Gehen Sie diese Sache zielgerichtet an, und Sie werden sehen, dies führt rasch zu einer Erleichterung, die eine gefühlsmäßige Verbesserung nach sich zieht.

Sollte das in diesem Moment zu schwer sein oder schaffen Sie das emotional in dieser Situation nicht, so tun Sie, wie oben beschrieben, was immer nötig ist, damit Sie sich wieder gut fühlen. Wenn Sie dies künftig in Ihrem Leben genau im Auge behalten, können Sie immer rasch reagieren, und Sie werden sehen, dies stabilisiert Sie zusehends.

Ein weiterer Tipp: Vergegenwärtigen Sie sich, dass jedes Problem vorüberzieht, und blicken Sie auf ähnliche oder gar schwierigere Situationen zurück, die Sie bereits erfolgreich gemeistert haben. Denken Sie beispielsweise an einen unangenehmen Zahnarzttermin. War es nicht so, dass Sie bereits eine lange Zeit davor ein ungutes Gefühl hatten? Und was ist dann passiert? Die Zeit im Behandlungsstuhl ist ebenso verflogen wie die Stunden im Urlaub oder Kino. Das Fazit lautet: Kein Problem bringt Sie um, alles geht vorbei.

Legen Sie den Gang ein und hören Sie auf, nur zuzuschauen!

Zielsetzungen gehören zu den wesentlichen Grundlagen des Lebens.

Sie geben dem Leben eine Ausrichtung, Energie, Motivation und Strebsamkeit. Ohne Ziele bewegt man sich wankelmütig und orientierungslos, man ist eher kraft- und saftlos. Und man nutzt nicht sein wichtigstes Potenzial – die Fähigkeit, nahezu alles zu erschaffen.

In Krisenzeiten geht es nicht um ein Traumauto, eine Villa oder Ähnliches, sondern darum, in einem schwierigen Umfeld mit seinen ständig neuen Negativnachrichten dennoch eine klare Linie vor Augen zu haben und diese zu verfolgen. Eine Notwendigkeit, die es in Ihrer Vergangenheit vielleicht nicht unbedingt gab. Das wird in der nächsten Zeit aber enorm wichtig werden, und daher sollten Sie auch dies rechtzeitig üben. Denn auch die Fähigkeit, sich Ziele zu setzen, muss man trainieren, um sie dann gezielt und erfolgreich anwenden zu können. Sie brauchen als Erstes klar definierte und für Sie erstrebenswerte Zielsetzungen in allen Lebensbereichen. Denn Sie erreichen genau das, was Sie sich vornehmen.

Stecken Sie sich keine oder zu kleine Ziele, vergeuden Sie eine Menge Zeit und Geld, weil Sie in Ermangelung einer klaren Ausrichtung allem Möglichen nachgehen. Sie tun erst dieses, dann jenes, dann kommt dies und das, und am Schluss ist der Tag vorbei und Sie fragen sich, was Sie die ganze Zeit über getan haben. Angesichts der jetzigen Krisenzeiten können Sie sich das aber nicht erlauben. Sie müssen all Ihre Kräfte und Ihre materiellen Möglichkeiten nutzen, um sich gut vorzubereiten, damit Sie später in der verschärften Krisenzeit mit den veränderten Situationen zurechtkommen.

Jeder, der sich dann jederzeit und überall etwas vornehmen und gezielt anstreben kann, wird dann erstens seine Vorhaben umsetzen und zweitens für andere ein Fels in der Brandung sein.

Falls Sie sich die Menschen von heute einmal genauer ansehen, können Sie hier eine klare Trennlinie ziehen: Sie haben einmal die

Leute, die Ziele haben und aktiv, zielgerichtet, meist fröhlich, auf jeden Fall lebendig und erfolgreich sind. Daneben existieren die Leute, die keine (klaren) Ziele haben, die eher planlos, unmotiviert, unzufrieden, mit niedriger Moral und erfolglos sind.

Das ist ein entscheidender Unterschied.

Ziele geben einer Person Kraft, Ziele sind eine Quelle von Inspiration, von Ansporn, von Energie; sie ergeben den inneren Antrieb. Ohne Ziele sind alle Bewegungen, alle Aktionen eher anstrengend und mühsam und in jedem Fall ohne Ausrichtung. Ziele bringen Leute dazu, sich über Hindernisse, Probleme und Rückschläge hinwegzusetzen. Nutzen Sie diese Kraftquelle und bringen Sie sich in Fahrt.

Die klare Aussage lautet: Als Allererstes müssen Sie sich klare Ziele und Vorhaben setzen. Sie erreichen alles, was Sie sich vornehmen, und daher sollten Sie sich jetzt fest vornehmen, dass Sie auch in verschärften Krisenzeiten Ihren Weg gehen. Sie werden sehen, sobald Sie dies tun, wird es in Ihrem Denken einen Ruck geben, und vieles wird anders sein. Geben Sie den Startschuss! Sie haben bisher gelesen, dass Sie im Grunde alles tun und erreichen können und über unlimitierte Möglichkeiten verfügen. Ebenso, dass Ihre Einstellung entscheidet und Sie alles selbst in der Hand haben. Nutzen Sie dieses Wissen nun und nehmen Sie sich konkrete Dinge vor, die Ihnen jetzt und in der nächsten Zeit helfen. Schauen Sie sich Ihr Leben genau an und beziehen Sie die nächsten Monate mit ein. Loten Sie aus, was auf Sie zukommt, was Sie brauchen und/oder wie Sie sich verbessern möchten. Stecken Sie sich dann konkrete Ziele und arbeiten Sie darauf hin.

Sagen Sie sich zum Beispiel: Ich möchte 500 Euro mehr im Monat verdienen; ich brauche einen neuen Job; ich möchte meine Firma auf sichere Beine stellen; ich möchte meine Krisenvorsorge sicher machen; ich möchte ein umfassendes und stabiles Netzwerk haben bzw. aufbauen usw.

Wie gesagt, Sie haben alles in der Hand und schaffen es auch, sobald Sie sich dies vornehmen und die jeweilige Zielsetzung aktiv angehen. Arbeiten Sie mit dem »abgekoppelten« Denken und limitieren Sie sich nicht durch das, was »möglich« und »machbar« ist, sondern setzen Sie Zeichen! Wichtig: Starten Sie keinen Tag, keine Woche und keinen Monat, ohne sich klare Ziele zu setzen und sich diese stets zu vergegenwärtigen. Unterschätzen Sie diese Vorgehensweise auf keinen Fall.

Ich würde folgende Vorgehensweise vorschlagen: Schreiben Sie Ihre Ziele auf. Zunächst die längerfristigen, dann brechen Sie diese herunter und gliedern sie in Einzelschritte auf, die Sie dann angehen. Schauen Sie sich diese Ziele so oft an, wie Sie es für notwendig halten.

Diese Ziele müssen in Ihrem Denken stabil und unverrückbar sein. Sobald Sie zu irgendeiner Zeit feststellen, dass Sie nicht genau wissen, was Sie tun sollen oder was der nächste Schritt ist, schauen Sie sich die Liste mit Ihren Zielen erneut an, damit Sie sich ins Gedächtnis zurückrufen, was die nächsten zielführenden Schritte sind.

Nachfolgend noch einige weitere wichtige Hinweise zum Thema »Ziele«:

Ziele in verschiedenen Lebensbereichen: Stecken Sie sich in allen Lebensbereichen klare und weite Ziele, denn nur dann erreichen Sie diese auch. Viele erfolgreiche Menschen erreichen beruflich sehr viel, kommen aber im Privatleben oft nicht gut voran. Da sie sich im Beruf ständig Ziele stecken, wollen sie es im Privatleben lieber locker angehen lassen. Doch auch hier sind klare Zielsetzungen wichtig und geben eine Linie vor, der man folgen kann.

Sie müssen Ihre Ziele klar fixieren und definieren. Ein Ziel darf nicht lauten: »Ich möchte mehr Geld haben«, oder »Ich will mein Übergewicht reduzieren«, denn dann hätten Sie Ihre Ziele schon erreicht, wenn Sie einen Cent mehr in der Tasche haben oder einen Abend nichts essen. Die Ziele müssen klar umrissen sein, wie zum Beispiel »Ich will ab dem 31. Juni 2011 pro Monat 5000 Euro verdienen« oder »Ich will am 1. Mai 2011 nur noch 74 Kilogramm wiegen«. Das sind präzise Ziele mit einem Zeitpunkt, den Sie konkret anstreben können.

Druck von außen erhöhen: Erzählen Sie einigen anderen Personen von Ihren Zielen und setzen Sie sich somit unter Zugzwang – denn Sie wollen später ja nicht klein beigeben und sich vor ihren Mitmenschen blamieren. Das ist ein Trick, der sehr gut funktioniert und Sie dazu zwingt, eigene Barrieren zu überwinden. Ein weiterer Kniff ist es, anspruchsvolle Termine zu vereinbaren oder eine Zusage für einen Vortrag zu geben. Auch dann sind Sie gezwungen, auf das gesetzte Ziel energisch zuzusteuern, woran Sie persönlich nur wachsen können.

So erreichen Sie alles, was Sie sich vornehmen

Es gibt eine Garantie, alles zu erreichen, was auch immer Sie wollen oder benötigen. Das Gute daran ist, dass Sie dies völlig unabhängig von dem Geschehen in der Welt selbst in der Hand haben. Ihre Pläne und

Vorhaben erfüllen sich, wenn Sie es schaffen, diese in Ihrem Denken permanent aufrechtzuerhalten.

Ich weiß, das klingt beinahe zu einfach, dennoch ist dies ein ganz entscheidender Punkt im Leben. Alle Ziele und Vorhaben, die Sie permanent in Ihrem Denken aufrechterhalten, werden unweigerlich Realität. Leider wissen das nur die wenigsten. Und deswegen wird es so selten genutzt. Sich Ziele und Träume auszudenken ist das eine, diese im eigenen Denken über eine längere Zeit aufrechtzuerhalten und zu verankern ist aber etwas ganz anderes. Das schaffen nur die wenigsten Menschen. Die meisten vergeben leichtfertig ihre beste Erfolgsgarantie. Es scheint reinste Magie: Wenn man sich etwas fest vornimmt und es im eigenen Denken aufrechterhält, wird es unweigerlich Realität! Dies unterscheidet erfolgreiche Menschen von anderen – und Sie können sich diese Fähigkeit ebenfalls aneignen. Es gibt generell sicher einige wichtige Erfolgsregeln, aber ganz wesentlich dabei ist, ob jemand die eigenen Ziele in seiner Gedankenwelt aufrechterhalten kann oder nicht. Sich Zielsetzungen auszudenken oder sich dazu motivieren zu lassen bringt man relativ leicht fertig. Doch diese Ziele im eigenen Kopf fortwährend aufrechtzuerhalten ist relativ schwierig, doch unbedingt nötig. Den meisten Menschen gelingt dies leider nicht, und deshalb kommen sie nicht wirklich voran.

Sie müssen sich in Ihre Ziele verbeißen wie ein Bullterrier und nicht wieder loslassen. Wenn Sie dies können, haben Sie gewonnen und werden das erreichen, was Sie sich vornehmen! Das Aufrechterhalten von Zielen für sich selbst stellt einen wesentlichen Erfolgsfaktor dar, den man bewusst erkennen muss.

Stellen Sie sich vor, Sie lesen diese Zeilen und denken: »Das ist ja einfach! Ich setze mir nun dieses oder jenes Ziel und anschließend läuft es ab wie im Märchen!« Oder Sie hören einen Vortrag und Sie pilgern wohlgemut nach Hause und denken: »Na, wenn das so leicht ist, dann will ich auch 5000 Euro im Monat verdienen.« Aber was passiert dann kurz darauf mit dieser Zielsetzung? Nun, sie schwindet im Normalfall dahin. Was ist am nächsten Tag noch davon übrig? Oder nach fünf Tagen? Oder gar nach vier Wochen?

Bei vielen ist diese Idee, dieses Ziel, nicht mehr vorhanden – es verblasst und verschwindet. Etwas im Kopf sagt:»Na ja, wer weiß, ob das mit dem Einkommen bei dem stimmt.« Oder: »Der hat es irgendwie leichter gehabt.« Oder: »Ich habe es schon so oft vergeblich probiert, und meine Freunde schaffen es auch nicht besser«. Oder: »Ach, das, was ich jetzt habe, ist eigentlich auch nicht schlecht. Ist doch blöd, wenn man viel hat, können andere viel wegnehmen, und ich muss immer schauen, ob mein Sportwagen einen Kratzer hat.« Wie funktioniert das Ganze im praktischen Leben?

In dem Augenblick, in dem Sie sich konkrete Ziele stecken und es schaffen, diese in Ihrem Denken wirklich stabil und dauerhaft zu verankern, agieren Sie anders als bisher. Sie erhalten eine andere Ausrichtung und tun automatisch die Dinge, die Sie dieser Zielsetzung näherbringen. Nehmen wir einmal an, Sie haben sich das Ziel gesetzt, nebenher 750 Euro dazuzuverdienen. Sie hatten keinen Nebenverdienst, weil Sie das bisher nicht wollten und weil Sie vielleicht auch keine Möglichkeit kannten oder sahen. Nehmen wir weiterhin an, Sie würden sich nun ernsthaft dieses Ziel stecken und es sich täglich so oft vergegenwärtigen, bis es sich tief in Ihrem Geist verankert hat. Was würde nun passieren? Die Antwort: Sie würden morgens aufwachen und sich gedanklich mit diesem Thema auseinandersetzen.

Eine Überlegung wäre: Wo gibt es denn solche Nebenjobs? Eine weitere könnte sein: Was kann ich denn eigentlich tun? Was möchte ich machen? Welche Chancen habe ich? Und Sie würden sofort konkrete Aktionen unternehmen und beispielsweise den Inseraten in Ihrer Tageszeitung Aufmerksamkeit schenken. Sie würden am Kiosk eher das Magazin *Die Geschäftsidee* als eines der unzähligen Computermagazine kaufen, die Sie sowieso schon bis ins Detail kennen. Sie würden mit Freunden und Kollegen über das Sie bewegende Thema reden, sodass Ideen und Konzepte daraus entstünden. Sie würden im Internet recherchieren, und rasch bekäme Ihr Ziel Struktur, und die ersten Ansätze brächten weitere hervor. So manifestiert sich diese Idee mehr und mehr und wird langsam Realität. Sie sehen, es ist keine Zauberei, jedoch ändern sich dadurch Ihr Denken, Ihre Welt und Ihre Ausrichtung.

Tipp: Beginnen Sie jetzt schon damit und praktizieren Sie dies im täglichen Leben.

Sie werden nach kurzer Zeit erkennen, wie rasch Sie sich daran gewöhnen und wie sich Ihre Fähigkeit diesbezüglich sehr schnell verbessert. Nach einer Weile können Sie sich auch Ziele fest vornehmen, für die gar nichts spricht – und dennoch erreichen Sie diese!

So steigern Sie Ihr Selbstvertrauen fortlaufend und werden immer sicherer

In nächster Zeit stellt Ihr Selbstvertrauen eine äußerst wichtige Grundlage für Ihr Leben dar. Sie werden oft in schwierige Situationen geraten, in denen Sie, auf sich selbst gestellt, Entscheidungen zu treffen haben und Dinge tun müssen, die völlig neu für Sie sind. Hier ist dann entscheidend, dass Sie sich trauen und ohne großes Zögern das Richtige tun. Dafür benötigen Sie ein möglichst gutes Selbstwertgefühl und Zutrauen in sich selbst.

Sie steigern Ihre Selbstsicherheit und Ihr Selbstvertrauen durch Erfolge in Ihrem Leben. Sie müssen in Ihrer Arbeit, in Ihrem gesamten Leben möglichst oft erfolgreich sein und alle Bereiche in einen guten Zustand bringen. So – und nur so – gewinnen Sie auf natürliche Art Selbstsicherheit.

Was bedeutet das konkret? Die täglichen Aufgaben, die ständigen Herausforderungen müssen so gestrickt sein, dass Sie sie gut bewältigen können und Sie dabei möglichst oft erfolgreich sind!

Sie müssen also schauen, dass Sie in keinem Bereich überwältigt werden, sondern alles im normalen Modus erledigen können und dabei Ihre Vorhaben umsetzen. Das bezieht sich nicht nur auf die Arbeit, sondern auf das gesamte Leben, insbesondere die Finanzen. Ich hebe hier die Finanzen hervor, weil diese laut meiner Erfahrung der Bereich sind, der den meisten Menschen sehr zusetzt. Sie sollten also in allen Gebieten überwiegend erfolgreich sein und das erreichen, was Sie sich vornehmen bzw. was von Ihnen verlangt wird.

Sollte es in Ihrem Leben Bereiche geben, in denen Sie sich permanent überlastet fühlen, sollten Sie hier für Entlastung sorgen. Bei den Finanzen würde dies zum Beispiel bedeuten, dass Sie die Fixkosten senken, um wieder Land zu gewinnen. Falls Sie in Ihrer Firma zu sehr unter Druck stehen, sollten Sie einzelne Tätigkeiten delegieren, um Freiräume zu gewinnen. Bei den angestrebten Erfolgen ist es zunächst unerheblich, ob die Fortschritte nun groß oder klein sind. Wichtig ist, dass das, was Sie tun, klappt und Sie damit zufrieden sind. Das ist der Treibstoff für den Motor, der Sie antreibt und der Ihr weiteres Vorankommen sichert. Dabei sollten Sie auch die kleinen Erfolge nicht übersehen. Alles, was Sie wunschgemäß hinbekommen, macht Sie stärker.

Ständige Erfolge stabilisieren und stärken Ihre Selbstsicherheit fortlaufend. Ihr Ziel sollte es sein, dass Sie in allen Bereichen Ihres Lebens überwiegend erfolgreich sind und das erreichen, was Sie sich vorgenommen haben. Ich will Ihnen damit sagen, dass Sie Ihr Leben und Arbeiten so einrichten (müssen), dass Sie ständig gewinnen. Denn dann wird die Zuversicht, dass Sie »es« können, zu einer Selbstverständlichkeit werden – und damit erschließen Sie für Ihr Leben und Ihr Arbeiten eine neue Dimension. Wenn Sie mit Zuversicht und der Überzeugung »Das klappt wie immer« an Ihre Aufgaben herangehen, ist klar, was dabei herauskommt: der Erfolg.

Sie kennen und bewundern Menschen, die sehr selbstsicher sind? Analysieren Sie deren Leben nach dem Lesen dieser Zeilen. Ist es nicht so, dass diese Menschen im Rahmen ihrer Vorhaben und Möglichkeiten erfolgreich sind und ein gut eingerichtetes Leben führen? Selbstsicherheit und Zufriedenheit sind die Resultate von »gut gemachten Hausaufgaben« und keinesfalls ein Produkt von Hexerei.

Selbstverständlich sind Kompetenz und Können unverzichtbare Bausteine für das Selbstvertrauen. In dem Maße, wie Sie fähig sind und über ein großes Wissen verfügen, sind Sie selbstsicher und selbstbewusst. Somit sollten Sie überlegen, welche Bereiche Ihnen liegen, welche in naher Zukunft wichtig sind und wie Sie sich darin verbessern und sich eine hohe Kompetenz aneignen. Lesen Sie Bücher, besuchen Sie Vorträge, Seminare und Schulungen, verschaffen Sie sich in der Anwendung praktische Gewissheit – und Sie werden sehen, wie Ihr Lebensgefühl steigt.

Nichts reduziert Ihre Selbstsicherheit so verheerend wie die eigenen Unzulänglichkeiten oder wenn Sie bereits durch kleine Rückschläge schnell in Nöte kommen. Wenn Ihnen beispielsweise ständig Ihre Geldprobleme große Sorgen bereiten oder Sie monatlich einen Blechschaden an Ihrem Auto verursachen, wird es schwer, selbstsicher zu sein. Sofern Sie die Dinge, die wichtig sind und die Sie schaffen müssen, durch Sie nicht hinzubekommen sind, werden Sie logischerweise ebenfalls kein Selbstvertrauen aufbauen können, sondern stattdessen eher verlieren. Aus diesem Grund müssen Sie Ihre Hausaufgaben gut machen und danach streben, all Ihre Lebensbereiche in gute Zustände zu bringen. Da also kein Faktor Ihr Selbstvertrauen so sehr schmälert wie die eigenen Fehler und Unfähigkeiten, ist es unerlässlich, dass Sie konsequent an sich arbeiten, um diese Probleme abzustellen. Nur so können Sie letztendlich fähig werden, Ihr Leben auch in den kommenden Krisenzeiten gut zu meistern.

Bodybuildung für den Geist – so werden Sie immer fähiger

Ein wichtiger Faktor ist es, dass man sich persönlich laufend verbessert. Viele fragen sich, wie dies gehen soll, und bewundern andere, die einen fortwährenden Aufstieg bzw. Fortschritt hinlegen.

Auch hier gibt es ein kleines, aber feines Geheimnis: Sie verbessern sich in dem Maße, wie Sie sich Ihren Herausforderungen stellen! Was sich banal anhört, enthält aber eine schier magische Macht: Sie können sich immer weiter verbessern und in höhere Bereiche aufsteigen, solange Sie sich ständig neuen Herausforderungen stellen. Bitte überlesen Sie dies nicht leichtfertig; diese Tatsache öffnet Ihnen alle Türen!

Das ist wie beim körperlichen Training: Wenn Sie Muskeln aufbauen wollen, müssen Sie trainieren. Sobald Sie einige Monate fleißig ins Fitnessstudio gegangen sind und das dortige Training gezielt umgesetzt haben, wachsen auch Ihre Muskeln. Falls Sie aber stattdessen ein paar Monate faul gewesen sind, dürfte der Muskelzuwachs bei null gelegen haben, im schlimmsten Falle hat sich die schon vorhandene Muskelmasse sogar noch zurückgebildet. Das eben Geschriebene gilt auch für den mentalen Bereich. Sie sind nur so lange agil und geistig fit, wie Sie sich aktiv Herausforderungen stellen. Das ist quasi Bodybuildung für den Geist.

Man kann es noch deutlicher sagen: Falls Sie Ihr Leben so eingerichtet haben, dass es im Grunde nichts gibt, was Ihnen immer wieder ein Bauchgrimmen, ein gewisses Unbehagen, ein Unwohlsein oder Ähnliches verursacht, dann befinden Sie sich in einer Sackgasse und entwickeln sich nicht weiter! In diesem Fall fehlen genau jene Herausforderungen, die sicherstellen, dass Sie sich verbessern können. Sie müssen also die innewohnende Trägheit als den Feind Ihres Vorankommens erkennen. Dieser negative Einfluss verleitet Sie fortwährend zu einem bequemen Leben, in dem alles in den gewohnten Bahnen verläuft und Sie niemals das vorgenannte Bauchgrimmen wahrnehmen. Sie dürfen diesem Einfluss jedoch nicht erliegen, denn sonst ist eine fortwährende Verweichlichung und Schwächung ihrer Persönlichkeit die fatale Folge. Und dies ist keine Basis für eine Krisenbewältigung.

Das ist die Antwort auf die Frage, was bei Ihnen ungut läuft, wenn Sie sich nicht verbessern, wenn Sie persönlich nicht expandieren. Es existiert keine Herausforderung! Wahrscheinlich tun Sie nahezu ausschließlich Dinge, die Sie gut beherrschen und die Sie nicht fordern.

Man könnte auch sagen: Es gibt in Ihrem Leben keine Nüsse mehr zu knacken. Das hat zur Folge, dass Sie sich nicht weiterentwickeln. Sehr oft führt dieser Umstand sogar zu Verschlechterungen im Leben.

Wir sind leider alle recht träge geworden und haben uns bequem eingerichtet. Soweit es geht, tun wir die Dinge, die uns genehm sind und die wir gut können. Unangenehmen Problemen gehen wir gern aus dem Weg, »weil wir uns«, müssten wir uns mit ihnen auseinandersetzen, »dann dabei nicht so gut fühlen«. Leider geht damit einerseits ein schleichender Niedergang der eigenen Persönlichkeit einher.

Andererseits gibt es sicherlich auch in Ihrem jetzigen Leben Bereiche, in denen Sie den Problemen und harten Nüssen nicht aus dem Weg gehen (können). Gerade aber dort verbessern Sie sich und kommen voran. Sie erreichen eine immer höhere Kompetenz im Umgang mit diesen Dingen.

Dazu passend gibt es zunächst zwei Tipps:

1. Hören Sie auf, knifflige Dinge auf die lange Bank zu schieben, sondern gehen Sie diese direkt an. Sie werden sehen, das Gefühl davor ist unangenehm, die Freude danach aber umso größer. Sie wachsen daran sehr schnell, und wenn Sie sich in diesem Fahrwasser bewegen, werden Sie immer fähiger und selbstbewusster. Die jetzigen Probleme verursachen dann bei Ihnen in einem halben Jahr keine Kopfschmerzen mehr. Wenn Sie diese Empfehlung befolgen, können Sie in naher Zukunft Dinge anpacken, an die Sie jetzt nicht einmal zu denken wagen.
2. Sie müssen aktiv nach Herausforderungen suchen und sich diesen stellen. Schauen Sie sich Ihr Leben an und überlegen Sie, in welchen Bereichen Sie »wachsen« möchten oder sollten – egal, ob privat oder geschäftlich. Überlegen Sie dann, worin genau Sie gern besser wären und wie Sie sich hier eine Herausforderung schaffen können. Gehen Sie eine Verpflichtung ein, bringen Sie sich in Zwickmühlen, aus denen es keine leichten Fluchtmöglichkeiten gibt, und schaffen Sie sich Zwangslagen, die Sie lösen müssen.

Ein Beispiel zu Punkt 2: Sie möchten gern Vorträge halten, glauben aber, weil Sie das vielleicht noch nie oder zumindest nicht vor großem Publikum getan haben, dass dies sehr schwer sei, weshalb Sie sich unsicher fühlen. Die Lösung: Suchen Sie sich eine Möglichkeit, bei der

Sie vor anderen Menschen sprechen können. Falls Sie schon einmal die eine oder andere Rede gehalten haben, so suchen Sie sich eine größere Zuhörerschaft. Vereinbaren Sie einen Vortragstermin – und schon sind Sie »gefangen«. Nun gibt es keinen Ausweg mehr, der Termin rückt näher, Tag für Tag. Irgendwann stehen Sie nun vor dem interessierten Publikum, und es geht los. Sie werden die Veranstaltung meistern, auch dann, wenn vielleicht noch nicht alles perfekt läuft. Anschließend fallen Ihnen die viel zitierten Steine vom Herzen – und Sie sind ein Stück gewachsen.

Das Gleiche können Sie bei Verkaufsgesprächen, bei der Verabredung mit einem möglichen neuen Lebenspartner machen, bei der Bewerbung für eine neue Stelle usw. tun. In meinem Leben haben mich gerade solche Zwangssituationen vorangebracht. Zwei besondere Ereignisse dieser Art will ich erwähnen: Einmal habe ich ein Seminar im Ausland besucht. Ein Bestandteil im Rahmen der praktischen Aufgabe war es, deutschsprachige Personen auf der Straße anzusprechen und für eine längere Übung zu gewinnen. Meine Hemmungen waren enorm, doch ich habe es letztendlich geschafft. Das Erfolgserlebnis war nach der anfänglichen Furcht umso größer.

Bei meinem Werdegang als Vortragsredner war es ähnlich: Ich war am Anfang genauso nervös wie die meisten von uns. Ich habe mich jedoch, wie oben beschrieben, zwangsweise in solche Situationen gebracht. Am Anfang hatte ich riesige Angst und Lampenfieber. Fragen Sie meine Frau, wie oft ich vor solchen Vorträgen meinen Unwillen kundgetan habe. Nach den Vorträgen war die Freude dafür umso größer und ich habe mich von Vortrag zu Vortrag gesteigert, bis hin zu einem Publikum von knapp 600 Zuhörern, was für mich zahlenmäßig vor knapp zwei Jahren noch undenkbar war.

Ich höre oft, dass jemand sagt: »Früher war ich relativ erfolglos, habe dann zehn Jahre sehr hart gearbeitet und es dann zu einem guten Einkommen, einem Mercedes, Reisen und allem, was man gerne hat, gebracht. Aber seit ein paar Jahren trete ich auf der Stelle.« Diese Person wundert sich demnach, warum sie sich seit Jahren nicht mehr verbessert.

Die Lösung für dieses Problem des Stagnierens ist im Grunde recht einfach: Dieser Mensch stellt sich keinen Herausforderungen mehr! Er ist bei der Kundengewinnung nicht mehr so bissig, er verhandelt nicht mehr so hart, er geht keine neuen Risiken mehr an, sucht keine größeren Probleme. Dadurch, dass er keine Herausforderungen mehr hat, gibt es nichts mehr, an dem er wachsen könnte. Das ist sein Dilemma. Man müsste ihm raten, dass er sich – auch wenn er es aus materieller Sicht nicht nötig hat – trotz allem überwindet und neue Aufgaben angeht. Ich suche mir regelmäßig neue Herausforderungen, sobald alles gut läuft. Denn erstens werden mir die laufenden Tätigkeiten nach einer Weile langweilig, sobald ich sie gut kann, und zweitens will ich mich weiterentwickeln. Das heißt konkret, dass ich mir seit Jahren immer eine schwerere Aufgabe, eine höhere Hürde suche, sobald ich eine Tätigkeit beherrsche.

Fragen Sie sich manchmal, wie es möglich ist, dass junge Leute im Sport oder in anderen Bereichen mit ihren nur 18, 19 oder 20 Jahren herausragende Leistungen erbringen, die wir nie schaffen würden. Ich meine damit Personen wie zum Beispiel junge Fußball-Bundesliga-Spieler oder junge Sängerinnen, die vor einem Millionenpublikum auftreten. Beide Gruppen erzielen für uns »normale« Menschen erstaunliche und oft nicht nachvollziehbare Leistungen.

Wie und weshalb schaffen diese Menschen das? Nun, die wichtigste Antwort auf diese Frage lautet: Sie stehen seit Jahren im harten Wettbewerb und haben dadurch erstaunliche Fähigkeiten entwickelt, die sie nicht hätten, wenn sie nicht immer so gefordert gewesen wären.

Das hier Beschriebene ist eine entscheidende Vorgehensweise, um neue Horizonte zu erreichen. Wenn Sie sich ständig neuen Herausforderungen stellten, würden Sie einen sagenhaften Aufstieg hinlegen und aus heutiger Sicht nahezu Unglaubliches erreichen.

Anwendung in Vorbereitung auf die Krise: Wir alle können viel mehr, und wir müssen, um das unter Beweis zu stellen, aus dem bequemen Wohlstandsmodus heraus. Die angewöhnte Trägheit und das Streben nach einem möglichst angenehmen und sorgenfreien Leben sind in Wirklichkeit fatal! Jetzt haben wir die Chance, uns *freiwillig* zu verbessern – oder wir werden später aus unseren Träumen gerissen und von der veränderten Realität hart getroffen werden. Dann werden Sie *gezwungen* sein, sich rasant einer Verbesserung zu unterziehen. Suchen Sie daher schon jetzt Herausforderungen und stellen Sie sich aktiv komplizierten Problemen.

Sie werden sehen: Es tut Ihnen gut, steigert Ihre Fähigkeiten und macht Sie fit für schwere Zeiten.

So stecken Sie Rückschläge problemlos weg

In den kommenden Krisenzeiten werden wir alle mit mehr Rückschlägen konfrontiert werden. Wir werden mehr unter Druck stehen, weshalb dann Rückschläge und Verluste umso mehr schmerzen werden. Daher stellt sich für fast jeden die Frage, wie man damit zurechtkommt.

Hier die Antwort in wenigen Sätzen:

Rückschläge stecken Sie dann leicht weg, wenn Sie erstens in Ihrem Leben in höherem Maße Erfolge verbuchen, und zweitens, wenn die Rückschläge Ihr Leben nicht wesentlich tangieren.

Trotz aller Umstände müssen Sie sehr darauf bedacht sein, in den wesentlichen Lebensbereichen möglichst oft zu gewinnen, um daraus mehr Lebensenergie zu ziehen, als die Rückschläge und Verluste Kraft kosten (siehe den Abschnitt »So steigern Sie Ihr Selbstvertrauen fortlaufend und werden immer sicherer«). Jeder Erfolg, das heißt alles, was Sie wunschgemäß erreichen, stellt einen Pluspunkt dar, der Ihnen Selbstsicherheit gibt und Sie stärkt. Wenn Ihre Erfolge deutlich größer sind als Ihre Verluste, dann gehen diese Rückschläge nahezu »schmerzfrei« unter. Im Leben funktioniert bekanntermaßen niemals alles reibungslos. Das Geschriebene trifft ganz besonders auf all jene Menschen zu, die aktiv sind und ständig neue Herausforderungen angehen.

Aber Sie können bereits jetzt eine Situation schaffen, in der Sie deutlich mehr persönliche Erfolge als Verluste einfahren, sodass Letztere nicht so sehr wirken und Sie nicht mehr beeindrucken. Falls Sie in einer komfortablen Position sind, weil im Wesentlichen alles gut läuft und Sie aufgrund Ihrer guten Vorsorge abgesichert sind, wiegt ein Rückschlag weniger schwer, als wenn Sie sowieso »aus dem vorletzten Loch pfeifen«.

Daher lautet der klare Vorsorgetipp: Arbeiten Sie mit Hochdruck daran, Ihre Lebensumstände so zu verbessern, dass Sie gut versorgt und sicher sind. Das Ziel muss es sein, eine stabile Basis zu schaffen, sodass Ihr Leben auch durch einen Einkommensrückgang, durch Versorgungsengpässe, Schäden an Ihrem Hab und Gut, Diebstähle, einen Unfall etc. nicht gleich aus den Fugen gerät. Dies ist ein wichtiger Baustein.

Schreiben Sie einmal im Monat – idealerweise am Monatsende – all Ihre positiven Erlebnisse der vergangenen Wochen auf und erleben Sie diese quasi nochmals. Das hört sich zwar einfach an, aber probieren Sie es aus und spüren Sie die Wirkung. Sie profitieren nochmals von der Freude, den Gefühlen, und schöpfen daraus Kraft und Zuversicht.

Überprüfen Sie Ihr gesamtes Leben. Wie stellt sich Ihr Familienumfeld dar? Ihre Wohnsituation? Das Arbeitsklima? Wie steht es um Ihre Fähigkeiten, in allen Bereichen des Lebens gute Ergebnisse zu erzielen? Sie erweitern beispielsweise Ihr Selbstvertrauen nicht, wenn Sie einen Chef haben, der Sie jeden Tag spüren lässt, wie unfähig Sie sind. Ebenso werden Sie keine persönliche Stärke aufbauen können, wenn Sie es nicht fertigbringen, ein harmonisches Zuhause zu schaffen. Sie sehen, um diese und andere Punkte gut zu meistern, bedarf es einer umfassenden Vorarbeit.

Sollten Sie Rückschläge einstecken müssen, so nehmen Sie diese nicht persönlich und stellen Sie sich nicht sofort in Frage. Viele Fehlschläge basieren nicht auf Ihrem Versagen. Wenn die Firma, bei der Sie sich beworben haben, sich für jemand anderen entschieden hat, bedeutet das nicht, dass Sie untauglich sind. Aber auch wenn Sie einen Fehler begangen haben, wird durch Selbstabwertung nichts besser. Sie können diesen Fehler im Nachhinein nicht mehr ändern. Ziehen Sie Ihre Lehren aus ihm und machen Sie es beim nächsten Mal besser. Gehen Sie auf jeden Fall gut und liebevoll mit sich um. Es bringt Ihnen nichts, wenn Sie Ihre Selbstsicherheit schwächen.

Sie glauben gar nicht, wie sehr sich die Beachtung dieses Punktes auf Ihr Selbstvertrauen und Ihre Zuversicht auswirken wird. Mit dieser Hausaufgabe werden Sie deutlich stabiler werden und können somit das Leben nach Ihren Vorstellungen gestalten.

QUELLENVERZEICHNIS

1 http://www.goldreporter.de/die-fed-ist-erstmals-groster-glaubiger-der-usa/news/3227/

2 *Der Spiegel,* 44/2010, S. 77

3 Die amerikanische *Fed* definiert die Geldmenge M3 wie folgt: Sämtliche US-Dollar-Barbestände in Banknoten und Münzen plus die laufenden USD-Girokontenbestände plus alle USD-Einlagenzertifikate (zum Beispiel US-Staatsanleihen) und alle USD-Geldmarkt-Kontenbestände unter 100 000 Dollar plus alle größeren Guthaben über 100 000 Dollar, unter anderem die Euro-Dollar-Reserven (auf USD lautende Bankeinlagen mit einer Laufzeit bis zu sechs Monaten, die bei Banken außerhalb der USA liegen), größere übertragbare USD-Wertpapierbestände und die Dollar-Devisenbestände der meisten nicht europäischen Länder. Die Europäische Zentralbank und die Schweizer Nationalbank definieren M3 auf andere Weise.

4 http://www.goldreporter.de/goldblog/index.php?rs_id=view&s=724#724

5 *Reuters; Welt am Sonntag* vom 07.11.2010

6 *Der Spiegel,* 44/10, S. 79 f.

7 *Handelsblatt* vom 07.04.2010

8 Quellen: *USA Today* vom 30.08.2010; *Bloomberg, Handelsblatt* vom 31.08.2010

9 *Handelsblatt* vom 21.12.2010

10 Quellen: *usgovernmentspending.com, Bloomberg, Thomson Reuters,* SIFMA, *Handelsblatt* vom 10.12.2010

11 *Handelsblatt* vom 02.09.2010

12 *Der Spiegel,* 44/2010, S. 72

13 Schätzung der US-Regierung, in: *Der Spiegel,* 44/2010, S. 75

14 http://finance.yahoo.com/tech-ticker vom 23.08.2010

15 Vgl.: http://zfacts.com/p/461.html; www.bundesfinanzministerium.de; *Le Monde diplomatique: Atlas der Globalisierung,* Berlin 2009, S. 63; *Der Spiegel,* 51/2009, S. 95; *Handelsblatt* vom 07.04.2010

16 http://www.wirtschaftsblatt.at/home/international/wirtschaftspolitik/441141/index.do?from=MoM

[17] http://www.wirtschaftsblatt.at/home/international/wirtschaftspolitik/446 095/index.do?from=MaM)

[18] http://www.wirtschaftsblatt.at/home/international/wirtschaftspolitik/453 518/index.do?from=MaM

[19] http://www.wirtschaftsblatt.at/home/international/wirtschaftspolitik/439 426/index.do?from=MoM; http://www.heise.de/tp/r4/artikel/33/33348/1.html

[20] http://www.focus.de/finanzen/boerse/staatsverschuldung-china-deckt-sich-mit-us-staatsanleihen-ein_aid_582023.html

[21] *Handelsblatt* vom 15.12.2010

[22] *Handelsblatt* vom 27.12.2010

[23] Die Wechselwirkung zwischen Löhnen und Inflation will ich am Beispiel Deutschland verdeutlichen: Arbeitslosigkeit, Wachstum und Inflation agieren in wechselseitigem Einfluss. Ist die Arbeitslosenquote niedrig, besteht eine Tendenz in Richtung einer steigenden Inflation. In Zeiten hoher Arbeitslosenquoten geht die Inflationsrate hingegen tendenziell zurück. Wichtig sind die Lage am Arbeitsmarkt und ganz entscheidend die Erwartungen hinsichtlich der Preisentwicklung. Diese Erwartung der Preissteigerungen bestimmt, welche Lohnsteigerungen vereinbart werden. Ausgehend von den Lohnverhandlungen legen die Unternehmen dann ihre Preise fest. Anders ausgedrückt: Die Veränderung der Preise (also die Inflationsrate) hängt von der erwarteten Preisentwicklung und der Lage am Arbeitsmarkt ab.

[24] http://www.wirtschaftsblatt.at/home/international/wirtschaftspolitik/431 717/index.do?from=MaM; http://www.wirtschaftsblatt.at/home/international/wirtschaftspolitik/chinas-bankenaufsicht-prueft-kreditvergabe-der-banken-430958/index.do?direct=431717&_vl_backlink=/home/internatio nal/wirtschaftspolitik/431717/index.do&selChannel=&_s_icmp=MzT; http://www.boerse-frankfurt.de/DE/index.aspx?pageID=44&NewsID=4511; *Focus-Money*, 30/2010

[25] Vgl.: Max Otte: *Die Krise hält sich nicht an Regeln*, Berlin 2010, S. 105

[26] Neuere Zahlen lagen bis zur Manuskriptabgabe nicht vor.

[27] *Handelsblatt* vom 06.10.2010

[28] http://www.wirtschaftsblatt.at/home/boerse/rohstoffe/453300/index.do? from=MaM

[29] http://www.boerse-go.de/nachricht/Moeglicher-Crash-in-Schwellenlaen der-koennte-Weltkonjunktur-bedrohen,a2275189.html

[30] *Handelsblatt* vom 06.12.2010

[31] *Wirtschaftswoche*, 18/2009, S. 108

[32] http://german.cri.cn/1565/2010/12/16/1s149110.htm; insgesamt hält China Devisenreserven im Volumen von 2648 Milliarden US-Dollar (*Handelsblatt* vom 27.12.2010).

33	*Handelsblatt* vom 22.12.2010
34	*Handelsblatt* vom 29.10.2009
35	Dieser Text ist eine freie Übersetzung von Sean O'Gradys Essay *The day the Euro died* (Quelle: http://www.independent.co.uk/news/business/analy sis-and-features/the-day-the-euro-died-2146288.html)
36	*Handelsblatt* vom 10.02.2010
37	Quelle: *Thomson Reuters*, in: Thomas-Bernd Ramb, *Der Zusammenbruch unserer Währung*, Hamburg 2010, S. 104
38	Thomas-Bernd Ramb, a. a. O., S. 107
39	*Handelsblatt* vom 09.12.2009 und 22.12.2009
40	*Handelsblatt* vom 10.12.2009
41	*Handelsblatt* vom 09.12.2009
42	*Handelsblatt* vom 09.12.2009
43	http://www.sueddeutsche.de/wirtschaft/556/493898/text/
44	http://www.sueddeutsche.de/wirtschaft/556/493898/text/
45	*Der Spiegel*, 50/2009, S. 85
46	*Handelsblatt* vom 11.01.2010
47	Andere Zahlen gehen von 7,9 Milliarden aus, vgl.: »Forderungen gegenüber im Fokus stehenden Ländern reduziert« (Bilanzpressekonferenz vom 26.03.2010)
48	*Handelsblatt* vom 22.02.2010; *Der Spiegel*, 8/2010; Bundesbank, Stand: Dezember 2009
49	*Handelsblatt* vom 30.11.2010
50	*Welt am Sonntag* vom 25.04.2010
51	http://www.wirtschaftsblatt.at/home/international/wirtschaftspolitik/436 893/index.do?from=MoM
52	*Handelsblatt* vom 30.11.2010
53	*Handelsblatt* vom 16.12.2010
54	http://www.zeit.de/2009/10/Irland
55	*Handelsblatt* vom 02.12.2009
56	*Handelsblatt* vom 10.12.2009
57	http://www.irishtimes.com/newspaper/frontpage/2010/0826/12242776116 93.html; http://www.faz.net/s/Rub58241E4DF1B149538ABC24D0E82 A6266/Doc~E8960AD70D8554D;3A9CA745D7429733B8~ATpl~Ecom mon~Scontent.html
58	http://www.welt.de/newsticker/dpa_nt/infoline_nt/wirtschaft_nt/article 977 4800/Erleichterung-in-Irland-Staatsanleihen-platziert.html; *Handelsblatt* vom 22.09.2010
59	*Handelsblatt* vom 28.10.2010
60	Stresstest europäische Aufsicht CEBS (Stand: Juli 2010); BIZ; *Handelsblatt* vom 18.11.2010; *Welt.de*; *Wirtschaftsblatt.de*

[61] http://www.wirtschaftsblatt.at/home/international/wirtschaftspolitik/euro-schutzschirm-irland-erhaelt-85-milliarden-449060/index.do?_vl_pos=r.3.MOST

[62] http://www.wirtschaftsblatt.at/home/international/wirtschaftspolitik/449075/index.do?from=MoM; *Handelsblatt* vom 29.11.2010; *Pro aurum*, Marktkommentar vom 03.12.10

[63] *Handelsblatt* vom 10.12.2010

[64] *Handelsblatt* vom 10.12.2010

[65] *Handelsblatt* vom 16.12.2010

[66] http://www.welt.de/aktuell/article11689103/Moodys-senkt-Irland-Rating-um-fuenf-Noten.html

[67] *Handelsblatt* vom 20.12.2010

[68] *Handelsblatt* vom 21.12.2010

[69] *Handelsblatt* vom 07./08.01.2011

[70] http://www.wirtschaftsblatt.at/home/international/wirtschaftspolitik/portugals-zentralbank-warnt-vor-grossen-risiken-fuer-banken-449342/index.do?_vl_pos=r.1.NT

[71] *Handelsblatt* vom 02.12.2010

[72] *Handelsblatt* vom 28.04.2010

[73] *Handelsblatt*vom 18.11.2010 und 23.11.2010

[74] *Handelsblatt* vom 02.12.2010

[75] *Handelsblatt* vom 22.12.2010

[76] *Handelsblatt* vom 27.12.2010

[77] *Handelsblatt* vom 23/24.12.2010

[78] *Welt am Sonntag* vom 09.01.2011

[79] *The Economist* vom 12. September 2009

[80] *Handelsblatt* vom 21.12.2010

[81] *Boerse.Go.de*; Ende Mai 2010 hatten bereits die Ratingagenturen *Standard Poor's* und *Fitch* die Kreditwürdigkeit Madrids heruntergestuft.

[82] *Handelsblatt* vom 02.12.2010

[83] *Handelsblatt* vom 17.03.2010

[84] *Handelsblatt* vom 21.12.2010

[85] http://www.wirtschaftsblatt.at/home/international/wirtschaftspolitik/449557/index.do?from=MaM

[86] *Handelsblatt* vom 29.11.2010

[87] *Handelsblatt* vom 02.12.2010

[88] *Handelsblatt* vom 16.12.2010

[89] Michael Grandt: »Europa-Crash: Erster EU-Mitgliedsstaat stand kurz vor dem Bankrott« (http://info.kopp-verlag.de/news/europa-crash-erster-eu-mitgliedsstaat-stand-kurz-vor-dem-bankrott.html)

90   http://www.balaton-zeitung.info/Nachrichten/Experten-Ungarn-am-Ran
        de-des-Staatsbankrotts

91   http://www.nzz.ch/nachrichten/politik/international/ungarn_rentenklau_
        rentenversicherung_verstaatlichung_1.8667486.html

92   http://www.gmx.net/themen/schweiz/wirtschaft/8272756-ratingagentur-
        senkt-bonitaets-einschaetzung-von-ungarn-und-portugal

93   http://www.wirtschaftsblatt.at/home/international/osteuropa/450195/
        index.do?from=MaM

94   *Wirtschaftsblatt online* vom 15.11.2010; *Handelsblatt* vom 29.11.2010

95   *Handelsblatt* vom 15.12.2010

96   *Welt am Sonntag* vom 28.12.2010

97   Quelle: *Bloomberg*, in: *Der Spiegel*, 49/2010, S. 82; *Handelsblatt* vom
        07.12.2010

98   In Europa wurden Staatsanleihen mit einem Gesamtvolumen in Höhe von
        5,2 Billionen Euro begeben, in den USA von 7,7 Billionen. Die EZB
        kaufte bis Ende 2010 Anleihen im Wert von 69 Milliarden Euro auf, die
        US-Notenbank *Fed* Anleihen im Wert von 900 Milliarden Euro (Quellen:
        BIS, *Fed*, EZB, *Handelsblatt* vom 03.12.2010)

99   PIIGS-Staaten = Portugal, Italien, Irland, Griechenland, Spanien

100   Vgl. *Handelsblatt* vom 03.12.2010

101   *Handelsblatt* vom 03.12.2010

102   *Handelsblatt* vom 07.12.2010

103   *Handelsblatt* vom 03.12.2010

104   Halbjahresbericht der EZB zur Finanzstabilität, vorgestellt im Dezember
        2010, in: *Handelsblatt* vom 10.12.2010

105   *Handelsblatt* vom 06.12.2010

106   Vgl.: *Handelsblatt* vom 19.05.2010

107   Bruno Bandulet: *Die letzten Tage des Euro*, Rottenburg 2010, S. 49

108   Max Otte: *Die Krise hält sich nicht an Regeln*, a. a. O., S. 91 f.

109   Bruno Bandulet beschreibt dies ab Seite 57.

110   Max Otto: *Die Krise hält sich nicht an Regeln*, a. a. O., S. 91

111   Der Brief ist vom 11. Juni 2010 (Archiv Grandt).

112   *Handelsblatt* vom 08.06.2010

113   *Handelsblatt* vom 08.06.2010

114   *Handelsblatt* vom 17.12.2010 und 27.12.2010

115   *Handelsblatt* vom 07.12.2010

116   *Handelsblatt* vom 09.12.2010

117   *Handelsblatt* vom 09.12.2010

[118] http://www.dr-hankel.de/danksagung-an-die-spender-und-stand-der-klage
[119] *Handelsblatt* vom 28.12.2010
[120] *Financial Times Deutschland* vom 14.12.2010, http://boersenradar.t-onli ne.de/Aktuell/Boerse/Kapitalaufstockung-EZB-muss-Euro-Staaten-an pumpen-24133614.html

[121] Quelle: EZB, in: *Handelsblatt* vom 15.12.2010
[122] *Handelsblatt* vom 17.12.2010
[123] Quelle: *Handelsblatt* vom 25.05.10
[124] Prognose der EU-Kommission, in: *Der Spiegel*, 18/2010, S. 61
[125] *Welt am Sonntag* vom 28.11.2010

[126] http://www.nytimes.com/interactive/2010/05/02/weekinreview/02 marsh.html
[127] *Handelsblatt* vom 29.11.2010
[128] Stand Oktober 2010, neuere Zahlen sind noch nicht veröffentlicht.
[129] *Handelsblatt* vom 02.12.2010
[130] Quelle: *Barclays Capital*, in: *Welt am Sonntag* vom 05.12.2010

[131] Zahlen der Bank für Internationalen Zahlungsausgleich (BIZ), in: *Handelsblatt* vom 13.12.2010
[132] Stabilitätsbericht der *Bank of England*, Dezember 2010, in: *Handelsblatt* vom 20.12.2010
[133] Am 30.06.2010 wollte die EZB 55 Milliarden Euro abschöpfen, aber nur 31,8 Milliarden wurden wieder eingesammelt; Ende 2010 sollten das 73,5 Milliarden Euro sein, tatsächlich konnte sie nur 60,78 Milliarden aus dem Bankensystem nehmen (vgl.: *Handelsblatt* vom 29.12.2010)
[134] *Handelsblatt* vom 19.11.2010
[135] *Bloomberg*; *Welt am Sonntag* vom 28.11.2010; EU-Kommission

[136] *Bloomberg*; *Welt am Sonntag* vom 28.11.2010; EU-Kommission
[137] http://www.ecb.int/press/pr/date/2009/html/pr090101_1.de.html
[138] http://www.bpb.de/themen/OK84FM,0,0,G20_vereinbaren_IWFReform. html; http://www.n-tv.de/wirtschaft/Chinas-Anteil-waechst-article19257 11.html; http://www.bundesbank.de/download/volkswirtschaft/mba/2010/ 201003mba_iwf.pdf; http://magazin.am-finanzplatz.de/aktuelles/stimm rechte-bei-iwf-und-weltbank-chinas-einfluss-waechst-2844; http://www. eu-info.de/euro-waehrungsunion/5009/5251/5261/; http://www.imf.org/ external/np/sec/memdir/members.htm#g; http://www.faz.net/s/Rub5824 1E4DF1B149538ABC24D0E82A6266/Doc~E623D7A4E387140CF83 E583B83773F687~ATpl~Ecommon~Scontent.html
[139] http://www.imf.org/external/np/exr/facts/gabnab.htm
[140] http://ec.europa.eu/budget/library/publications/fin_reports/fin_report_ 08_de.pdf; http://www.faz.net/s/Rub0E9EEF84AC1E4A389A8DC6C23

161FE44/Doc~E74AEDA96748148298CA13BEB9EE24EA7~ATpl~
Ecommon~Scontent.html; http://www.oe24.at/oesterreich/politik/EU-kos
tet-uns-schon-432-Mio-Euro/3607132

[141] http://www.wiwo.de/finanzen/euro-retter-deutschland-im-schuldensog-449099/
[142] Thomas Helfrich in: Max Otte: *Die Krise hält sich nicht an Regeln*, Berlin 2010, S. 144
[143] Janne Jörg Kipp, Rolf Morrien: *Staatsbankrott voraus*, München 2010, S. 36
[144] Quellen: *Federal Reserve Flow of Funds*, *Haver Analytics*, *McKinsey Global Institute*, in: Janne Jörg Kipp, Rolf Morrien, a. a. O., S. 50, Stand: 2009. Neuere Zahlen sind noch nicht veröffentlicht.
[145] Janne Jörg Kipp, Rolf Morrien, a. a. O., S. 53

[146] http://www.steuerzahler.de/Verschuldung/1233b477/index.html
[147] Quellen: Bund der Steuerzahler sowie Statistisches Bundesamt; ebenso Schätzungen des Instituts für Weltwirtschaft, in: *Handelsblatt* vom 17.12.2010
[148] *Handelsblatt* vom 17.12.2010
[149] http://www.bundesfinanzministerium.de/nn_88474/DE/BMF__Startseite/ Aktuelles/Monatsbericht__des__BMF/2009/11/statistiken-und-dokumen tationen/01-finanzwirtschaftliche-entwicklung/tabellen/Tabelle__ S15.html; http://www.bundesfinanzministerium.de/nn_101614/DE/BM F__Startseite/Aktuelles/Monatsbericht__des__BMF/2010/08/statistiken- und-dokumentationen/01-finanzwirtschaftliche-entwicklung/tabellen/ Tabelle__S15.html
[150] Hierbei handelt es sich um Prognosen des Instituts für Wirtschaftsforschung (IWH).

[151] *Handelsblatt* vom 06.04.2010
[152] Prof. Dr. Bernd-Thomas Ramb: *Vor der nächsten Währungsreform*, Hamburg 2010, S. 38
[153] Sachverständigenrat: Jahresgutachten 2003/2004, veröffentlicht am 12.11.2003, Abschnitt 445; eine neuere Aussage dazu gibt es noch nicht.
[154] Ohne Schuldzins
[155] *Handelsblatt* vom 06.04.2010

[156] http://www.wirtschaftsblatt.at/home/international/wirtschaftspolitik/ deutschland-hat-die-hoechsten-schulden—449625/index.do?_vl_back link=/home/index.do&_vl_pos=10.1.DT
[157] *Handelsblatt* vom 09.12.2010
[158] Bernd-Thomas Ramb: *Der Zusammenbruch unserer Währung*, Hamburg 2010, S. 24

159	*Handelsblatt* vom 09.12.2010
160	*Welt am Sonntag* vom 05.12.2010
161	*Handelsblatt* vom 05.11.2010
162	*Handelsblatt* vom 27.12.2010
163	http://www.wiwo.de/unternehmen-maerkte/wo-die-milliarden-verschwen det-sind-447320/
164	*Der Spiegel*, 5/2009, S. 51
165	*Der Spiegel*, 18/2009, S. 19

166	*Der Spiegel*, 10/2009, S. 75
167	Alexander Dill: *Der große Raubzug*, München 2009, S. 9ff
168	*Der Spiegel*, 5/2009, S. 51
169	*Handelsblatt* vom 24.06.2010
170	*Handelsblatt* vom 06.04.2010

171	*Handelsblatt* vom 23.04.2010
172	Über die Sicherheit von Rentenfonds, Lebensversicherungen, Versorgungswerken und Betriebsrenten ausführlich in meinem Buch: *Der Crash der Lebensversicherungen*, Rottenburg 2009
173	*Handelsblatt* vom 16.08.2010
174	Quelle: Bundesfinanzministerium, Bundesbank, in: Bernd-Thomas Ramb, a. a. O., S. 41
175	Studie des Deutschen Instituts für Altersvorsorge (DIA), Juni 2010

176	Alexander Dill, a. a. O., S. 205
177	http://www.wiwo.de/politik/bundestag-beschliesst-rentenschutzklausel-400700/
178	http://www.bundesfinanzministerium.de/nn_88474/DE/BMF__Startseite/ Aktuelles/Monatsbericht__des__BMF/2009/11/statistiken-und-dokumen tationen/01-finanzwirtschaftliche-entwicklung/tabellen/Tabelle
179	*Handelsblatt* vom 16.08.2010
180	Zahlen des Statistischen Bundesamtes, Versorgungsempfänger des öffentlichen Dienstes

181	Bernd-Thomas Ramb, a. a.O., S. 40
182	Alexander Dill, a. a. O., S. 202
183	http://www.steuerzahler.de/Verschuldung/7688c8973i1p477/index.html
184	*Welt am Sonntag* vom 09.01.2011
185	http://www.sozialgesetzbuch.de/gesetze/05/index.php?norm_ID=0500200

186	Institut für sozial-ökologische Wirtschaftsforschung (isw)
187	Siehe Bericht aus Berlin, Schreiben von Judith Skudelny (MdB), FDP, vom 27.12.2010 (Archiv Grandt)
188	http://www.bundesfinanzministerium.de/nn_88474/DE/BMF__Startseite/ Aktuelles/Monatsbericht__des__BMF/2009/11/statistiken-und-doku

mentationen/01-finanzwirtschaftliche-entwicklung/tabellen/Tabelle;
http://www.bundesfinanzministerium.de/nn_118418/DE/BMF__Startseite/
Aktuelles/Monatsbericht__des__BMF/2010/12/statistiken-und-dokumen
tationen/01-finanzwirtschaftliche-entwicklung/tabellen/Tabelle__S05.html

[189] Kinderlose ab dem 23. Lebensjahr: 2,2 Prozent

[190] Alexander Dill, a. a. O., S. 100

[191] Berechnungen über das Jahr 2008 hinaus sind noch nicht veröffentlicht.

[192] Quelle: Einkommens- und Verbrauchsstichprobe des Statistischen Bundesamtes (*Handelsblatt* vom 09.12.2010)

[193] Das ist nicht gegen Kinder gerichtet, sondern lediglich eine Tatsache. Dass
die Kinder später unsere Renten bezahlen, ist ebenfalls eine Mär, denn ein
großer Teil der Rentenauszahlungen kommt bereits vom Steuerzahler,
zudem finden immer weniger »Kinder« später einen Job, sind also auch
dann vom Steuerzahler abhängig.

[194] Bernd-Thomas Ramb, a. a. O., S. 117 f.

[195] *Handelsblatt* vom 01.11.10

[196] *Handelsblatt* vom 14.07.2010

[197] http://derstandard.at/1287099564884/EZB-Chefvolkswirt-Stark-Krise-ist-
nicht-vorueber; http://www.spiegel.de/wirtschaft/soziales/0,1518,7243
66,00.html; http://www.handelsblatt.com/finanzen/anleihen/experten-
fuerchten-staatspleiten-ein-pflaster-auf-dem-krebsgeschwuer;2676737;
Welt am Sonntag vom 24.10.2010; *Handelsblatt* vom 21.10.2010

[198] In meinem Buch *Der Staatsbankrott kommt!* beschreibe ich diese Szenarien ausführlich.

[199] Das hat auch Hans-Werner Sinn, der Leiter des renommierten Münchner
ifo-Instituts, prognostiziert (http://www.cesifo-group.de/portal/page/portal/
ifoHome/B-politik/20echointerv/_echointerv?item_link=ifointerview-
kurier-11-03-10.htm).

[200] http://www.presseurop.eu/en/content/article/349201-europe-revolts-
against-cuts

[201] http://www.dailymail.co.uk/news/article-1343890/Britain-Neet-capital-
Western-Europe-Romanian-youth-likely-work.html

[202] http://www.news.at/articles/0808/35/197941/oecd-studie-migration-
bildung-anteil-akademiker-migranten

[203] http://www.faz.net/s/Rub7FC5BF30C45B402F96E964EF8CE790E1/Doc~
EBB51B9167CC944D083C27BBD7BBF6548~ATpl~Ecommon~Scontent.html

[204] http://www.psychologie-aktuell.com/shop/einzelansicht.html?tx_ttproducts
_pi1[backPID]=79&tx_ttproducts_pi1[product]=159&cHash=87dbc3f903;
http://www.psychologie-aktuell.com/news/aktuelle-news-psychologie/
news-lesen/article/2010/05/18/1274164965-fast-ein-fuenftel-der-bevoel
kerung-gewaltbereit-vorwiegend-deutsch-tuerken-und-arbeitslose.html

[205] http://www.spiegel.de/schulspiegel/0,1518,408803,00.html

[206] http://www.bild.de/BILD/politik/2010/11/23/migranten-und-hartz-iv/tabelle-verweis,property=Download.jpg und http://www.bild.de/BILD/politik/2010/11/23/migranten-und-hartz-iv/statistik-90-prozent-der-libanesen-kriegen-geld-vom-amt.html; http://www.focus.de/fotos/der-hartz-iv-anteil-liegt-mit-90-prozent-bei-libanesen-am-hoechsten_mid_788515.html

[207] *Die Zeit* vom 5. August 1958

[208] Siehe etwa http://www.dailymail.co.uk/news/worldnews/article-1286480/EU-chief-warns-democracy-disappear-Greece-Spain-Portugal.html

[209] http://www.euractiv.de/finanzplatz-europa/artikel/eurozone-gefahr-des-chaotischen-zerfalls-003993

[210] http://www.tagesanzeiger.ch/schweiz/standard/Schweizer-Armee-fuerchtet-Unruhen-in-Europa/story/14410180

[211] http://www.20min.ch/news/schweiz/story/30958355; http://www.tagesschau.sf.tv/Nachrichten/Archiv/2010/03/14/Schweiz/Armeechef-warnt-vor-Migrationsstroemen-aus-Griechenland

[212] http://www.ndr.de/regional/niedersachsen/schuenemann155.html

[213] http://www.welt.de/politik/deutschland/article11794556/Verfassungsrichter-fuer-Bundeswehreinsatz-im-Innern.html

[214] http://www.abendblatt.de/hamburg/article1738891/Ahlhaus-fordert-schaerfere-Sicherheitsgesetze.html

[215] http://www.globalresearch.ca/index.php?context=va&aid=18545

[216] Siehe etwa http://www.wiwo.de/unternehmen-maerkte/deutschen-banken-droht-milliardendesaster-in-osteuropa-388946/

[217] http://derstandard.at/1285042325887/Faule-Kredite-Osteuropa-steht-das-Schlimmste-noch-bevor

[218] http://derstandard.at/1289608695744/Fremdwaehrungskredite-Kartenhaus-aus-Euro-Franken-und-Yen-wackelt

[219] http://derstandard.at/1289608695744/Fremdwaehrungskredite-Kartenhaus-aus-Euro-Franken-und-Yen-wackelt

[220] http://www.nrhz.de/flyer/beitrag.php?id=13926

[221] Zitiert nach http://derstandard.at/1289608695744/Fremdwaehrungskredite-Kartenhaus-aus-Euro-Franken-und-Yen-wackelt

[222] http://www.telegraph.co.uk/finance/economics/8036438/Global-employment-crisis-will-stir-social-unrest-warns-UN-agency.html

[223] http://www.drs.ch/www/de/drs/nachrichten/nachrichtenticker/oid.f995258cfa7baf5ced0958ee5bebbfa8.html?s=in; http://www.stern.de/news2/aktuell/kunden-von-anglo-irish-bank-ziehen-massenweise-gelder-ab-1625786.html

[224] http://www.n-tv.de/wirtschaft/Irlands-Probleme-wachsen-article1972646.html

225 Zitiert nach http://www.20min.ch/finance/news/story/-Der-Euro-ist-laengerfristig-kaum-haltbar—23854237

226 Zitiert nach http://www.20min.ch/finance/news/story/-Der-Euro-ist-laengerfristig-kaum-haltbar—23854237

227 Zitiert nach http://www.abendzeitung.de/az-aktuell/57807 und auch nach http://www.spiegel.de/wirtschaft/0,1518,582305,00.html

228 http://www.dw-world.de/dw/article/0,,6161770,00.html

229 Die Staatsverschuldung der USA ist erheblich höher. Siehe http://derstandard.at/1271378094464/-13050826000000—US-Staatsschulden-ueber-13-Billionen-Dollar und http://www.welt.de/wirtschaft/article6054191/USA-machen-1-6-Billionen-Dollar-neue-Schulden.html

230 http://www.dutchnews.nl/news/archives/2010/12/calling_for_a_run_on_a_bank_to.php

231 http://diepresse.com/home/wirtschaft/international/616560/Juncker-und-Rehn-kritisieren-Aufruf-zum-Bankrun?from=suche.intern.portal

232 Siehe etwa http://www.webarchiv-server.de/pin/archiv10/2020100522paz26.htm und http://diepresse.com/home/wirtschaft/international/564567/Regierung-arbeitet-an-GriechenlandGesetz

233 http://de.wikipedia.org/wiki/Celler_Trialog

234 Zitiert nach http://cellertrialog.blogsport.de/buendnis-gegen-den-celler-trialog-militarismus-und-krieg/flugblatt-commerzbank-krieg/ und zudem http://www.frankfurter-info.org/Nachrichten/der-schwarze-freitag-anti-militaristischer/?searchterm=linksnavigator

235 http://de.wikipedia.org/wiki/Russlandkrise

236 http://de.wikipedia.org/wiki/Argentinien-Krise

237 http://www.focus.de/finanzen/news/argentinien-staat-verleibt-sich-renten kassen-ein_aid_350168.html

238 http://www.faz.net/s/RubD16E1F55D21144C4AE3F9DDF52B6E1D9/Doc~E13C41133501C4AC8ACBF3378D046D139~ATpl~Ecommon~Scontent.html

239 http://www.bild.de/BILD/politik/wirtschaft/2010/02/25/schuldenkrise-griechenland/finanzminister-plant-bargeld-verbot.html

240 http://www.stuttgarter-zeitung.de/stz/page/2074194_0_9223_-in-hollands-supermaerkten-ist-bares-verpoent.html

241 Siehe http://www.nzz.ch/nachrichten/politik/schweiz/was_darf_ein_jahr_leben_kosten_1.8837417.html

242 http://www.manager-magazin.de/politik/artikel/0,2828,717674,00.html

243 http://www.welt.de/print-wams/article128252/Krankenkassen_muessen_fuer_Eltern_von_Auslaendern_in_deren_Heimat_zahlen.html

244 Siehe http://www.bild.de/BILD/politik/2010/11/23/migranten-und-hartz-iv/tabelle-verweis,property=Download.jpg und http://www.bild.de/BILD/

245 politik/2010/11/23/migranten-und-hartz-iv/statistik-90-prozent-der-libanesen-kriegen-geld-vom-amt.html und http://www.focus.de/fotos/der-hartz-iv-anteil-liegt-mit-90-prozent-bei-libanesen-am-hoechsten_mid_788515.html

245 http://www.faz.net/s/Rub9B4326FE2669456BAC0CF17E0C7E9105/Doc~E9F1ABBF98E934840B59647644EC14C0A~ATpl~Ecommon~Scontent.html

246 http://www.bild.de/BILD/regional/bremen/aktuell/2010/11/29/miris-kassieren/so-viel-vom-staat-libanesische-clan-illegal-drogengeschaefte.html

247 http://www.welt.de/print/wams/wirtschaft/article10919935/Abgefunden-mit-Schmarotzertum.html

248 http://www.spiegel.de/politik/deutschland/0,1518,715751,00.html

249 http://www.youtube.com/watch?v=1aTOgcykbdk

250 http://www.achgut.com/dadgdx/index.php/dadgd/article/umfragen_sarrazin_hat_bessere_werte_als_alle_parteien/

251 http://archiv.mopo.de/archiv/2009/20091102/hamburg/panorama/in_hamburg_drohen_unruhen.html

252 Zitiert nach http://www.turkishpress.de/2011/01/05/fdpt-freiheitlich-demokratische-partei-tuerkland/id2896?page=1 abgerufen am 5. Januar 2011

253 Zitiert nach http://www.turkishpress.de/2011/01/05/fdpt-freiheitlich-demokratische-partei-tuerkland/id2896?page=1 abgerufen am 5. Januar 2011

254 http://www.turkishpress.de/faq/wieso-generation-zukunft-ev

255 http://www.turkishpress.de/2011/01/05/fdpt-freiheitlich-demokratische-partei-tuerkland/id2896?page=1

256 Zitiert nach http://www.bundesregierung.de/nn_1514/Content/DE/Bulletin/2010/12/127-2-bmas-bt.html

257 http://www.spiegel.de/wirtschaft/unternehmen/0,1518,717919,00.html

258 http://www.stuttgarter-nachrichten.de/inhalt.zuwanderung-region-gehen-die-arbeitskraefte-aus.332d47fc-32aa-420d-8d85-42c227e65111.html

259 Siehe http://www.welt.de/print/welt_kompakt/print_politik/article11855506/Bund-nimmt-deutlich-weniger-LKW-Maut-ein.html und ebenfalls http://www.finanzen.net/nachricht/aktien/Bund-erzielt-300-Mio-EUR-weniger-Mauteinnahmen-als-geplant-993009

260 http://www.handelsblatt.com/unternehmen/industrie/strukturwandel-viele-werften-kaempfen-um-die-existenz;2720125

261 http://www.mt-online.de/lokales/wirtschaft/4115949_Jobwunder_zieht_auch_in_NRW.html

262 http://www.ftd.de/politik/deutschland/:arbeitsplatzabbau-industrie jobwunder-entpuppt-sich-als-maerchen/50211097.html

263 http://www.ftd.de/finanzen/maerkte/marktberichte/:das-kapital-die-lage-ist-nicht-halb-so-gut-wie-die-stimmung/50212126.html

264 http://www.ftd.de/politik/deutschland/:arbeitsplatzabbau-industriejobwun
der-entpuppt-sich-als-maerchen/50211097.html

265 http://www.welt.de/vermischtes/article4440133/Das-Gefuehlschaos-der-
tuerkischen-Vaeter.html#article_reportComment

266 Siehe http://diepresse.com/home/politik/innenpolitik/564355/index.do?
from=gl.home_politik und beispielsweise für Belgien http://www.gva.be/
nieuws/binnenland/aid927368/allochtone-bejaarden-vinden-hulpver
lening-niet.aspx

267 http://www.handelsblatt.com/politik/deutschland/superwahljahr-merkels-
koalition-droht-ein-schmerzhafter-abschied;2721215

268 Siehe etwa http://www.google.com/hostednews/afp/article/ALeqM5hTQ
3u FMixcyYMmhbMg0GxTgX4K_g?docId= CNG.f4ca622f81bc044
83330f14767f3408a.271 und http://www.sueddeutsche.de/karriere/trend-
zum-nebenjob-doppelt-gearbeitet-haelt-besser-1.1038521

269 Zitiert nach http://www.freies-wort.de/nachrichten/thueringen/wirtschaft
fwstz/art2520,1309680

270 Zitiert nach http://www.noz.de/lokales/50306475/neuanfang-fuer-ex-
karmann-bei-volkswagen-in-osnabrueck

271 http://www.tagesschau.de/wirtschaft/euagrarsubventionen100.html

272 http://www.proplanta.de/Agrar-Nachrichten/Agrarpolitik/EU-Kommis
sion-genehmigt-befristete-Beihilfen-in-Hoehe-von-bis-zu-15-000-EUR-
fuer-Landwirte-in-Slowenien_article1291692574.html

273 Siehe http://www.proplanta.de/Agrar-Nachrichten/Agrarpolitik/Weniger-
Agrarsubventionen-fuer-deutsche-Bauern_article1290082492.html

274 http://www.martin-haeusling.de/index.php?option=com_content&view=
article&id=79:agrarsubventionen-nicht-nur-fuer-bauern-dtwelle-010610&
catid=10:videos&Itemid=66

275 Siehe etwa http://www.fr-online.de/rhein-main/offenbach/entlassungen-
bei-der-awo/-/1472856/5030640/-/index.html

276 http://www.ovb-online.de/chiemgau/entlassungen-drohen-1029546.html

277 http://www.jungewelt.de/2010/12-08/009.php; http://www.fr-online.de/
wirtschaft/gew—berlitz-will-lehrer-feuern/-/1472780/4903838/-/
index.html

278 http://www.swp.de/geislingen/lokales/geislingen/art5573,763300

279 http://www.marktundmittelstand.de/portal/entwickeln/1785/optimismus-
pur/

280 http://www.welt.de/print/die_welt/politik/article11756657/Deutsche-wer
den-zum-Volk-von-Optimisten.html

281 http://www.abendblatt.de/incoming/article1735252/Wutbuerger-loest-die-
Abwrackpraemie-ab.html; http://www.spiegel.de/spiegel/print/d-74184
564.html

322

[282] Siehe http://www.focus.de/politik/weitere-meldungen/paketbombe-im-kanzleramt-linke-gruppe-aus-griechenland-bekennt-sich-zu-versuchten-anschlaegen_aid_575835.html und http://www.rp-online.de/panorama/Militante-griechische-Gruppe-bekennt-sich_aid_934801.html

[283] http://www.blick.ch/news/ausland/griechen-schlagen-ex-minister-blutig-162767

[284] Zitiert nach http://diepresse.com/home/politik/aussenpolitik/618677/Krawalle-in-Athen_Demonstranten-greifen-ExMinister-an?_vl_backlink=/home/index.do

[285] http://www.youtube.com/watch?v=qIMKafZLYF8

[286] http://www.heise.de/tp/r4/artikel/33/33863/1.html

[287] http://diepresse.com/home/politik/aussenpolitik/621920/Athen_BombenExplosion-erschuettert-Stadtzentrum?_vl_backlink=/home/politik/611111/index.do&direct=611111

[288] http://diepresse.com/home/politik/aussenpolitik/622269/Athen-plant-Baueines-Grenzzauns-zur-Tuerkei?_vl_backlink=/home/index.do

[289] http://www.nzz.ch/nachrichten/politik/international/polizei_loest_zeltlager_in_athen_auf_1.8908689.html

[290] Siehe http://www.n-tv.de/mediathek/bilderserien/politik/Londons-Studenten-toben-vor-Wut-article2119321.html und http://newsticker.welt.de/index.php?channel=new&frame=0&time=1292079568&module=dpa&id=27696784 sowie http://www.spiegel.de/politik/ausland/0,1518,733947,00.html

[291] http://www.dailymail.co.uk/news/article-1340826/Tuition-fees-riots-Met-Police-suffered-worst-violence-30-years.html

[292] http://www.telegraph.co.uk/news/uknews/crime/8201906/Police-may-ban-future-marches-to-prevent-disorder.html

[293] http://www.dailymail.co.uk/news/article-1343340/Two-guards-Ford-prison-500-inmates-2m-New-Years-Day-riot.html

[294] http://diepresse.com/home/politik/aussenpolitik/618805/Rom-unter-Schock_Das-ist-wie-im-Buergerkrieg?from=gl.home_politik

[295] http://www.google.com/hostednews/afp/article/ALeqM5jdcVnfP0rfzkw0_akYb541jFWEHQ?docId=CNG.0b5d37796e96603b00784050158dcf01.921

[296] http://www.tagesanzeiger.ch/ausland/europa/Italienische-Studentenproteste-arten-in-Strassenschlachten-aus/story/26654571

[297] Siehe etwa http://www.ville.gouv.fr/?Les-rapports-de-l-Observatoire

[298] http://www.lemonde.fr/societe/article/2010/12/15/quartiers-sensibles-43-des-hommes-jeunes-sont-au-chomage_1453610_3224.html

[299] http://www.20min.ch/news/ausland/story/Wenn-in-Frankreich-die-Autos-brennen-18434605

[300] Zitiert nach http://www.20min.ch/news/ausland/story/Wenn-in-Frankreich-die-Autos-brennen-18434605

301 http://www.tagesanzeiger.ch/ausland/europa/Randalierer-schossen-auf-die-Polizei/story/16811803

302 http://de.euronews.net/2010/10/15/zusammenstoesse-zwischen-polizei-und-schuelern/

303 http://www.n-tv.de/politik/Frankreich-auf-dem-Trockenen-article1778321.html

304 http://www.heute.de/ZDFheute/inhalt/18/0,3672,8121650,00.html

305 http://orf.at/stories/2032281/

306 http://www.swp.de/ulm/nachrichten/politik/Wut-in-Europa-Generalstreik-in-Spanien-Proteste-in-Bruessel;art1157828,651611

307 http://www.wsws.org/de/2010/dez2010/ruma-d21.shtml

308 Siehe dazu http://www.zeit.de/news-122010/19/iptc-bdt-20101219-351-27826804xml und http://www.swp.de/ulm/nachrichten/politik/Unruhen-an-der-Moskwa;art4306,768023 und http://www.russia-ic.com/business_law/in_depth/1239/ sowie http://themoscownews.com/local/20101220/188293346.html?referfrommn

309 http://www.tt.com/csp/cms/sites/tt/Nachrichten/1933737-2/moskaus-polizeichef-stellt-b%C3%BCrgerrechte-infrage.csp

310 http://www.telegraaf.nl/binnenland/4255045/__Hulpteams_tegen_overlast_jeugd__.html

311 http://www.volkskrant.nl/vk/nl/2686/Binnenland/article/detail/342656/2009/06/25/CDA-wil-therapie-voor-allochtone-wijkbendes.dhtml

312 http://www.focus.de/politik/ausland/auslaender-ausschreitungen-nach-schweizer-volksabstimmung_aid_576813.html

313 http://www.20min.ch/news/kreuz_und_quer/story/Ein-Roestigraben-der-Angst-geht-durch-das-Land-24979942

314 http://www.focus.de/politik/weitere-meldungen/griechenland-heftige-ausschreitungen-in-athen-nach-beschluss-des-sparpakets_aid_581958.html

315 http://www.google.com/hostednews/afp/article/ALeqM5jdcVnfP0rfzkw0_akYb541jFWEHQ?docId=CNG.0b5d37796e96603b00784050158dcf01.921

316 http://www.tagesschau.de/ausland/elfenbeinkueste160.html

317 http://www.morgenpost.de/politik/article1454290/De-Maiziere-macht-ernst-bleibt-aber-unkonkret.html

318 http://www.nordbayern.de/nuernberger-nachrichten/politik/de-maiziere-halt-terrorwarnung-aufrecht-1.390071

319 http://www.focus.de/politik/deutschland/terrorwarnung-deutsche-grossstaedte-besonders-gefaehrdet_aid_573562.html

320 Siehe http://www.rundschau-online.de/html/artikel/1284560876260.shtml und http://www.focus.de/politik/ausland/kriminalitaet-nach-burka-verbot-terrorwarnungen-in-paris_aid_552338.html

321 Siehe http://www.blick.ch/news/sda?newsid=20100924brd069 und auch http://www.nachrichten.at/nachrichten/politik/aussenpolitik/art391,487856

322 Zitiert nach http://www.berlinonline.de/berliner-zeitung/archiv/.bin/dump.fcgi/2009/0414/wirtschaft/0011/index.html

323 Zitiert nach http://www.berlinonline.de/berliner-zeitung/archiv/.bin/dump.fcgi/2009/0414/wirtschaft/0011/index.html

324 Siehe http://www.bild.de/BILD/politik/wirtschaft/2010/12/18/hsh-vorstand-dirk-jens-nonnenmacher/rund-vier-millionen-euro-abfindung.html und http://www.focus.de/finanzen/news/unternehmen/hsh-nordbank-noch-chef-nonnenmacher-geht-mit-millionen_aid_582906.html

325 http://www.derwesten.de/staedte/hagen/Kuendigung-der-ungewollten-Eurofee-bestaetigt-id4112863.html

326 http://www.spiegel.de/wirtschaft/0,1518,613415,00.html

327 http://www.bild.de/BILD/politik/wirtschaft/2010/10/06/job-sauerei-bei-bundeswehr/gericht-kippt-soldaten-kuendigung-wegen-unbezahltem-mittag-essen.html

328 http://newsticker.sueddeutsche.de/list/id/1082611

329 http://www.spiegel.de/wirtschaft/service/0,1518,735064,00.html

330 http://www.derwesten.de/staedte/hagen/Kuendigung-wegen-vertraeumter-Sommerzeit-id4084733.html

331 http://www.op-marburg.de/Lokales/Marburg/Pfannkuchen-fuehrt-zur-Kuendigung

332 http://www.shz.de/nachrichten/top-thema/article/111/hsh-chef-nonnenmacher-fordert-48-millionen.html

333 http://www.wienerzeitung.at/DesktopDefault.aspx?TabID=3926&Alias=wzo&cob=531696

334 http://www.manager-magazin.de/finanzen/boerse/0,2828,736216,00.html

335 http://www.n24.de/news/newsitem_6564448.html

336 Siehe http://www.bild.de/BILD/regional/duesseldorf/aktuell/2010/12/23/cdu-und-fdp-tranken-wein/fuer-6400-euro-in-berliner-nrw-vertretung.html und http://www.derwesten.de/nachrichten/politik/Die-teuerste-Party-der-schwarz-gelben-Koalition-id4094419.html

337 Siehe http://www.spiegel.de/politik/deutschland/0,1518,662532,00.html und http://www.handelsblatt.com/politik/deutschland/abgeordnete-goldene-fueller-zum-abgang;2487139 sowie http://www.n-tv.de/panorama/Goldene-Fueller-fuer-Abgeordnete-article597951.html

338 http://www.deutschesheer.de/portal/a/dso/kcxml/04_Sj9SPykssy0xPLMnMz0vM0Y_QjzKLN3SONzIMNgVJgjmWYV76kQjhoJRUfV-P_NxU_YDg1JzU5JKAxPRUfW_9gtyIckdHRUUAH54OkA!!/delta/base64xml/L2dJQSEvUUt3QS80SVVFLzZfMUNfMjFTNQ!!?yw_contentURL=F01DB050500000001%2FW27RAG3F153INFODE%2Fcontent.jsp

339 http://www.eurogendfor.org/
340 http://de.wikipedia.org/wiki/Europ%C3%A4ische_Gendarmerietruppe
341 http://www.eurogendfor.org/referencetexts/EGF%20Treaty%20english%20version.pdf
342 http://www.timesonline.co.uk/tol/news/world/europe/article5331547.ece
343 http://news.orf.at/stories/2012697/
344 http://www.krone.at/Nachrichten/Wirtschaftsexperte_Europa_ist_in_zehn_Jahren_ruiniert-Gewaltige_Schulden-Story-218732
345 http://www.tt.com/csp/cms/sites/tt/%C3%9Cberblick/Wirtschaft/WirtschaftContainer/1225294-8/in-10-jahren-ist-europa-ruiniert—wie-argentinien.csp

346 Veröffentlichungen dazu unter http://www.bib-demografie.de/nn_749852/DE/Organisation/Mitarbeiter/v_C3_B6__ette.html
347 http://www.bertelsmann-stiftung.de/cps/rde/xchg/SID-5B2AA85E-B1A65C11/bst/hs.xsl/nachrichten_104054.htm
348 Zitiert nach http://www.cicero.de/97.php?ress_id=4&item=5488
349 http://www.mz-web.de/servlet/ContentServer?pagename=ksta/page&atype=ksArtikel&aid=1289721357763
350 http://www.morgenpost.de/printarchiv/titelseite/article1396280/Bundespraesident-Wulff-fordert-ISO-Norm-fuer-Journalismus.html

351 Siehe etwa http://www.zeit.de/2009/06/Ratlosigkeit?page=all
352 http://www.bild.de/BILD/politik/wirtschaft/2010/11/24/irland-pleite/muessen-wir-am-ende-fuer-ganz-europa-zahlen.html
353 http://www.welt.de/print/die_welt/wirtschaft/article10795932/Merkel-sieht-Land-auf-dem-Weg-zur-Vollbeschaeftigung.html
354 http://www.stern.de/politik/deutschland/fachkraeftemangel-bundesregierung-befuerchtet-notstand-1624848.html
355 http://www.computerwoche.de/karriere/karriere-gehalt/2358119/

356 Siehe http://www.stuttgarter-nachrichten.de/inhalt.arbeitslose-jobwunder-aber-laengst-nicht-fuer-alle.4db47438-52dd-4aec-9be3-56be617d0de0.html
357 http://www.ksta.de/html/artikel/1288741320601.shtml
358 Ebenda
359 http://www.welt.de/print/welt_kompakt/vermischtes/article11978441/Bayerische-Schandesbank.html
360 http://diepresse.com/home/wirtschaft/international/622898/BayernLB_Die-deutsche-Skandalbank?direct=622910&_vl_backlink=/home/wirtschaft/international/index.do&selChannel=

361 http://www.spiegel.de/spiegel/0,1518,737853,00.html
362 Siehe http://www.stern.de/wirtschaft/geld/keine-klagen-gegen-beckstein-und-huber-bayernlb-verschont-grossteil-der-frueheren-kontrolleure-1636

056.html und http://www.manager-magazin.de/unternehmen/banken/
0,2828,735693,00.html

[363] Siehe etwa http://www.rp-online.de/politik/deutschland/Ex-Minister-Eichel-klagt-auf-hoehere-Pension_aid_785743.html

[364] http://de.wikipedia.org/wiki/Hans_Eichel

[365] Siehe etwa http://www.spiegel.de/spiegel/print/d-28921863.html

[366] http://www.bild.de/BILD/politik/2010/11/02/geheimakte-griechenland/
euro-griechenland-finanzminister-eichel-kritiker.html

[367] Zitiert nach http://www.bild.de/BILD/politik/2010/11/02/geheimakte-griechenland/brief-verweis,property=Download.jpg

[368] http://www.bz-berlin.de/aktuell/deutschland/setzte-hans-eichel-kritiker-unter-druck-article1023229.html

[369] http://www.tz-online.de/aktuelles/muenchen-region/politiker-bankraub-geschnappt-989571.html

[370] http://www.abendzeitung.de/bayern/224568

[371] http://de.wikipedia.org/wiki/Karyes

[372] http://de.wikipedia.org/wiki/Athos

[373] Hintergrund unter http://de.wikipedia.org/wiki/Roman_Arkadjewitsch_Abramowitsch

[374] http://www.spiegel.de/wirtschaft/unternehmen/0,1518,731204,00.html

[375] http://www.welt.de/die-welt/article3530040/Blohm-Voss-bereitet-sich-auf-Neuordnung-der-Werften-vor.html

[376] http://www.taz.de/1/leben/buch/artikel/1/korruption-bestechung-geld
waesche/

[377] http://www.nzz.ch/nachrichten/wirtschaft/aktuell/geldwaescherei_vatikan
bank_1.7638977.html

[378] Siehe etwa http://wirtschaft.t-online.de/berg-athos-griechische-moenche-unter-betrugsverdacht/id_43229230/index

[379] Siehe http://www.sz-online.de/nachrichten/artikel.asp?id=2594902 und
http://www.bild.de/BILD/politik/wirtschaft/2010/10/24/skandal-in-griechenland/moenche-in-dubiose-millionen-geschaefte-verwickelt.html

[380] http://de.wikipedia.org/wiki/Karyes

[381] Das Kloster hat eine eigene Webseite unter http://www.esphigmenou.com/

[382] Siehe dazu http://www.amazon.de/Crash-Lebensversicherungen-enttarn
te-angeblich-sicheren/dp/3938516976 und http://www.focus.de/finanzen/
boerse/lebensversicherer-im-crash-test_aid_248181.html

[383] http://www.wiwo.de/finanzen/null-risiko-bei-lebensversicherungen-
431602/

[384] Zitiert nach http://www.ipm-g.de/lv-presse-wiwo.pdf

[385] http://www.wiwo.de/finanzen/haben-lebensversicherer-die-ertraege-der-kunden-verzockt-400597/

386 http://www.kopp-verlag.de/Der-Crash-der-Lebensversicherungen.htm?
     websale7=kopp-verlag&pi=914500&ci=000040
387 http://www.youtube.com/watch?v=09wJbDM0Egw&feature=player_
     embedded
388 http://www.n-tv.de/politik/Rentenalter-weicht-auf-article1977286.html
389 http://www.spiegel.de/wirtschaft/soziales/0,1518,711351,00.html
390 http://www.haufe.de/personal//newsDetails?newsID=1290068229.97&
     chorid=00560203

391 Zitiert nach http://www.spiegel.de/fotostrecke/fotostrecke-54834-2.html
392 Zitiert nach http://www.spiegel.de/fotostrecke/fotostrecke-54834-9.html
393 Siehe etwa http://www.sueddeutsche.de/wirtschaft/bundesregierung-zahl-
     der-arbeitslosen-faellt-unter-drei-millionen-1.1016793
394 http://publik.verdi.de/++skin++print/2010/ausgabe-11/gewerkschaft/
     brennpunkt/seite-3/A0?
395 http://www.bild.de/BILD/politik/wirtschaft/2010/11/13/arbeitslose-ab-60/
     zahl-vervierfacht-innerhalb-von-3-jahren.html

396 http://www.preussische-allgemeine.de/zeitung/nachrichten/artikel/politik-
     ermuntert-gewalttaeter.html
397 http://www.bild.de/BILD/regional/koeln/aktuell/2010/05/18/ostheim-
     koelnberg-finkenberg/bild-in-koelns-strassen-der-angst.html
398 http://www.pi-news.net/2010/06/nrw-deutschlandfahnen-fuer-polizisten-
     verboten/
399 http://www.derwesten.de/staedte/dortmund/Pfefferspray-kommt-in-Verruf-
     id3152508.html
400 Zitiert nach http://www.bz-berlin.de/tatorte/dieb-erwischt-mob-geht-auf-
     polizei-los-article948083.html

401 Zitiert nach http://www.bz-berlin.de/aktuell/berlin/berliner-pflaster-fuer-
     polizei-gefaehrlich-article924253.html
402 Siehe etwa http://www.tagesspiegel.de/berlin/polizei-justiz/was-ein-
     polizist-auf-streife-in-neukoelln-erlebt/1849118.html;jsessionid=8D48F7
     2257DDC9F829C0B55FC0221DB3
403 Siehe etwa http://www.weser-kurier.de/Artikel/Bremen/Vermischtes/
     219182/Todesdrohungen+gegen+Sicherheitsbeamten.html
404 Siehe etwa http://www.zeit.de/2010/41/Schule-Mobbing-Gewalt
405 Siehe etwa http://www.morgenpost.de/berlin-aktuell/article1449346/Poli
     zei-spricht-von-Versklavung-von-Mitschuelern.html

406 http://www.morgenpost.de/berlin-aktuell/article1449346/Polizei-spricht-
     von-Versklavung-von-Mitschuelern.html
407 http://www.bz-berlin.de/archiv/gefeuert-weil-er-die-wahrheit-sagte-
     article1030965.html

408 http://www.berlinonline.de/berliner-zeitung/berlin/318447/318448.php

409 Zitiert nach http://www.krone.at/Oesterreich/Bande_kassiert_im_Ge meindebau_von_Kindern_Schutzgeld-Spielen_kostet_5_Euro-Story-232408

410 http://www.oe24.at/oesterreich/chronik/Jugendgang-terrorisierte-Disco-Kids/6421980

411 http://www.schwarzwaelder-bote.de/inhalt.hechingen-erpresser-vor-gericht-reumuetig.dee2e43b-3950-4c5b-b98d-1ca3a5ec1a79.html

412 http://diepresse.com/home/panorama/welt/547560/Niederlande_Wenn-der-Staat-Randalierer-bezahlt?from=gl.home_panorama

413 http://www.kristeligt-dagblad.dk/artikel/290659:Kirke—tro—Muslimer-holder-vagt-ved-dansk-kirke

414 http://www.udfordringen.dk/art.php?ID=13147

415 Siehe etwa http://www.derwesten.de/staedte/essen/gericht/Schutzgeld-Erpresser-muss-ins-Gefaengnis-id3949767.html

416 Siehe etwa http://www.spiegel.de/panorama/justiz/0,1518,721741,00.html

417 http://www.bild.de/BILD/regional/bremen/aktuell/2009/07/14/boutique-einbruch/besitzerin-entdeckt-kleider-wieder.html

418 http://www.bild.de/BILD/regional/bremen/aktuell/2009/07/15/boutique-einbruch/jetzt-ermittelt-der-innensenator.html

419 http://www.bild.de/BILD/regional/bremen/aktuell/2009/07/15/boutique-einbruch/jetzt-ermittelt-der-innensenator.html

420 http://www.spiegel.de/panorama/justiz/0,1518,721741,00.html

421 Zitiert nach http://www.bild.de/BILD/regional/bremen/aktuell/2010/10/27/bremer-justiz/warum-kuschen-sie-vor-miris-richterin.html

422 http://www.hna.de/nachrichten/kreis-hersfeld-rotenburg/rotenburg/drei-monate-haft-ladendieb-1011173.html

423 Zitiert nach http://www.citybeat.de/news/nach-angriff-in-freibad-opfer-ha ben-angst

424 http://www.dasgelbeforum.de.org/forum_entry.php?id=117805&page=10&category=0&order=name

425 http://www.dasgelbeforum.de.org/forum_entry.php?id=193859

426 Siehe etwa http://www.rtl.de/cms/information/rtl-explosiv/explosiv_lover boys.html und http://www.zdf.de/ZDFmediathek/beitrag/video/927312/Loverboys—Wenn-Liebe-blind-macht#/beitrag/video/927312/Lover boys—Wenn-Liebe-blind-macht sowie http://www.spiegel.de/spiegel/0,1518,704727,00.html. Außerdem http://www.stoploverboys.nu/sitede/ und http://www.express.de/news/panorama/sex-mafia-jagt-deutsche-maed chen/-/2192/4854102/-/index.html

427 http://www.welt.de/politik/deutschland/article10684020/Warum-Schroe der-deutsche-Schlampe-genannt-wurde.html

428   Zitiert nach http://www.presseportal.de/polizeipresse/pm/4969/1721079/ polizeipraesidium_suedhessen

429   Zitiert nach http://www.stimme.de/heilbronn/polizei/art1491,2024931

430   http://www.sciencedirect.com/science?_ob=ArticleURL&_udi=B6W4M-4HS3BVY-1&_user=10&_coverDate=06%2F30%2F2006&_rdoc =1&_fmt=high&_orig=search&_origin=search&_sort=d&_docanchor=&view=c &_searchStrId=1594912880&_rerunOrigin=google&_acct=C000050221&_version=1&_urlVersion=0&_userid=10&md5=40522c217a3950ce713d904 fe9095984&searchtype=a

431   Siehe etwa http://en.wikipedia.org/wiki/IQ_and_the_Wealth_of_Nations

432   Siehe http://www.bild.de/BILD/politik/2010/11/23/migranten-und-hartz-iv/tabelle-verweis,property=Download.jpg und http://www.bild.de/BILD/ politik/2010/11/23/migranten-und-hartz-iv/statistik-90-prozent-der-libanesen-kriegen-geld-vom-amt.html sowie http://www.focus.de/fotos/ der-hartz-iv-anteil-liegt-mit-90-prozent-bei-libanesen-am-hoechsten_ mid_788515.html

433   http://www.wdr.de/themen/gesundheit/2/erbkrankheiten/index.jhtml

434   Siehe etwa http://diepresse.com/home/politik/aussenpolitik/623251/ Terror_Mohammed-Atta-kaempfte-mit-der-Depression?_vl_backlink=/ home/index.do

435   http://www.independent.co.uk/news/uk/home-news/rape-impossible-in-marriage-says-muslim-cleric-2106161.html

436   http://www.welt.de/vermischtes/article732888/Wenn_der_Cousin_mit_ der_Cousine_schlaeft.html

437   http://www.derwesten.de/staedte/duisburg/Junge-Tuerkin-kaempft-gegen-Verwandten-Ehen-id178785.html

438   http://www.tagesspiegel.de/berlin/wenn-cousins-cousinen-heiraten/ 416332.html

439   http://www.tagesspiegel.de/berlin/wenn-cousins-cousinen-heiraten/ 416332.html

440   http://www.digitaljournal.com/article/250164

441   http://www.welt.de/vermischtes/article732888/Wenn_der_Cousin_mit_ der_Cousine_schlaeft.html

442   http://www.reproductive-health-journal.com/content/6/1/17/table/T1

443   http://www.ncbi.nlm.nih.gov/pmc/articles/PMC392897/?page=1

444   http://onlinelibrary.wiley.com/doi/10.1111/j.1399-0004.1997.tb02447.x/ abstract

445   http://www.springerlink.com/content/j65457u2532t1751/

446   http://www.nordjyske.dk/indland/forside.aspx?ctrl=10&data=2%2c31958 39%2c5%2c2&count=1

[447] http://www.dailyestimate.com/article.asp?id=14364

[448] Siehe http://www.timesonline.co.uk/tol/news/uk/article697134.ece

[449] http://www.taz.de/1/archiv/archiv/?dig=2005/08/08/a0096

[450] http://www.tagesspiegel.de/berlin/wenn-cousins-cousinen-heiraten/416332.html

[451] http://www.timesonline.co.uk/tol/news/politics/article3342040.ece

[452] http://jp.dk/arkiv/?q=nicolai+sennels&tekst=on&sort=date

[453] http://pajamasmedia.com/blog/the-problem-of-inbreeding-in-islam/

[454] http://www.welt.de/die-welt/vermischtes/hamburg/article7693803/Muslimisch-gepraegte-Jugendliche-sind-anfaelliger-fuer-Gewalt.html

[455] http://www.dailymail.co.uk/health/article-1305078/TAZEEN-AHMAD-Three-uncles-deaf-Five-aunts-died-babies-Why-My-grandparents-cousins-married.html

[456] Zitiert nach http://www.focus.de/politik/deutschland/betrug-die-kurdische-wir-ag_aid_194327.html

[457] http://www.derwesten.de/nachrichten/im-westen/aus-dem-gericht/Drei-Kinder-erfunden-und-Sozialhilfe-kassiert-id3713442.html

[458] http://www.schwarzwaelder-bote.de/inhalt.villingen-schwenningen-box-autofahren-endet-schliesslich-in-villingen.6afb3086-c928-4b25-ae97-786161c9d54a.html

[459] http://archiv.mopo.de/archiv/2010/20100916/hamburg/panorama/diebe_pluendern_rettungswagen.html

[460] http://www.express.de/regional/duesseldorf/polizei-sucht-kopftuch-frau-mit-neon-shirt/-/2858/4647262/-/index.html

[461] Eine Commerzbank-Studie spricht von 237 Milliarden Dollar, das waren im Juli 2010 umgerechnet genau 191,4 Milliarden Euro. Die Studie findet sich unter http://www.handelsblatt.com/politik/nachrichten/finanzkrise-kostet-ueber-10-billionen-dollar;2450612

[462] Siehe »Finanzkrise – Wer soll die Kosten tragen?«, in: *Focus*, 2. April 2010, http://www.focus.de/finanzen/news/finanzkrise-wer-soll-die-kosten-tragen_aid_495273.html

[463] »Deutschland verschläft den Kampf um Talente«, in: *Frankfurter Allgemeine Zeitung*, 24. Juni 2010. Zitat: »Eine Billion Euro Sonderschulden aber hatte Deutschland bereits 2007 für Migranten, die mehr aus den Hilfesystemen entnehmen, als sie aufgrund schlechter Schulleistungen und anderer Handicaps in sie einzahlen können. Auf jeden der 25 Millionen vollerwerbstätigen Nettosteuerzahler entfallen allein für diese historisch einmalige Aufgabe 40 000 Euro Schulden.« http://www.faz.net/s/Rub9B4326FE2669456BAC0CF17E0C7E9105/Doc~E9F1ABBF98E934840B59647644EC14C0A~ATpl~Ecommon~Scontent.html

464	http://www.welt.de/print-welt/article525931/Ohne_Auslaender_droht_Kollaps_der_Sozialsysteme.html
465	http://www.spiegel.de/spiegel/print/d-41955159.html
466	Siehe dazu das Sachbuch von Udo Ulfkotte, *Kein Schwarz, Kein Rot, kein Gold*, Rottenburg 2010
467	http://www.tagesspiegel.de/berlin/polizei-justiz/prozesse-um-brutale-attacken-auf-polizisten/1886898.html
468	http://www.berlinonline.de/berliner-kurier/berlin/verbrecher-clans_richten_kinder_zu_gangstern_ab/303535.php
469	Die Quellen zu den Aussagen von Gerald Celente sind nicht frei im Internet zugänglich, sondern nur für Abonnenten des amerikanischen *Trends Reseach Institute* zu haben. Die hier vorgestellten Angaben und Zitate wurden dem Heft *The Trends Journal*, No. 4, Autumn Issue 2009, das von G. Celente herausgegeben wird, entnommen.

Bücher, die Ihnen die Augen öffnen

In unserem kostenlosen Gesamtverzeichnis
finden Sie Klassiker, Standardwerke,
preisgünstige Taschenbücher, Sonderausgaben
und aktuelle Neuerscheinungen rund um
die Themengebiete, auf die sich der
KOPP VERLAG spezialisiert hat:

- Verbotene Archäologie
- Fernwahrnehmung
- Kirche auf dem Prüfstand
- Verschwörungstheorien
- Geheimbünde
- Neue Wissenschaften
- Medizin und Selbsthilfe
- Persönliches Wachstum
- Phänomene
- Remote Viewing
- Prophezeiungen
- Zeitgeschichte
- Finanzwelt
- Freie Energie
- Geomantie
- Esoterik
- Ausgewählte Videofilme und anderes mehr

Ihr kostenloses Gesamtverzeichnis aller
lieferbaren Titel liegt schon für Sie
bereit. Einfach anfordern bei:

KOPP VERLAG
Pfeiferstraße 52
72108 Rottenburg
Tel. (0 74 72) 98 06-0
Fax (0 74 72) 98 06-11
info@kopp-verlag.de
www.kopp-verlag.de

Staatsbankrott und Währungsreform werden kommen – Retten Sie Ihr Vermögen, solange Sie es noch können!

Die Ereignisse in Griechenland und Dubai waren nur ein Vorgeschmack auf das, was noch folgen wird. Seither geht ein neues Schreckgespenst unter den Regierenden um: die Furcht vor einem Staatsbankrott. Jeden kann es treffen, jeder ist gefährdet, aber keiner weiß, wann es sein wird.

Angesichts dieser düsteren Aussichten drängen sich fundamentale Fragen auf: Wie lange wird der Dollar noch die Leitwährung sein? Wie lange wird es den Euro noch geben? Kehrt die Inflation zurück? Welche Länder sind akut von einem Staatsbankrott bedroht? Ist auch in Deutschland mit einer Währungsreform zu rechnen? Fragen also, die uns alle angehen, Fragen, die jeden interessieren sollten.

Ein Staatsbankrott wird Sie ganz persönlich treffen. In diesem Buch lesen Sie, was Sie wissen müssen und wie Sie richtig reagieren sollten.

Michael Grandt ist kein Crashprophet oder Verschwörungstheoretiker, seine Analyse ist fundiert, akribisch recherchiert und mit über 800 seriösen Quellenangaben belegt. Er nimmt die bisherigen Staatsbankrotte und Währungsreformen – es gibt davon übrigens mehr, als Sie denken – genau unter die Lupe und zeigt, was Ihnen blühen kann. Seine Enthüllungen sind beängstigend: Der Staat wird auf Ihr Vermögen zugreifen, wenn er mit dem Rücken zur Wand steht. Das hat er immer getan und er wird es auch in Zukunft tun. Wie subtil und trickreich das geschehen kann, aber auch wie Sie sich vor dem Zugriff schützen können und welche Staaten bereits auf der »Kippe« stehen, zeigt das Buch anhand aussagekräftiger Beispiele.

gebunden
400 Seiten
ISBN 978-3-942016-25-4
19,95 EUR

KOPP VERLAG
Pfeiferstraße 52
72108 Rottenburg
Telefon (0 74 72) 98 06-0
Telefax (0 74 72) 98 06-11
Info@kopp-verlag.de
www.kopp-verlag.de

Wir stehen vor einem weltweiten Finanzcrash, auf den Sie sich jetzt vorbereiten müssen!

Stellen Sie sich vor, das Radioprogramm wird unterbrochen und man eröffnet Ihnen, dass Börsen und Bankschalter geschlossen bleiben. Ihr gesamtes, mühsam erspartes Vermögen ist auf einen Schlag weg! Die Aktien stürzen ins Bodenlose, Ihre Bank ist pleite, Ihr Geld auf Girokonto und Sparbuch einfach nicht mehr da! Was klingt wie ein fiktives Horrorszenario, ist eine akute, reale Bedrohung. Die Frage ist nicht, ob dieser globale Finanzcrash kommt, sondern wann. Dieser Krisenratgeber rüttelt uns wach! Er erklärt, warum das internationale Finanzsystem in akuter Gefahr ist. Er blickt auf frühere Finanzkrisen, zieht Parallelen zur aktuellen Situation und zeigt die Folgen: Banken schließen, es gibt kein Bargeld, Lebensmittel und Wasser werden rationiert, Treibstoff und Strom werden knapp. Unruhen, Chaos und Plünderungen greifen um sich. Firmen müssen schließen, massenweise werden Arbeitsplätze vernichtet. Fortan geht es ums nackte Überleben. *Ohne Vorsorge werden Sie zu den Verlierern gehören.*
Ihnen läuft ein kalter Schauer über den Rücken? Dann lesen Sie weiter! Gerhard Spannbauer mahnt zur Vorsorge und gibt wertvolle Tipps. Es geht ihm um nüchternes Kalkül statt lähmender Angst. Wie sichern Sie Ihr Geld schon heute? Was brauchen Sie, um im Chaos zu überleben? Wie können Sie Ihre Familie vor Übergriffen und Plünderungen schützen? Wie bereiten Sie sich persönlich auf die Krise vor?
Wenn Sie dieses Buch gelesen haben, sind Sie auf alles vorbereitet. Und: Jede Krise bietet immer auch eine Chance – nutzen Sie sie!

*gebunden
298 Seiten, zahlr. Abb.
ISBN 978-3-938516-78-2
19,95 EUR*

KOPP VERLAG
Pfeiferstraße 52
72108 Rottenburg
Telefon (0 74 72) 98 06-0
Telefax (0 74 72) 98 06-11
Info@kopp-verlag.de
www.kopp-verlag.de

Armut ist für alle da – die verschwiegenen Kosten der Zuwanderung

Vergessen Sie die horrenden Kosten der Wirtschaftskrise. Sie sind trotz der vielen Milliarden, die wir alle dafür bezahlen müssen, nichts im Vergleich zu jenen Beträgen, die wir für die Heuschrecken der Zuwanderungsindustrie ausgeben. Es ist politisch nicht korrekt, die Zahlen zu addieren. Denn Politiker und Medien sprechen bei Migranten aus der Türkei und anderen fernen Ländern gern von angeblicher »Bereicherung«. Doch jetzt wird abgerechnet.

Die Wahrheit lautet: Bestimmte Migrantengruppen kosten uns pro Jahr weitaus mehr als die Wirtschaftskrise. Über eine Billion (!) Euro haben Migranten allein in Deutschland in unseren Sozialsystemen bislang an Schäden verursacht.

Wie kann es sein, dass wir diesen Wahnsinn aus Gründen der politischen Korrektheit bislang niemals in Frage gestellt haben? Diese gigantische Wohlstandsvernichtung bewirkt nur eines: Fremdenfeindlichkeit und wachsenden Unmut unter jenen, die dafür bezahlen müssen. Im »Lustigen Migrantenstadl« heißt die Zukunft für Deutsche jetzt: Armut ist für alle da. Es sei denn, wir öffnen die Augen und ziehen endlich die notwendigen Konsequenzen.

Udo Ulfkotte liefert harte Fakten und belegt diese mit mehr als 900 seriösen Quellen. Sollten Sie in Deutschland Steuern zahlen, brauchen Sie für die Enthüllungen in diesem Buch wirklich starke Nerven. Sie werden kaum glauben, wie Ihre Steuergelder mit beiden Händen zum Fenster hinausgeworfen werden.

gebunden
372 Seiten
ISBN 978-3-942016-42-1
19,95 EUR

KOPP VERLAG
Pfeiferstraße 52
72108 Rottenburg
Telefon (0 74 72) 98 06-0
Telefax (0 74 72) 98 06-11
Info@kopp-verlag.de
www.kopp-verlag.de